Anita Pereire et Anne Pereire

1000 plantes de A à Z

ÉDITIONS
FRANCE
LOISIRS

Édition du Club France Loisirs
avec l'autorisation des éditions Solar
France Loisirs
123, boulevard de Grenelle
Paris
www.france-loisirs.com

ISBN : 2-7441-6919-6
N° éditeur : 40283
Dépôt légal : février 2004

Sommaire

L'achat

Où acheter ?

La proximité ou non d'une pépinière ou d'une jardinerie influence souvent la décision. Étudiez les diverses possibilités qui s'offrent à vous avant de vous décider, surtout pour de gros achats.

La jardinerie

Elle offre un vaste choix toute l'année, et la possibilité d'acheter sur place tout le matériel de jardin et les accessoires, ce qui permet de gagner du temps. On y trouve des idées et des conseils de plantation, et de nouveaux arrivages de plantes selon les saisons.
En revanche, la quantité ne fait pas toujours la qualité. Le personnel, trop pressé, n'a peut-être pas procédé à l'arrosage approprié, un arbuste est resté trop longtemps dans un pot trop petit, une plante transplantée à la hâte n'est pas assurée de

reprendre ou, installée dans un bac, s'est desséchée au soleil. La jardinerie est très pratique, mais restez vigilant.

Le pépiniériste

Nous nous adressons maintenant aux zélateurs, aux passionnés, à ceux qui recherchent le spécimen que le voisin n'a pas. Vous qui cherchez des plantes pour habiller un jardin d'eau, une rocaille ou un jardin alpin, rendez-vous de préférence chez un pépiniériste, apte à vous proposer les plus rares d'entre elles. On y trouve des raretés, et de bons conseils. On peut aussi commander des végétaux pour la saison suivante. Client fidèle ou connaisseur, vous serez très bien servi. Néanmoins, le choix s'avère parfois insuffisant et les bonnes plantes partent en début de saison.

Par correspondance

Cette formule est utile si vous n'habitez pas près d'un fournisseur. Les catalogues décrivent bien les plantes, mais les photos peuvent être trompeuses. Choisissez une maison connue, de bonne réputation. Les renseignements donnés sont parfois incomplets, surtout en ce qui concerne la taille des végétaux. En outre, un long transport peut dessécher les plantes. Lisez soigneusement les conditions de vente, toujours écrites en lettres minuscules... Investissez dans une paire de lunettes !

Le magasin en ville

Cette solution, pratique, évite d'autres déplacements et souvent le hasard met sur votre route les annuelles tant espérées. Ce type de structure offre cependant un choix restreint et il est très difficile d'y obtenir les conseils d'un spécialiste. Quant aux plantes, elles manquent parfois d'eau.

La journée des plantes de Courson, dans l'Essonne, rassemble les professionnels et les amateurs de jardinage et de botanique.

Un conseil : où que vous achetiez, gardez bien la facture jusqu'à la reprise des végétaux, on ne sait jamais... Et puis, avant de vous laisser tenter par des accroches comme « prix spéciaux » ou « grande réduction », vérifiez l'état de ce qui est caché dans le pot (racines desséchées, par exemple).

Les journées des plantes

Elles se multiplient, avec, en prime, les conseils des vendeurs-pépiniéristes. Les prix pratiqués y sont souvent raisonnables et les plantes en bonne santé.
Le risque est que l'on y achète, sur un coup de cœur, des végétaux n'ayant rien à faire chez soi.

Préférez un arbre avec des racines bien développées (à gauche) plutôt qu'atrophiées (à droite).

Vérifiez l'état des racines d'une plante en pot. La plante de gauche est saine. Les racines de celle de droite montrent que la plante n'a pas été rempotée depuis longtemps.

Comment acheter ?

Les arbres

Choisissez-les si possible en été ou au début de l'automne pour les voir en pleine végétation, juger leur port et leur feuillage, mais prenez-en livraison à la fin de l'hiver ou en mars-avril pour la plantation. Inspectez le tronc, qui ne doit présenter ni craquelures, ni fentes, ni taches. Les conifères doivent toujours être achetés en conteneur, les végétaux à feuillage persistant, en motte ou conteneur.

Les arbres à racines nues ne doivent jamais rester racines à l'air. Inspectez celles-ci de près. Une racine pivot avec quelques radicelles n'est pas un bon achat, car les racines ancrent l'arbre en terre.

Les arbustes

Dans ce domaine, soyez prudent. Regardez s'il y a des feuilles ou des branches mortes à l'intérieur du buisson. N'achetez pas un arbuste dont les racines dépassent par le trou d'évacuation du pot. Demandez qu'on le sorte de son pot pour vérifier l'état de celles-ci. Un chignon de racines trop dense montre

Choisissez un rosier ayant au moins trois branches saines bien vertes, tel celui de gauche.

que le végétal est resté longtemps sans être rempoté et l'absence de racines autour du pot, qu'il a été rempoté juste pour la vente et n'est nullement enraciné. Un interlocuteur sérieux acceptera votre requête.

Les vivaces

Achetez-les en conteneur. Les prix varient beaucoup selon leur taille, mais méfiez-vous d'un feuillage flétri ou desséché. Plutôt que d'arroser avant la plantation, trempez le conteneur directement dans un seau d'eau.

Les annuelles

Ces jolies petites plantes vendues en godet sortent généralement d'une serre. Ne les achetez pas déjà en fleur ; choisissez-les en boutons pour leur éviter le choc de la transplantation et arrosez-les.

Les rosiers

L'achat d'un rosier fait partie des coups de cœur. Bien sûr, son parfum, sa couleur, sa place dans le jardin déterminent le choix.
Parmi les milliers de conseils possibles, voici le meilleur que nous puissions donner : ne vous contentez pas des catalogues, malgré leur utilité, mais rendez-vous dans une roseraie ouverte au public pour « visiter » les roses chez elles ; elles aiment tant être admirées !
Évitez, si possible, d'acheter un spécimen sous emballage plastique : il risque d'être desséché. Un rosier doit porter au moins 3 branches saines, bien vertes, sans traces marron ni craquelures et un grimpant, au moins 2 bonnes branches fermes sans traces de dessèchement. Ne le prenez pas à racines nues après le mois de mars.

Les bulbes

Fermes sous les doigts, ils ne présentent aucun signe de moisissure ni de dessèchement au sommet. N'en choisissez pas de trop petits : leur réserve de nourriture est pauvre et la floraison risque d'en souffrir.
Vérifiez le nom de la variété sur l'étiquette, qui doit être suivi de deux chiffres, par exemple : tulipe 'Fleur de lis' 11/12. Il s'agit du calibre.
Si vous achetez par correspondance, vérifiez que la circonférence des bulbes corresponde bien à ces chiffres.

Après l'achat

La réception des végétaux

En été, mettez tout de suite les plantes à l'ombre et arrosez-les si la terre paraît sèche. Si certaines d'entre elles sont à racines nues, enterrez-les couchées avant de les arroser.

En hiver, placez les végétaux à l'abri dans un endroit à l'abri du gel. Recouvrez ceux à racines nues de terre ou de compost si la plantation doit attendre quelques jours. Si la température menace de descendre en dessous de 0 °C, garnissez le tout d'une feuille de plastique ou d'un voile d'hivernage.

Les outils

Ne vous laissez pas tenter, au commencement, par des outils « gadgets », mais procurez-vous l'essentiel. Achetez du matériel de bonne qualité et vérifiez que la longueur des manches vous convient. Il vous faut :

- une bêche pour retourner la terre et faire des trous ;
- une fourche-bêche pour remuer le sol compact et lourd ;
- une fourche à manche court pour déterrer les petites plantes ;
- un transplantoir pour planter les petits sujets ;
- une binette pour ameublir la terre et éliminer les mauvaises herbes ;
- un râteau pour nettoyer en surface ou préparer un lit de semences ;
- un râteau à lames souples pour ratisser les feuilles mortes et les tontes de gazon ;
- un balai de jardin pour nettoyer les allées et enlever les déchets sur le gazon ou le dallage ;
- une planche de bois pour aligner les bordures ;
- un dresse-bordure (en demi-lune) pour le bord de la pelouse ;
- un mètre dépliant ;
- un sécateur de bonne marque pour tailler ;
- une cisaille à haie pour les haies et certains grands arbustes ;
- un cordeau ;
- une brouette à une roue pour des charges pas trop lourdes, sinon à 2 roues et plus, utilitaire ;
- un tuyau d'arrosage sur enrouleur pour arroser, bien utile, en réalité, pour dessiner les massifs et les bordures ;
- un arrosoir avec rampe ;
- un seau pour praliner les végétaux avant plantation ;
- un pulvérisateur pour les traitements ;
- un thermomètre à accrocher à l'extérieur, à l'abri du vent... et du plein soleil ;
- une feuille de plastique sur laquelle travailler sans salir alentour ;
- du raphia ou de la petite ficelle ;
- un panier de jardinier... utile et joli ;
- des étiquettes pour marquer les plantes et les semis.

Les amendements

Pour éviter d'avoir à courir à la jardinerie à tout bout de champ, achetez en gros sacs. Cela coûte moins cher. Prenez de la tourbe et du sable de rivière, la terre en aura certainement besoin. Prévoyez aussi un engrais.

Les opérations indispensables

En fin de saison, procédez à un certain nombre d'opérations :

- nettoyez et lavez tous les outils ;
- vaporisez du produit anti-rouille sur les parties métalliques ;
- aiguisez le bord des pelles avec une lime plate ;
- huilez jusqu'à nouvel usage et plongez-les dans un bac de sable ;
- aiguisez et huilez les sécateurs ;
- rincez consciencieusement les contenants utilisés pour les traitements.

La tondeuse

Dans l'outillage de jardin, la tondeuse est le plus gros investissement et, dans ce domaine, les Anglais n'hésitent pas à acheter du matériel de qualité. Il n'est pas étonnant qu'ils aient de beaux gazons : la pluie aidant, ils ont pris de l'avance !
La première tondeuse, dessinée par Edwin Beard Budding, est née en Angleterre en 1830, avant qu'un modèle utilisant un cylindre à lames ne soit utilisé en Angleterre et aux États-Unis. À l'aube du XXe siècle, les premières tondeuses à vapeur,

bientôt dotées d'un moteur à essence, servent pour l'entretien des grands parcs publics.
Pour les petits jardins, un modèle mécanique, que le jardinier pousse, remplace la faucille et les ciseaux. Le jardin anglais devient alors célèbre pour sa pelouse immaculée, ressemblant à une tapisserie verte avec son dessin tramé. Toute une méthode d'entretien de celle-ci se développe, suscitant la création d'outils tels que le rouleau, le scarificateur, l'arrosage (maintenant automatique), les ciseaux coupe-bordure, le râteau à feuilles et l'engrais à gazon, et l'invention de nouvelles espèces de gazon.
La tonte n'est pas une corvée si vous êtes en harmonie avec la tondeuse. Aussi faut-il la choisir en fonction du terrain, du gazon et de vous-même.

Les critères de choix

Avant d'acheter, essayez la machine pour tester :

- le confort. Tondez avec un minimum d'effort. Prenez le poids de l'engin et sa maniabilité en considération : les plus gros modèles doivent impérativement être autotractés. Il faut un guidon réglable et un moteur peu bruyant. Quant aux roues, montées sur roulements à bille ou entraînées par une courroie trapézoïdale, elles aident à mieux contrôler les soubresauts de la machine ;
- la facilité de nettoyage et d'entretien ;
- la maniabilité du réglage de la coupe — largeur et hauteur de coupe, coupe le long et autour des obstacles ;
- l'économie de travail — ramassage des débris verts avec système broyeur et/ou scarificateur incorporé, éjection, émoussage ;
- le coût. Le rapport qualité/prix est déterminant.

Pelouse entourée d'une haie serpentine de Fagus sylvatica.

L'investissement, important, est compensé par son utilité et par le plaisir que la tondeuse procure à son utilisateur.
Il semble que soigner son gazon soit une thérapie en soi ! Tout comme, paraît-il, conduire une bonne voiture...

Les différents types de tondeuses

La tondeuse poussée sans moteur convient pour une pelouse de moins de 100 mètres carrés. Elle est équipée d'un cylindre de coupe, fait peu de bruit, est légère (8 à 9 kg). Sa largeur moyenne de coupe est 40 centimètres. Elle peut recevoir un bac de ramassage. Cet excellent outil pour les parties étroites n'apprécie pas les hautes herbes.
La tondeuse électrique poussée ou tractée s'adapte à une pelouse de moins de 500 mètres carrés. Elle fait peu de bruit, nécessite un entretien minimal, et elle est facile à mettre en route et à ranger.
La tondeuse à batterie concerne une pelouse de moins de 500 mètres carrés. C'est l'idéal : plus de fil électrique ; pas d'essence, donc pas de pollution ; l'autonomie grâce à la batterie rechargeable ; l'absence de bruit.
La tondeuse à essence vaut pour les petites et les grandes surfaces. La gamme est très variée. Les différences concernent le matériau utilisé pour le carter de coupe et l'équipement.
La tondeuse thermique sur coussin d'air est parfaite pour les terrains en pente. Elle ne laisse aucune trace de roues et se joue des dénivellations.
La tondeuse thermique « hacheuse » (ou *mulching*) : grâce au procédé qui fait passer plusieurs fois l'herbe coupée sur la lame, elle permet de faire un *mulch*, véritable engrais naturel riche en azote et peu coûteux (voir p. 21).
La tondeuse tout automatique. C'est le dernier cri ; propulsée par l'énergie solaire, elle reconnaît les obstacles, les contourne et travaille même la nuit !

Pour créer un effet de plantation spontanée, les bulbes doivent être plantés par groupes. Une allée tondue au milieu d'une prairie la transforme en jardin naturel et lui donne un charme supplémentaire.

Le terrain

Analyser le terrain

Vous qui venez de prendre possession d'un jardin, deux attitudes possibles s'offrent à vous concernant le terrain :

- il est ce qu'il est, vous vous en accommodez et y plantez ce qui s'y plaît ;
- il ne convient pas aux plantations que vous envisagez et vous l'amendez, mais pour cela, vous devez l'analyser.

Dans le premier cas de figure, déterminez son pH, c'est-à-dire son degré d'acidité, qui vous indique si vous pouvez planter des *Calluna*, des camélias, des rhododendrons, entre autres, exigeant un pH inférieur à 7. Un kit très simple à manier vous permet d'exécuter cette opération vous-même.

Dans le second cas de figure, la méthode la plus raisonnable pour connaître la nature du terrain consiste à confier des échantillons à un laboratoire

Pour former une allée, commencez par placer les grandes dalles, puis complétez avec des éclats.

spécialisé, dont la jardinerie locale pourra probablement vous communiquer les coordonnées. Pour cette analyse, prélevez une petite pelletée de terre à 20 centimètres de profondeur. Comme, vraisemblablement, la nature du sol n'est pas uniforme dans tout le périmètre, procédez à plusieurs prélèvements individuels.

Sans analyse, vous constatez d'emblée si le terrain est humide ou s'il est sec et caillouteux, et cernez alors les plantes qui s'y plaisent (voir p. 259).

Comment améliorer un terrain ?

Nature du sol	Description	Avantages	Défauts	Amélioration
Argileux	Compact ; colle dans la main ; durcit en séchant	Très fertile ; la plupart des plantes s'y plaisent	Très collant par temps de pluie	Apport de sable et de compost
Calcaire	Clair ; se désagrège dans la main si l'on tente d'en faire une boule	Se réchauffe vite après les pluies	Retient mal l'eau ; peut provoquer la chlorose, jaunissement de certaines feuilles	Apport de tourbe
Sablonneux, plutôt acide	Gris ; ne forme pas de mottes ; s'émiette	Bonne terre potagère ; se réchauffe vite après l'hiver	Sèche vite	Apport de *mulch*, d'engrais, d'humus sans enfouir trop profondément
Humifère, acide	Très foncée, presque noire	Agréable à travailler ; ne durcit pas	Élimine de nombreuses belles plantes, mais en intègre d'autres	Si nécessaire, amélioration par drainage ; chaulage par endroits pour diminuer l'acidité

Les amendements organiques ne sont pas des engrais, mais des matières qui modifient avantageusement les qualités physiques d'un sol, l'allégeant ou lui donnant plus de consistance en vue de la plantation. Ils servent également de protection contre les éléments. Ils sont indispensables avant la mise en place des végétaux et doivent être renouvelés chaque année pour stimuler la fertilité de la terre. Ajoutés au début du printemps, ils favorisent le départ de la végétation.

Le compost

Il sert à nourrir les plantes, surtout lors de la mise en place. Constituez-le à partir des déchets et détritus ménagers, hormis bien sûr les boîtes de conserve, les plastiques et les emballages en carton plastifié : épluchures, thé, café, os, contenu du sac de l'aspirateur, restes du potager, chiffons, papiers, paille, etc.
Videz-les dans le bac à compost jusqu'à une hauteur de 30 à 40 centimètres, en alternance avec une couche de terre. Autrefois, afin d'activer sa décomposition, on y vidait les pots de chambre. Suggérez éventuellement aux hommes de la maison de pallier ce manque en urinant dedans... À défaut, arrosez les couches constituées. Quand le silo est rempli, recouvrez-le d'un vieux tapis ou d'une feuille de plastique pour conserver la chaleur. Comptez environ six mois pour un produit efficace et... sentant bon le compost.

Le fumier

Chevaux, moutons, volailles, bovins en fournissent un excellent, mais il ne faut pas l'utiliser frais. Partiellement décomposé, il peut être enfoui dans la terre lors du bêchage, de préférence à l'automne. Si vous n'avez pas de ferme à proximité de chez vous, vous pouvez trouver un choix de fumiers déshydratés vendus en sac en jardinerie.

La tourbe

Produit léger, propre, agréable à manier, elle provient de la décomposition, au fil des siècles, de végétaux des milieux humides. Elle est indispensable aussi bien pour la plantation que pour la protection des plantes. Achetez-la par balles de 10, 20 ou 50 kilos.

Le sable

Il allège les terres lourdes et assure un bon drainage, mélangé à la terre et à la tourbe. C'est un élément essentiel pour la plantation et les semis.

Le terreau de feuilles

Celles-ci, ramassées et entassées à l'automne, mettent un an ou deux à se décomposer. Elles constituent un excellent amendement pour la plantation et un paillis efficace en hiver.

Labour manuel

Creusez une tranchée à la bêche et mettez la terre de côté.

Creusez une nouvelle tranchée en versant la terre dans la première.

Les algues marines

Lavées de leur sel par la pluie, avant d'être utilisées, elles constituent un produit précieux pour les habitants des régions côtières.

La paille et la sciure de bois non traitée

Généralement, elles ne sont pas classées parmi les amendements organiques, bien qu'elles présentent les mêmes avantages dans certains cas, conservant la fraîcheur du sol et limitant les dégâts du gel. Elles s'étalent au printemps sur un sol généreusement arrosé au préalable.

Le mulch

Ou, si vous préférez, le paillage ; il sert à protéger les plantes des intempéries, à atténuer le dessèchement et à préserver la fraîcheur de la terre, à étouffer les mauvaises herbes qui ont besoin de lumière pour proliférer et à nourrir les vers qui peuplent le sol. Imaginez combien il serait difficile au jardin de bien vivre sans *mulch*. Constituez-en un tas dans un coin du jardin avec les tontes, les feuilles mortes, les fleurs et les feuillages fanés et les végétaux morts. Retournez-le à la fourche au moment de l'apport d'un nouveau tas. Comptez environ un an pour qu'il soit utilisable et employez-le à l'automne pour protéger les plantes durant l'hiver.

D'autres sortes de paillis ont leur utilité dans le jardin, en fonction des plantations : gravillons, dont raffolent les plantes alpines ; écorces broyées, d'apparence très soignée sur certaines plates-bandes ; galets, esthétiques dans les lieux ensoleillés.

Procédez de même avec les tranchées suivantes.

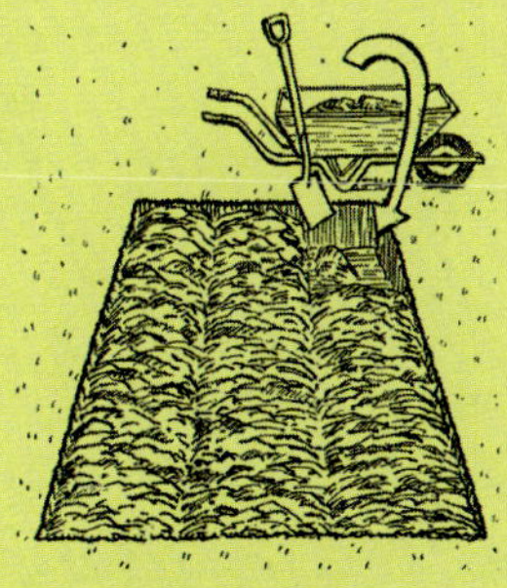

Comblez la dernière tranchée avec la terre de la première.

Comment préparer le terrain ?

Le labour

Deux adjectifs suffisent pour qualifier ce travail : essentiel et épuisant avec, au bout, la récompense d'un terrain aéré, ameubli et sain, apte à recevoir les plantations.

Tous les livres de jardinage stipulent que le labour (ou bêchage) se fait à une profondeur de deux fers de bêche, mais une enquête menée auprès de jardiniers expérimentés fait apparaître qu'ils se contentent, dans la pratique, de labourer à un fer de bêche, sauf pour le potager, où ils respectent la tradition. Naturellement, vous pouvez renoncer à cette tâche et recourir au motoculteur, et le louer avec ou sans conducteur, selon votre courage.

La technique manuelle est simple, mais fatigante. À l'automne, creusez une première tranchée à la bêche ou à la fourche-bêche en mettant la terre de côté ; enchaînez les autres en jetant la terre successivement dans celle qui précède ; comblez enfin

la dernière avec la terre de la première. Lors de cette opération, incorporez le fumier.
Le terrain, ainsi préparé, peut affronter l'hiver. Les alternances de gel et de dégel l'ameublissent. Aérés, les micro-organismes se développent, l'eau pénètre mieux et les mottes compactes s'effritent.

Le griffage et le ratissage

Avant toute plantation, deux étapes restent à franchir : briser les mottes et niveler la terre. Marchez de préférence à reculons pour effectuer ce travail afin de ne pas tasser le sol devenu plus friable. Au griffage, qui permet d'enlever les pierres, les vieilles racines et les déchets, succède le ratissage, qui complète l'émiettement de la terre et aplanit le terrain. Pour qu'il soit efficace, procédez sur toute la longueur, puis sur la largeur de la parcelle. Vous voilà au bout de vos peines !

La plantation

Les règles de base

N'oubliez pas que le trou de plantation est la demeure à vie de la plante. Si elle s'y trouve à l'étroit, à la longue elle se développe mal, ses racines ne pouvent pas s'enfoncer à la verticale et se recroquevillent... un peu comme si vous vous efforciez de porter du 37 quand votre pointure est un 39... Pensez-y chaque fois que vous creusez un trou. Un arbuste a beau être jeune et petit, dans un trou de 40 x 40 centimètres de profondeur, il se sent à l'étroit.
Pour un conteneur de 1 litre ou moins, prévoyez une cavité de 60 centimètres de profondeur sur 40 centimètres de largeur. Ameublissez le fond et les pourtours à la fourche-bêche et arrosez-les bien avant, pendant et après la plantation.

Plantation

Faites tremper le conteneur de 10 minutes à 1 heure.

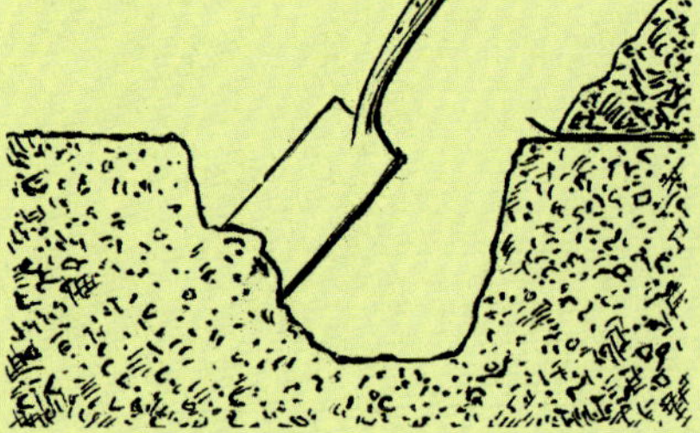

Creusez un trou équivalent à deux fois la taille du conteneur, ou trois fois l'encombrement de la plante à racines nues. Ameublissez les côtés et le fond de la cavité à la bêche.

Toutes les plantes suivant des règles de base identiques pour leur plantation, un arbre ou un arbuste à racines nues doit jouir du même confort, avec un trou évalué approximativement à 3 ou 4 fois le volume de ses parties aériennes. Si vous n'êtes pas prêt à le planter au moment de son arrivée, creusez une tranchée à l'abri d'un mur et couchez-le dans ce lit protecteur, recouvert de terre, le haut des branches restant à l'air. L'arrosage est nécessaire si cette « sieste » se prolonge.

Les époques de plantation

Les plantes en conteneur peuvent être plantées presque toute l'année, sauf en période de gel ou de canicule avec, pour seule exigence, de bien arroser ; celles à racines nues seront plantées pendant l'époque de repos de la végétation, de novembre à février.

La mise en place

Les végétaux en conteneur doivent séjourner dans l'eau entre 10 minutes et une heure, selon leur état de sécheresse, avant la mise en terre ; ceux à racines nues peuvent subir un pralinage — bain de boue à base de terre, d'eau et d'hormones (achetées en jardinerie).

Étendez une feuille de plastique pour recevoir la terre que vous retirez. Creusez un trou d'au moins le double en largeur et en profondeur de la taille du conteneur, ou équivalent à trois fois l'encombrement de la plante à racines nues. Ne laissez jamais cette dernière à terre sans la couvrir : le dessèchement se produit très vite.

Ameublissez les côtés et le fond de la cavité à la bêche, et garnissez d'une couche de cailloux ou de pots cassés. À ce stade, installez, si besoin est, un tuteur dans le sol.

Garnissez le fond avec une couche de cailloux et de pots cassés. Le haut de la motte doit atteindre le niveau du sol.

Remplissez le trou d'un mélange de terreau, de terre retirée et de sable. Tassez bien la terre et arrosez généreusement.

Remplissez le trou d'un mélange composé de 1/3 de terreau de feuilles ou de compost, 1/3 de terre retirée et 1/3 de sable de Loire. Positionnez la plante à la même profondeur que dans son pot, en alignant la marque du collet avec le bord du trou — il faut toujours respecter la marque de plantation du pépiniériste. Achevez le remplissage avec un mélange de terre, de tourbe et de compost. 100 grammes de sang séché et/ou de sang broyé constituent un vrai bonus ! Tassez bien la terre en aménageant une cuvette autour du pied pour retenir l'eau, et arrosez généreusement.

Les allées et les chemins

En abordant une maison, la première impression compte, une fois le portail ouvert. Certaines allées, anciennes et en terre battue, menacées par la pluie et les mauvaises herbes, nécessitent un suivi régulier. La création de nouvelles allées mobilise un certain budget et une recherche esthétique. Les dalles gazonnées, présentant, de loin, un aspect uniforme, supportent une fréquentation élevée, mais ne conviennent pas nécessairement pour une résidence privée.
Si l'usage de l'allée s'avère uniquement fonctionnel, une largeur de 60 centimètres suffit — en tenant compte de la brouette. Évitez, si possible, les angles droits, plus difficiles pour manœuvrer. Prévoyez une légère pente de chaque côté pour faciliter l'écoulement de l'eau, afin que les pluies ne créent pas de flaques ou de plaques de boue. Habillez l'allée d'un matériau résistant et qui facilite le déplacement d'une tondeuse ou d'une brouette.

L'allée de végétaux

Les bornes végétales, conifères taillés de 60 ou 80 centimètres de haut, selon la largeur du passage, habillent élégamment une allée large, courbe ou droite menant à la maison, comme devant un château. Espacées de 3 ou 4 mètres les unes des autres, elles sont reliées par de grosses chaînes en plastique noir retenues par des piquets plantés en leur centre.
L'allée plantée d'une haie persistante et fleurie (*Viburnum tinus*, aux fleurs parfumées, ou *Choisya ternata*, qui donne deux floraisons par an et forme d'élégants dômes) offre une variante moins formelle. La bordure gris argenté de lavande ou de *Senecio*, ponctuée, tous les 5 mètres, par de charmants petits arbres (*Pyrus salicifolius* 'Pendula'), aussi attrayante devant une demeure moderne qu'ancienne, ferait oublier la plus inhospitalière des surfaces cimentées.

L'allée de gazon

Elle doit être assez large pour permettre le passage de deux personnes de front. Formule certainement la moins coûteuse et la plus plaisante, elle nécessite une tonte régulière. Pour faciliter son entretien, bordez-la de discrètes lanières de bois.

L'allée de gravillons

Ce matériau, le moins coûteux et le plus facile à poser, est élégant et sied à tous les jardins. Il sollicite, au départ, un peu de travail, en respectant les étapes suivantes :

- creusez sur une profondeur de 10 centimètres ;
- étendez une feuille de plastique ou de feutre destinée à éviter que les gravillons ne s'enfoncent dans le sol, et trouez-la à la fourche-bêche pour assurer l'évacuation de l'eau ;

- épandez 8 centimètres de gravillons de base et complétez par 4 centimètres de gravillons plus fins, puis égalisez au râteau ;
- tassez au rouleau à gazon ;
- posez une bordure rigide pour contenir les gravillons et préserver la netteté du gazon ; elle sera rapidement masquée par l'herbe.

Une fois établie, l'allée de gravillons a pour seul inconvénient de nécessiter un ratissage périodique.

L'allée de brique

Elle est à conseiller si la maison est construite dans ce matériau. Très élégante, elle peut être posée à plat ou à chant. Prévoyez, de chaque côté, une rangée à chant pour assurer des bords nets. Attention : les briques modernes s'effritent sous l'action du gel.

L'allée d'opus incertum

Elle se compose d'éléments de dalles cassées, de forme irrégulière, et présente l'avantage de pouvoir être posée sur une légère chappe de ciment.

Des pierres posées à chant forment une allée pleine de charme.
Une allée d'opus incertum : des galets voisinent des pierres plates .

Procédez de la façon suivante :

- creusez sur une profondeur de 3 à 10 centimètres ;
- épandez 3 centimètres de sable et aplatissez bien ;
- commencez à placer le « puzzle » des pierres — à ne pas poser en période de gel — en sachant que les interstices doivent être comblés avec du ciment ou, mieux, de la terre dans laquelle s'établiront toutes sortes de petites plantes, d'un effet très campagnard.

L'allée dallée

La moins originale est également la plus fonctionnelle.

Pour la réaliser :

- creusez sur une profondeur de 30 centimètres et tassez au rouleau ;
- remplissez avec des cailloux concassés et tassez au rouleau, en créant un léger bombage ;
- épandez 5 centimètres de gros sable et égalisez au râteau ;
- posez les dalles en les enfonçant bien dans du ciment ou en cimentant l'ensemble — ajoutez au mélange un peu de couleur brique ou marron pour lui donner un effet plus agréable. Améliorez l'aspect uniforme du matériau en dessinant des dalles avant le séchage.

Le pas japonais

Il a un charme fou et ne convient pas pour un usage intensif, mais se révèle utile pour traverser une pelouse.

Pour le réussir :

- retirez des plaques de gazon ;
- sablez sur une épaisseur de 5 centimètres et damez ;

Réalisation d'une allée dallée

Creusez une tranchée profonde de 30 centimètres et tassez au rouleau.

Remplissez avec des cailloux concassés et tassez au rouleau, en créant un léger bombage.

Épandez 5 centimètres de gros sable et égalisez au rateau.

- posez les pas — rondins, plaques de ciment ou dalles carrées ;
- assurez-vous que les dalles sont bien enfoncées dans le gazon pour ne pas gêner la tonte.

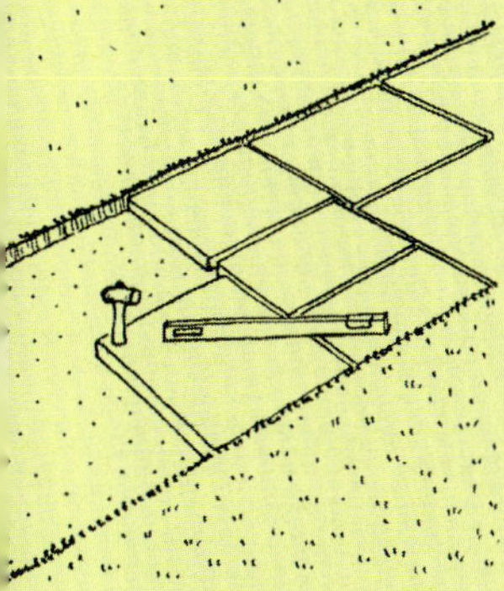

Posez les dalles en les enfonçant dans du ciment.

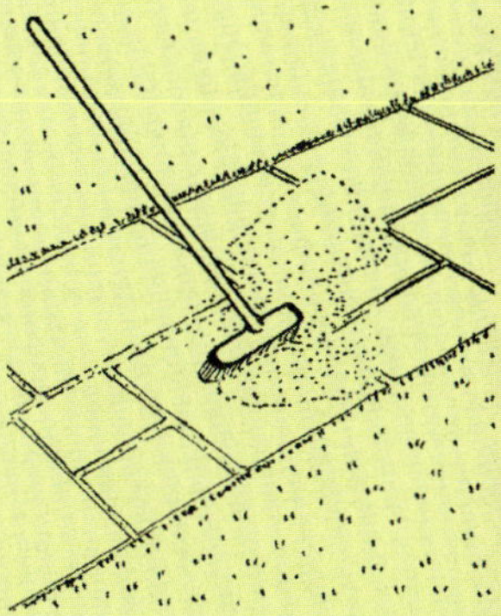

Épandez du sable sur les joints, puis balayez.

Les clôtures

Certaines conditions imposent parfois de choisir une clôture artificielle rigide plutôt qu'une clôture végétale — haie pour isoler de la route, des voisins, d'une vue indésirable ou d'animaux rôdeurs. En France, c'est chacun chez soi, alors que les Américains et les Anglais se contentent souvent d'un tapis de gazon en guise de frontière ou d'un petit muret décoratif.
La clôture doit tenir compte de la région, des matériaux généralement employés et du style de la maison ; elle diffère aussi selon qu'elle est nue ou habillée.

Le mur de pierre sèche

La plus belle clôture, mais trouver un maçon qui veuille bien l'entreprendre est devenu chose quasiment impossible... Avec de l'ambition et l'amour de l'art, nul doute que vous y arriverez !

La brande de bruyère

Cette solution très campagnarde peut même servir de coupe-vent. Elle est vendue au mètre, a une bonne durée de vie — dix à quinze ans —, mais il n'est pas conseillé d'y faire grimper de la végétation.

Le treillage

Il existe dans des maillages de différentes grosseurs. Sa relative fragilité ne lui permet pas de supporter les plantes grimpantes trop envahissantes ; il est plus utile dans le jardin qu'autour.

La clôture de châtaignier

Elle supporte les plantes grimpantes, surtout renforcée de fils de fer tendus horizontalement.

La clôture de lattes de bois

Posée verticalement ou horizontalement, elle offre une vraie protection en bordure de route ou comme « cache-mystère ».

La clôture de style ranch

Elle se compose de plantes espacées de 30 centimètres les unes des autres et posées horizontalement sur des poteaux. Utilisez-la si vous voulez conserver la vue en limitant les intrusions.

La clôture d'osier

Elle vieillit bien avec le temps mais, d'un point de vue esthétique, ne convient pas en bord de route.

Certains saules peuvent former une treille et une haie originales.

L'arrosage

Entre le système installé par une entreprise spécialisée et celui posé par vous-même, il existe une formule intermédiaire, efficace et économique. Les fournisseurs de matériel de ce type délèguent volontiers sur place une personne qualifiée pour dresser un plan d'arrosage, les éléments nécessaires étant, par la suite, achetés et installés par vous.

Les règles de base

Après l'entretien du gazon, cette opération est celle qui nécessite le plus de vigilance. Vous n'obtiendrez pas de bons résultats avec quelques arrosoirs vidés par-ci par-là : un arrosage superficiel est peu efficace. Les racines devant chercher leur eau en profondeur, ce n'est pas le collet de la plante qui a soif. Pour preuve : arrosez, puis creusez à la fourche ; vous constatez que la terre n'est humide qu'à une dizaine de centimètres de profondeur... et encore, ce qui démontre que les racines n'ont pas été atteintes. N'arrosez jamais au soleil, mais attendez le soir, quand le jardin est à l'ombre.

En dehors des saisons de pluie, les besoins estimés en eau sont les suivants :

- pour les arbres, 5 litres par jour ;
- pour les arbustes, 2 litres par jour s'ils mesurent moins de 1 mètre de haut ;
- pour la pelouse, 4 litres par mètre carré et par jour ;
- pour les fleurs, 5 litres par mètre carré et par jour ;
- pour les haies nouvelles, 10 à 15 litres par mètre de plantation.

Les plantes en pot peuvent être avantageusement trempées dans un seau d'eau.

Pour savoir si l'arrosage est de mise, prenez une petite pelle et creusez à 10 centimètres de profondeur : vous voyez si la terre est humide.

Les systèmes d'arrosage

Que vous vous adressiez à un spécialiste ou que vous fassiez tout vous-même, vous devez prévoir plusieurs systèmes, en fonction des plantations. Ainsi, les semis nécessitent un arrosage vaporisé, et non le jet, qui les abîme ; les fleurs épanouies puisent l'eau dans la terre et ne reçoivent aucun arrosage direct. Sachez aussi que mieux vaut arroser beaucoup et moins souvent que peu et fréquemment, et que le *mulch* appliqué sur un sol bien mouillé préserve l'humidité longtemps (voir p. 21).

Pour le gazon, le système le plus facile à installer est un arroseur « canon » ou *spinkler*, monté sur pivot et relié par un tuyau à un robinet, qui distribue l'eau en pluie fine. Il en existe sur trépied ou oscillant à poser directement sur le gazon. Seule contrainte : vous devez le laisser opérer longtemps et vous déplacer aussi souvent que nécessaire, pour le changer de place, selon la surface à arroser.

Pour les bacs, la micro-irrigation, avec un tuyau percé à intervalles réguliers, est efficace.

Pour les massifs et les plates-bandes, le goutte-à-goutte fourni par un tuyau posé au sol ou une tuyère enterrée, se soulevant sous l'effet de la pression, est le plus adapté.

Pour les arbres et les arbustes nouvellement plantés, le goutte-à-goutte posé dans une légère cuvette autour de l'arbre, à 50 centimètres du tronc, doit être branché suffisamment longtemps pour que l'eau pénètre profondément.

Si l'arrosage ne peut être entrepris assez souvent, le *mulch* s'impose au pied de l'arbre, quel qu'il soit.

Gleditsia triacanthos 'Sunburst'.

Les arbres

Bien choisir

Le choix d'un arbre et son emplacement sont des décisions souvent irrévocables, alors, prenez-les en connaissance de cause. Recherchez-vous de l'ombre ? Une silhouette particulière ? Un ornement pour décorer un coin du jardin ? Si c'est le cas, mettez un grand tuteur sur cet emplacement et observez l'effet produit sous tous les angles. Si ce premier arbre constitue le début d'un ensemble, imaginez sa taille adulte pour juger de sa situation.
Si vous désirez une espèce décorative par son feuillage ou ses fleurs, vous disposez d'un vaste choix. Le tableau page ci-contre vous donne quelques informations de base sur la forme des arbres les plus courants.
Un arbre à feuillage doré est un rayon de soleil dans le jardin, sur une pelouse ou en avant-scène, au bord d'une plantation plus sombre. Il peut également éclairer un groupe de conifères.

Fagus sylvatica atropurpurea. *Pour dégager le tronc, supprimez régulièrement les branches les plus basses.*

Les principales formes

Coniques	En colonne
Acer saccharinum 'Pyramidale' *Alnus* *Chamæcyparis lawsoniana* *Cryptomeria japonica* *Juniperus chinensis* 'Pyramidalis' *Larix decidua* *Nyssa sylvatica* *Picea abies* *Pinus sylvestris* *Prunus* 'Hillieri' *Pyrus calleryana* *Sequoia sempervirens*	*Acer rubrum* *Carpinus betulus* 'Fastigiata' *Cupressus sempervirens* *Eucryphia cordifolia* *Fagus orientalis* *Juniperus scopulorum* *Larix decidua* *Liquidambar* *Malus hupehensis* *Nothofagus* *Picea omorika* *Populus* *Sorbus x thuringiaca* 'Fastigiata' *Taxus baccata* 'Fastigiata' *Thuya plicata* 'Fastigiata'
Pleureurs	**À ombrage**
Alnus incana 'Pendula' *Betula pendula* *Cotoneaster* 'Hybridus Pendulus' *Fagus excelsior* 'Pendula' *Fraxinus excelsior* 'Pendula' *Pyrus salicifolia* 'Pendula' *Salix babylonica* *Sophora japonica* 'Pendula' *Tilia petiolaris* *Chamaecyparis nootkatensis* 'Pendula'	*Aesculus* *Amelanchier canadensis* *Catalpa* *Fraxinus* *Parrotia* *Pinus pinaster* *Prunus serrulata* *Quercus* *Tilia* *Ulmus*

Comme, lors de l'achat, il est généralement jeune — et petit —, les deux premières années sont décevantes, car ses progrès restent infimes : l'arbre est occupé à établir ses racines et à s'habituer à sa nouvelle demeure. Pour avoir des résultats en peu de temps, vous disposez d'un grand choix d'espèces à croissance rapide : *Acer negundo, Acer pseudoplatanus, Ailanthus, Alnus, Betula, Eucalyptus, Fraxinus, Larix, Nothofagus, Pinus, Populus, Salix, Taxodium, Thuya, Tilia, Tsuga, x Cupressocyparis leylandii* — un champion, qui peut prendre jusqu'à 1 mètre par an —, *Chamaecyparis lawsoniana*.

Plantation d'un arbre ou d'un arbuste

Creusez un trou de 1,20 à 1,50 m de profondeur en réservant la terre prélevée.

Placez l'arbre dans le trou sans abîmer les racines, puis comblez en tassant bien la terre.

Attachez l'arbre au tuteur sans trop serrer les liens. Arrosez abondamment.

Bien planter

Les règles de base

Sachez qu'il est préférable d'ouvrir le trou pour la plantation plusieurs mois avant l'hiver, ce qui permet aux bactéries de le coloniser. Afin que l'apport de bonne terre que vous allez faire ensuite soit le plus profitable possible pour les racines de l'arbre, respectez les profondeurs suivantes pour le trou :

- 40 centimètres pour le potager ;
- 40 à 50 centimètres pour un massif ;
- 60 à 80 centimètres pour une haie ;
- 1,20 à 1,50 mètre pour un arbre.

Ne plantez pas par grosse chaleur ni en période de gel. N'oubliez pas de préparer sur place tout l'attirail nécessaire à la mise en place.

L'arrosage du jeune arbre est primordial, surtout la première année, et pour qu'il profite de l'eau le plus possible, pensez à la cuvette autour du tronc. Pour irriguer directement les racines, vous pouvez aussi introduire un tuyau à 15 ou 20 centimètres en terre, non loin du pied.

Préférez un nombre impair : sur un terrain nu, plantez un ou trois arbres. Aménagez-leur un espace sans mauvaises herbes, protégé par un grillage s'il existe des risques de prédateurs. Par la suite, ne laissez pas le lierre investir le terrain — ni le tronc.

Le tuteurage

La méthode classique consiste à enfoncer le tuteur le long du tronc, fixé par une ou plusieurs attaches selon l'importance du sujet. Aujourd'hui, un autre procédé est préconisé, qui maintient les racines et la base dans l'immobilité en laissant les parties aériennes libres de se développer avec naturel.

Si vous achetez un végétal tuteuré de façon traditionnelle, il pourrait être dangereux de lui changer ses habitudes, même s'il gagnerait à s'habituer au tuteurage à la base jusqu'à son enracinement, c'est-à-dire durant les cinq ou six premières années de sa vie.

Le tuteurage offre une autre application : si la flèche d'un conifère a été cassée ou endommagée, suscitez-en une nouvelle en enfonçant, le long du tronc, un bambou qui dépasse de la cime d'environ 30 centimètres. Attachez-y l'une des branches les plus hautes : une flèche se formera.

Page ci-contre : *Cornus florida.*

Réparation de la flèche cassée d'un conifère par tuteurage

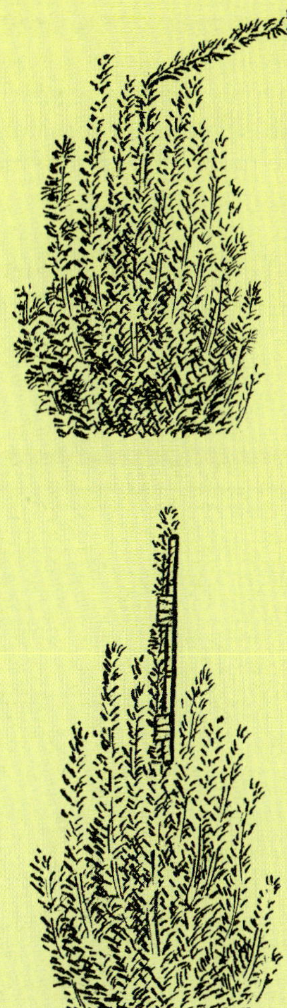

Placez le long du tronc une tige de bambou qui dépasse la cime d'environ 30 centimètres.

Attachez-y l'une des branches les plus hautes pour reformer une flèche.

L'arrachage et la transplantation

Plus que la plantation, c'est le déplacement qui crée un problème : l'arbre ou l'arbuste atteint des proportions imprévues, son emplacement ne lui convient pas... à moins qu'il ne vous convienne pas. Opérez de préférence à l'automne :

- relevez les branches du sujet en les attachant ;
- creusez une tranchée jusqu'à atteindre les racines, à une distance d'environ 60 centimètres à 1 mètre du tronc — elle ne doit faire que la moitié de la circonférence du sujet ;
- retirez soigneusement la terre sur la moitié de la tranchée en taillant les grosses racines et en évitant de couper les radicelles ou racines fines ;
- glissez un plastique sous la motte et enlevez la terre sous l'arbuste à l'aide d'une pelle ;

Mûrier noir.

Transplantation d'un petit arbre ou d'un arbuste

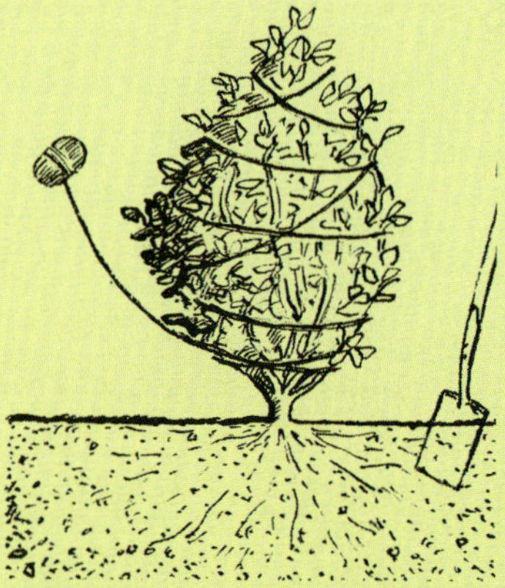

Relevez les branches de la plante et attachez-les. Creusez une tranchée à au moins 60 centimètres du tronc.

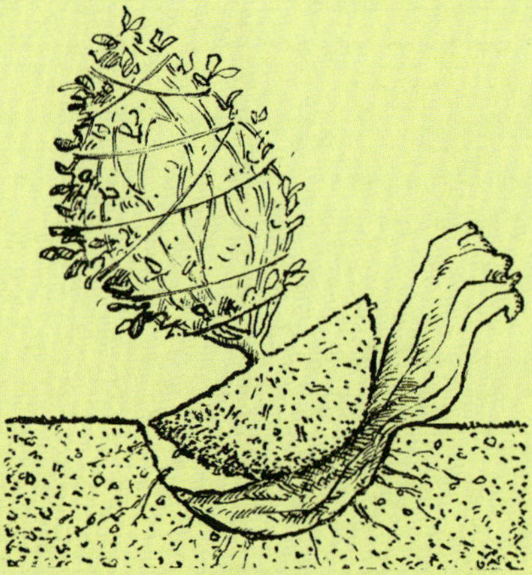

Retirez soigneusement la terre en taillant les grosses racines et glissez un plastique sous la motte petit à petit.

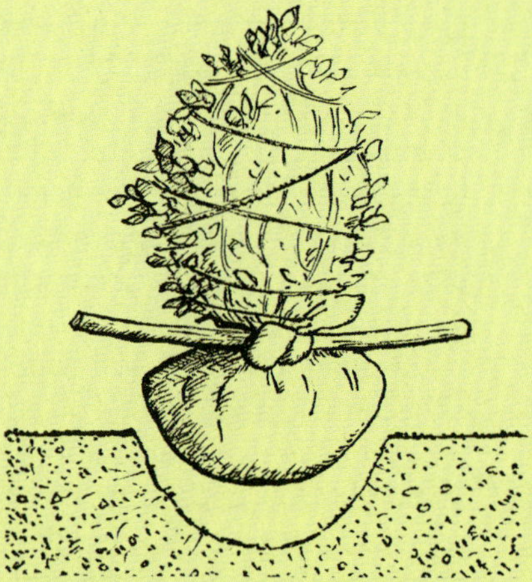

Enveloppez la motte dans du plastique et transportez la plante.

Hauteur de la plante	Écart de plantation	
Arbre	Arbre étalé	Arbre en colonne
8 à 10 m	3,50 m	1,50 à 2 m
18 à 20 m	4,50 m	2,50 m
Plus de 20 m	8 m	3,50 à 4 m
Arbuste		
Jusqu'à 1,50 m	1 m	
1,50 à 3 m	1,50 m	
Plus de 3 m	2 à 2,50 m	
Vivace		
Jusqu'à 30 cm	6 plantes par m^2	
De 30 cm à 1 m	4 plantes par m^2	
Plus de 1 m	3 plantes par m^2	

Placez l'arbre ou l'arbuste dans son nouveau trou de plantation et arrosez bien.

- quand la moitié de l'arbuste repose sur le plastique, procédez de même sur l'autre moitié ;
- une fois le sujet libéré, enveloppez la motte dans le plastique et transportez-le, en vous faisant aider ;
- placez-le directement dans son nouveau trou et arrosez bien. Un *mulch* enterré autour de lui constitue une bonne protection pour l'hiver (voir p. 21).

La croissance

Les végétaux croissent et s'étalent plus vite que prévu. Dans un nouveau jardin, ne plantez pas trop serré. Pour permettre aux plantes de prospérer, tenez compte des indications présentées dans le tableau ci-dessus. Les plantes couvre-sol, à croissance généralement rapide, sont très couvrantes ; aussi un à trois pieds par mètre carré suffisent.

La protection

Comment protéger les plantes ?

Le coupe-vent

Un mur ou une haie ne servent pas de coupe-vent, au contraire ; le vent se précipite par-dessus et balaie la végétation située de l'autre côté. En revanche, une plantation bien faite la protège efficacement et réduit considérablement les dégâts potentiels. Les végétaux les plus utilisés à cette fin sont l'*Acer negundo*, l'*Amelanchier alinifolia*, le *Caragana arborescens*, l'*Eleagnus angustifolia*, le *Fraxinus pennsylvanica*, le *Gleditsia triacanthos*, le *Juniperus scopulorum*, le *Juniperus virginiana*, le *Pinus panerosa*, le *Populus*.

Un coupe-vent abrite un terrain sur une surface équivalente à la hauteur des plantations multipliée par 10. Pour atteindre une efficacité maximale, il doit se situer à 5 ou 7 mètres de l'endroit à protéger. Plusieurs lignes serrées de végétaux

freinent au mieux le vent. Les plus bas viennent à l'avant et les suivants entre 5 et 12 mètres derrière, selon l'importance du terrain. Les plus grands sujets occupent le centre et le fond, espacés d'environ 1,50 à 2 mètres les uns des autres et flanqués, de part et d'autre, des moins grands. Cette disposition dense prend tout son sens quand la zone à protéger est située à l'avant du coupe-vent.

Elle n'empêche pas l'existence de protections individuelles, destinées à abriter certaines plantes de choix. Cet élément artificiel ne doit pas être en dur et il faut toujours penser au filtrage. Il n'est pas non plus définitif, car la plante elle-même, apte à prendre la relève deux ou trois ans plus tard, fait alors fonction de brise-vent naturel. Il est donc important de choisir pour ces emplacements spécifiques des espèces, même petites au départ, susceptibles d'assurer cette fonction.

Le coupe-vent idéal

Pour associer beauté et efficacité ; il suffit de respecter le schéma de plantation suivant :

• une rangée d'arbres ;
• quelques mètres devant, une rangée d'arbustes en quinconce ;
• une ou plusieurs rangées de sous-arbrisseaux ;
• en avant-scène, une plantation de graminées, au besoin mélangée à des vivaces.

Pour que le filtre soit opérant, les différentes rangées ne doivent pas se situer trop près les unes des autres. Tant que la plantation n'a pas pris de l'ampleur ou de la hauteur, des brise-vent artificiels, canisse ou autre, sont placés à quelques mètres derrière les arbres.

Toutes ces précautions prises, il est bon de connaître les plantes qui résistent le mieux aux vents porteurs de sable (voir p. 254-255).

Une plantation sur plusieurs niveaux crée un dégradé de hauteurs qui filtre le vent.

Comment protéger les plantes en hiver ?

Il devient de plus en plus nécessaire de protéger certaines plantes, pas tant à cause du climat que parce que nous introduisons dans le jardin des espèces et des variétés exotiques, provenant de climats plus cléments que les nôtres. La mise en place, au bon moment, d'une protection appropriée permet de sauvegarder des végétaux pas toujours « rustiques ».

Même les plantes ainsi qualifiées peuvent souffrir, voire mourir, au cours d'un hiver particulièrement rigoureux... Alors, autant mettre toutes les chances de survie de leur côté, sans trop de contraintes.

Les bulbes

Pensez aux lis... Recouvrez-les d'un pot en terre, bourré d'un paillis de feuilles.

L'arbre sur tige

Encapuchonnez sa tête dans un sac en plastique. Entourez son tronc de paille, maintenue par des liens.

L'arbuste

Entourez-le de branches de feuillage ou de conifère. Pour un grand sujet, commencez par placer un matelas de tourbe de 10 centimètres autour de la base, introduisez de la paille entre les branches, puis entourez-le d'une toile ou d'une feuille de plastique. Ficelez le tout et attendez jusqu'au printemps.

Protection des plantes en hiver

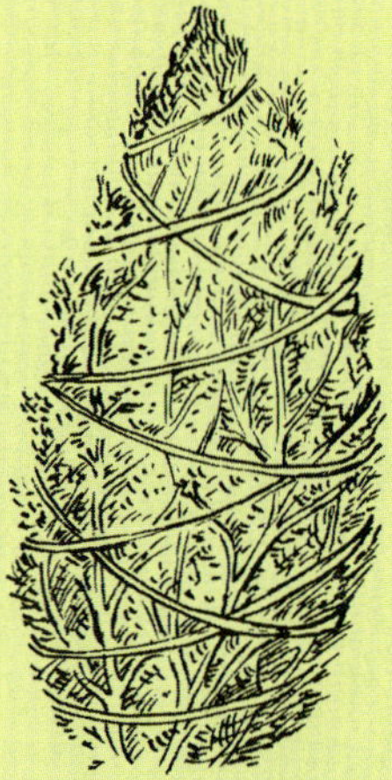

Liez les branches des conifères pour les protéger de la neige.

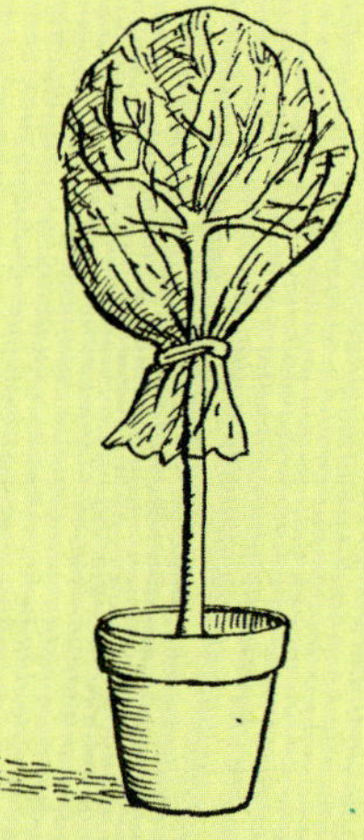

Encapuchonnez le haut d'une plante sur tige.

Entourez les petites plantes et les vivaces d'un monticule de tourbe ou de compost.

Le conifère

La neige endommageant ses branches, liez-les pour éviter leur écartement.

La plante grimpante

Isolez sa base avec un plastique bourré de paille ; même si les branches souffrent du froid, la plante est en sécurité.

La plante sur tige

Si l'hiver s'annonce très rigoureux, protégez la tige avec un manchon de paille ou de jute et encapuchonnez le sommet avec de la paille.

Les petites plantes et les vivaces

Mettez-les en sécurité sous un monticule de tourbe ou de compost. Dès le retour des beaux jours, libérez-les et rabattez quelques branches abîmées, si nécessaire.

La plate-bande fleurie

Dotez-la, comme les petits arbustes, d'une couverture/édredon de branches de feuillage persistant ou de conifère. Si l'hiver est très rigoureux et que le gel s'en mêle, préparez un « sandwich », avec quelques centimètres de paille entre deux « tranches » de fin grillage. Cela protège efficacement les caissettes plantées et les châssis.

La plante isolée

Recouvrez-la d'un pot en terre garni de feuilles séchées ; si elle est trop grande, enveloppez-la dans un sac plastique rempli de papier ou de feuilles mortes, amarré avec des pierres.

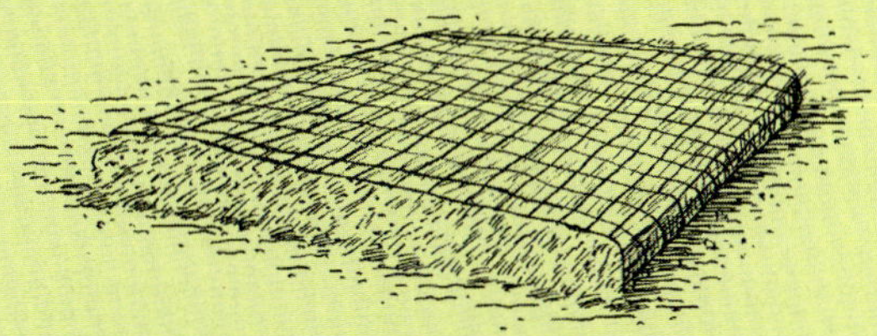

Si l'hiver est très rigoureux — notamment en cas de gel —, préparez une couverture de paille maintenue par du grillage.

Recouvrez une plate-bande fleurie de feuillages ou de branches de conifère.

Protégez une plante isolée en l'enveloppant d'un sac plastique rempli de papier ou de feuilles mortes, maintenu par des pierres.

Hibiscus syriacus 'Blue bird'. *La haie fleurie peut clôturer un terrain ou le diviser. Elle ne nécessite quasiment pas de taille.*

La haie

Il n'existe pratiquement aucun jardin sans haie : elle sert de clôture, compartimente l'espace ou borde une allée. Avant d'opter pour la solution de facilité — thuyas ou ifs —, étudiez les autres options : haies à croissance rapide ; agrémentées de baies ou de fleurs ; dotées d'un feuillage coloré.

La plantation

Les règles de base

La plantation s'effectue pendant l'arrêt de la végétation, entre octobre et mars. Fin septembre/début octobre et fin mars/début avril correspondent à deux périodes où les végétaux repartent avec grand succès. En outre, les sujets vendus en conteneur simplifient la mise en place (voir p. 10). À l'achat, vérifiez que les racines s'enroulent autour de la motte d'une façon compacte.

Bxus *taillés. Une haie rigide peut être adoucie par une taille en vagues.*

Une haie nouvellement plantée nécessite une surveillance destinée à permettre aux arbustes de bien s'enraciner sans être envahis par les mauvaises herbes.

Un excellent système permet d'obtenir ce résultat, tout en maintenant l'humidité à leur pied et en les protégeant du gel : il consiste à dérouler une feuille de plastique le long de la haie en créant une fente du bord jusqu'au centre, de façon qu'elle passe autour du tronc de chaque plant.

Pour que l'eau puisse pénétrer, piquez quelques trous à la fourche et, pour l'esthétique, dissimulez le plastique sous une couche d'écorce, de sapinette ou de gravier.

Une étendue de 10 à 20 centimètres de *mulch* tout du long renforce les effets bénéfiques du système.

La rénovation d'une haie ancienne

Ne vous croyez pas obligé de supprimer cette bête « noire »... ou plutôt « verte » du jardin, une haie ancienne de conifères, très dégarnie, trop importante, et qui ne remplit même plus sa fonction... Il vous faut cinq ans pour la régénérer, la discipliner et l'embellir. La première année, en juillet :

- retirez la végétation et les mauvaises herbes qui l'encombrent à la base ;
- supprimez toutes les branches sur une seule face jusqu'au tronc, sur l'intégralité de la hauteur ;
- rabattez-la à la hauteur désirée ;
- enfoncez un tuteur entre les arbustes ;
- inclinez une branche de chacun d'entre eux et fixez-la au tuteur — prenez-la sur la face non rabattue, si possible ;

Plantation d'une haie

Protégez une haie nouvellement plantée contre les mauvaises herbes en recouvrant le sol, aux pieds de la haie, d'une feuille de plastique.

Rénovation d'une haie ancienne

Pour régénérer une vielle haie, supprimez toutes les branches sur une face, et faites de même l'année suivante sur l'autre face.

• enterrez une poignée de poudre d'os au pied de chaque végétal ;
• arrosez bien et terminez par 10 centimètres de tourbe ou de compost.

La deuxième année, effectuez le même travail de reprise sur l'autre face de la haie. En moins de cinq ans, celle-ci sera digne de votre jardin.

La mise en place

Creusez une tranchée de 60 centimètres de profondeur sur 40 centimètres de largeur. Ameublissez le fond et mettez une partie de la terre de surface de côté. Pralinez ou trempez les arbustes. Placez-les après avoir déterminé leur écartement selon la haie souhaitée : 60 centimètres pour une haie de moins de 1 mètre de haut ; 80 pour une haie de clôture. Utilisez un cordeau pour aligner la plantation. Mélangez la terre de surface avec 1/3 de sable de Loire, 1/3 de tourbe, 1/3 de compost. Comblez la tranchée et arrosez bien.

Une haie de clôture ou bordant une allée n'est pas obligatoirement rectiligne.

La taille

Contrairement aux autres activités dans le jardin, la taille efficace se fait après la pluie — pour ne pas dire pendant. Au cours d'une période de sécheresse, les ciseaux gagnent à être rafraîchis dans un seau d'eau. La première année de formation ne présente aucune difficulté ; les suivantes, la coupe suit le profil défini.

Principaux types de haie

Fortifié – Eleagnus.

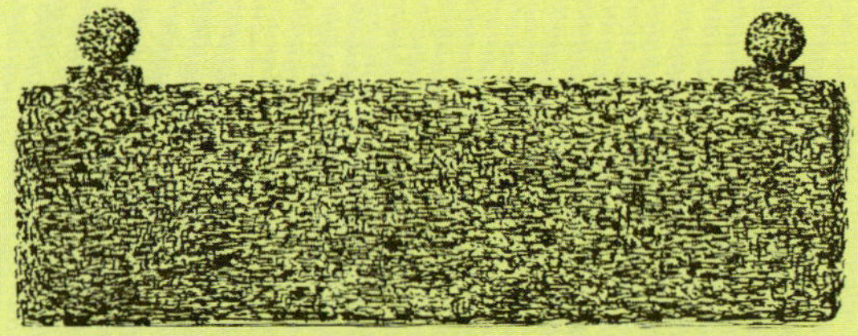

Topiaire – Buxus.

Fleurie – Rosa rugosa.

Champêtre – Ribes ; Tamarix ; Escalonia ; Hyppophae rhamnoides.

Pour obtenir une haie de conifères idéale, la base devra être un peu plus large que le haut. Supprimez, au sommet, les pousses verticales de l'année au profit des latérales, qui étoffent l'arbuste. Procédez de préférence au début de l'été, ce qui permet à celles-ci de se développer.
Vous pouvez commencer à profiler la haie dès qu'elle mesure 1 mètre de haut. Faites preuve d'originalité. Donnez-lui une horizontalité en vague et laissez se développer un sujet à chaque extrémité, que vous formerez en boule ou en cube à partir de la deuxième année.
Pour la haie en fenêtres, il est impératif d'attendre que les arbustes aient atteint leur taille définitive. Ménagez, dans l'épaisseur, des ouvertures rappelant celles d'une maison, que vous étagez.

La plantation en pratique

Haie de clôture en conifères	
Espèce	Conseils
Taxus baccata (if) : le plus noble de tous ; il en existe une variété dorée.	Espacement à la plantation : 1 m ; tout type de sol ; soleil ou mi-ombre ; baies toxiques.
Thuya (thuya) : ne vous laissez pas influencer par les snobs, qui disent qu'il est commun ; il coûte simplement moins cher que l'if ; il en existe une variété dorée.	Espacement à la plantation : 80 cm ; à croissance rapide ; il accepte tout ; bien taillé, il forme une superbe haie, dont la base doit être plus large que le sommet ; les deux premières années, supprimez les pousses verticales pour qu'il s'étoffe.
Chamaecyparis lawsoniana 'Elwoodii' : son feuillage est gris bleuté ; il en existe une variété dorée.	À croissance lente ; haie d'environ 2 m de haut, servant à diviser le jardin.
Chamaecyparis lawsoniana 'Green Hedger' : il est vert tendre, *Juniperus* x *media* 'Pfitzeriana'.	Espacement à la plantation : 1 m ; haie de 2 m de haut pour presque autant de large, pouvant être réduite par la taille.

Haie dépassant 2 mètres de haut	
Thuya du Canada 'Emeraude' ; *Thuya plicata* 'Zebrina' est panaché de jaune.	À croissance rapide ; la tranchée de plantation est plus adaptée que les trous.
Picea abies (épicéa).	Il apprécie un sol sablonneux ; il forme une superbe haie, mais il lui faut de la place.
Chamaecyparis leylandii : le champion ; il a été rebaptisé *Cupressocyparis leylandii.*	Il peut prendre 1 m par an ; il aime un sol frais et humide ; il doit être planté à 1,50 m minimum de la clôture du voisin.
Haie pour le bord de mer	
Abelia floribunda, *Arbutus unedo*, *Atriplex*, *Carpinus betulus* (charme), *Eleagnus*, *Euonymus japonica*, *Griselina*, *Ligustrum ovalifolium*, *Sambucus*, *Tamarix*, *Viburnum tinus.*	Espacement à la plantation : 60 cm ; au départ, ces végétaux pourraient être soutenus par un treillage de fil de fer en cas de vent fort.
Haie charmille	
Carpinus (charme), *Fagus* (hêtre).	Haie caduque-persistante, car son feuillage roussi adhère aux branches jusqu'à l'apparition de nouvelles pousses ; plantez les pieds en quinconce sur deux rangs, espacés de 70 cm.
Haie bocagère	
Choisya ternata, *Cotoneaster*, *Escallonia*, *Forsythia*, *Philadelphus*, *Prunus*, *Ribes*, *Rosa rugosa*, *Spiraea*, *Syringa*, *Weigelia.*	Haie servant à diviser le jardin ou à border un chemin ; elle est formée d'un mélange d'arbustes persistants et à fleurs, en évitant les conifères, qui assombrissent l'ensemble.

Haie de feuillage persistant	
Prunus laurocerasus, *Prunus laurocerasus* 'Otto Luyken', *Prunus laurocerasus* 'Herbergii', *Prunus lusitanica*. *Aucuba*, *Cotoneaster franchetti*, *Cotoneaster salicifolia*, *Eleagnus ebbengei*, *Escallonia*, *Ligustrum ovalifolium*, *Lonicera nitida*, *Mahonia*, *Phyllostachys* (bambou), *Rhododendron*, *Viburnum tinus*.	À croissance rapide ; les prunus forment une superbe haie de clôture ; si un gel dramatique et imprévu la dénude, rabattez les branches ayant souffert et attendez l'apparition de nouvelles pousses ; pour une haie persistante, plantez de préférence de jeunes sujets (40 cm) achetés en conteneur ; le *Prunus lusitanica* (laurier du Portugal), peu coûteux et d'un entretien minimal (couper les fleurs fanées de temps à autre), est idéal pour clôturer une propriété ou border une allée ; contentez-vous de retirer les branches nuisant à l'effet de l'ensemble.
Haie défensive	
Chaenomeles (cognassier du Japon), *Berberis* x *ottawensis*, *Berberis julianae*, *Crataegus* (aubépine), *Ilex* (houx), *Pyracantha*.	Ces végétaux sont dotés de piquants ; la taille ne touche que les branches dépassant la hauteur voulue.
Haie de bordure	
Buxus, *geranium*, *Lavandula*, *liriope*, *Nepeta*, *Santolina*, *Stachys*, *Teucrium*.	Une rangée de plantes suffit pour border un chemin gazonné à travers le jardin — dans ce cas, plantez à 15 cm du bord — ou une plate-bande. Sortez du classique « buis de bordure », au profit d'autres options, moins coûteuses.
Haie à croissance rapide	
Cupressocyparis leylandii, *Ligustrum ovalifolium*, *Prunus laurocerasus*, *Prunus lusitanica*, *Pyracantha*, *Spiraea* x *vanhouttei*, *Thuya plicata* 'Atrovirens'.	Le *Cupressocyparis leylandii* peut dépasser 10 m de haut ; bien arroser à la plantation.

Des pots d'herbes aromatiques forment une composition décorative facile à réaliser, à arroser et à modifier selon l'humeur et les saisons.

Le jardin d'herbes

C'est probablement le plus ancien jardin créé par l'homme. On le trouve chez les Chinois, près de trois siècles avant J.-C., où l'on aurait recensé deux cent cinquante plantes, dont certaines sont encore utilisées. Au Moyen-Orient, à la même époque, on relève une pharmacopée de plus de mille quatre cents plantes. Pythagore, pour sa part, fonde une école où les herbes aromatiques font l'objet d'un enseignement. Au Moyen Âge, puis à la Renaissance, les plantes aromatiques et médicinales sont largement utilisées. On n'avait alors pas le choix... Les monastères perpétuent la tradition des herbes aromatiques, les plantant en groupes distincts pour éviter les erreurs et les mélanges au cours de la cueillette.

Aujourd'hui, le jardin d'herbes est un peu moins condimentaire et de plus en plus décoratif, ce qui n'empêche pas l'association des deux tendances.

Il est possible de mêler, dans une bordure, des herbes aromatiques arbustives et d'autres arbustes.

La séparation des herbes en compartiments facilite la cueillette et le désherbage, ainsi que l'entretien des plantes. Un entourage de briques et de gravillons facilite l'accès.

L'usage

Quand vous cueillez des herbes, coupez-les jusqu'à terre, sachant que les tiges ne repoussent pas. Comme elles ne sont pas réservées à l'été, sachez en profiter l'hiver. Pour cela, cueillez-les en bouquet, que vous attachez et accrochez tête en bas jusqu'à ce qu'elles soient bien sèches, ou écrasez les feuillages et placez-les dans une boîte hermétique. Vous pouvez aussi les faire sécher à plat sur un plateau dans une pièce aérée avant de les émietter. Si vous préférez les congeler, agissez tant qu'elles sont fraîches. Mettez quelques feuilles d'herbes hachées ou non dans le bac à glace rempli d'eau. Une fois les glaçons aromatiques formés, transférez-les dans des sacs plastiques, que vous conservez au congélateur. Cette méthode est la seule qui permette de garder le basilic pour une utilisation toute l'année, son feuillage supportant mal le séchage.

La multiplication

La plupart des herbes aromatiques peuvent être multipliées par marcottage ou bouturage en mars-avril ou en septembre. Méfiez-vous de la menthe, dont les racines deviennent envahissantes, et préférez une plantation en pot enterré. Pour le persil et la ciboulette, dont vous ferez sans doute grand usage, réalisez plusieurs semis à quelques semaines d'intervalle.
Lors de la plantation, si le temps est au froid et à la pluie, prévoyez de protéger les herbes.

Herbe aromatique	Hauteur en cm	Remarques
Basilic	25	Semez en mars ou plantez en pot en mai.
Cerfeuil	30	Semez tous les mois à partir de mars.
Ciboulette	20	Semez en avril-mai ; ne cueillez pas la première année.
Coriandre	40	Semez en avril ; ramassez et séchez les fruits en été.
Échalote	30	Plantez en avril ; les tiges peuvent remplacer la ciboulette en attendant qu'elle pousse.
Estragon	30	Séparez et replantez les tiges enracinées en mai.
Menthe	40-50	Divisez les touffes en mai.
Persil	20	Semez en place en mars et tenez humide.
Romarin	50-90	Faites des boutures en mai.
Sarriette	30	Semez en mars.
Sauge	40	Faites des boutures en mai.
Thym	40-50	Faites des boutures en mai ; peu de terre et peu d'arrosage lui sont nécessaires.

Page ci-contre : *Une roue de charrue permet de séparer les herbes d'une façon originale.*

Sentier bordé de Viola cornuta Alba *: la division des touffes permet d'obtenir une vaste rangée de fleurs semblables.*

La multiplication

La multiplication de sujets identiques est facile : quand une plante est devenue trop importante pour son emplacement, on la déterre pour la multiplier. Certaines éparpillent leurs graines autour d'elles, d'autres, envahissantes, se faufilent partout grâce à leurs rhizomes (racines) souterrains. Pour connaître le type de multiplication de vos plantes, référez-vous aux pages 272 à 561.

Le bouturage

C'est l'une des façons les plus sûres pour propager les plantes vivaces et bon nombre d'arbustes. Elle s'applique aux tiges, aux feuilles, aux talons, aux racines. Les boutures sont prélevées toute l'année, sauf en période de gel, et, pour les racines, prélevées uniquement pendant le temps de dormance de la plante.

La bouture de racine et de rhizome

Vers la fin de l'automne ou de l'hiver, déterrez la plante à bouturer. Si elle est trop grosse, retirez un de ses côtés et ne gardez qu'une partie des racines. Choisissez-les bien développées, ni trop fines ni trop grosses, et coupez-les par morceaux de 5 centimètres.

Pour la bouture d'un rhizome, n'utilisez que les portions possédant au moins un départ de feuilles.

Dans une caissette, préparez un mélange de terre, de tourbe et de compost, et disposez les tronçons à plat. Si la racine est grosse comme un doigt, plantez-la verticalement. Recouvrez-les de 1 à 2 centimètres de terre et arrosez.

Posez les portions de rhizome à plat, dans une terre sablonneuse.

Placez la caissette sous châssis jusqu'à l'automne suivant.

Bouturage d'une racine

Coupez les racines par section de 5 centimètres.

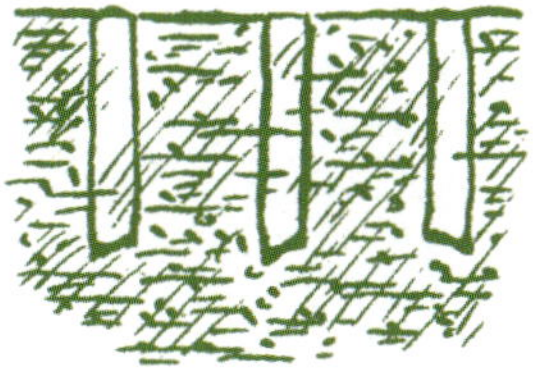

Si les sections de racine sont suffisamment épaisses, plantez-les verticalement.

Bouturage d'un rhizome

Retirez au couteau les parties desséchées du rhizome. En plantez que les coupes saines, comportant un départ de végétation.

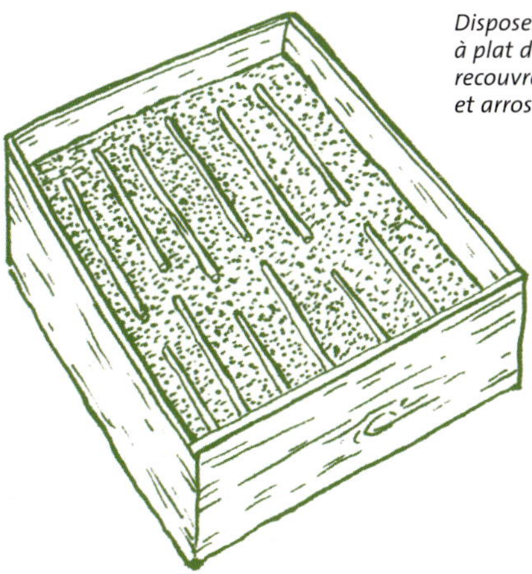

Disposez les tronçons à plat dans une caissette, recouvrez-les de terre et arrosez.

La bouture de tige et de rameau (herbacées)

Prélevez une tige avec talon ou une jeune tige de 7 ou 8 centimètres au début de la croissance de la plante — sève montante —, coupée en biais sous un nœud avec un greffoir bien aiguisé. Choisissez une tige sans fleur. Retirez les feuilles du bas. Plantez-la dans un pot en laissant dépasser 3 centimètres, arrosez régulièrement et gardez sous châssis jusqu'à la saison suivante de mise en terre.

La bouture de feuille

Cette méthode, surtout utile pour les plantes de serre, doit être pratiquée à une température de 18 °C.

Détachez avec un couteau pointu une grande feuille saine de la plante et sectionnez les plus grosses nervures ; cela empêche la sève de circuler et permet l'enracinement sous la coupure. Placez la feuille sur un mélange de 1/3 de terre, 1/3 de sable et 1/3 de tourbe.

Bouturage d'une tige ou d'un rameau

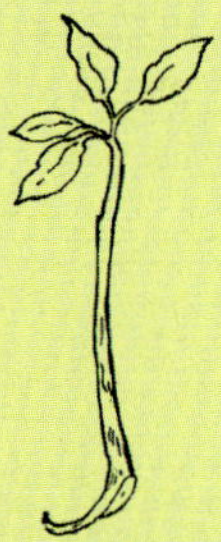

Prélevez une tige avec talon.

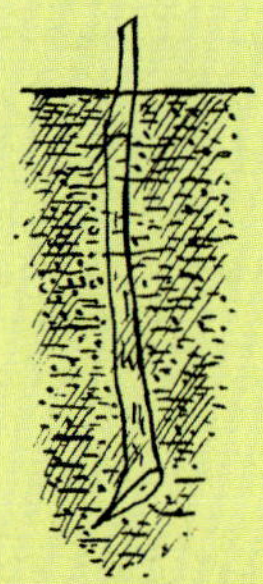

Plantez-la dans un pot en laissant dépasser 3 centimètres de tige.

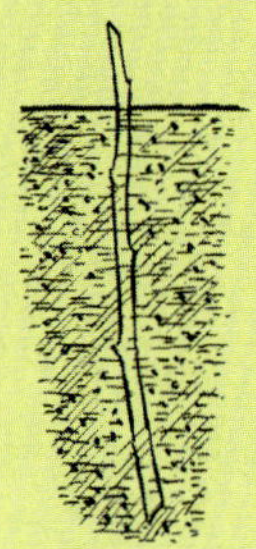

Procédez de la même façon avec une jeune tige, coupée sous un nœud. Ne gardez que 2 ou 3 feuilles à l'extrémité et repiquez-la dans un pot.

Bouturage d'un bourgeon

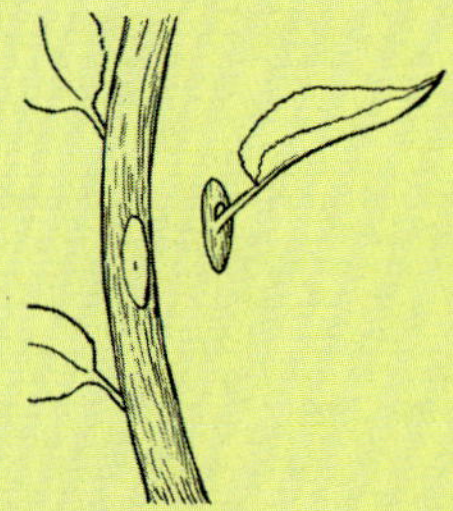

Détachez une feuille saine avec un couteau.

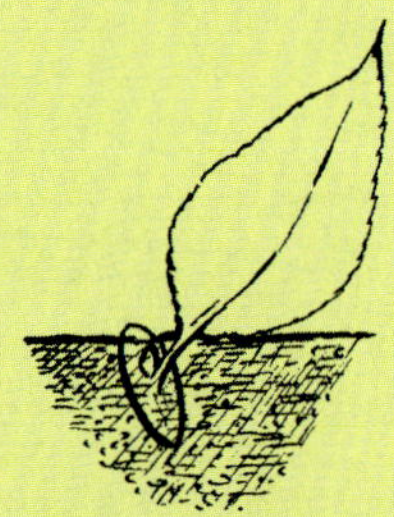

Placez la feuille dans un pot.

Bouturage d'une feuille

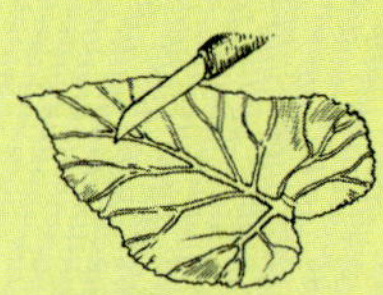

Sectionnez les plus grosses nervures sous la feuille (ici, une feuille de bégonia) et retournez-la.

Placez la feuille sur le terreau : elle s'enracine au niveau des des coupures.

Le marcottage

Le marcottage de tige

Il s'applique aux arbustes dont les tiges basses permettent la mise en terre sans qu'elles soient séparées de la plante mère.

Prenez un rameau bas, choisissez-le sain, sans taches, retirez les feuilles et grattez légèrement la partie qui sera mise en terre, après l'avoir saupoudrée d'hormones. Coudez le rameau et maintenez-le avec un crochet, enterré à environ 5 centimètres de profondeur dans un pot rempli d'un mélange de 1/3 de terreau de feuilles, 1/3 de sable et 1/3 de tourbe. Arrosez. Si le rameau est assez long, multipliez les marcottes, de pot en pot.

Le marcottage aérien

Il peut se faire si le sujet ne possède pas de branches assez basses. Pratiquez une légère incision sur une tige en soulevant légèrement une lamelle. Couvrez-la de poudre d'hormones, entourez-la de mousse humide et garnissez la marcotte d'un film plastique fermé aux deux extrémités.

Après deux ou trois mois, les racines apparaissent. Dégagez alors soigneusement la marcotte et plantez-la à l'abri du soleil, si possible sous châssis. Quand les signes de reprise sont bien visibles, mettez-la en terre. Ce procédé donne de bons résultats avec la glycine, la viorne, le lilas et le rhododendron, notamment.

Marcottage de tige

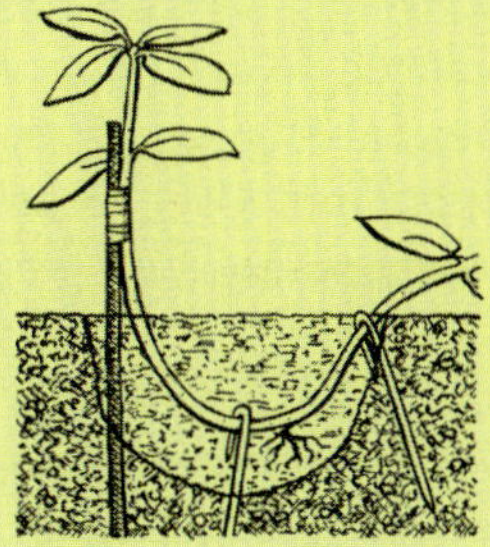

Marcottage d'un rhododendron.

Marcottage d'un fraisier dans un pot enterré.

Marcottage aérien

Pratiquez une légère incision sur une tige.

Garnissez-la d'un film plastique.

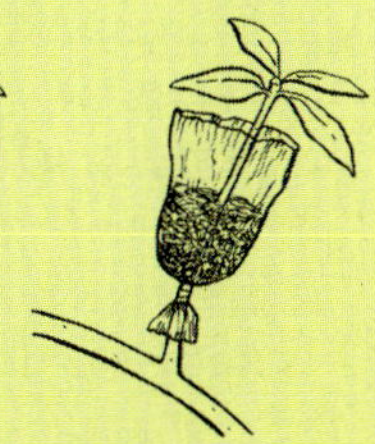

Couvrez-la de poudre d'hormones et entourez-la de mousse.

Refermez le sac plastique.

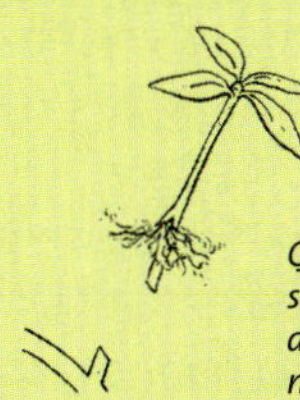

Quand les racines sont développées, détachez la tige et mettez-la en terre.

Le greffage

C'est le meilleur moyen de régénérer une plante à laquelle vous tenez particulièrement ; c'est également la solution pour multiplier à l'infini les végétaux qui ne réussissent pas toujours par marcottage ou bouturage, principalement les rosiers. Il existe de nombreuses sortes de greffes, dont certaines utilisées presque exclusivement pour les fruitiers ; d'autres, faciles à réussir, s'appliquent à la plupart des arbres et arbustes. Les jardiniers y recourent peu, bien qu'il s'agisse d'une technique simple.

La technique

Il s'agit de mettre directement en contact les minces couches de tissu vert situé sous l'écorce du greffon, qui va reproduire la plante dans sa partie aérienne, avec celles du porte-greffe, ou sujet, qui apporte le système radiculaire, la tige... c'est-à-dire la plante greffée. Pour réussir, respectez impérativement quelques indications de base :

- choisissez un porte-greffe et un greffon appartenant au même genre ;
- pour une greffe pratiquée au printemps, prélevez les rameaux portant les greffons en hiver et enterrez-les dans du sable à l'ombre, au nord, pour retarder le départ de la végétation jusqu'au moment du greffage ; prélevez le greffon juste avant la greffe ;
- sélectionnez un porte-greffe très sain, le succès de la greffe dépendant en grande partie de sa santé ;
- greffez à la bonne période, au printemps quand la sève commence à être active ou à la fin de l'été quand la plante a terminé sa croissance ;
- retenez un greffon bien caractérisé ;
- faites coïncider entre eux les éléments vivants du greffon et du porte-greffe ;
- effectuez l'opération rapidement, sans laisser les parties vivantes des végétaux à l'air ;
- liez le porte-greffe et le greffon fermement et recouvrez la partie exposée avec du mastic à greffer pour que l'eau de pluie ne s'infiltre pas — le raphia fait de bons liens.

La greffe par approche

Elle consiste à rapprocher d'un porte-greffe enraciné un second sujet, lui aussi enraciné, de façon à transférer sur le premier une partie du second. La greffe par approche est utilisée pour réparer une branche cassée ou greffer une autre variété sur un sujet, et pour lier deux variétés de poires ou une de poire et une de pomme, par exemple — à condition que les deux plantes soient de la même famille. Cette méthode permet d'obtenir des curiosités végétales ! Procédez par étapes :

- sur les deux parties à rapprocher, enlevez l'écorce sur 2 à 3 centimètres de hauteur ;
- plaquez les deux branches l'une contre l'autre et ligaturez ;
- lorsque la greffe est soudée, coupez le sujet greffon sous la greffe. Le haut de la tige appartient désormais au porte-greffe.

La soudure entre les deux sujets peut prendre deux à trois semaines, parfois plus.

Greffe en couronne

Prélevez le greffon juste avant la greffe.

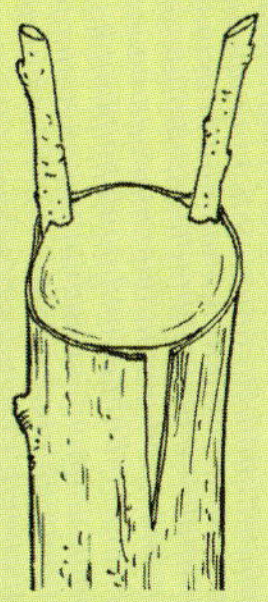

Imbriquez les éléments vivants du greffon et du porte-greffe.

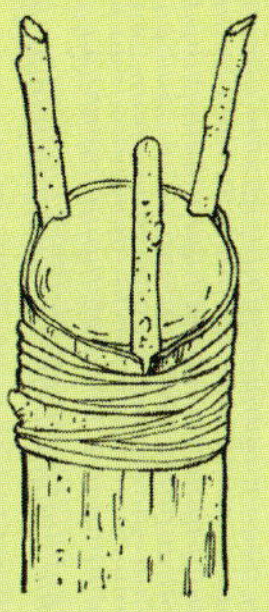

Liez fermement le porte-greffe et le greffon.

Greffe par approche

Retirez 2 centimètres d'écorce sur chaque sujet à 2 ou 3 centimètres de la branche.

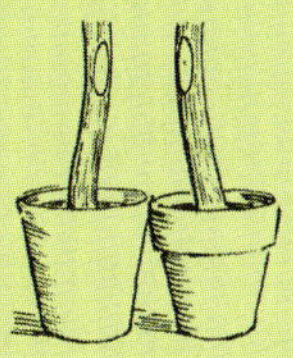

Liez fermement les tiges entaillées. Lorsque les deux parties sont soudées, coupez le bas de la tige du greffon et le haut de la tige du porte-greffe.

Greffe en écussonnage

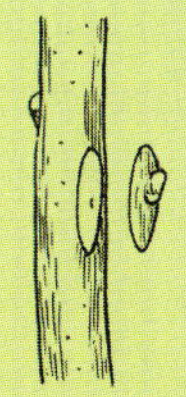

Prélevez un bourgeon avec un peu d'écorce.

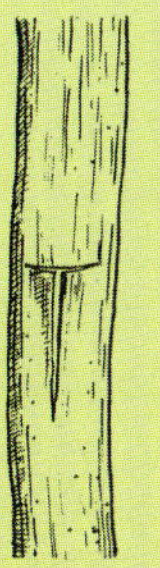

Entaillez en T le porte-greffe et écartez légèrement l'écorce.

Glissez le bourgeon dans l'entaille.

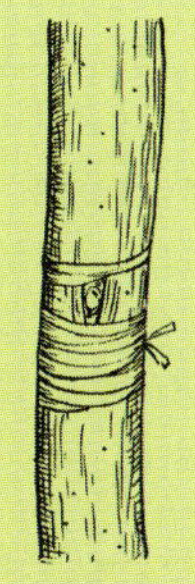

Ligaturez pour que les tissus soient bien en contact.

Le semis

Peut-être avez-vous connu des déceptions : vos semis n'ont pas levé ou leur levée était suivie d'un flétrissement. Invoquez l'une des raisons suivantes :

- l'époque choisie ne convenait pas ;
- la terre n'était pas adaptée ou s'est desséchée ;
- les graines étaient trop vieilles ou mal conservées dans un sachet non étanche ;
- vous les avez semées dans un endroit trop froid ou trop exposé, ou au contraire trop chaud, ce qui peut arriver pour des plantes de montagne ;
- vous les avez trop recouvertes et n'avez pas assez attendu pour la levée.

Protection du semis

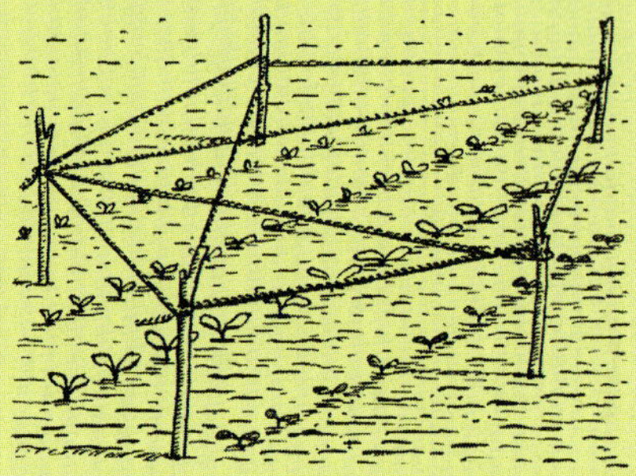

Protégez vos semis à l'aide de petits piquets et créez un croisillon de fil.

Le semis en place

Mars-avril, début mai et septembre conviennent pour les semis. Les graines achetées dans le commerce sont à utiliser dans l'année. Les grosses, tels les pois de senteur, doivent être stratifiées avant la plantation, ce qui hâte leur germination : mettez-les dans des pots remplis d'un mélange à parts égales de tourbe, et de sable, par couche, couvrez-les et laissez-les dehors pour l'hiver ; au début du printemps, récupérez les graines et semez en place. Améliorez la terre par l'adjonction de sable de rivière et de tourbe. Ratissez-la et aplatissez-la, puis tendez un cordon et tracez des sillons à l'aide du manche d'un outil. Arrosez-les avant le semis — après, cela risquerait de déranger les graines. Pour ne pas semer trop dru, mélangez les graines à du sable. Recouvrez-les légèrement en ramenant la terre du haut du sillon avec le dos du râteau. Étiquetez le sillon : date du semis, variété des graines.

Le semis à la volée

Si vous souhaitez un effet spontané, parfois parmi d'autres plantes, dans un massif ou une bordure, ratissez bien le terrain et semez par taches clairsemées, en mélangeant toujours les graines à du sable. Marquez les endroits concernés d'une étiquette ou épandez une poignée de sable par-dessus, afin de ne pas les piétiner.

Le semis sous verre

C'est la meilleure méthode pour surveiller la levée. Prenez une caissette propre. Si elle est en bois, faites-la tremper quelques heures dans l'eau pour qu'elle absorbe le plus d'humidité possible. Garnissez-la d'un mélange de 1/3 de bonne terre tamisée, 1/3 de sable grossier et 1/3 de tourbe. Nivelez, puis trempez-la quelques minutes dans un récipient d'eau. Quand elle affleure à la surface de la terre, retirez le récipient et laissez drainer. La caissette est prête à recevoir les graines.

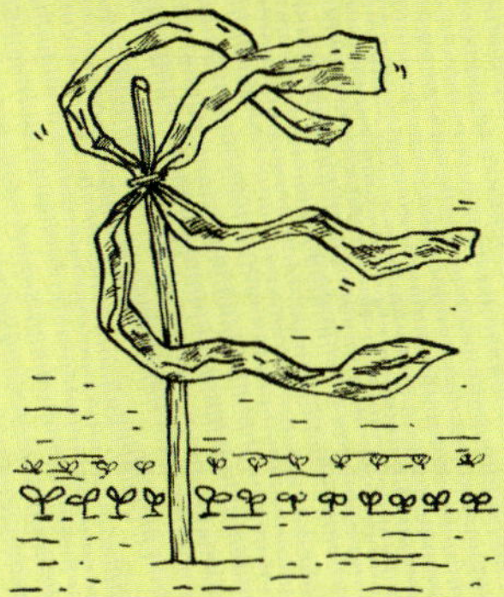

Pour éloigner les oiseaux, attachez des rubans de papier d'aluminium à un piquet.

Semez le plus clairsemé possible et recouvrez d'une fine couche de sable. Tassez et recouvrez la caissette d'une feuille de papier épais, puis d'une plaque de verre, que vous ôterez dès l'apparition des semis — le verre peut être conservé si le temps est trop froid. Quand les plantules mesurent environ 2 centimètres, déterrez-les délicatement à la cuillère et repiquez-les en les espaçant dans un plus grand récipient, préparé comme pour le premier semis et humidifié. Préparez les trous à l'aide d'un crayon et ramenez la terre autour des plantules en laissant 5 à 8 centimètres entre chacune. Les semis peuvent rester sous châssis, en serre froide ou dehors, à l'abri du vent et du soleil direct.

Exposez-les progressivement à la lumière et à l'air, selon le temps, avant de réaliser la plantation définitive par temps sec et sans gelées nocturnes.

La protection du semis

Pour un semis en carré, enfoncez des piquets de 10 à 15 centimètres de haut autour du lit de semis et établissez un croisillon avec du fil noir. Pour un semis en longueur, placez des arceaux de fil de fer le long du sillon et attachez des fils de coton sur les arceaux afin de former un tunnel de protection.

Les autres modes de multiplication

La division des touffes

La multiplication des vivaces est une opération facile, qui se fait quand la plante est devenue trop touffue ou qu'elle est restée en place plusieurs années. Commencez par la déterrer. Si elle est trop importante pour que vous y parveniez à l'aide d'une seule bêche ou fourche-bêche, prenez-en deux, que vous enfoncez dos à dos en son milieu ; une pression exercée pour que les deux manches des outils se rejoignent devrait alors la libérer. Retirez la terre qui adhère aux racines. Découpez le centre desséché de la plante avec un couteau bien aiguisé et replantez-la, avec les morceaux de son pourtour, dans une terre neuve enrichie de compost, de tourbe et de sable. Arrosez bien.

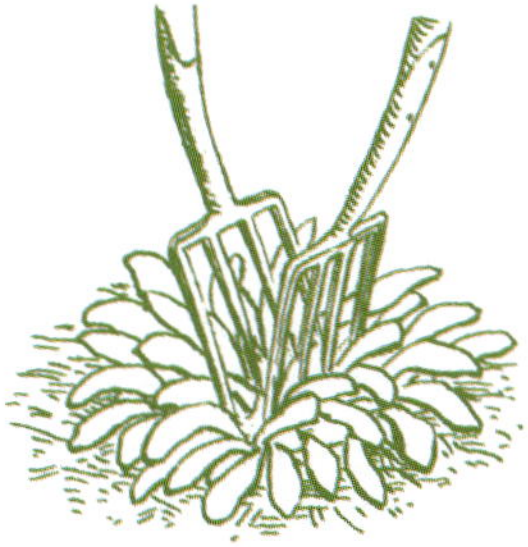

Pour diviser une touffe importante, utilisez deux fourche-bêches et rapprochez les manches.

Les bulbilles

Récoltez les bulbilles sur les tiges des lis, quand elles sont prêtes à tomber. Elles sont de couleur marron et la capsule commence à s'ouvrir vers la fin août. Plantez-les espacées de 2 à 3 centimètres les unes des autres, à 2 centimètres de profondeur ; tassez le sol et arrosez. Au bout de deux ou trois ans, vous pouvez les mettre en place.

Caïeux

Détachez les rejets qui se forment autour de certains bulbes et replantez-les.

Les caïeux

Fin juin, après avoir retiré les bulbes de terre, laissez-les sécher, puis ôtez les peaux mortes. Des rejets, les caïeux, se forment autour de certains bulbes. Piquez-les dans des pots remplis d'une bonne terre allégée, moitié tourbe, moitié sable, et gardez-les au frais sous châssis jusqu'à ce qu'ils aient assez de pousses pour les mettre en terre. Ils ne fleurissent parfois qu'après deux ou trois ans.

Les conifères, un exemple concret

Quand la plantation d'une haie de conifères est trop coûteuse, deux solutions de rechange faciles et très économiques s'offrent à vous : le bouturage et le semis. Les thuyas et les genévriers se prêtent parfaitement au bouturage. Tentez l'expérience :

- prélevez des boutures de 15 centimètres au mois d'août ;
- retirez les ramilles du bas au sécateur et ne gardez que le tiers supérieur ;
- plongez la base des boutures dans une poudre d'hormones et secouez-les pour éliminer le produit en excès ;
- remplissez des pots d'un mélange moitié tourbe, moitié sable, et plantez-y les boutures ;
- arrosez et encapuchonnez les pots dans un sac plastique — ils forment de petites serres ;
- enterrez-les contre un mur exposé au nord ; au printemps, transplantez les boutures en godet ou en pleine terre ; deux ans après, transférez-les à leur emplacement définitif.

Pour le semis :

- récoltez les graines à la fin de l'été. Laissez les pommes de pin quelques jours à la chaleur et secouez-les pour détacher les graines ;
- laissez-les tremper 24 heures dans l'eau ;
- remplissez un pot d'un mélange moitié tourbe, moitié sable, aplatissez-y les graines et saupoudrez-les de quelques millimètres de sable ;
- enterrez le pot contre un mur exposé au nord et soyez patient — il faut parfois attendre deux printemps pour voir la levée des graines ;
- laissez les bébés conifères en pot jusqu'à l'été, où vous les transplantez en godet individuel ou en pleine terre bien allégée avec du sable, à l'ombre, dans un coin du jardin ;
- faites une nouvelle plantation tous les deux ans.

Comptez six ans pour former une haie... très économique.

La multiplication en pratique

Méthode	Époque	Avantages
Bouturage de racine	printemps	pratique, en caissette
Bouturage de rhizome	juillet-août	obtention de jeunes sujets sains en coupant le rhizome
Bouturage	automne	multiplication à l'infini, surtout pour les vivaces
Bouturage de feuille	printemps ou automne	obtention de plusieurs sujets avec une feuille
Marcottage simple marcottage de rhododendron	n'importe quand août	moyen sûr pour des sujets faisant difficilement des racines
Marcottage aérien	printemps ou été	moyen sûr pour des sujets aux branches hautes ne permettant pas une marcotte directement enterrée
Greffage	février-avril à l'abri ou juillet-septembre	régénération d'une plante et multiplication des espèces se reproduisant difficilement par semis ou marcottage
Semis	printemps-automne	obtention de quantité de plantes à prix réduit ; les graines dites hybrides F1, plus vigoureuses, sont préférables à d'autres semences ; inutile de semer celles obtenues
Division (touffes)	début du printemps	obtention rapide et facile de plusieurs sujets avec une plante
Bulbilles	dès que la récolte est faite	principalement sur les tiges de lis ; obtention de nombreuses plantes en détachant les bulbilles de la plante mère ; elles fleuriront deux ou trois ans après
Caïeux	dès que la récolte est faite	obtention d'une collection de bulbes pour la saison suivante

Des clématites, du chèvrefeuille et et des rosiers grimpent sur les arches métalliques qui couvrent une charmante allée.

Les grimpantes

Tous les murs, quelle que soit leur exposition, peuvent être habillés de plantes, à condition de respecter les goûts et les habitudes d'orientation de celles-ci. Certaines refusent de grimper pendant les deux ou trois premières années : elles s'habituent à leur installation. Ensuite, elles partent en flèche et vous devez parfois les tuteurer. D'autres, tels les rosiers, gagnent en floraison si, au départ, vous guidez quelques branches à l'horizontale, ce qui évite qu'ils ne se dégarnissent à la base. Ménagez un écart de 40 centimètres entre le mur et le trou de plantation. Si un tuyau, des fondations ou quelque autre obstacle contrarient la mise en place, recourez au bac, construit contre le mur, qui offre une excellente protection aux plantes et des possibilités de palissage. Plantez à 50 centimètres de profondeur, cela suffit à la plupart des grimpantes pour étaler leurs racines. Un jeune sujet se contente de 30 centimètres.

Chaenomeles speciosa.

La plantation

Une fois le trou creusé, remplissez-le d'eau et ameublissez les côtés. Garnissez-le d'un mélange composé de 1/3 de compost ou de fumier bien décomposé, 1/3 de sable et 1/3 de bonne terre de jardin. Placez le végétal de biais pour que les racines s'éloignent du mur.

Un choix de grimpantes

Variétés caduques pour le sud et l'ouest	
Actinidia chinensis *Actinidia kolomikta* *Campsis radicans* *Ceanothus thyrsiflorus* *Clematis alpina* *Clematis montana* *Clematis tanguica*	*Jasminum officinale* *Lonicera etrusca* *Rosa* *Schizophragma hydrangeoides* *Vitis vinifiera* *Wisteria*

Variétés caduques pour le nord et l'est	
Celastrus orbiculatus *Clematis alpina* *Clematis montana* *Hydrangea petiolaris* *Lonicera* x *americana* *Lonicera periclymenum* *Parthenocissus* *Rosa* — nombreuses,	surtout 'Aloha', 'Mme Caroline Testout', 'Gloire de Dijon', 'Mme Alfred Carrière' et 'Danse du Feu' *Schizophragma hydrangeoides* *Vitis coignetiae*

Rosier sur un tronc mort. Plantez à au moins 40 centimètres du tronc pour éviter les racines de l'arbre.

Variétés persistantes pour le nord et l'est	
Akebia quinata *Garrya elliptica* *Hedera*	*Pittosporum* *Pyracantha*

Variétés annuelles	
Cobaea *Cucurbita* *Eccremocarpus scaber* *Humulus*	*Ipomœa* *Lathyrus latifolius* *Tropaeolum*

Les variétés annuelles sont utiles pour garnir un treillage ou un mur nécessitant un habillage temporaire.

Variétés fleurissant à la fin de l'hiver ou au début du printemps	
Buddleia auriculata *Camellia sassanide* *Ceanothus* 'Automnal blue' *Chimonanthus praecox* *Clematis cirrhosa* subsp. *balearica*	*Garrya elliptica* *Jasminum nudiflorum* *Lonicera fragrantissima* *Lonicera x purpusii* *Lonicera standishii* *Viburnum x bodnantense* *Viburnum farreri*

De fausses grimpantes

Palissées contre un mur, beaucoup de plantes, bien qu'elles ne soient pas classées parmi les grimpantes, se conduisent comme telles. Elles sont versatiles, mais avec un peu d'encouragement, elles y arrivent. Quelques arbustes persistants sont ainsi à palisser au nord et à l'est : *Berberis stenophylla, Cotoneaster Franchetti, Crataegus oxyacantha*

Ceanothus.

'Rosea Plena', *Daphné odora* 'Aureomarginata', *Elaeagnus pungens* 'Aureomaculata', *Escallonia macrantha*, *Evonymus fortunei*, *Garrya elliptica*, *Ilex*, *Rubus* et *Viburnum tinus*.

Crataegus oxyacantha 'Rosea Plena', l'aubépine commune, forme un habillage plein de charme palissé contre un mur et taillé ; il préfère le soleil. Quant à *Elaeagnus pungens* 'Aureomaculata', avec son panachage de jaune et ses fleurs très parfumées, il est l'élément idéal à palisser à plat contre la maison. Il se taille admirablement.

Quelques réserves

Méfiez-vous des entortilleuses, qui s'enroulent de façon si inextricable que vous n'arrivez pas à les palisser : les glycines et les chèvrefeuilles en font partie. Il faut les rabattre au mois d'août à la hauteur qui vous paraît la plus pratique et, dès lors, les guider régulièrement, sans vous laisser entortiller ! Quant au *Polygonum*, c'est lui qui l'emporte dans son combat avec vous... Alors, abdiquez et laissez-le recouvrir la maison de son voile blanc.

Méfiez-vous de l'exubérant *Hydrangea petiolaris*, qui se précipite vers les gouttières et le toit sans que vous vous en aperceviez. Pensez plutôt à l'utiliser comme couvre-sol sur un terrain inégal et caillouteux, même à l'ombre ; il s'en empare en le fleurissant à profusion. Quant au *Lonicera nitida*... ce n'est ni un chèvrefeuille ni une plante grimpante ! Il ne fleurit pas et il faut parfois le tailler plusieurs fois dans l'année s'il dépasse les bornes. Utilisez-le plutôt en topiaire : il se laisse tailler aisément.

Hydrangea petiolaris.

Ne faites pas confiance au *Pyracantha*, qui devient un très grand arbuste incontrôlable, à moins que vous ne vous armiez de courage... et de gants, à cause de ses piquants, pour le rabattre régulièrement. Contre un mur, il forme une superbe tapisserie ou, placé de chaque côté d'une porte, crée rapidement un bel encadrement.

La taille

Tailler ou ne pas tailler, voilà la question ! Les avis divergent et la réponse n'est pas simple, mais quand vous admirez une plante grimpant contre un mur sans enchevêtrement de branches feuillues, vous en déduisez que le sécateur a été manié avec tact et discernement.

En règle générale, « dans le doute abstiens-toi » sauf concernant le *Buddleia fallowiana* et le *Fuchsia magellanica*, qui doivent être taillés à 30 centimètres du sol chaque printemps. Pour les autres, sachez que cette intervention ne stimule pas toujours la floraison, mais parfois la pousse du feuillage.

Gardez en mémoire la règle suivante pour obtenir de bons résultats. La taille s'effectue après la floraison, ce qui laisse à la plante le temps de préparer celle de l'année suivante.

Pour que la taille encourage cette dernière — ou la fructification, s'il s'agit de fruitiers —, elle doit être faite le plus près possible des branches principales. La suppression des pousses malingres, enchevêtrées, risquant de cacher des pousses florales est en outre nécessaire, de même que l'élimination, en mars, avant le départ de la nouvelle végétation, des parties atteintes par le gel ou le vent, si nécessaire. Une coupe radicale, avec l'éradication des branches non désirées, ne s'impose que si la plante, devenue trop exubérante, déborde de la partie du mur qui lui est allouée.

Profitez d'une séance de taille pour vérifier l'état des attaches.

Wisteria floribunda *'Multijuga'.*

Le pouvoir couvrant

La petite grimpante que vous venez de planter contre le mur vous réserve parfois une mauvaise surprise. Elle peut monter à l'assaut des fenêtres et des gouttières, vous obligeant, un jour, à la tailler drastiquement, ce qu'elle ne mérite pas. Mieux vaut donc connaître à l'avance la capacité couvrante des végétaux.

Plante grimpante	Capacité couvrante en m²
Bougainvillier	6-20
Buddleia colvilei	3-6
Ceanotus thyrsiflorus	3-6
Campsis	3-10
Clématite	1,50-5
Chèvrefeuille	2-8
Hydrangea petiolaris	6
Jasmin	3
Lierre	3 (minimum)
Passiflore	2-3
Polygonum	15 (minimum)
Pyracantha	2-5
Rosier grimpant	2-6 (liane)
Solanum	2
Wisteria	10 (maximum)

Pour limiter, si nécessaire, l'exubérance des grimpantes, procédez à une taille raisonnable chaque année et surveillez le palissage pour les guider comme vous le souhaitez, et non pas comme elles le désirent.

Les vrilles de la clématite s'enroulent facilement autour de ses voisins, tel ce chèvrefeuille. Surveillez cette exubérante.

La clématite, un exemple concret

Les règles de base

La plantation de la clématite diffère de celle d'autres grimpantes et ne donne pas toujours les résultats espérés. Pourtant, bien installée, elle réussit parfaitement. Particulièrement gourmande, elle doit être nourrie à partir du jour de sa plantation :

- creusez un trou d'environ 50 centimètres de profondeur pour pouvoir enterrer 10 centimètres de tige à la plantation, la motte étant posée en biais — si vous plantez en pot, celui-ci doit mesurer au moins 50 centimètres de diamètre ;
- posez une brique à la base de la tige pour la protéger du soleil ;
- pour la terre, confectionnez un mélange de compost, de tourbe, de fumier bien décomposé, ou un équivalent vendu dans le commerce, et une poignée de sang séché ou de poudre d'os ;
- arrosez bien après la plantation et paillez sur 10 centimètres — feuilles séchées ou tontes de gazon, si ce dernier n'a pas été traité.

Aucune clématite ne résiste à un tel traitement. Contrairement à une rumeur mal fondée, elle n'est pas difficile et s'accommode de toutes les expositions, à quelques exceptions près. Néanmoins, il n'est pas toujours aisé de la faire grimper quelque part, notamment le long d'un tronc d'arbre. Essayez. Enroulez une grosse corde tout autour et guidez la plante au départ. Elle s'accroche à la corde. Le résultat est magnifique avec une clématite Montana. La hauteur figure toujours sur l'étiquette descriptive. Pour la taille, voir p. 85.

Clematis montana *à l'assaut d'un escalier.*

L'exposition et l'emploi

Pour profiter au maximum de sa beauté et de sa floraison, voici l'exposition et l'emploi de prédilection de certaines variétés.

Sur un mur au nord : *Clematis alpina* (plusieurs variétés), *Clematis macropetala* (plusieurs variétés), 'Docteur Ruppel', 'Mrs Cholmondeley', 'Nelly Moser' et 'Snow Queen'.

Sur un mur au sud : *Clematis cirrosa* (plusieurs variétés), *Clematis flammula*, *Clematis florida* 'Alba Plena', *Clematis florida* 'Sieboldii', 'Ernest Markham' et 'Lady Betty Balfour'.

Grimpant dans les arbres : *Clematis montana*, *Clematis orientalis*, 'Huldine', 'Marie Boissolot', 'Perle d'Azur' et 'Ville de Lyon'.

Couvre-sol : *Clematis viticella* (plusieurs variétés), *Clematis integrifolia* (plusieurs variétés), *Clematis* x *jouiniana*, *Clematis* x *durandii*, 'Allanah', 'Comtesse de Bouchaud', 'Mme Van Houtte' et 'Rubromarginata'.

Pour bacs et urnes : 'Beauty of Worcester', 'Miss Bateman', 'Carnaby', 'Niobe', 'Prince Charles', 'Rouge cardinal', 'Royalty', 'The Vagabond' et 'Vyvyan Pennell'.

À feuillage persistant : *Clematis armandii*, *Clematis balearica*, *Clematis cirrhosa* (plusieurs variétés, dont 'Wisley Cream'), *Clematis* 'Early Sensation' et *Clematis montana*.

Clématite grimpant sur un tronc d'arbre

Enroulez une grosse corde autour de l'arbre.

Au départ, guidez la plante autour de la corde, elle s'y accroche ensuite naturellement.

La taille

Certains jardiniers expriment une sorte de réticence — pour ne pas dire méfiance — à l'égard de la taille. Comme ils voudraient que leurs arbres deviennent le plus grand possible, le plus vite possible et que leurs jeunes arbustes fassent le plus de branches et de fleurs possibles, les tailler leur semble une aberration. Or, faite au bon moment, cette opération assure la santé et le bon développement de la plante. Elle favorise également son rajeunissement et son équilibre en supprimant des parties malades ou mal placées. Elle peut aussi stimuler la floraison et la fructification.

Les types de taille

Il existe trois principales sortes de taille, qui s'effectuent à différentes époques de l'année et concernent le nettoyage et l'éclaircissement, l'élagage et la formation, et la préservation .

En l'absence de taille, la clématite se fait vite envahissante.

Nettoyage et éclaircissement

Ces deux interventions se pratiquent au début du printemps. La taille de nettoyage concerne tous les végétaux. Il s'agit d'une sorte de toilette, qui supprime les parties fanées et les rameaux touffus inutiles placés au centre pour laisser l'air et le soleil pénétrer mieux. La taille d'éclaircissement se fait avant le départ de la végétation en raccourcissant les branches latérales et centrales pour encourager la formation de boutons floraux. Ces tailles s'effectuent au sécateur.

Élagage et formation

Ces opérations se déroulent à l'automne. L'élagage est une taille sévère qui consiste à réduire considérablement le tronc et les branches pour susciter un vigoureux départ de la végétation au printemps ou pour rééquilibrer un arbre dont les branches sont trop rapprochées. Elle se fait à la scie égoïne et à la serpette.

La taille de formation des arbustes vise à obtenir une ramification harmonieuse sur un végétal vigoureux, mais pas touffu à l'excès. Celle des arbres d'alignement a pour but de créer des sujets droits, solides, si possible d'aspect identique. Les branches les plus basses sont éliminées pour que les troncs soient de longueur égale et les latérales, taillées suivant la destination de la plantation : allée voûtée ou simple juxtaposition de sujets élancés, par exemple.

Préservation

Cette action se passe en toute saison. La taille des arbres et des arbustes à feuillage panaché est destinée à préserver les caractéristiques qui font leur charme. Ainsi, il arrive que des feuilles vertes s'immiscent dans la masse panachée et, à la longue, risquent de la supplanter. La taille des rameaux s'impose dès que ce constat est établi. Elle se fait le plus près possible du tronc ou de la branche de départ. Le lierre et la vigne vierge n'ont besoin d'être taillés que dans la mesure où ils risquent de s'infiltrer dans les gouttières, sous la toiture ou dans d'autres éléments de la maison.

Le pincement, qui se pratique entre le pouce et l'index, et qui n'équivaut pas à une taille permet d'enlever des boutons floraux en excès pour susciter des fleurs plus grosses. Il s'applique à beaucoup de plantes capables de donner une floraison exceptionnelle, le dahlia par exemple.

En pratique

Le sécateur n'est pas un ennemi ; alors n'abordez pas la taille des arbustes avec timidité ou agressivité. L'opération est si logique, si évidente, qu'il suffit d'en comprendre les raisons pour l'exécuter simplement. Vous remarquerez l'absence dans ce chapitre de petits croquis présentant des « arbustes modèles à tailler » qui, en général, embrouillent et ne rendent pas compte de la réalité.

Les règles de base

La taille vise trois buts :

- donner une forme harmonieuse à l'arbuste ;
- l'alléger de ses branches encombrantes ou touffues, de façon à lui donner de l'air ;
- supprimer les parties mortes ou cassées et les extrémités des branches ayant fleuri.

Taillez les arbustes qui fleurissent au printemps juste après la floraison. Autre option : coupez

quelques branches fleuries sur un sujet trop exubérant pour garnir la maison. Pour ceux qui fleurissent en été ou pas du tout, attendez la fin de l'automne ou de l'hiver.
Procédez en biais vers l'extérieur, à environ 1/4 de centimètre au-dessus d'une légère enflure sur la tige : un bourgeon naissant.

La taille adaptée

Arbustes à floraison printanière et hivernale, à tailler après la floraison de printemps : *Amelanchier, Arbutus, Aristolochia, Berberis, Chaenomeles, Chimonanthus, Cornus mas, Crataegus, Cytisus, Deutzia, Forsythia, Kerria, Philadelphus, Physocarpus, Polygonum, Pyracantha, Ribes, Syringa, Viburnum, Weigela (Diervilea)* et *Wisteria*.

Arbustes à floraison estivale et automnale, à tailler à la fin de l'hiver : *Abelia, Actinidia, Amorpha, Bignonia, Buddleja, Callicarpa, Campsis, Caryopteris, Ceanothus, Clerodendron, Colutea, Desmodium, Elsholtzia, Fuchsia, Hibiscus* et *Hydrangea*.

Arbustes à tailler à peine (supprimer le bois mort ou affaibli) : *Acer, Aucuba, Berberis, Calycanthus, Chimonanthus, Corylopsis, Cotoneaster, Daphne, Eleagnus, Evonymus, Hamamelis, Kalmia, Leycesteria, Magnolia, Phlomis, Pieris, Potentilla, Prunus lusitanica, Rhododendron, Skimmia, Staphylea* et *Viburnum*.

Arbustes à tiges fleuries

Viburnum tinus — *Eleagnus* — *Fuchsia* — *Prunus triloba*

La taille de la clématite

Elle paraît, pour certains, redoutable. Voici comment la démystifier :

- ne taillez pas les clématites qui fleurissent en hiver, les *Clematis montana* et les *Clematis macropetala*. Cependant, après plusieurs années, si vous perdez le contrôle de la plante, taillez-la après la floraison ;
- taillez légèrement celles qui fleurissent en mai-juin ; coupez les branches mortes et les fleurs fanées qui encombrent la plante ;
- taillez sévèrement celles qui fleurissent à partir de juillet ; opérez fin février, juste après la deuxième jointure en partant de la base de la plante.

Ne laissez pas la clématite s'emballer pour ne fleurir que sur une ou deux tiges. Dans ce cas, mieux vaut la rabattre après la floraison pour qu'elle se développe à nouveau.

La taille de la tige fleurie

Il s'agit généralement des rosiers tiges qui ornent les jardins, mais ils sont très onéreux et l'on n'en voit pas beaucoup — raison de plus pour les former vous-même. Les rosiers ne sont néanmoins pas les seules plantes susceptibles d'être formées en tige. La technique, identique pour tous les arbustes, s'entreprend avec succès à n'importe quel moment, sauf en période de gel, et à condition que le sujet soit déjà en terre ou en pot :

- choisissez-en un doté d'une tige centrale solide et droite, que vous tuteurez ;
- supprimez les branches et le feuillage du bas et laissez le bouquet du sommet sur cette tige ;
- taillez légèrement l'extrémité des branches restantes pour donner une forme harmonieuse à la tige fleurie.

Certains végétaux se prêtent particulièrement à l'opération : le *Forsythia*, le *Fuchsia* 'Riccartonii', le *Laburnum alpinum* 'Pendulum', le *Rhododendron ponticum*, le *Syringa* et le *Weigela* 'Eva Rathke'. Ils habillent avec élégance les massifs et les bordures ou donnent d'excellents résultats en pot dans un patio.

La taille des oubliés

Il arrive que des arbustes tels le lilas, le buddleia ou le forsythia grandissent et fleurissent année après année sans avoir été taillés. Ils atteignent une hauteur importante mais ne donnent plus que quelques bouquets timides au sommet. Il est temps, alors, d'employer les grands moyens, c'est-à-dire un sécateur à long manche. Supprimez quelques grosses branches anciennes au milieu de la plante. Réduisez de moitié quelques branches secondaires en ayant soin de ne pas les tailler toutes à la même hauteur, ce qui donnerait au végétal un air décapité. Agissez une fois la floraison terminée. Dès la première année, ces moignons se couvrent de feuilles et, dès la deuxième, la floraison resplendira.

Le recépage

Il s'agit d'une taille draconienne, à effectuer sur certains végétaux au printemps pour assurer une bonne floraison l'été suivant. Le buddleia, les céanothes à feuillage caduc, le fuchsia, le caryoptéris, le gunnera — que l'on doit recouvrir en hiver avec ses propres feuilles —, le romneya profitent de ce type de taille.

Plantez des tulipes parmi d'autres végétaux. Évitez de les isoler et plantez-les par groupes de trois ou cinq bulbes.

Les bulbes

En introduisant des bulbes et des rhizomes dans le jardin, vous êtes assuré de bénéficier de floraisons durant toute l'année, les mois et le climat jouant leur rôle.

La plantation

La plupart des bulbes aiment être plantés à une profondeur d'environ une fois et demie à deux fois leur taille, à l'exception des cyclamens, des cardiocrinums, des dahlias, des iris et des *Lilium candidum*, simplement recouverts de terre. Tous apprécient un mélange de sable grossier, de terreau et de compost. Ils supportent un écart de 10 centimètres entre chaque plante, sauf les crinums et les dahlias, qui exigent un écartement égal à la moitié de leur hauteur. Pour les *Eremurus*, les souches se chevauchent, isolées par un peu de terre.

Tulipa *'Ballerina'*.

Certains, tels *Cyclamen*, *Fritillaria camschatcensis*, *Galanthus*, *Hyacinthus*, *Mertensia*, *Trillium grandiflorum* et *Veltheimia Walaria* goûtent l'ombre des arbres. Amusez-vous, à cette occasion, à planter un grand nombre de bulbes dans un sous-bois en un temps record. Pour cela, agissez à deux : ouvrez un trou et avancez pour creuser le suivant pendant que votre acolyte, qui vous suit, y place le ou les bulbes ; une fois vos munitions épuisées, recouvrez les trous. Cette méthode est rapide et amusante.

Les sous-bois, les bordures et les massifs ne sont cependant pas les seuls dignes d'accueillir les bulbes. Tentez l'expérience, en octobre-novembre, de les planter dans un grand bac et profitez de leur floraison échelonnée pour créer des scènes originales :

- garnissez le fond du récipient de gravillons ou de tessons et remplissez-le au tiers avec un mélange de 1/3 de compost et 1/3 de sable ;
- placez dessus des bulbes de narcisse, espacés de 5 centimètres les uns des autres, et recouvrez-les de terre mélangée ;
- posez dessus des bulbes de tulipe, avec un écart équivalent à deux fois leur taille, recouvrez-les, mettez des *Crocus tommasinianus* et ajoutez de la terre sur une épaisseur de 5 centimètres ;
- arrosez.

Les floraisons s'échelonnent d'avril à juin.

Une plantation de bulbes peut également être réalisée sous une couverture de fins gravillons autour d'une urne ou d'une sculpture ; le terrain se trouve propre avant comme après la période de floraison.

Les soins

Si vous sortez les bulbes de terre avec l'intention de les replanter la saison suivante, toilettez-les :

- placez-les sur un plateau dans un endroit sec et ombragé ;
- une fois qu'ils sont bien secs, retirez les feuilles, les tiges, les couches desséchées et coupez les racines au sécateur ;
- étiquetez-les en notant leur couleur et variété ;
- placez-les dans des caissettes recouvertes de tourbe, à l'abri du gel, de l'humidité... et des souris, jusqu'à la saison suivante.

Si vous les laissez en terre, prenez l'habitude de marquer leur emplacement avec une poignée de sable : cela évite de les déranger avec d'autres plantations.

Les Galanthus *peuvent être plantés à l'ombre, sous les arbres.*

12 mois de bulbes

Janvier	Février – mars	Avril – mai
Cyclamen	*Anemone blanda*	*Allium*
Eranthis	*Chionodoxa*	*Bletilla*
Galanthus caucasicus	*Crocus*	*Convallaria*
Galanthus nivalis	*Cyclamen*	*Dactylorhiza*
Helleborus	*Fritillaria meleagris*	*Erythronium*
Iris histrioides	*Hyacinthus*	*Fritillaria*
Pushkinia	*Iris histrioides*	*Iris pumila*
	Muscari	*Iris unguicularis*
	Narcissus	*Leucojum*
	Scilla	*Muscari*
	Tulipa fosteriana	*Narcissus*
	Tulipa kaufmaniana	*Ornithogalum*
		Scilla
		Trillium
		Tulipa

Juin	Juillet	Août
Allium sphaerocephalon	*Allium caeruleum*	*Agapanthus*
Anemone	*Alstrœmeria*	*Allium cyathophorum*
Arum	*Canna*	*Bergenia*
Camassia	*Crocosmia*	*Canna*
Coronaria	*Datura*	*Cardiocrinum*
Dierama	*Eremurus*	*Crinum*
Eremurus	*Galtonia*	*Eucomis*
Fritillaria	*Gladiola*	*Galtonia*
Gladiolus	*Gladiolus*	*Iris kaempferi*
Hyacinthus	*Iris sibirica*	*Liatris*
Iris	*Lilium*	*Lilium auratum*
Iris germanica	*Montbretia*	*Zantedeschia*
Lilium candidum	*Tigrida*	
Meconopsis	*Tropaeolum*	
Paeonia	*Zantedeschia*	
Tulipa		

Septembre

Agapanthus
Begonia
Gladiodus
Lilium henryi

Octobre

Amaryllis
Anemone japonica
Crocus
Cyclamen alpinum
Iris unguicularis
Nerine
Pleione

Novembre

Cyclamen alpinum
Galanthus
Nerine
Schizostylis

Décembre

Cyclamen coum
Hyacinthus
Narcissus

Iris *'Eleanor Roosevelt'*.

L'agapanthe

Elle fait de belles potées au bord d'un bassin ou pour baliser les marches d'un escalier.

L'allium

Il n'est jamais utilisé au mieux de ses possibilités dans les bordures, car il reste toujours trop clairsemé. Plantez-le par groupe de 7 ou 9 pour former de véritables bouquets.

Le lis

Le lis s'accorde à merveille avec le rosier, car leurs racines ne se gênent pas mutuellement. Il aime les sols riches : incorporez du compost et du fumier à la terre sur une profondeur de 20 centimètres. Ajoutez quelques poignées de sable dans le fond du trou de plantation pour assurer un bon drainage. Plantez les bulbes à une profondeur de 10 à 15 centimètres. À l'automne, recouvrez leur emplacement de compost : cela enrichit les floraisons suivantes. Si le bas de sa tige porte des bulbilles, « butez-le » — c'est une forme de marcottage. Plantez-le dans un pot, supprimez le bouton floral, ramenez environ 30 centimètres de terre autour de la tige pour enterrer les bulbilles et gardez-le à l'abri. À l'automne, vous en récoltez de bien formées. Une fois cette opération effectuée, respectez le processus habituel pour les mener à maturité (voir p. 68).

Le narcisse

Pour obtenir le meilleur effet en massif, plantez les bulbes par groupe de 5 ou 7, afin de créer un bouquet. Dans le gazon, où la plantation est vue à

Iris ensata *'Gei-sho-mi'. Les iris peuvent rester en place plusieurs années sans être éclaircis.*

distance, mettez en place des « coulées » de plantation qui se chevauchent. Ainsi, les bulbes paraissent plus nombreux que dans la réalité.

La nérine

Elle fleurit en novembre. Plantez-la en septembre-octobre, à une profondeur de 7 à 10 centimètres, de préférence dans un pot enterré contre un mur, au soleil. Les limaces en sont friandes : ne les plantez pas dans un endroit trop humide.

Le perce-neige

Divisez-le en petits groupes et replantez-les immédiatement, même si la floraison n'est pas finie.

La tulipe

Les marchands bousculent les jardiniers pour qu'ils la plantent en octobre ; en ce qui nous concerne, nous attendons Noël pour le faire, afin de bénéficier d'une belle floraison quand d'autres en sont déjà privés. C'est un choix...

En pleine terre, disposez les bulbes par groupe de 5 ou 7, espacés d'environ 10 centimètres les uns des autres. Rassemblez-les dans un filet ou installez-les dans un cageot rempli de bonne terre ; vous pourrez ainsi les retirer aisément après la floraison. Coupez la tige florale quand elle a jauni. Gardez les bulbes dans un endroit abrité jusqu'à dessèchement du feuillage, qui sert à les nourrir pour la saison suivante. S'ils restent en terre, coupez les feuilles à ras dès le début du jaunissement.

En pot, les bulbes peuvent se trouver à touche-touche, entourés par un fil support, presque invisible, pour empêcher la fleur de s'étaler.

Les bulbilles collées aux bulbes servent à la multiplication (voir p. 68).

Crocosmia *x* crocosmiflora *'Solfatare'. Pour un bon résultat, plantez les bulbes par trois. Vous obtenez ainsi un massif compact.*

Une tonte à deux niveaux, dessinant des allées suivant un schéma géométrique, crée une pelouse originale et agréable à l'œil.

Le gazon

Quand vous recevez des amis, avez-vous des complexes ? Un beau gazon, c'est une affaire d'amour-propre : « Je n'arrive pas à me débarrasser des mauvaises herbes » ; « J'ignore d'où viennent ces taches jaunes, c'est probablement le chien — Mais vous n'avez pas de chien ! » ; « Je viens de tondre, mais je n'arrive pas à obtenir ces larges rayures caractéristiques des merveilleux jardins anglais » ; « Voyez autour de l'arbre, impossible de tondre jusqu'au tronc et, en plus, le gazon n'y pousse pas ! »

Comment obtenir une belle pelouse ?

Les experts conviennent que c'est la partie du jardin exigeant le labeur le plus intensif. Plutôt que de vous contenter d'herbe en guise de pelouse,

Ce jardin classique est adouci par une allée de gazon.

nous vous rassurons et vous encourageons à persister. Vous obtiendrez, vous aussi, ce beau tapis vert, gloire du jardin, si vous respectez sérieusement la marche à suivre. Au départ, l'unique décision à prendre porte sur le choix entre une belle pelouse à l'anglaise, un honnête gazon et la rénovation de l'herbe existante, c'est-à-dire une étendue verte nécessitant un entretien minimal.

Les règles de base

Elles s'appliquent quelle que soit votre décision : veillez à ce que la surface à engazonner soit bien plane, sans trous ni dénivellations ; réfléchissez avant de l'habiller de massifs, d'arbres ou d'éléments décoratifs — pendant environ trente semaines par an, vous devrez contourner ces obstacles en tondant ! — ; choisissez le bon mélange de graines ; respectez le programme d'entretien de la pelouse... Le tableau de la page 102 vous en donne un aperçu.

Plantation et entretien de la pelouse

Une belle pelouse procure non seulement de la fierté et du plaisir, mais elle peut aussi supporter la vie quotidienne, à l'exception des activités sportives, football et autres jeux... Si vous la traversez toujours selon la même trajectoire, prévoyez une petite allée ou un pas japonais pour la ménager (voir p. 24-27). Avant de commencer les travaux, étudiez la question de l'arrosage automatique, facile à poser soi-même au départ (voir p. 29).

La préparation

Elle se fait au printemps ou à l'automne. Attelez-vous à la tâche :

- nettoyez le terrain à fond, retirez les cailloux et les débris végétaux, et traitez les mauvaises herbes au désherbant ;
- aplanissez l'ensemble en égalisant les bosses ou les creux trop marqués — pour les bosses, creusez en dessous du niveau du terrain et réajustez-le avec une couche de 20 centimètres d'épaisseur de terre d'origine ; pour les creux, retirez la terre en surface sur 20 centimètres de profondeur, remplissez l'essentiel du trou avec de la bonne terre et replacez celle de départ ;
- pendant une période de sécheresse avant l'hiver, bêchez le terrain ; si la surface à engazonner est importante et la terre compacte, travaillez au motoculteur ;
- si, sur une partie du terrain, en creux, le drainage se fait mal, corrigez le problème pour ne pas compromettre l'établissement et l'entretien du gazon : creusez à une profondeur de 40 centimètres en mettant de côté la couche de terre de surface (30 centimètres) ; tapissez 30 centimètres autour du trou avec un mélange de grosses pierres ou de briques cassées ; épandez par-dessus des gravillons et du sable grossier ; replacez la terre ;
- laissez le terrain au repos — comme vous — pendant l'hiver pour que le gel et la pluie se chargent d'émietter les mottes ;
- au printemps, aplanissez et égalisez la surface

(un travail facile) — pour cette opération, évitez les bottes, qui tassent la terre irrégulièrement et font des marques inutiles, et préférez-leur des chaussures à semelle plate — ; piétinez l'ensemble pour finir de briser les mottes et terminez en passant un râteau à lames souples en tout sens, jusqu'à obtenir un terrain lisse, d'où vous retirez les ultimes pierres ;
- profitez-en pour créer des tranchées si vous souhaitez établir une haie ou envisagez l'arrosage automatique, ce qui permet d'épargner le gazon quand il est établi ;
- déterminez la surface à ensemencer et prévoyez un petit excédent — lors du choix des graines, précisez le climat, le type de terre et l'usage envisagé pour le gazon au fournisseur.

Le semis

Le moment est donc venu de passer à la suite des opérations. Pour une réussite maximale, respectez bien les étapes successives :
- semez à la bonne époque, de mars à mai — les graines germent en trois semaines — ou d'août à septembre — les graines germent en deux semaines. Le temps doit être calme, sans vent, et la terre sèche à la surface — surtout pas collante ;
- ratissez légèrement dans la largeur en faisant des lignes bien droites, puis dans la longueur ;
- pour vous faciliter la tâche, divisez les graines en quatre paquets et le terrain en quatre parts ; semez à la main ou en utilisant un distributeur à graines ;
- ensevelissez légèrement les graines au râteau sur toute la surface ;
- installez de petits piquets de 30 centimètres de haut, dotés d'un ruban de papier aluminium flottant au vent pour éloigner les oiseaux, friands de cette manne inattendue (voir p. 67) ;
- si le temps est trop sec, arrosez en pluie fine, pour ne pas déranger le semis ;
- dès qu'une épaisseur de 5 centimètres de gazon est visible, passez-le légèrement au rouleau, si possible par temps calme — les herbes se redressent en quelques jours ;
- voici venu le grand jour : la première tonte ; aiguisez bien la lame de la machine et, si c'est l'automne, n'intervenez plus jusqu'au printemps ;
- enlevez — déjà ! — les quelques mauvaises herbes qui auraient pris racine ;
- arrosez régulièrement le jeune gazon et ne marchez pas dessus avant deux ou trois mois.

Pose du gazon en plaques

Installez une rangée complète en aplatissant les plaques au tampon de bois.

Le gazon en plaques

C'est certainement le plus rapide et le plus facile à poser. Il nécessite un entretien minimum au départ. Le revers de la médaille réside dans son prix. Même si vous ne l'utilisez pas pour la pelouse, une allée en plaques peut rendre service, surtout s'il s'agit de celle menant à la maison.

Préparez le terrain comme pour le gazon semé, puis :

- lors de l'achat, faites dérouler un morceau de gazon pour vérifier qu'il ne porte ni traces de jaunissement ni mauvaises herbes — il y en a de plusieurs qualités ;
- posez-le à la bonne période, de septembre à début novembre ou en mars-avril, environ deux mois après la préparation du terrain ;
- installez une rangée complète en aplatissant au tampon de bois — confectionnez celui-ci auparavant en fixant un manche sur un morceau de bois épais ;
- commencez la deuxième rangée par une demi-plaque à son extrémité : cela permet que les joints ne se trouvent pas vis-à-vis ; tassez au fur et à mesure au tampon de bois et prenez vous-même appui sur une planche pour travailler ; travaillez le plus soigneusement possible ;
- ébarbez les bords en utilisant un demi-lune ou une bêche bien affûtée contre une planche de bois ; formez les éventuelles courbes à l'aide d'un tuyau d'arrosage ;
- damez le gazon posé avec le dos d'un râteau et coulez un peu de sable dans les joints trop écartés ; arrosez bien pour que les joints se consolident.

Démarrez la deuxième rangée par une demi-plaque, afin que les joints ne se trouvent pas en vis-à-vis. Aplatissez les jointures.

Ébarbez les bords en utilisant une bêche bien affutée et une planche de bois ; formez les éventuelles courbes à l'aide d'un tuyau d'arrosage.

La rénovation d'un gazon

Vous avez hérité d'un vieux gazon. Laissez vos craintes de côté, il y a de fortes chances que vous puissiez le ressusciter sans être obligé de recommencer à zéro. Faites le diagnostic : la vieille pelouse est parsemée de mauvaises herbes, de plaques de mousse, de cailloux et de zones pelées... Bonne nouvelle : il y a de l'herbe par-ci par-là.

Agissez au début du printemps ou de l'automne :

- tondez en réglant la hauteur de coupe sur 5 centimètres ;
- ratissez vigoureusement en longueur et en largeur ;
- enlevez tous les déchets ;
- recherchez d'éventuels bosses ou creux, et corrigez ces accidents du terrain — procédez comme pour sa préparation ;
- traitez au besoin les taches de mauvaises herbes qui subsistent au désherbant — Roundup ou autre produit à base de glyphosate ;
- attendez un mois et retirez les mauvaises herbes restantes à la binette ou à la main — appliquez un désherbant de contact sur les récalcitrantes ;
- scarifiez le terrain, sablez-le et brossez pour faire pénétrer le sable ;
- semez en longueur et en largeur.

Sitôt la levée effective, respectez le calendrier d'entretien de la page 102. S'il y a des manques et des irrégularités sur les bords, tranchez-les à la pelle coupante. N'hésitez pas à découper ceux qui sont trop abîmés pour faire un apport de terre et ensemencer. Vous n'obtenez certes pas une pelouse à l'anglaise, mais une belle aire de verdure, garnie de quelques arbres à fleur entourés d'une collection de bulbes.La pose d'une bordure de protection en bois ou en pierre améliore l'aspect général.

Pour obtenir un gazon paysager, pratiquez la tonte à deux niveaux : tondez les parties en creux toutes les semaines et les saillies tous les quinze jours.

Le gazon paysager

Si votre jardin possède de l'herbe, quelques mauvaises herbes incluses, ne vous découragez pas, vous n'êtes pas obligé de perdre la face ni de la convertir en pelouse digne de ce nom au prix d'un énorme travail. La tonte à deux niveaux est une façon simple de la paysager. Même le prince de Galles y a eu recours à Highgrove... C'est comme un tableau en vert, le plaisir des yeux toute l'année : un gazon à contempler.

Établissez un dessin sur papier en étudiant attentivement la surface que vous voulez paysager, puis transposez-le sur le terrain en utilisant des piquets et de la ficelle. Évitez soigneusement les courbes difficiles à tondre et les motifs trop petits qui seraient mal perçus de loin, et prenez en compte la largeur de la tondeuse pour déterminer celle des creux et saillies de l'herbe.

Les parties creuses sont tondues une fois par semaine et les saillies tous les quinze jours, avec un réglage de hauteur de lame plus haut. La beauté du gazon paysager réside dans la possibilité de changer de dessin dans la même saison.

L'entretien se résume à l'engrais au printemps et à l'arrosage si le climat le rend nécessaire.

Le gazon et ses éléments décoratifs

Agrémentez une pelouse qui, jusqu'alors, vous a semblé dépourvue d'intérêt. Les mauvaises herbes se remarquent moins si l'œil est attiré par un autre élément : une plantation. À vous de jouer :

- choisissez un emplacement décentré en le repérant sous différents angles de vue ;

12 mois d'entretien du gazon

	Semer	Poser des plaques	Apporter un engrais de fond	Tondre	Arroser	Scarifier et gratter	Aérer	Apporter un engrais en surface	Désherber	Enlever la mousse
Janvier										
Février						X	X	X	X	X
Mars		X		X				X		X
Avril	X	X	X	X						
Mai	X	X	X	X	X					
Juin				X	X		X			
Juillet				X	X					
Août				X	X					
Septembre	X	X		X	X		X	X	X	
Octobre		X		X		X				
Novembre										
Décembre										

- découpez une surface de gazon ronde ou ovale et remplacez-la par un monticule de terre d'une dizaine de centimètres de haut ; cela apporte du relief et casse le rythme linéaire ;
- positionnez dans cet îlot un arbre exceptionnel, à double ou triple tronc, telle une sculpture ;
- habillez l'îlot avec une seule variété couvre-sol qui, en outre, étouffe les mauvaises herbes.

Optez pour le *Geranium endressii*, parfaitement couvrant — tondu après la première floraison, il en donne une seconde quelques semaines plus tard —, ou pour une plante persistante — ; établissez-y aussi des tulipes, plantées en bouquets généreux, qui assurent le spectacle au printemps.

Le « faux » gazon

Si, pour des raisons particulières, vous recherchez autre chose que du gazon, il existe des solutions pratiques et attrayantes.

Anthemis nobilis, ou camomille, cultivé en Angleterre depuis l'époque élisabéthaine, est un gazon dense sur lequel vous pouvez vous promener. Il a des atouts indéniables à offrir et ne nécessite aucun désherbage, puisque les mauvaises herbes ont bien de la peine à y pénétrer — il mourrait, d'ailleurs, sous l'effet d'un désherbant. Il accepte un sol sec et ne supporte pas l'ombre. Sa tonte-toilette se fait seulement à la fin de l'été, ce qui ne gêne en rien, puisqu'il ne dépasse guère 6 centimètres de haut. Il peut être semé ou planté au printemps, par touffes espacées de 20 à 25 centimètres les unes des autres. Il porte des fleurs blanches telles de minuscules marguerites... dont vous sentirez le parfum en marchant sur ce gazon original.

Thymus serpyllum, parfois connu sous le nom de pelouse alpine, est un tapis couvert de nombreuses petites fleurs roses en été. Il réussit bien sur des surfaces inégales et pierreuses... Là aussi, la tonte est inutile, la cisaille suffit.

Acaena novae-zelandiae, originaire de Nouvelle-Zélande, forme un tapis épais de 8 à 10 centimètres de haut. Il est utile pour les endroits difficiles, auxquels la tondeuse n'accède pas. Il s'étale avec une rapidité étonnante.

Le gazon synthétique

Vous êtes peut-être choqué qu'il apparaisse ici, mais sachez que nous ne le proposons que comme un substitut à certains sols durs : sur une terrasse, un balcon ou dans une véranda. Il faut bien vivre avec son temps ! Il s'achète en rouleau et se pose comme une moquette, et il est sans doute plus agréable au regard que des mosaïques ou des dalles, et nettement moins cher. Vous verrez que des potiches en terre cuite trouvent leur place sur cette verdure...

La prairie fleurie

Les règles de base

Contrairement à la plantation dans le jardin, où l'on apporte la terre en fonction des plantes, dans la prairie, on sème les graines selon la terre. Et voilà comment l'émerveillement et la joie se renouvellent chaque année quand les marguerites, les coquelicots, les bleuets se balancent entre les herbes. Vous vous sentez plus magicien que jardinier... Vous avez créé un peu de vraie nature. Cependant, un champ fleuri ne se prépare pas en une saison, et il faut compter deux ans pour y parvenir.

La prairie devrait être un héritage naturel, malheureusement ce n'est plus le cas. Ce n'est pas le terrain qui crée la difficulté, mais le fait souvent ignoré que les fleurs sauvages ne s'adaptent pas partout. Certaines ne se développent qu'en altitude, d'autres dans des vallées protégées ou à flanc de coteau.

Avant même de tenter la création d'une prairie fleurie, cernez les fleurs indigènes de votre région. Au printemps et en été, observez les vergers, les champs, les chemins campagnards. Repérez les fleurs qui s'y sont établies et essayez de ramasser leurs graines quand elles sont fanées, ou demandez-en à un grainetier.

Déterminez l'endroit où vous voulez établir la prairie et tenez compte des travaux. Démarrez-la sur une herbe existante bien tondue dans laquelle vous semez 5 milligrammes de graines d'annuelles au mètre carré — n'oubliez pas de les mélanger avec une poignée de sable. Ratissez légèrement et aplatissez-les. Retirez les mauvaises herbes au fur et à mesure de leur apparition. Vous pouvez également incorporer des annuelles en godet, divisées et replantées, et ménager un chemin tondu, du plus bel effet. Le résultat fleuri est garanti, mais il faut ressemer la saison suivante.

Un terrain pauvre, y compris gravillonnaire, n'est pas un obstacle à une création de ce genre. C'est même bien souvent la meilleure façon de l'habiller rapidement. Si vous vous trouvez dans ce cas, commencez par éliminer les mauvaises herbes, puis épandez une couche de compost et plantez ou semez. Les graines adhèrent bien, sans entrer en compétition avec une herbe existante.

En pratique

Pour établir une prairie fleurie qui renouvelle sa floraison année après année, il faut compter deux saisons, dont voici le déroulement.

- Année -1 : en mai, traitez plantain, chardons et orties avec un herbicide sélectif.
- Année 0 : en mai, vérifiez que les gros indésirables ont été éliminés ; sinon, traitez une nouvelle fois. Dix jours plus tard, passez le motoculteur (ou bêchez), puis roulez le terrain. À la première pluie, il va reverdir. Répétez ce procédé jusqu'en août. À la mi-août, si le terrain a encore reverdi, traitez éventuellement ou supprimez les mauvaises herbes. Divisez les graines en quatre paquets et le terrain en quatre parts. Après avoir semé le premier quart, vous estimerez mieux la quantité de graines à prévoir pour achever le travail. Un mélange de 80 % de graines de gazon et 20% de graines de fleurs donne de bons résultats. Semez 5 milligrammes de graines par mètre carré. Laissez-les en surface, puis roulez-les ou aplatissez-les fortement avec une planche en bois surmontée d'un manche pour qu'elles adhèrent bien au sol. Vous obtenez une floraison en juin-juillet. Elle sera plus belle l'année suivante, quand les fleurs auront libéré leurs graines. À partir du mois d'août, tondez chaque semaine en retirant les tontes. Réglez la hauteur de coupe sur 10 centimètres.
- Année 1 : pour une floraison en juillet-août, tondez au mois de mai. Reprenez les tontes en septembre en retirant l'herbe coupée.

L'échec

Où sont vos fleurs sauvages ? Qu'avez-vous mal fait ? Vous avez peut-être semé dans de mauvaises conditions, à une époque non favorable de l'année, durant une période de sécheresse ou lors de trop fortes pluies. Peut-être aussi cela vient-il des graines, trop enterrées ou incompatibles avec la terre. Certaines ont besoin d'hiverner et ne fleurissent qu'un an après ; ressemez à l'automne. Il y a aussi des vivaces qui ne donnent qu'après un an ou deux.

Soyez patient... et optimiste ! Avez-vous arrosé quand cela était nécessaire ? Et procédé à des tontes régulières après la floraison ? Si cela n'a pas été le cas, il est normal que dès la deuxième année, le résultat soit en deçà de vos espérances.

Pour conserver l'aspect naturel d'une prairie fleurie, tondez les allées une fois par semaine. En fin de saison, coupez l'ensemble à l'aide d'une débroussailleuse.

Cynara cardunculus *contribue à l'aspect spectaculaire de cette bordure.*

Les spectaculaires

Elles sont superbes et donnent à votre jardin une identité forte. Leur forme, et surtout leur taille les rendent difficiles à placer, alors on évite souvent, avec regret, de les introduire dans un jardin. Parfois, en désespoir de cause, on les place au hasard ou à l'écart. Pensez plutôt à elles comme à des sculptures, des ornements vivants.

Quelques beaux spécimens

L'*Angelica* a besoin d'un massif où il puisse prendre ses aises ; à défaut, plantez-le de part et d'autre d'une porte de patio ou pour marquer le départ d'un chemin de promenade. Pour obtenir le maximum d'effet de cette plante délicieusement parfumée et l'inciter à battre son record de hauteur, retirez la hampe florale dès qu'elle apparaît.

Gunnera manicata.
Les cônes qui se dressent sous les feuilles sont les fleurs.

Le *Cynara*, silhouette gris-argenté est une attraction hors-concours. Groupez-en quelques-uns devant une haie persistante ou dans le fond d'une bordure.

Avec son armure de piquants, l'*Eryngium* est imposant. C'est une sculpture qui trouve sa place dans un jardin de gravillons, crânement isolée, ou dans un groupe de graminées d'où elle émerge sans complexes. En tout cas, supprimez les fleurs fanées si vous ne voulez pas être envahi.

Le *Gunnera*, un géant, une beauté, a sa place près de l'eau ou dans une terre qui ne se dessèche pas. Flanquez-le d'un crambe, dont l'inflorescence blanche, atteignant 2 mètres de haut, met en valeur son feuillage imposant. N'oubliez pas de supprimer la tige florale fanée... Autrement, vous aurez une forêt de crambes.

Le *Gynérium*, ou herbe de la pampa, compte parmi les plus imposantes. Il est généralement piqué en sentinelle sur un petit gazon devant une maison, mais mérite mieux que cela. Si vous disposez d'une pièce d'eau, plantez-le de manière qu'il se reflète dans ce miroir. Ou procurez-vous au moins trois pieds, et réservez-leur un coin du jardin où vous voulez exclure un voisin ou une vilaine vue... (Ils peuvent être synonymes !) Ou encore installez-le contre un mur, adossé à une bordure, et donnez-lui une plantation de vivaces en avant-scène — *Helianthus*, *Inula magnifica* ou *Inula helenium* — ou adjoignez-lui une graminée elle aussi spectaculaire.

L'*Heracleum* bat des records. En fond de bordure ou émergeant parmi des arbustes à feuillage persistant, il est impressionnant à voir. En contrepartie, il peut occasionner des irritations de la peau et est envahissant. Surveillez-le !

Le *Macleya cordata* est sans doute celui qui offre le plus de possibilités de plantation. Groupez quelques pieds (ils forment des touffes) devant un coin de mur qu'ils habillent pendant des mois. Ou marquez le départ d'un chemin ou d'une bordure, car il en impose. Bon compagnon, il s'intègre dans n'importe quelle harmonie de couleurs et ne choque jamais. Comme il atteint 2,50 mètres de haut, d'aucuns le prennent pour un arbuste, alors qu'il est bien une vivace.

L'*Onopordum*, sculpture au feuillage argenté cruellement piquant, a belle allure. Sa floraison dure longtemps, il se contente d'une terre pauvre et, planté parmi les arbres, fait figure de sculpture moderne.

Le *Yucca* a besoin de temps et de place. Il est fait pour le jardin de gravillons. Son allure architecturée évoque des paysages désertiques.

Cynara cardunculus *habille également une pièce d'eau.*

Les topiaires sont des sculptures vivantes.
Laissez parler votre imagination…

Les topiaires

Cet art hérité des Romains s'est répandu dans tous les territoires qu'ils avaient conquis, comme en ont témoigné les vestiges retrouvés sur divers sites archéologiques. Dans ses lettres, Pline le Jeune se livre à des descriptions exotiques de son jardin en Toscane avec ses obélisques, ses pyramides et ses milliers de buis en topiaire. Une autre méthode, un autre style, les « nuages », vient du Japon. Elle consiste à dénuder les grosses branches des pins et à former des boules à leur extrémité.

En pratique

L'art topiaire simplifié

Inutile de recourir à la formation de conifères ni de faire preuve d'une patience exceptionnelle pour réaliser d'intéressants effets topiaires. Du lierre à petit feuillage, parfois panaché de jaune, grimpe

Taille « en nuages ».

vite et bien sur des cônes placés directement en terre, bordant une allée ou marquant une entrée, ou installés en pot pour habiller une terrasse. Il en existe en plastique, vendus en jardinerie. Sinon, confectionnez-les avec du grillage. Les pieds de lierre doivent être espacés de 40 centimètres les uns des autres. Ils poussent très rapidement et ont pour avantage de ne nécessiter qu'une taille visant à modérer leur exubérance.

Autre possibilité : vous possédez un thuya dégarni à la base, qui n'apporte rien à votre jardin. Inspirez-vous donc de l'art topiaire japonais et retirez au sécateur toutes les branches autour du tronc central pour former un cône au sommet, que vous taillez une fois par an pour obtenir un sujet bien net. Les végétaux en topiaire ne sont pas bon marché, mais celui-là ne vous coûte presque rien. Ce travail peut aussi être entrepris sur un petit sujet décoratif installé dans une rocaille, dans un jardin de gravillons ou en pot. L'effet est remarquable.

Quelques beaux spécimens

Le buis a été le premier arbuste à topiaire. Il pousse régulièrement et de façon dense, ce qui permet toutes les formes, mais lentement, ce qui a suscité la concurrence d'autres végétaux. Il sert surtout pour les petits sujets, boules et cônes, et les haies de bordure. Sa taille s'effectue par temps humide. N'oubliez pas pour autant les autres végétaux.

L'*Eleagnus ebbengei* est utilisé pour des formes simples, boules et cubes, mais imposantes.

Le *Fagus sylvatica* retient un feuillage court en hiver. Il convient pour des formes importantes : vasques, urnes, pyramides. Taillez-le en août.

L'*Ilex* peut être planté en boutures de 12 centimètres en août ou acheté en grand sujet en pot. Dans ce cas, choisissez une forme qui inspire la taille, effectuée au sécateur en avril ou en septembre.

Le *Laurus nobilis* se taille au sécateur pour ne pas endommager le feuillage. Si vous le destinez à un pot, formez-le en boule sur tige. Le résultat est très élégant.

Le *Ligustrum* a une croissance très rapide, mais nécessite deux ou trois tailles par an. Ses boutures prennent facilement.

Le *Prunus lusitanica* donne de beaux résultats en cubes et pyramides.

Le *Taxus baccata*, très utilisé par Pline le Jeune et Virgile dans leurs jardins à Rome, demeure le grand favori pour les topiaires. Il ne présente aucune difficulté de plantation. S'il a été négligé, taillez-le sévèrement en mars-avril, sinon intervenez en juin, de préférence par temps humide.

Buis taillé. La plantation des pieds de façon irrégulière, à 15 centimètres les uns des autres, permet d'obtenir des carrés.

Papaver somniferum.

Les annuelles

Beaucoup de jardiniers les boudent sous prétexte qu'il faut les semer dans un endroit, les repiquer dans un autre, avant de les transplanter dans un troisième, leur emplacement final, et tout cela, seulement pour un an. Vous pouvez aussi les acheter par barquettes pour les mettre directement en place. Pour profiter de leur merveilleuse floraison, réduisez le travail en semant en situation.

Semez en situation

Choisissez des variétés à semer directement en place, que vous installez entre des arbustes n'ayant pas encore atteint leur maturité ou dans des bordures incomplètes, autour de quelques arbres... Ou réservez-leur un massif, où elles composent une touche flamboyante.

Procédez en avril, dès que le temps se montre clément. Tracez des sillons espacés de 30 à 50 centimètres les uns des autres avec l'extrémité du manche du râteau, en appuyant plus ou moins fort selon qu'il s'agit de graines fines ou grosses. Semez les graines, recouvrez-les au râteau et saupoudrez-les d'un léger compost. Procéder ainsi présente l'avantage de bien habiller le terrain… et de ne pas devoir se baisser. Arrosez le semis en pluie fine aussi souvent que cela est nécessaire pour qu'il ne se dessèche pas. Si vous avez eu la main trop lourde au départ, montrez-vous impitoyable et retirez les excédents, quitte à les repiquer aux endroits plus dénudés dès qu'ils auront deux feuilles.

Si vous préférez semer à la volée, le résultat est incertain, car vous n'avez pas nécessairement couvert toute la surface.

Semis en situation

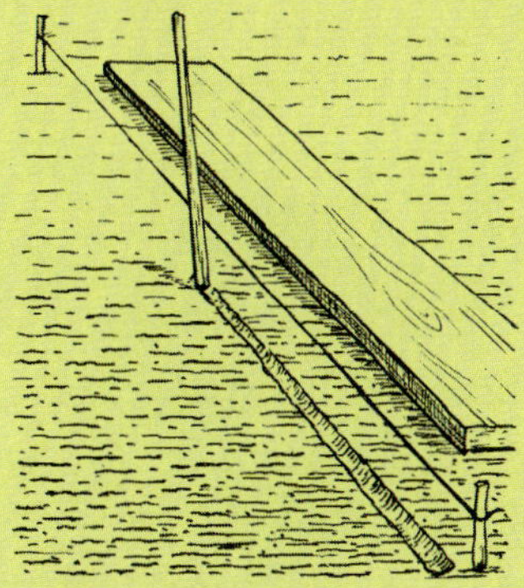

Tracez des sillons avec le manche d'un rateau.

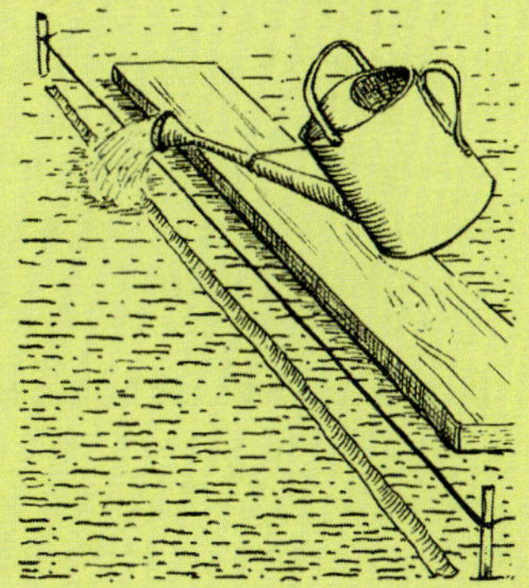

Arroser avant de semer si le sol est trop sec.

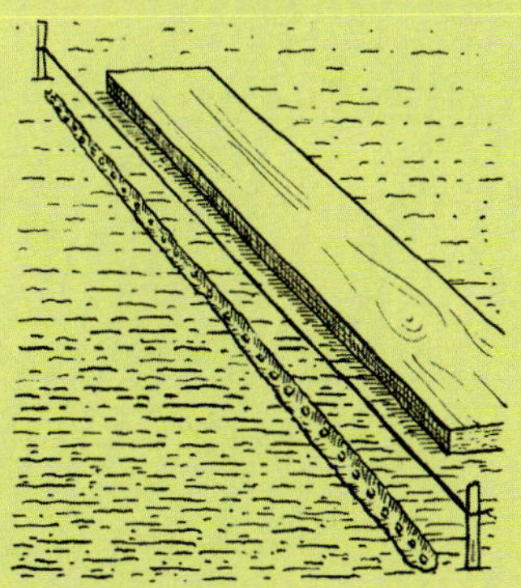

Semez les graines.

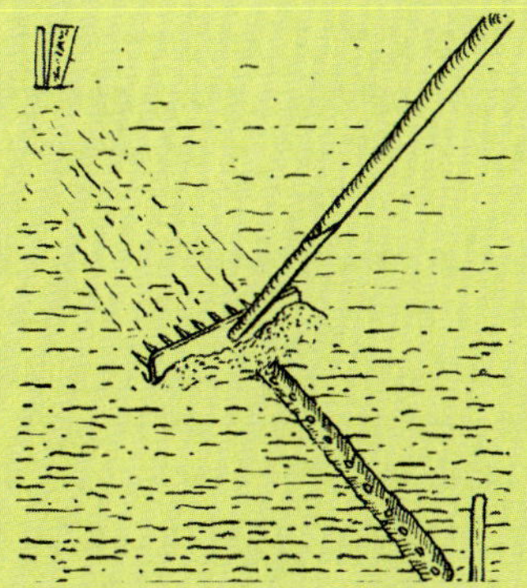

Recouvrez le sillon avec le dos d'un râteau et saupoudrez d'un léger compost.

Le pois de senteur, un exemple concret

Son utilisation est multiple. Son exubérance, son parfum, ses coloris et sa généreuse floraison en font l'une des plantes les plus appréciées du jardin. Un conseil avant même de considérer sa plantation : soyez présent au moment de la floraison. Pour qu'elle soit longue et généreuse, imposez-vous de cueillir les fleurs tous les jours au fur et à mesure de leur éclosion.

Son semis diffère de celui des autres graines. Il se fait en octobre pour que le pois hiverne en pot ou en bac, la plantation en pleine terre ayant lieu au printemps.

Commencez par éliminer les plants faibles dont le feuillage peut être décoloré et retirez au sécateur les petites pousses secondaires autour de la tige la mieux développée.

Choisissez ensuite l'une de ces trois techniques :

- si le pois de senteur est destiné à servir de haie fleurie dans le potager ou le long d'un chemin, tendez un cordon entre deux poteaux et plantez-le tout contre ;
- s'il vient dans un massif ou une bordure, où il fait de l'effet en hauteur, installez-le autour d'un cylindre de treillage pour qu'il y grimpe allègrement ;
- s'il reste à l'état de plantation naturelle, utilisez des branchages de 2 mètres de haut comme support et disposez autour trois ou quatre plants, qui assurent une couverture assez dense pour le cacher. Comptez 20 à 30 centimètres d'écart entre chaque. Attachez-les au support au fur et à mesure de la pousse, le vent pouvant déstabiliser les longues tiges fragiles.

Quelques beaux spécimens

Faites votre choix parmi les meilleures annuelles, de façon à obtenir un succès garanti.

Calendula convient parmi des arbustes groupés et se naturalise seul ; *Centaurea*, dans un jardin de gravillons ; *Consolida* (delphinium annuel), pour créer une bordure bleu et blanc. *Cosmos* est impressionnant lorsqu'il est planté en masse. *Eschscholzia* forme une bordure ou un massif fleuri de juin aux gelées. *Gypsophila* trouve sa place parmi les rosiers ; *Helianthus*, dans le fond d'une bordure d'arbustes et de vivaces ; *Lathyrus*, sur un treillage ou un cône en bambou. *Lavatera trimestris* se suffit à lui-même, avec éclat. *Limnanthes* convient pour une rocaille. *Papaver* fait de l'effet parmi les arbustes et *Penstemon* en groupe, dans une bordure. *Petunia* convient pour des potées ou des bacs.

Plusieurs d'entre elles éparpillent leurs graines après la floraison. Vous profitez alors d'une nouvelle éclosion l'année suivante. Sachez toutefois que les paquets de graines marqués F1 sont les plus belles, les plus florifères, les plus chères, mais si les annuelles se ressèment d'elles-mêmes, elles ne donnent pas des plantes aussi pures ; F1 signifie en effet « de première génération », ce qui n'est plus vrai ensuite, les fleurs pouvant avoir été hybridées naturellement par leurs voisines.

Page ci-contre : Lathyrus odoratus.

Helianthus annuus 'Velvet Queen'.

Bordure de Petunia, Salvia horminum, Lavatera *et* Lathyrus

Donnez de la profondeur à une petite terrasse en habillant ses murs d'un treillage en bois, qui sert en outre de support aux grimpantes.

La terrasse

Terrasse, patio : ces espaces ont en commun de se trouver à la fois « dedans » et « dehors ». La terrasse, classique, se trouve aussi bien à la campagne qu'en ville ; le patio, à connotation exotique, évoque les jardins méditerranéens. Le deck en bois, souvent établi depuis la maison sur plusieurs niveaux, vient tout droit des États-Unis. Vous pouvez y faire des folies de plantations, avec des espèces plus exotiques que celles du jardin, qui profitent de la protection de la maison... et de la vôtre, car vous n'avez plus besoin de vous mouiller les pieds pour vous en occuper.

La conception

La terrasse ou le patio

Si vous avez la chance de pouvoir construire une terrasse, sachez qu'elle nest jamais trop grande et

Une terrasse abritée accueille un plus grand choix de plantes, notamment exotiques.

La plantation de grimpantes directement en terre, dans un deck agrémenté d'une pergola, produit un effet de jardin suspendu. Les plantes en pots sont placées contre la maison, ce qui facilite leur entretien.

sert de salle à manger et de salon d'été. Prévoyez un coin d'ombre pour les journées de grand soleil. Pensez aux détails : faites poser une prise électrique spéciale pour l'extérieur ainsi qu'un robinet d'eau.

Si vous souhaitez décliner le thème de l'exotisme, sachez qu'il convient aussi bien à une construction moderne qu'ancienne.

Pour une petite surface, prévoyez peu de plantations, mais élégantes et à feuillage persistant, et préférez celles nécessitant un minimum d'entretien : azalée, nandina, oranger du Mexique, phormium. Plantez directement en terre si le climat l'autorise. Dans le cas d'une terrasse couverte, sous appentis, envisagez une toiture en tuile ou en chaume et une pergola en bois habillée de végétaux couvrants. Complétez par de belles poteries, une fantaisie en pierre contre l'un des murs et des lanternes autour de la porte de la maison. Cet aménagement convient pour une habitation au soleil.

Aménager un patio est aussi amusant que de décorer la maison, à la différence près que l'on peut s'y permettre des originalités que l'on ne s'autoriserait pas à l'intérieur. Si vous jouez sur une note classique, prévoyez un décor élégant, des treillages en trompe l'œil aux murs et des bacs, garnis eux aussi de treillages, habillés de plantes grimpantes. Pour la campagne, préférez des bancs ou des socles en bois portant des paniers en rotin, plantés de fleurs annuelles — doublez ces derniers avec un plastique avant de les remplir de terre et remisez-les en fin de saison.

Pour une note avant-gardiste, imaginez des poteaux reliés par du fil de fer servant de support à des lanternes, des découpes en aluminium ou autres créations familiales.

Profitez d'une éventuelle différence de niveaux pour y juxtaposer des décors variés : un bassin d'eau, une collection de graminées, une urne insolite, un arbre d'envergure limitée émergeant des dalles au niveau le plus bas, divers dallages au sol.

Ce jardin intime s'organise autour d'une petite pièce d'eau visible depuis les fenêtres de la maison.

Le sol

L'esthétique, le prix et la facilité d'entretien sont les trois critères qui président à son choix. Prévoyez une chape de sable et de ciment, et n'omettez pas un détail important : les joints. Même si la pose est faite à touche-touche et les interstices — il y a en a toujours — comblés avec du sable, en moins de deux ans, une collection de mauvaises herbes élit domicile sur votre terrasse... En théorie, c'est fort décoratif mais en pratique, il s'agit d'une lutte inégale où vous perdez à coup sûr. Alors, pensez aux joints en ciment.

Le choix qui vous est proposé est vaste : terre cuite, grès, carrelage, céramique, brique, ardoise, caillebotis et gazon synthétique. Cinq questions essentielles sont à envisager avec le fournisseur : à quelle température gèle-t-il ; est-il glissant mouillé ; résiste-t-il à la chute d'un objet lourd ; comment réagit sa couleur au soleil ; est-il d'un entretien facile ? Avant de signer et de verser un acompte, faites-vous livrer des échantillons pour les voir *in situ*.

N'éliminez pas la solution du sol peint, que vous pouvez réaliser vous-même pour un coût minime. Choisissez une peinture spéciale pour le ciment, verte ou beige et incorporez-la au matériau de départ. Posez la dalle et, avant qu'elle ne soit sèche, brossez-la pour créer un effet de matière. Jetez une natte ou un tapis par-dessus, complétez par quelques meubles, et voilà la terrasse habillée.

Le pourtour

De lui dépend en grande partie l'atmosphère d'ensemble. Jouez avec les treillages, les claustras, les paravents, qui laissent bien filtrer l'air mais protègent du vent, les stores en bois ou en tissu, les

Ce jardin-terrasse s'enrichit d'incrustations de massifs plantés entre les dalles.

canisses artificielles, qui peuvent être fixées sur un encadrement en bois (à acheter dans un magasin d'ameublement).

Donnez de la profondeur à une petite terrasse avec un treillage en trompe-l'œil. Si vous décidez d'y faire grimper des plantes, prévoyez de le repeindre tous les trois ou quatre ans.

Si le patio n'est pas de plain-pied avec le jardin, ce qui est souvent le cas, le problème de la protection du pourtour se pose. Prévoyez une simple guirlande de végétation en guise de garde-fou pour ne pas vous enfermer ni boucher la vue. Plantez des poteaux en bois contre le patio, reliés entre eux par une corde habillée de végétaux choisis selon la région : bougainvillier dans le Sud, lierre, rosier ou clématite ailleurs.

Les plantations

La méthode

Pour planter, trois possibilités s'offrent à vous :

- directement en terre, ce qui est certainement le plus pratique, tant pour l'établissement de sujets importants que pour l'arrosage ;
- dans des bacs en pierre adossés à la maison. Prévoyez une hauteur de 50 centimètres. Cette solution simplifie l'acclimatation de plantes grimpantes d'un grand effet décoratif, et l'entretien et l'arrosage sont facilités : nul besoin de ramper pour désherber ;
- en caisses, urnes ou pots individuels — dans ce cas, évitez l'étalage hétéroclite (pot de terre, bac en bois, potiche asiatique, urne en fonte) et songez à l'entretien hivernal, au temps nécessité par l'arrosage et au poids. Si vous devez les déplacer ; si vous êtes un inconditionnel des pots, groupez-les, car les plantes aiment la compagnie de leurs semblables et l'arrosage se fait plus rapidement.

Le jardin aromatique

Placez le jardin de plantes aromatiques à proximité de la maison — il pourrait constituer le niveau inférieur du patio. Plantez dans un dallage formant un décor symétrique ou en surélévation : les plantes entourées d'un muret sont faciles à cueillir (voir p. 55).

Le choix des pots

Les pots en plastique font partie des moins chers du marché. Ils se nettoient d'un coup d'éponge et offrent des formes et des coloris de plus en plus riches et variés.

Ce coin repos, au milieu du jardin, ne demande pas beaucoup de plantations ; l'arbre fait le décor quasiment à lui seul.

Malgré tout, d'aucuns nourrissent à leur égard de sérieux préjugés : la pierre est plus noble, le bois plus chaud, la fonte plus cossue.
Les pots en bois présentent l'avantage de faire obstacle au froid, donc de préserver la plante du gel. Les bricoleurs peuvent les confectionner sur mesure et les peindre de la couleur désirée. Lors de l'achat, n'hésitez pas à investir dans la qualité, les pots durent ainsi plus longtemps.

Les objets en pierre reconstituée imitent souvent les vases Médicis et les vasques d'antan. Leur épaisseur permet des arrosages moins fréquents et leur stabilité permet de les placer sur une rambarde, un escalier ou un muret. Avec le temps, ils finissent même par ressembler à une antiquité... En revanche, leur poids complique leur déplacement et leur coût peut être élevé.
Ceux en terre cuite présentent un aspect naturel et agréable, dans des tons variant selon la région de fabrication, mais toujours harmonieux. Leur porosité permet une sorte de transpiration, appréciable dans un climat chaud. Ils présentent néanmoins comme inconvénients de devoir être trempés dans l'eau une demi-heure avant leur mise en service et de craindre les grandes gelées — parfois, le matériau se fend et les bords s'effritent. Prenez garde au froid si vous achetez une poterie dans une région méditerranéenne et l'installez dans une région au climat moins tempéré.
Tous doivent reposer sur un socle de brique ou de pierre, pour que le trou d'évacuation de l'eau ne soit pas obstrué — à moins que vous ne les installiez dans une soucoupe appropriée.
Si vous hésitez à utiliser une belle poterie, trop fragile pour supporter le poids de la terre, résolvez le problème en la bourrant de mousse ou de tourbe, et installez-y la plante dans son conteneur. Ce système permet en outre de changer de végétal en fonction de la floraison ou de la saison.

À petites racines, petits pots

Certaines plantes, dont les racines s'enfoncent peu, se contentent d'un pot de plantation n'excédant pas 15 centimètres de diamètre. Mieux encore, elles peuvent vivre plusieurs années dans le même pot, mais pas toute leur vie dans la même terre, qui s'épuise. La meilleure solution est le surfaçage annuel, qui consiste à retirer 1/3 de l'ancienne en ameublissant le fond avant de faire un nouvel apport en surface, enrichi d'engrais spécifique. Essayez aussi de ne pas planter les mêmes espèces dans les mêmes bacs plusieurs années de suite.

L'hélianthème compte parmi les végétaux dotés de racines à encombrement modeste. Il vit longtemps en pot et, taillé, garde une jolie forme. L'euphorbe, qui fait beaucoup d'effet parmi des annuelles, se contente d'un pot de moins de 20 centimètres de large. L'alchémille, la primevère, la campanule et l'arméria, peu avides d'espace, fleurissent presque tout l'été. Quant à l'*Erigeron mucronatus* et l'*Arabis*, ils se trouvent à l'aise dans un bac de 15 centimètres de large — taille idéale pour le rebord d'une fenêtre. Les bulbes, dont la floraison s'étend pratiquement sur toute l'année, s'adaptent aux contenants étroits.

N'oubliez pas que la plante en pot est plus gélive qu'en terre et qu'elle n'apprécie pas nécessairement le soleil. Le bambou, le cotonéaster, l'eléagnus, la fougère, l'hortensia, le *Pieris* et le rhododendron préfèrent la mi-ombre. Pour l'abutilon, le bougainvillier et le laurier-rose, utilisez le même terreau que pour les agrumes, orangers et citronniers.

Le remplissage des pots

N'utilisez pas la bonne terre de jardin pour les potées, car après de nombreux arrosages elle finit par se colmater et le drainage se fait mal. Or, de lui dépendent la santé et la longévité des plantes. Avant de remplir le pot, placez des tessons sur le trou d'évacuation sur 2 à 3 centimètres d'épaisseur — 8 à 10 s'il s'agit d'un grand bac. Versez un mélange composé de 1/3 de tourbe blonde, 1/3 de terreau de feuilles et 1/3 de bonne terre de jardin. Veillez, par la suite, à ce que le trou de drainage ne soit pas obstrué.

Selon les plantes, utilisez une terre spécifique : pour celles de bruyère, un mélange pour moitié de terre de bruyère et pour moitié de tourbe ; pour celles aimant le soleil — cactée, lavande, romarin, sédum, thym, yucca — et pour les plantes grasses, un mélange de 1/3 de terreau de feuilles, 1/3 de sable grossier et 1/3 de tourbe ; pour le pélargonium, habitué des bacs en été, un mélange de 1/3 de terreau de feuilles, 1/3 de terre de jardin, 1/3 de tourbe blonde, complété de deux à trois poignées de sable grossier, bien mélangé. Assurez-vous une superbe floraison par un arrosage généreux et un apport d'engrais tous les quinze jours — munissez-vous d'un arrosoir à longue tige de manière à accéder entre les feuilles sans mouiller le feuillage. Ne laissez jamais la terre se dessécher.

Le panier suspendu

Il est de plus en plus répandu, car sa floraison exubérante peut durer tout l'été grâce à un arrosage quotidien — voire deux fois par jour par temps

Fixez un parapluie ouvert sous le panier pendant l'arrosage.

Panier suspendu

chaud. Il est en grillage, en vannerie ou en poterie — dans ce dernier cas, fixez-le bien. Mieux vaut ne pas le placer en plein soleil.

Pour la plantation, posez le panier sur une table, ce qui simplifie l'accès à son pourtour. Tapissez-le de morceaux de gazon ou de mousse, côté terre vers le haut, et placez au fond une soucoupe pour retenir un peu l'eau. Remplissez-le à moitié de compost, de terreau de feuilles ou d'une composition préparée en jardinerie et installez des plantes pendantes : alysse, capucine naine, lierre à petites feuilles. Placez au milieu : *Begonia semperflorens*, héliotrope, pélargonium ou pétunia hybride. Pour bien les enfoncer dans le compost, faites une petite rigole de plantation à l'aide d'une fourchette. Réglez le problème de l'eau qui s'égoutte après l'arrosage en attachant un parapluie ouvert sous le panier pendant une dizaine de minutes.

Le barbecue

Il peut constituer l'élément essentiel du patio. L'esthétique, la praticabilité et le vent dominant président au choix de son emplacement. Il est en effet impératif que la fumée ne revienne pas vers la maison... ou chez le voisin — ce qui serait peut-être pire ! Érigez un paravent en bambou coupé ou en lattes, habillées de grimpantes du côté extérieur, à une distance raisonnable. Si le patio comprend deux niveaux, placez de préférence le barbecue au plus bas et pas devant une porte-fenêtre.

Il en existe de nombreux modèles au gaz et à l'électricité, mais la cuisson au charbon de bois remporte toujours la faveur du public, à cause du goût que la fumée donne à la viande.

Délimitez l'aire qui lui est dévolue par une haie florale installée dans une jardinière garnie d'un treillage : capucine, pois de senteur, rosier grimpant ou volubilis s'y accrochent pour former un écran fleuri exactement où vous le souhaitez.

Les graminées dissimulent la partie barbecue et participent à l'atmosphère de détente qui règne sur cette terrasse.

Ce jardin à la française est bordé de buis et d'arbustes taillés, et habillé de rosiers tiges et buissons.

Les roses

« Venez dans mon jardin, mes roses ont envie de vous voir »... Voilà l'invitation placardée à l'entrée d'une petite roseraie appartenant à une vieille dame anglaise. De toutes les fleurs du jardin, la rose est certainement la plus aimée ; rien d'étonnant, donc, à ce qu'elle soit souvent plantée en premier, ni à ce qu'il existe des rosiers pour toutes les situations — sauf pour les terrains humides.

La plantation

L'achat

Le rosier fait partie des achats coup de cœur. Bien sûr, vous allez le choisir en fonction de son parfum, de sa couleur, de sa place dans le jardin. Mais ces critères rationnels sont rarement décisifs.
Ne vous contentez pas des catalogues, certes bien utiles, mais rendez visite aux roses chez elles, dans

Rosa xanthina hugonis.

la roseraie la plus proche de chez vous. Elles aiment tant être admirées...

D'infinies possibilités d'implantation dans le jardin s'offrent à vous : dans les bordures et les plates-bandes, le long d'un chemin, sur la terrasse, isolées ou par petit groupe dans la pelouse. Ne vous emballez pas : plus vous en disséminez, plus vous avez de travail, mais quand on aime, n'est-ce pas...

Commencez par bien lire l'étiquette du rosier qui vous intéresse : vous risqueriez d'être déçu si vous ne tenez pas compte de la différence entre un remontant et un rosier à floraison continue. Le premier refleurit jusqu'à trois fois durant la saison ; le second donne tout l'été. En outre, nombre de variétés existent en grimpant ou en buisson (tel 'Madame Caroline Testout'). Soyez attentif.

D'aucunes, tels 'Frau Dagmar Hastrup', *Rosa moyesii* 'Geranium', *Rosa rugosa* 'Scabrosa' et *Rosa virginiana* produisent un bonus, les cynorrhodons, et portent presque tout l'hiver sur leurs branches ces fruits ronds ou ovales, comme des décorations de Noël. Inutile, par conséquent, de supprimer les fleurs fanées.

Les règles de base

Pour tout rosier à racines nues, le pralinage s'impose. Taillez légèrement les tiges et les racines, puis trempez le sujet dans un seau rempli, idéalement, de bouse de vache ou, plus prosaïquement, d'un produit de pralinage vendu dans le commerce.

Procédez ensuite systématiquement :

- creusez un trou de plantation d'une taille double à celle nécessaire pour contenir le rosier, toutes racines étalées ;
- ameublissez bien le fond et remplissez-le de bonne terre de jardin, mélangée à du compost fait maison ou à du terreau décomposé, agrémenté d'une poignée d'os broyés, réserve de nourriture ;
- mettez le rosier en place — attention, n'enfouissez pas sous la terre le niveau visible de la greffe, marqué par un bourrelet ;
- arrosez bien — prévoyez auparavant une légère cuvette.

Pour planter un rosier en pot, sortez la plante de son conteneur de telle sorte que la motte ne soit pas brisée. Dans le Nord de l'Europe, ainsi que dans les régions froides, plantez au printemps. Ailleurs, intervenez à l'automne ou au début du printemps. N'oubliez pas que la mise en place de spécimens identiques, groupés par trois et espacés de 40 centimètres les uns des autres, produit un effet magnifique lors de la floraison.

Rosa odorata *'Mutabilis'*.

Plantation d'un rosier tige

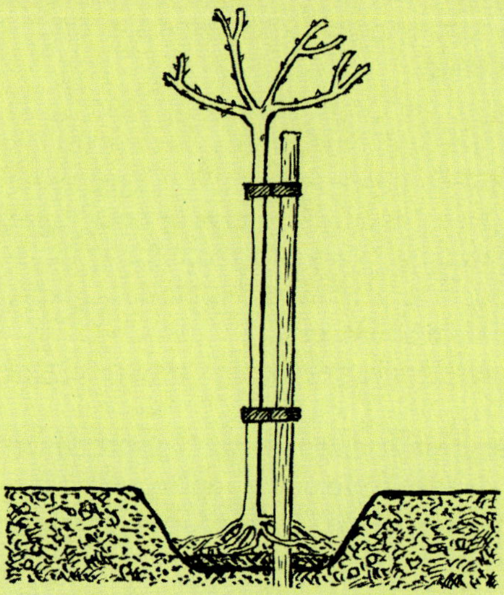

Maintenez le tuteur à la hauteur du tronc pour éviter qu'il ne dépasse des branchages.

Plantation d'un rosier grimpant

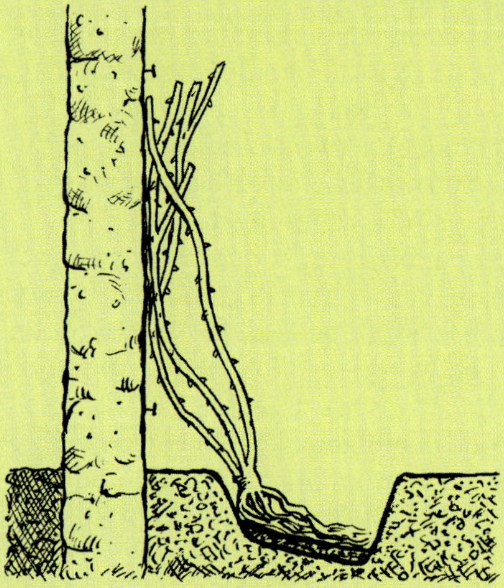

Plantez un rosier destiné à grimper dans un arbre à 50 cm de celui-ci.

Le palissage

Plantez les espèces grimpantes à une distance de 40 centimètres du mur, racines penchées vers l'extérieur dans le trou de plantation.

Palissez une ou deux branches du rosier grimpant sur un mur à l'horizontale : il s'ensuit une généreuse floraison, ainsi que la pousse de nouvelles branches, qui fleurissent à leur tour à la verticale, sans que le rosier se dégarnisse à la base.

Plantez le sujet voué à grimper dans un arbre à 50 centimètres de celui-ci pour qu'il ne soit pas gêné par les racines de son hôte ; inclinez-le vers lui, puis étalez les branches de façon à mêler les végétaux. S'il s'agit d'un arbuste, évitez le disgracieux piquet planté en son centre. Mieux vaut quelques branchages nus, vite camouflés par le feuillage du rosier.

La multiplication

Au mois de septembre, multipliez le rosier. Si vous procédez par bouturage (voir p. 62), préférez les tiges souples aux raides :

- choisissez-les de 25 à 30 centimètres de longueur et taillez-les en biais ;
- retirez les feuilles et les épines en ne laissant qu'un petit bouquet au sommet ;
- creusez une tranchée à l'ombre et versez 4 à 5 centimètres de sable grossier au fond ;
- trempez l'extrémité des tiges dans la poudre

d'hormones et placez celles-ci dans la tranchée en complétant par 5 à 6 centimètres de terre légère ;
- tassez bien et arrosez ;
- quinze à seize mois plus tard, mettez les boutures en place.

Cette méthode, très simple, qui permet de reproduire une variété qui n'existe plus nécessairement dans le commerce, a un taux de réussite de 90 % ; en revanche, elle implique d'attendre trois ans pour obtenir une floraison.

Le marcottage, autre pratique, convient parfaitement pour les espèces à tiges basses, notamment grimpantes ; la seule réserve serait de ne pas laisser fleurir le rosier la première année.

Le greffage, qui nécessite un certain doigté, reste le fait des professionnels, de même que le semis, qui garantit une reproduction très fidèle. Tous deux exigent de la patience, car le nouveau pied prend son temps pour fleurir.

Le rejet, tige longue et droite à sept feuilles au lieu de cinq, prend son origine sous terre. À vous de le chercher pour le supprimer ou le récupérer. Taillez-le à 20 centimètres du sol et plantez-le, ainsi rien ne se perd, mais n'espérez pas de fleurs avant deux ans. Ainsi va la récupération...

La création d'une rose nouvelle

Sur 60 000 semis, au bout de dix ans, le rosiériste Meilland compte retenir deux ou trois roses nouvelles... Mais que cela ne vous décourage pas ! Sans toutefois chercher ni la gloire ni la fortune, tentez votre chance, créez une rose à qui vous donnez votre nom. La pollinisation manuelle est une technique un peu minutieuse, mais très simple et fascinante, qui consiste à prélever sur la rose/père le pollen pour féconder la rose/mère. Avant toute

Bouturage

Choisissez une tige souple de 25 à 30 cm de long et coupez-la en biais.

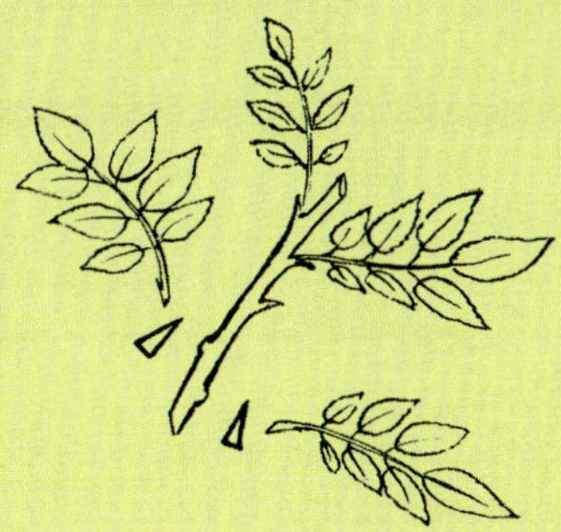

Retirez les feuilles et les épines en ne laissant qu'un bouquet au sommet.

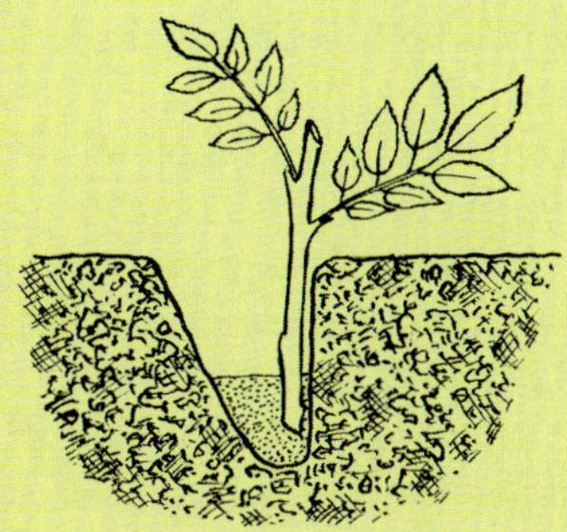

Creusez une tranchée à l'ombre, versez-y du sable et plantez la tige en complétant par de la terre.

Création de rosiers miniatures

En été, prélevez une bouture d'une dizaine de centimères de longueur et ne conservez que quelques feuilles.

Repiquez cette bouture dans un sac en plastique épais rempli de terreau ou de compost où vous avez aménagé des fentes.

Une fois les boutures enracinées, repiquez-les dans des pots.

chose, commencez donc par choisir deux sujets en fleur que vous aimez — les parents. Lancez-vous dans l'aventure :

- la rose femelle choisie doit commencer à s'ouvrir un ou deux jours plus tôt que la rose mâle ; dès sa floraison, supprimez à la main les pétales et retirez soigneusement les sépales avec une pince à épiler ; encapuchonnez la fleur dans un petit sac en plastique transparent ;
- le lendemain, coupez une rose mâle et retirez soigneusement les pétales et les sépales ;
- décapuchonnez la rose femelle ; au pinceau, prélevez du pollen sur la rose mâle (poudre jaune) et déposez-le sur la femelle ;
- encapuchonnez à nouveau la rose femelle et étiquetez-la — date et nom des parents ;
- arrosez normalement le rosier femelle et, au bout de quinze jours, retirez le capuchon ;
- à l'automne, retirez les cynorhodons qui se sont développés, enterrez-les dans un pot de tourbe humide et placez-le dehors pour l'hiver ;
- en février, récupérez-les et versez les graines qu'ils contiennent dans un bol d'eau ;
- sélectionnez les graines restées au fond de l'eau après quelques minutes et semez-les dans une caissette remplie de terreau additionné de sable ;
- sitôt les jeunes plantes suffisamment grandes, transplantez-les en pot et... attendez leur floraison ;
- dès la première, éliminez les indésirables ; procédez à une seconde élimination l'année suivante ;
- plantez l'élue en terre et traitez-la comme un vrai rosier.

Il vous reste une formalité très importante à accomplir : baptiser votre rosier.

Création d'une nouvelle rose

Choisissez une rose mâle et une rose femelle.

La rose femelle doit s'ouvrir un ou deux jours plus tôt que la fleur mâle.

Supprimez à la main les pétales de la rose femelle et retirez les sépales à la pince à épiler.

Encapuchonnez la fleur dans un petit sac en plastique transparent.

Le lendemain, coupez une fleur mâle, ouvrez-la pour dégager les étamines ou ôtez les pétales..

Décapuchonnez la rose femelle et déposez-y le pollen de la fleur mâle en mettant les deux fleurs en contact ou en utilisant un pinceau.

Encapuchonnez à nouveau la fleur femelle et étiquetez-la.

À l'automne, retirez les cynorhodons.

Enterrez-les dans un pot de tourbe et placez-le à l'extérieur pendant l'hiver.

En février, sortez les cynorhodons de terre et versez-en les graines dans un bol d'eau.

Semez les graines ; lorsque les jeunes plantes sont suffisamment développées, mettez-les en pot.

Pour soigner les rosiers les pieds au sec, créez des aires de plantation cernées de dalles depierre.

La roseraie, un exemple concret

La roseraie classique, avec sa collection de rosiers au garde-à-vous dans les plates-bandes, ne correspond plus au goût ni aux possibilités d'aujourd'hui. Mais il existe de nouvelles façons de profiter des roses et de les mettre en valeur. Convertissez ainsi une petite pelouse, d'entretien facile, pratiquement sans désherbage :

- découpez et retirez des plaques de gazon d'environ 1 x 1 mètre ;
- disposez trois rosiers de la même variété en triangle, espacés de 40 centimètres les uns des autres dans chaque emplacement ;
- encadrez chaque groupe d'une guirlande de diascias ou d'autres petites vivaces de votre choix ;
- prévoyez éventuellement quelques rosiers grimpants autour d'un poteau central pour donner du relief à la roseraie — enroulez les branches les plus longues autour du support.

Autre possibilité, la roseraie-patio présente l'avantage de supprimer la tonte de gazon et permet de se promener parmi les plantes en gardant les pieds au sec. Plantez les rosiers en groupe dans des espaces de terre ménagés dans un sol en opus incertum... mais si vous n'avez pas un bon maçon sous la main, remplacez la pierre par du gravillon posé sur une feuille de plastique, pour limiter le désherbage.

Le buis classique, très à la française, les fraises des bois, bordure originale... et délicieuse, la lavande, grande amie du rosier et le *Nepeta*, dont les fleurs bleues font un joli contraste, peuvent servir de bordure à la plantation.

Ces roseraies peu conventionnelles sont l'avenir pour les petits jardins et les patios.

L'entretien

Le nourrissage

Le rosier est sans doute l'une des plantes qui donne le plus de fleurs ; il faut donc, en retour, le nourrir avec de l'engrais — en poudre ou liquide. Cela se traduit par un apport d'azote (N), stimulateur du développement du feuillage et de la croissance — sous forme de corne torréfiée et de sang desséché. Le rosier a également besoin d'acide phosphorique (P), nécessaire à la floraison et au développement des racines — sous forme de fumier de vache. Si vous ne pouvez vous en procurer du frais, achetez-le en jardinerie, desséché et facile à manier. Le rosier vous en saura gré. La poudre d'os et les cendres de bois des feux du jardin sont également très appréciables. La potasse (K) qu'elles contiennent aide le rosier à résister aux maladies et joue une grande influence sur la couleur des fleurs.

N'imaginez pas, quand vous lisez N-P-K sur une étiquette de produit de soin spécialisé, qu'il va résoudre tous les problèmes et traitez chaque carence de manière spécifique.

La date d'épandage varie en fonction du temps, de la région et de l'état du sujet, mais en règle générale, le programme de fertilisation débute au printemps, juste avant que les feuilles apparaissent, en été, juin ou juillet, mais pas au-delà.

Ne vous contentez pas d'engrais. Au début du printemps, au moment où la végétation est affamée, appliquez aussi du *mulch* (voir p. 21) sur quelques centimètres à la surface du sol autour du rosier — certains spécialistes préconisent cette opération à l'automne, avant les grands froids. Il

Dans cette roseraie classique, la teinte rose pâle des rosiers tiges ressort sur le vert foncé des buis. Le vert plus clair des allées en pelouse renforce l'harmonie de l'ensemble.

apporte de l'humus à la terre ; c'est en quelque sorte le caviar de la vie végétale. Enfin, ne vous montrez pas avare d'arrosage pendant toute la période de floraison.

La taille

N'abordez pas cette tâche, qui vise au bon développement de l'arbuste en lui assurant le maximum de floraison, avec angoisse ou timidité ; considérez-la comme un art dans lequel vous serez expert après quelques essais.

Procédez après la floraison pour les variétés qui ne fleurissent qu'une fois au printemps, et avant le démarrage de la végétation pour les autres :

- retirez le bois mort et les branches desséchées ;
- aérez le centre du végétal en supprimant les branches et les brindilles qui s'entrecroisent ;
- donnez une forme harmonieuse à l'ensemble.

Utilisez un sécateur propre et bien aiguisé : l'opération se rapproche d'un acte chirurgical, l'hygiène compte.

Sur un sujet grimpant nouvellement planté, contentez-vous, les trois premières années, de supprimer les fleurs fanées et les branches sèches.

Sur un couvre-sol, enlevez les tiges qui ont déjà fleuri et les mortes.

Sur un polyantha (à fleurs multiples), nettoyez les branches abîmées ou touffues et coupez l'extrémité de certaines d'entre elles pour harmoniser l'ensemble et, sur un miniature, supprimez les branches trop enchevêtrées.

Taille des rosiers

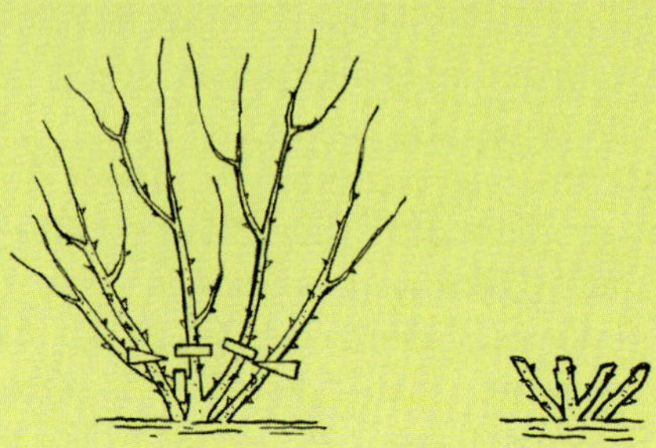

Avant *Après*

Sur un rosier buisson peu vigoureux ou jeune, taillez les branches en conservant 2 ou 3 bourgeons sur chacune d'elles.

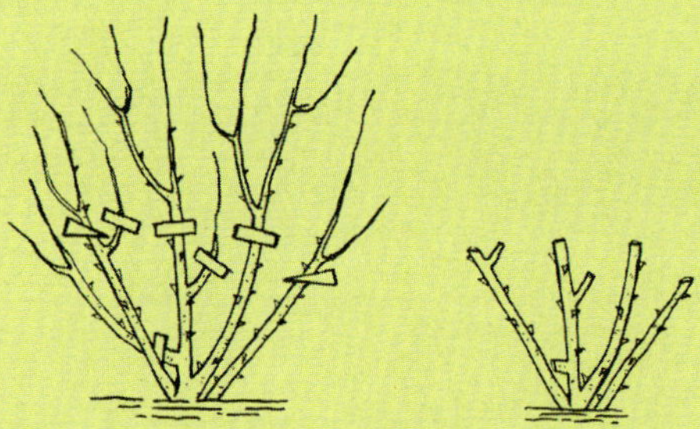

Avant *Après*

Lorsque le rosier est vigoureux ou a plus d'un an, vous pouvez laisser 4 à 5 bourgeons sur chaque tige.

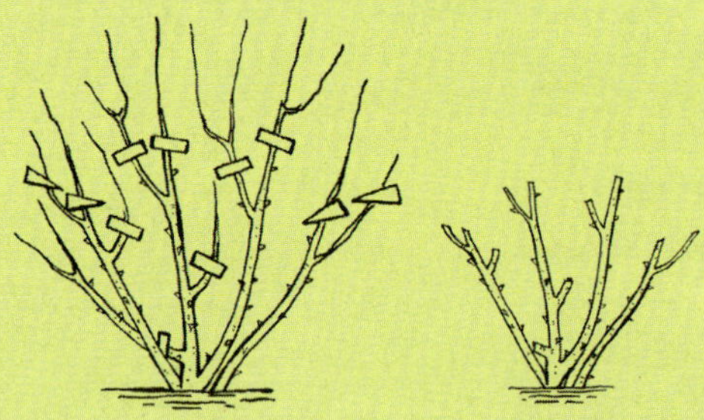

Avant *Après*

S'il s'agit d'un rosier très ancien ou d'un polyantha, pratiquez une taille moins rigoureuse la première année. L'année suivante, taillez en laissant entre 2 ou 5 bourgeons selon sa vigueur de la plante.

Entretien de la floraison

Pincez quelques boutons dès leur formation.

Sur l'hybride de thé à grosses fleurs, nouvellement planté, pratiquez une taille à 20 centimètres du sol pour lui assurer une bonne charpente ; s'il est établi depuis plus d'un an, veillez simplement à ce que les branches principales soient à peu près de longueur égale et supprimez les tiges malingres.
Coupez toujours en biais vers l'extérieur, quelques millimètres au-dessus d'un bourgeon.
Rabattez l'espèce liane à environ 30 à 40 centimètres de hauteur avant la plantation ; sur celle de plus d'un an, taillez les branches latérales à 10 centimètres de la principale. Aérez la haie en supprimant à la base les branches qui l'encombrent si elles nuisent à son équilibre général.

Ultime forme de taille : si vous préférez de grosses roses bien pleines à une exubérance de fleurs, pincez quelques boutons dès leur formation, en laissant de préférence ceux des branches terminales qui fleuriront en premier.

La surveillance

Parfois le rosier ne tient pas ses promesses en matière de floraison, ce qui révèle une carence ou une maladie éventuelle, résultant peut-être d'un manque d'hygiène.
Les mauvaises herbes et les coupes, par exemple, ne doivent pas demeurer à son pied.
Huit bonnes raisons peuvent expliquer le mal :

- le terrain est trop humide ;
- il a déjà porté un rosier longuement — ils n'aiment pas dormir dans les draps des autres ;
- le sujet a été mis en place à une mauvaise époque, en plein été ou par temps de gel ;
- il est planté trop profondément ou pas bien affermi dans le trou ;
- lors de l'opération, ses racines étaient desséchées ;
- il est trop exposé au vent ;
- il se trouve trop à l'ombre ;
- il est touché par la rouille, le mildiou, l'oïdium, les araignées rouges — souhaitez que ce ne soit pas en même temps —, ce qui n'est pas mortel, mais disgracieux et préoccupant.

Dans ce dernier cas, il vous reste à trouver le remède. Le conseil le plus raisonnable que nous puissions vous donner est de porter une partie atteinte chez un rosiériste et de lui demander de vous indiquer un produit approprié. Ne croyez pas qu'augmenter la dose de produit traitant accélère la guérison, et respectez scrupuleusement les instructions. N'utilisez jamais le même arrosoir

Bordure de rosiers.

ou pulvérisateur pour administrer tantôt de l'engrais, tantôt un remède, vous risqueriez alors d'aggraver le mal.

Bien que le rosier soit particulièrement résistant au froid, il est bon, dans certaines régions de le protéger en hiver. Enterrez-le presque entièrement sous un monticule de terre, que vous retirez au début du printemps avant que la végétation ne reparte.

Les maladies

Toutes les maladies peuvent être traitées par des produits vendus dans le commerce en observant certaines règles :

- suivez strictement les instructions ;
- n'opérez jamais sous le soleil ou la pluie ;
- ne forcez pas la dose.

Les araignées rouges résultent souvent de la combinaison de la chaleur et de l'humidité. Les feuilles se décolorent et deviennent grisâtres. Appliquez un insecticide systémique pour prévenir, plutôt que guérir.

La « bave de crapaud » se reconnaît à l'écume qui entoure les pousses, protégeant un petit insecte jaune en mai et juin. Les tiges risquent de se déformer et les feuilles, de tomber. Dans un cas isolé, essuyez l'écume entre vos doigts, mais traitez toute manifestation sévère : un jet d'eau pour nettoyer, suivi de l'application d'un produit de type Hexyl.

La chlorose provoque le blocage des capillaires et induit le jaunissement du feuillage. Cela résulte de la terre, trop calcaire, qui ne convient pas au rosier. Ameublissez le sous-sol et amendez la terre par un apport de tourbe en surface. Renouvelez ces opérations chaque année si nécessaire.

Les fourmis, qui ne sont pas spécifiques au rosier, peuvent se multiplier autour des racines, effritant la terre et privant la plante de sa nourriture. Celle-ci flétrit et meurt. Appliquez une poudre anti-fourmis (ou anti-doryphores, moins chère) et veillez à leur destruction.

La marsonia est un champignon qui se manifeste sous forme d'une tache noire auréolée de jaune. Elle se propage avec rapidité sur les feuilles et provoque leur chute. Brûlez absolument celles-ci. En juillet-août, elle est clairement visible et peut très bien toucher les bourgeons et les tiges, provoquant une défoliation. Elle est difficilement contrôlable, mais vous pouvez néanmoins amender avec de la potasse. Elle reste moins répandue dans les zones industrielles qu'ailleurs.

L'oïdium est la maladie du rosier la plus fréquente. Ce champignon recouvre les feuilles tendres et les bourgeons, qui tombent, le plus souvent en été ou au début de l'automne. Un manque de circulation d'air, ou d'humidité à la racine, l'épuisement de la terre ou des nuits froides suivant des jours très chauds peuvent également provoquer son arrivée. Traitez en améliorant les conditions d'entretien. Commencez le traitement dès le mois d'avril — tous les dix jours jusqu'à fin septembre — et arrosez régulièrement et copieusement. Cela devrait suffire à stopper le mal.

Les pucerons, noirs, brun-rouge, jaunes ou verts, sont les grands prédateurs du rosier. Dès le printemps, ils sucent la sève des jeunes pousses, qu'ils peuvent faire flétrir et tomber. Il produisent une substance collante, le miellat, sur laquelle se développe un champignon, la fumagine, qui donne un aspect noir proche de la suie. Contenez-les avec de l'eau savonneuse, de la nicotine, un produit systémique type bifenthrine ou un insecticide du commerce.

Cet encadrement de pierres accueille une minuscule roseraie.

La rouille apparaît sur les rameaux et les pétioles. Elle n'est pas particulièrement fréquente, mais elle affaiblit la plante. Rouge, orange et noir, elle attaque en juillet le dessous des feuilles et se répand sur les jeunes rameaux, qui se ratatinent avant de tomber. Brûlez-les impérativement. Vous pouvez la combattre avec des produits à base de mancozèbe ou de manèbe.

Leaf foutain, *créée par Simon Allison.*

Le jardin d'eau

Aucun jardin n'est trop petit pour recevoir une pièce d'eau : la regarder et l'écouter, voilà déjà deux plaisirs. S'y ajoute celui de l'habiller. Son emplacement et sa taille dépendent de vos aspirations : la désirez-vous classique, symétrique ou naturelle?

La pièce d'eau ne doit pas se trouver à l'ombre des arbres, à moins qu'il ne s'agisse d'un petit bassin, flanqué d'une fontaine jaillissante et chantante, que vous pouvez recouvrir d'un filet au moment de la chute des feuilles. Elle ne doit pas davantage avoir à pâtir d'une construction, mais bénéficier d'une situation ensoleillée.

L'installation d'une pièce d'eau

Les règles de base

Quel que soit le trou que vous allez creuser, mettez soigneusement de côté la bonne terre de surface — 25 à 30 centimètres de profondeur —, utile pour des plantations futures.

La construction qui contient la poche d'eau d'un bassin classique doit être en brique, en pierre ou en polystyrène, l'essentiel étant que les murs soient prévus pour résister à la pression du futur volume d'eau. Assurez-vous également que le ciment est bien sec avant de procéder à la pose du liner.
Choisissez judicieusement le revêtement du bassin, car il joue un rôle déterminant. La plupart des propriétaires de piscines le prennent bleu, pensant que l'eau, le ciel et les reflets renforcent ce coloris. Perdez vos illusions : l'eau ne sera jamais bleue. L'idéal, pour un bon résultat, est un ton pierre ou sombre, sur lequel les dépôts d'algues se voient moins. Le bleu ou le blanc se salissent vite et semblent très artificiels.
Le liner existe sous deux formes : rigide ou souple, en PVC ou en butyle. Le bassin rigide s'achète tout fait, mais ne répond pas nécessairement à vos attentes, car vous souhaitez une pièce d'eau à vos mesures. Le liner souple, très résistant, vous laisse toute liberté quant à la taille et la forme de l'ensemble.
Après avoir procédé à la mise en eau — au tuyau, tout simplement —, attendez quelques semaines avant d'introduire les végétaux, afin que le chlore se dissolve. Au printemps, plantez impérativement quelques éléments oxygénants, qui gardent l'eau la plus claire possible.
Ne croyez surtout pas qu'une pièce d'eau de taille réduite ne peut accueillir que de petites plantes. La nôtre, de forme irrégulière, mesure 40 mètres carrés, et son bord est garni de végétaux dépassant 3 mètres de haut : bambous, buddleia, bouquet de *Cortaderia*, *Sorbaria*. Tous donnent de l'importance à la scène et font oublier la petitesse du bassin. Graminées, iris et *Primula* forment des bouquets entre les pierres. L'ensemble, très naturel, demande peu d'entretien et peut être réalisé en laissant le pourtour en herbe ; avec le temps, des fleurs sauvages apparaissent — faites confiance aux oiseaux pour les semer.
Fort de ces mises en garde, choisissez, à présent, entre les cinq formules qui s'offrent à vous : jardin d'eau naturel, bassin classique, bassin préfabriqué, mini-bassin, bassin flexible.

La mise en place d'un jardin d'eau naturel

Sa forme peut être irrégulière, puisqu'il doit, autant que possible, s'intégrer dans le paysage, être placé à l'endroit le plus bas du jardin. Si vous comptez

Un petit bassin cimenté, peu profond, suffit pour des plantations.

Un bassin en polystyrène bordé de plantes généreuses forme un jardin d'eau naturel.

créer une rocaille, pensez-y lors de la conception du bassin, même si vous ne la réalisez que plus tard. Ménagez aussi un accès à un poste d'électricité pour installer un éclairage.

Choisissez le liner selon la taille de la pièce d'eau. Pour calculer le métrage dont vous avez besoin, comptez une fois la plus grande longueur de la pièce d'eau, plus deux fois la plus grande profondeur, plus un peu de marge. Pour qu'il dure au moins vingt ans, assurez-vous auprès du fournisseur qu'il est bien en PVC ou en butyle, et non en plastique quelconque.

Démarrez le travail :

- matérialisez l'emplacement sur le terrain à l'aide de piquets et de ficelle ;
- creusez le trou, avec un centre d'au moins 1 mètre de profondeur si vous voulez planter des nymphéas — louez une mini-pelle pour effectuer ce travail éreintant en deux heures ;
- ne dépassez pas 30 centimètres de profondeur pour le bord du bassin, afin d'y installer des pierres et des plantes de margelle ;
- garnissez le trou d'une couche de 10 à 20 centimètres de sable et d'une couche de laine de roche — ces précautions vous garantissent le succès ;
- posez le PVC ou le butyle — ce travail nécessite deux personnes ; prenez garde à limiter les plis qui risquent de se former dans le fond ou sur les côtés ;
- épandez une couche de terre de 10 centimètres d'épaisseur dans le fond du bassin, en vue de l'installation de végétaux ;
- le grand jour est arrivé : commencez doucement la mise en eau ;
- aplatissez le liner sur le bord en le faisant dépasser d'une vingtaine de centimètres au-dessus du niveau de la terre ; aplatissez-le et recoupez-les bords ;

Création d'un jardin d'eau naturel

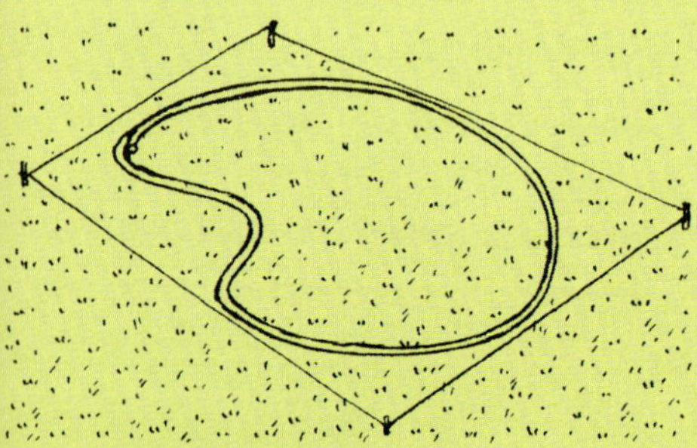

Matérialisez l'emplacement du bassin à l'aide d'une ficelle tendue entre des piquets.

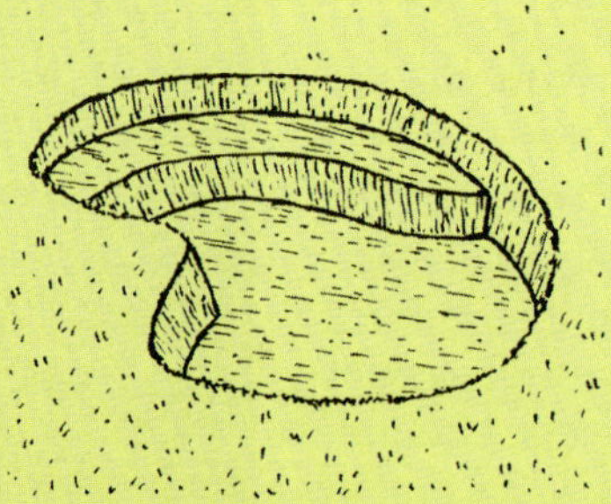

Creusez le trou, avec un centre plus profond que les bords. Garnissez le trou d'une couche de sable et de laine de roche.

Posez la feuille de butyle ou de PVC, épandez une couche de terre dans le fond et mettez en eau.

• égalisez la surface des bords par un apport de terre mélangée à des gros gravillons ou des cailloux, et posez des dalles ; comblez les interstices en fonction de la plantation prévue.

Retenez des végétaux qui aiment l'humidité sans vivre dans l'eau et plantez-les sur les bords du bassin, afin que les racines ne se trouvent pas trop au sec. Les plantations peuvent camoufler rapidement les éventuels plis ou irrégularités de la feuille de plastique.

Vous disposez d'un vaste choix d'espèces (voir p.) de taille variable : *Acorus calamus* (60 cm), *Butomus umbellatus* (60 cm), *Calla palustris* (50 cm) — après une floraison insignifiante, il produit de grosses graines écarlates —, *Caltha palustris* (30 cm à 1 m), *Eupatorium* (1 à 2 m), *Glyceria aquatica* 'Variegata' (50 cm) — spectaculaire, avec un feuillage rayé jaune et blanc —, *Iris laevigata* (30 cm), *Iris pseudacorus* (50 cm), *Mentha aquatica* (50 cm) — une menthe d'eau délicieusement parfumée, qui est également une oxygénante —, *Myosotis palustris* (40 cm) et *Zantedeschia aethiopica* (90 cm).

Si le bassin est assez grand, profitez-en pour planter du *Gynerium*, du *Lythrum* (80 cm à 1 m) — à placer par groupes de cinq ou six auprès de *Zantedeschia* —, et de la *Spiraea* (70 cm) — elle existe dans un choix de coloris ravissants.

La mise en place d'un bassin classique

Grand miroir paisible, même si vous y ajoutez une fontaine, il peut être carré ou rectangulaire, généralement bien en vue de la maison. Si vous le faites en ciment, confiez sa réalisation à un spécialiste, de préférence, pour qu'il calcule l'épaisseur du maté-

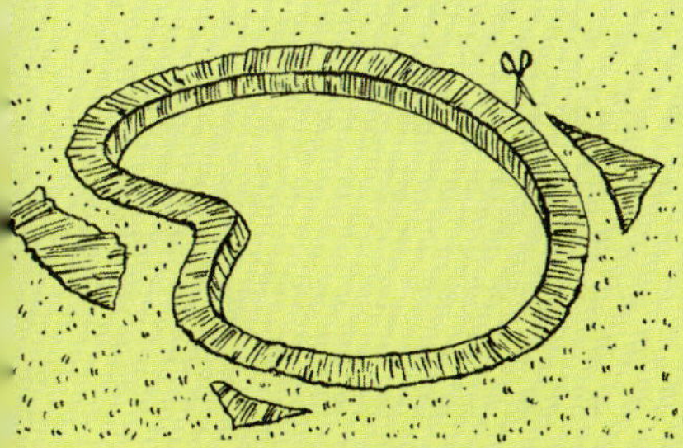

Aplatissez le liner sur les bords et recoupez-le en laissant une bande de 20 cm autour du bassin.

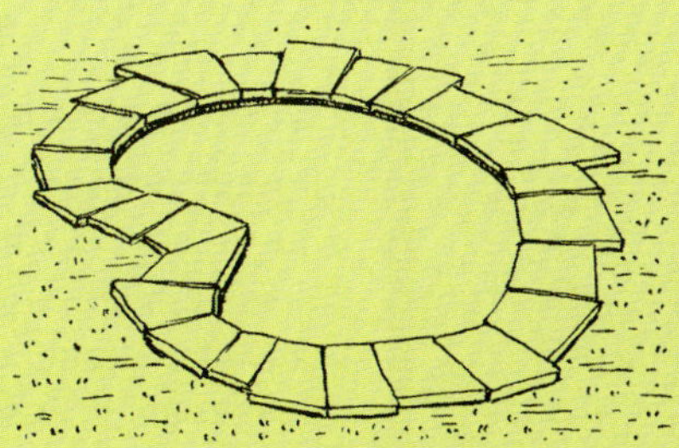

Égalisez les bords par un apport de terre mélangée à des cailloux et posez des dalles sur une légère couche de ciment.

Procédez aux plantations, dans le bassin et sur les bords.

Création d'un bassin préfabriqué

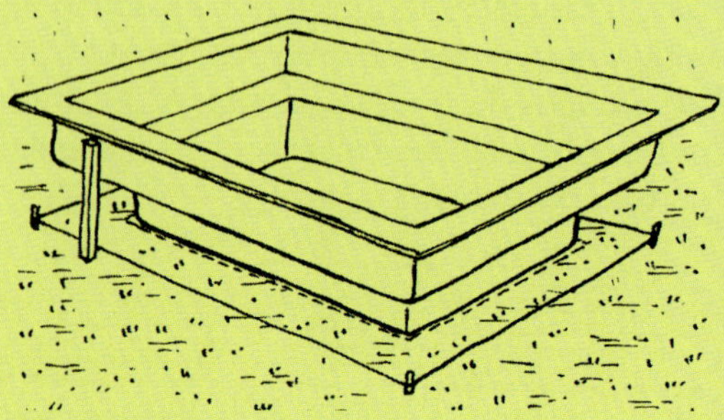

Posez le bassin sur le sol et marquez son contour à l'aide de ficelle et de piquets.

Creusez le trou et vérifiez l'horizontalité des bords à l'aide d'un niveau à bulle.

Jetez quelques pelletées de sable dans le fond, placez le bassin préfabriqué et mettez-le en eau.

Création d'un bassin surélevé

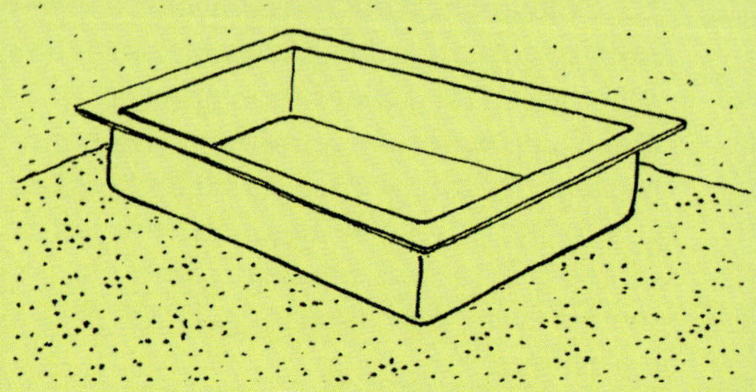

Posez le bassin sur un terrain préalablement strabilisé.

riau en tenant compte du gel. Si vous vous lancez dans son exécution, procédez de la même façon que pour la pièce d'eau naturelle, mais utilisez plutôt des dalles scellées pour la margelle et une plantation aquatique plutôt qu'un habillage. De même, des vasques plantées habillent les angles avec plus de succès que des végétaux mis en terre.

La mise en place d'un bassin préfabriqué

Il peut occuper le même genre d'emplacement que le bassin naturel, à moins que vous ne le destiniez également à faire fonction de piscine pour enfants, auquel cas, il doit se trouver bien en vue de la maison. Installez-le simplement :

- posez-le sur le sol et dessinez sa forme ;
- creusez le trou destiné à le recevoir et jetez quelques pelletées de sable au fond ;

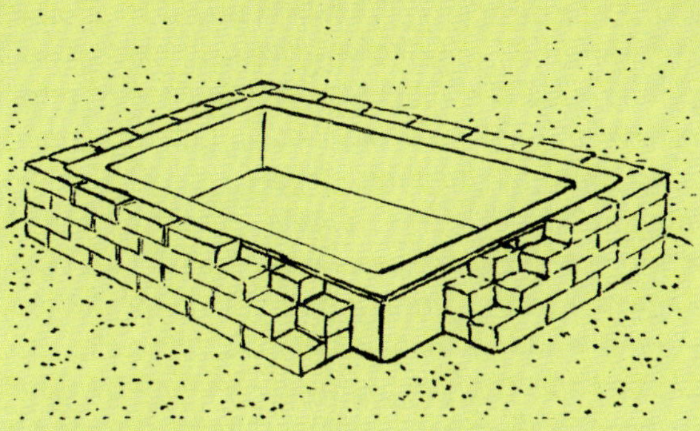

Entourez les côtés avec des briques afin de les masquer.

Créez une margelle à l'aide de pierres plates, mettez en eau et procédez aux plantations.

- vérifiez bien l'horizontalité au niveau à bulle ;
- habillez le bord de galets ou de cailloux, plus faciles à installer que des pierres plates, et complétez par quelques plantes.

Vous pouvez choisir d'installer un bassin surélevé, qui présente notamment l'avantage de pouvoir être installé sur un mauvais terrain ou une surface en dur. Ce type de bassin est très décoratif et moins dangereux qu'un bassin au niveau du sol.

La mise en place d'un mini-bassin

Si vous n'avez pas la possibilité d'implanter une vraie pièce d'eau par manque de place ou si vous ne le souhaitez pas, offrez-vous le plaisir d'un mini-bassin, aménagé, par exemple, dans une auge, un demi-tonneau ou à un emplacement que vous rendez étanche à l'aide d'une feuille de plastique.

Création d'un mini-bassin

Créez un mini-bassin dans un vieux tonneau en le tapissant d'une feuille de butyle ou de PVC.

Vous pourrez y accueillir des plantes d'eau... et même l'agrémenter d'une fontaine. Enterrez-le et dotez-le d'une margelle ou placez-le en surélévation, entouré éventuellement d'un muret en pierre. Cette solution présente des avantages : elle permet une implantation sur un mauvais terrain ou un sol dur, dans lequel il eût été difficile de creuser ; elle élimine tout risque pour des enfants ; enfin, elle est décorative. Plantez du *Pontaderia cordata* pour compléter par une belle touche bleue.

Du bon usage du jardin d'eau

La sécurité

Nombre de familles, redoutant les accidents susceptibles de se produire avec les enfants, renoncent à créer un bassin— quelle que soit la profondeur de la pièce d'eau. L'installation d'un grillage solide, fixé à quelques centimètres sous l'eau, permet d'éviter les drames. Sa pose s'effectue après l'implantation des végétaux, nullement gênés par les mailles métalliques formant des carrés de 10 centimètres de côté, à travers lesquels leur feuillage passe. Le grillage est, ainsi, parfaitement masqué.

Le nettoyage

À l'automne ou au printemps, procédez au nettoyage de base et écumez les algues qui se sont formées durant l'été à la surface de l'eau. Travaillez à la fourche-bêche, après avoir garni ses dents d'un morceau de grillage. Enfouissez le précieux dépôt dans la terre du potager, en guise d'engrais, ou amalgamez-le au compost. De temps en temps, videz le bassin pour changer l'eau ou effectuer l'entretien des parois. Cela n'est guère plus compliqué que de le remplir. Utilisez un tuyau équipé d'un entonnoir, remplissez-le d'eau et placez l'entonnoir au fond du bassin ; posez l'autre extrémité à un niveau inférieur à celui de l'eau, puisard ou partie en contrebas du jardin ; l'évacuation se déroule sans problème. Vérifiez régulièrement que l'entonnoir ne se bouche pas. Un système encore plus simple consiste en une pompe immergeable, dotée d'un filtre adaptable placé au fond du bassin.
Lors de l'opération de nettoyage, il peut être utile de disposer d'un bassin temporaire où transférer plantes et poissons. À cette fin, gardez en réserve un métrage de plastique. Installez ce bassin temporaire dans un creux de terrain ; elle vous évite les transvasements aléatoires.

L'agrément

La cascade

Si vous voulez entendre l'eau vivre, la cascade s'impose, mais n'imaginez pas qu'il s'agisse d'une installation coûteuse et compliquée. Deux sortes de pompes sont à votre disposition et il vous suffit de prévoir un fil électrique enterré dans du sable pour les relier à une prise de courant.
La pompe submergée, souvent la plus pratique, posée sur une petite plate-forme de pierre ou de brique, est simplement posée au fond du bassin. Un tuyau la relie à quelques grosses pierres — pourquoi pas une rocaille ? —, d'où coule la cascade.
La pompe en surface convient mieux au bassin de style classique, rectangulaire ou carré, avec une margelle et doté d'une fontaine centrale. Elle loge dans un espace à proximité, imperméable et bien protégé, doublé de parpaings, avec couvercle et

Une pièce d'eau en surélévation, plantée de joncs.

reliée par un tuyau. Quel que soit le modèle retenu, rentrez-le et nettoyez-le pendant l'hiver pour lui assurer une longue vie.

Les plantes d'eau

La plantation dans l'eau se fait entre mai et octobre, sans engrais ni fumier, les racines se fixant d'elles-mêmes. Le feuillage disparaît en hiver pour ressusciter au printemps. Dans les eaux de plus de 60 centimètres de profondeur, les végétaux, nénuphars compris, sont coulés au fond en panier, en caissette ou en sac de toile, attachés à une plaque de gazon.

Votre choix porte sur quatre sortes de plantes :

- celles pouvant supporter la mi-ombre — *Caltha, Elodea, Iris pseudoacaurus, Myosotis, Petasites* (très envahissant) et *Sagittaria* ;
- celles exigeant 30 à 40 centimètres de profondeur et du soleil — nymphéas ;
- les oxygénantes, indispensables si vous introduisez des poissons — *Ceratophyllum, Elodea, Houttuynia, Potamogeton* et *Ranunculus* ;
- enfin les flottantes — nymphéas.

Coupez les feuilles et les extrémités des racines abîmées, et plantez les pieds dans un panier plastique garni de bonne terre de jardin, sans engrais, mais avec un peu de poudre d'os. Compressez bien la terre, puis doublez le panier de toile de sac et mouillez-le avant la mise en place. Les espèces miniatures ont besoin de 10 à 20 centimètres de profondeur d'eau pour s'étaler de 20 à 50 centimètres ; celles de taille moyenne de 30 à 60 centimètres d'eau pour couvrir de 60 centimètres à 1,50 mètre ; et les plus vigoureuses de 70 centimètres à 1,50 mètre d'eau pour s'étendre de 1,50 à 2,50 mètres. Au bout de trois ou quatre ans, les nymphéas peuvent être rempotés dans un panier plus grand.

Évitez-vous toute déception en choisissant une variété bien adaptée à la profondeur d'eau. N'oubliez pas que les nymphéas s'étendent rapidement... Commencez donc par une plantation modeste.

Les plus belles variétés ont été créées par le Français Joseph Bory Latour-Marliac ; aussi, quand vous voyez 'Marliacea' associé au nom d'un sujet, cela veut dire qu'il a été créé voilà près de cent cinquante ans.

Les poissons

Attendez un mois après la plantation avant d'en introduire dans le bassin. Quand vous les apportez dans leur sac plastique, ne les jetez pas par-dessus bord, mais libérez-les paisiblement dans l'eau.

Primula, Lysichiton, Iris *habillent un jardin d'eau naturel.*

Quelle plante pour quel bassin ?

Plantes	Profondeur d'eau en cm	Étalement en cm	Floraison
Miniatures			
Nymphaea 'Graziella'	10-25	40-60	florifère ; orangé
Nymphaea odorata 'Minor'	10-25	40-60	blanc, à étamines jaunes
Nymphaea 'Laydekeri Lilacina'	10-25	40-60	rose pâle fonçant avec l'âge ; parfumée
Fleurs petites			
Nymphaea 'Froebelii'	15-40	50-100	rouge foncé, sur tiges droites
Nymphaea 'James Brydon'	15-40	50-100	orange ; supporte l'ombre
Nymphaea odorata 'Sulphurea	15-40	50-100	jaune canari ; parfumée
Nymphaea 'Sioux'	15-40	50-100	orange ; pétales pointues
Fleurs moyennes			
Nymphaea 'Marliacea Albida'	30-60	100-150	très florifère ; blanc pur
Nymphaea 'Marliacea Rosea'	30-60	100-150	rose foncé ; parfumée
Nymphaea odorata 'Alba'	30-60	100-150	blanc, à étamines jaunes
Nymphaea 'René Gérard'	30-60	100-150	florifère ; rouge rosé
Nymphaea odorata 'Rosea'	30-60	100-150	rose pâle, à étamines jaunes
Fleurs vigoureuses			
Nymphaea alba	30-100	150-250	blanc, à étamines jaunes ; s'étale beaucoup
Nymphaea 'Charles de Meurville'	30-100	150-250	florifère ; bordeaux, à étamines jaunes
Nymphaea 'Marliacea Carnea'	30-100	150-250	florifère ; rose pâle presque blanc ; parfumée
Nymphaea 'Marliacea Chromatella'	30-100	150-250	florifère ; rouge rosé
Nymphaea tuberosa	30-100	150-250	blanc, à étamines jaunes

Ce jardin prairie mêle les tonalités claires et printanières de l'arbre en fleur et des jonquilles, et les dégradés de vert, des teintes claires de la pelouse aux taches sombres des conifères.

Massifs et bordures

Leur réussite passe par la couleur, les volumes, les lignes et les formes. Alterner et mélanger celles-ci doit être votre premier souci : le sedum, à floraison plate, voisine ainsi avec le phormium, au feuillage pointu, lui-même flanqué de graminées. Pour réussir une telle plantation, il suffit de disposer de plusieurs variétés de plantes en conteneur pour faire des essais. Chacune d'elles permet de juger de l'harmonie d'ensemble, quitte à compléter avec d'autres quand l'œil est satisfait. La bordure ainsi structurée pour l'essentiel peut s'offrir de petites plantes pour l'avant-scène et d'autres, plus importantes pour le fond.

Comment procéder ?

Le massif

Jadis, les jardins architecturés, classiques, comportaient des parterres de forme géométique et il est facile d'en dessiner de semblables au milieu

*Une bordure multicolore ponctuée par les hautes tiges aux pompons violets d'*Allium.

d'une pelouse, comme cela se pratiquait au siècle dernier. Mais créer une touche colorée et symétrique visible de la maison, quand la distance jusqu'au massif est relativement courte, donne rarement un heureux résultat — à moins de traiter tout l'espace comme un jardin à la française : bordures et massifs symétriques, et plantes alignées. Un Versailles en miniature...

Le massif contemporain, de forme irrégulière ou ovale, ne se trouve pas dans l'alignement de la maison mais est généralement décalé, et parfois situé dans un angle éloigné. Grâce à sa superficie suffisamment importante, il s'organise comme un espace autonome et non comme un simple élément décoratif. Il est généralement découpé dans le gazon, telle une île florale, et, associé à d'autres massifs de taille différente, se prête au jeu des plantations. La meilleure façon de matérialiser sa forme au sol est d'utiliser le tuyau d'arrosage : cela permet de procéder aisément aux rectifications nécessaires. Son dessin doit s'harmoniser avec le reste du jardin : carré, rond, ovale, en demi-lune — jouez avec le tuyau.

Exécutez le travail préparatoire à l'automne, afin que le nouveau massif hiverne sous le gel et la pluie :

- retirez des plaques de gazon et mettez-les de côté — retournées et empilées à l'ombre, elles constituent un excellent compost à utiliser sur le massif pour le nourrir l'année suivante ;
- passez le motoculteur, car la terre sous l'ancien gazon est difficile à travailler, et bêchez l'emplacement en retirant les débris de végétation et les pierres ;

Création d'un massif

Dessinez la forme du massif à l'aide du tuyau d'arrosage.

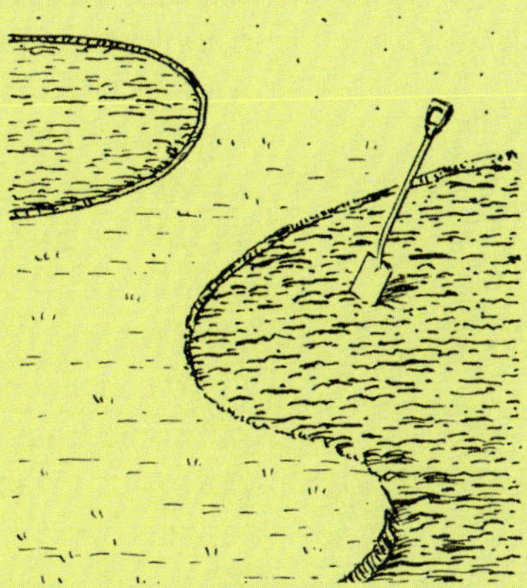

À l'automne, retirez les plaques de gazon, bêchez et enrichissez la terre.

Au printemps, bêchez, incorporez de l'engrais et mettez les plantes en place.

- procédez à un apport de fumier et de compost pour assurer un bon départ aux plantations ;
- au printemps, procédez à un nouveau bêchage et ratissage, avec incorporation d'engrais ;
- réalisez des essais en disposant les plantes en conteneur sur le massif avant de passer à leur mise en place ;
- si vous manquez de végétaux pour habiller l'ensemble, contentez-vous, la première année, de définir la forme du massif. Agrandissez-le la saison suivante en rognant quelques centimètres du pourtour — un massif étant généralement vu de tous les côtés, prévoyez des espèces plus basses sur le pourtour.

Créez une allée au fond de la bordure florale, contre le mur ou la haie, large de 50 centimètres et recouverte de pierres plates.

La bordure

Elle est adossée à un mur ou à une haie, selon l'espace dont vous disposez. Soyez généreux : plus une bordure est large, plus vous pouvez choisir une plantation spectaculaire.

La toute première règle — pourquoi n'est-elle pas toujours conseillée ? — est d'établir un « pas à pas de travail ». Large de 50 centimètres et recouvert de gros gravillons de teinte foncée ou de quelques pierres plates (pour mieux contrôler les mauvaises herbes), il trouve sa place dans le fond du jardin, tout contre le mur ou la haie. Il donne accès aux plantations pour le nettoyage ou la taille sans piétiner à tors et à travers.

Mettez toutes les chances de votre côté par une préparation sérieuse : bêchage, incorporation de fumier ou de compost, tourbe, sable.

Mélangez arbres, arbustes, vivaces et annuelles ; il n'y a pas d'interdits. Variez les formes. Associez, par exemple, un groupe de vivaces de 60 centimètres de haut et une plante plus étalée. Intercalez aux premières loges, parmi les végétaux les plus bas, certains spécimens de 40 à 60 centimètres de haut pour rompre la monotonie. Dans le fond, installez des grimpantes tuteurées : clématite, rosier ou autres.

Avant la plantation, piquez quelques branchages ou bâtons de longueur diverse dans la bordure, pour réaliser l'effet produit par les futurs arbustes. Cela vous aidera dans votre choix. Après cette indispensable phase d'observation et de réflexion, disposez les vivaces par groupes. Plantez les sujets les plus bas à 15 ou 20 centimètres du bord, surtout s'il y a du gazon. Disposez les plantes de 60 à 80 centimètres de haut à intervalles variables.

Un parterre partiellement monochrome original rythmé par des Pyrus salicifolia pendula.

La bordure monochrome

Rien ne repose et n'attire autant le regard qu'une bordure de ce type. La recherche de plantes appropriées est un jeu bien excitant et si nous vous suggérons quelques classiques, n'hésitez pas à partir à la découverte des nouvelles espèces proposées chaque saison.

La tendance avait atteint son apogée à Sissinghurst, créé au début du siècle par Vita Sackville West. Le lieu, aussi beau aujourd'hui que jadis, a servi de modèle à des milliers de jardins blancs de par le monde. La mode n'en a pas passé, il est simplement de mise de jouer sur les variétés contemporaines pour rester au goût du jour. Pour que la blancheur des fleurs éclate, il y a lieu d'intercaler quelques bouquets aux reflets verdâtres, quelques inflorescences crème et des feuillages argentés. À vous de jongler avec les espèces adéquates : *Alcea, Allium, Althaea, Anaphalis, Anthemis, Antirrhinum, Aquilegia, Artemisia, Aster, Campanula, Centaurea, Centranthus, Cerastium, Chrysanthemum, Cimicifuga, Cistus, Clematis, Convolvulus, Delphinium, Dianthus, Digitalis, Galega, Gypsophila, Helianthemum, Iberis, Iris, Lathyrus, Liatris, Linum, Lupinus, Lychnis, Malva, Miscanthus, Monarda, Paeonia, Papaver, Penstemon, Phlox, Potentilla, Pulsatilla, Romneya, Saponaria, Scabiosa, Veronica, Zantedeschia*.

Le classicisme vous ennuie ? Choisissez le coloris abricot. Quelques fleurs ravissantes annoncent la tendance pour demain. Les pépiniéristes à la page proposent *Antirrhinum, Diascia, Lupinus, Papaver, Rodgesia, Verbascum* et *Verbena*, sans compter les tulipes, que vous trouvez sur catalogue. N'oubliez pas, non plus, les roses, il existe tant de belles variétés : 'Alchymist', 'Just Joey', 'Mrs Oakley Fischer', et surtout 'Pat Austin', au parfum sensuel... Ajoutez quelques graminées, au ton automnal.

Préférez-vous le bleu ? Quelques-unes des plus belles fleurs s'en parent. Pour que le coloris rayonne magnifiquement, ponctuez la bordure de touffes argentées et légères *(Gypsophila)* ; ne laissez pas de côté les pensées bleues et blanches. Le choix est vaste : *Aconitum, Agapanthus, Ajuga, Anchusa, Aquilegia, Aster, Brunnera, Campanula, Centaurea, Ceratostigma, Clematis, Corydalis, Delphinium, Erigeron, Eryngium, Gentiana, Geranium, Gypsophila, Iris, Lathyrus, Lavandula, Lupinus, Meconopsis, Myosotis, Nepeta, Penstemon, Perovskia, Polemonium, Pulmonaria, Scabiosa, Tradescantia, Veronica, Vinca, Viola*.

Le jaune évoque le printemps, quand les premières fleurs se lancent à l'assaut de la campagne et des jardins. Créez une scène ensoleillée, agrémentée de variétés à floraison automnale. Introduisez-y quelques arbustes à feuillage vert, pour que le contraste apporte de la luminosité. La gamme des jaunes s'étend du plus pâle, ou crème, jusqu'à l'or le plus flamboyant. Jonglez avec *Abutilon, Achillea, Alchemilla, Anthemis, Aquilegia, Artemisia, Asphodeline, Aster, Calceolaria, Centaurea, Chrysanthemum, Clematis, Coreopsis, Corydalis, Digitalis, Epimedium, Erysimum, Euphorbia, Fuchsia, Gaillardia, Helenium, Helianthemum, Helianthus, Helichrysum, Hemerocallis, Hypericum, Inula, Kniphofia, Ranunculus, Rudbeckia, Santolina, Senecio, Sisyrin-*

Bordure rose : Dianthus, Diascia, Penstemon, Phlox, Verbena *'Sissinghurst'.*

Bordure rouge : Cordyline australis, Dahlia *'Bishop of Llandaff'*, Papaver.

Bordure jaune : Achillea, Buphthalmum salcifolium, Oenothera biennis, Tagetes *'Lemon Green'.*

Bordure bleue : Lilium regale, Nepeta, Stachys byzantina.

chium, Solidago, Thalictrum, Trollius, Verbascum.

Vivez-vous intensément ce que le monde contemporain vous apporte — musique, art, langage, décoration et même cuisine, inspirée de l'Asie ? Le rouge, couleur forte, comble vos aspirations. L'impact qu'il produit oblige à intercaler quelques sujets verts dans une bordure dans laquelle il domine, pour diversifier les formes et les tailles, et à l'aborder avec du recul. Il est fièrement porté par *Achillea, Aquilegia, Aster, Astilbe, Aubrieta, Chrysanthemum, Cosmos, Dahlia, Erigeron, Fuchsia, Geranium, Helianthemum, Hemerocallis, Heuchera, Hibiscus, Iris, Lathyrus, Lobelia, Lupinus, Monarda, Paeonia, Papaver, Penstemon, Phlox, Salvia, Saxifraga, Tradescantia*. Quant à *Phormium, Sedum* et *Sisyrinchium*, ils s'harmonisent très bien avec le feuillage rouille.

Enfin, si le vert vous plaît, peut-être savez-vous qu'il en existe plus de tons dans la nature que de rouges, de bleus ou d'autres coloris ; mais notre regard, qui s'y est habitué, les balaie sans discernement. Combinez astucieusement forme, port et volume pour obtenir une scène en vert. Le jardin vert, presque sans entretien, est bien adapté en ville ; mais il porte aussi la marque du fin connaisseur. Choisissez parmi *Alchemilla mollis, Amaranthus candatus, Artemisia, Hellébore, Heuchera, Molucella laevis, Nicotiana, Ornithogalum, Plantago, Veratrum.*

Les variantes

Le jardin de gravillons

L'engouement à son égard s'explique par le fait qu'une fois achevé, il nécessite un entretien minimal et un arrosage restreint — moins de la moitié

Plantation dans un jardin de gravillons

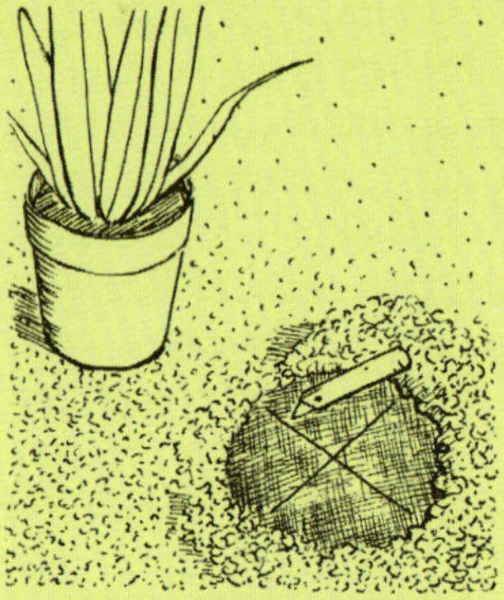

Écartez le gravillon et taillez une croix dans la feuille en plastique.

Dégagez la terre sous le plastique et creusez le trou de plantation.

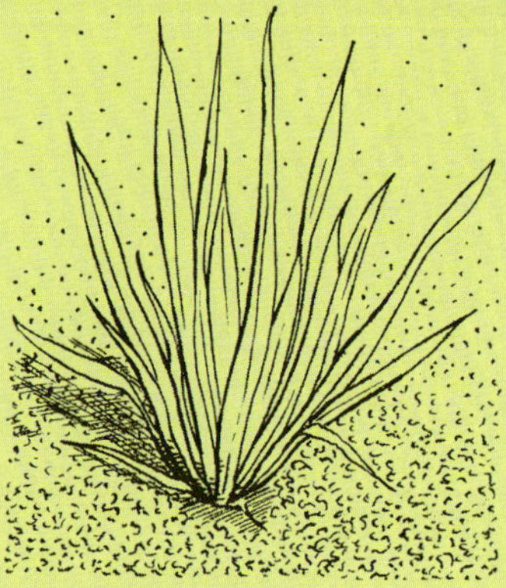

Rabattez les coins du plastique et recouvrez-le de gravillons.

Jardin de gravillons

qu'ailleurs dans le jardin —, et que le choix des plantes à y établir est immense : toutes celles qui ont besoin d'être protégées de l'humidité, du gel ou de la sécheresse y sont les bienvenues. Il peut trouver sa place là où vous peinez à implanter des végétaux à cause d'une terre de mauvaise qualité ou sur une grande surface, sur laquelle alternent aires gazonnées et gravillonnées. L'idéal est que la pelouse préexiste et serve, en quelque sorte, d'allée pour visiter les îlots minéraux. Le contraste apporte beaucoup de charme, mais la formule tout gravillons, avec une plantation dense d'espèces basses à feuillage persistant, nous séduit davantage. Pour une réussite de longue durée, bêchez à fond le terrain, arrosez-le, épandez-y une couche de quelques centimètres de sable et recouvrez-le d'une feuille de plastique (vendue en jardinerie) ; faites-y des trous à la fourche et étalez 5 centimères de gravillons à la surface.

Ce jardin de gravillons est agrémenté de plantations.

Procédez alors à la plantation :

- faites des essais de végétaux sur le gravillon ; laissez-les pendant la nuit et regardez-les avec un œil neuf le lendemain ;
- écartez le gravillon, taillez une croix dans la feuille de plastique et rabattez-la ;
- creusez un trou de plantation généreux : le double, en largeur et en profondeur, du pot du végétal ;
- mettez celui-ci en place et garnissez le trou d'un mélange de compost et de tourbe ;
- arrosez généreusement et rabattez les coins du plastique, en le retaillant si nécessaire ;
- recouvrez de gravillons et admirez...

Sachez, néanmoins, qu'il est plus facile de planter quand le terrain est encore nu, avant de répandre le gravillon.

Quant aux sujets retenus, mélangez-les avec bonheur : les élancés donnent de la hauteur, les ronds (arbustes touffus) du volume, les espèces prostrées relient les grands spécimens entre eux, et les graminées allègent l'ensemble et le font vivre, même en hiver. Piochez parmi les petits conifères qui, judicieusement placés, stabilisent la composition. Plantez par grandes taches, de façon à laisser des chemins de gravillons entre les groupes pour faciliter l'entretien : *Acanthus, Achillea, Allium, Anaphalis, Artemisia, Ceratostigma, Cistus, Convolvulus, Crocosmia, Cytisus, Dictamnus, Dierama, Erodium, Eryngium, Euphorbia, Festuca, Geranium, Hebe, Helianthenum, Helichrysum, Hypericum, Lavandula, Onopordum, Osteospermum, Pennisetum, Perovskia, Phlomis, Phlox subulata, Potentilla, Rosmarinus, Ruta, Sedum, Senecio, Sisyrinchium, Stachys, Teucrium, Thymus, Yucca.*

Adjoignez-leur éventuellement une grande potiche ou un objet insolite en guise de sculpture.

Le marécage

Si la terre est toujours humide dans une partie du jardin, ne pensez pas à une catastrophe, mais à une aubaine. N'importe quel spécialiste vous conseillera d'installer un système de drainage, alors qu'il existe une solution bien plus originale, moins fatigante et moins coûteuse : le marécage fleuri, que les Anglais nomment *bog garden*.

Imaginez un jardin exotique, un peu mystérieux, comme dans un tableau de Paul Gauguin. Délimitez-y la partie humide, creusez sur 30 ou 40 centimètres de profondeur et laissez reposer vingt-quatre heures pour découvrir la nature du sol. S'il est trop en eau, posez un film plastique, perforé de trous, sur toute la surface à planter avant de remettre la terre. Si vous disposez d'un tas de pierres, utilisez-les pour consolider le bord du terrain — des gravats feraient l'affaire.

Garnissez le trou avec un mélange composé de 1/3 de compost, 1/3 de terre que vous avez retirée et 1/3 de tourbe. Arrosez et laissez reposer vingt-quatre heures. Une fois ce délai écoulé, mettez les végétaux en place ; gâtez-les par quelques pelletées de compost et de tourbe autour de leur pied. En été, si le marécage a tendance à se dessécher, inondez-le au tuyau d'arrosage. Une ou deux grosses pierres plantées au hasard font diversion parmi les plantes typiques : *Astilbe, Aulne, Caltha, Carex, Cornus sanguinea, Eupatorium, Filipendula, Geranium palustre, Gunnera, Hemerocallis, Hosta, Iris, Ligularia, Lysimachia, Lythrum, Myosotis, Osmunda regalis, Polygonum, Primula, Rheum, Rodgersia, Salix, Sorbaria, Tradescantia, Trollius*.

Le jardin pour personnes fatiguées

Vous n'allez tout de même pas renoncer à l'une de vos plus grandes joies parce que vous ne pouvez pas rester longtemps debout, que vous souffrez du dos ou que vous peinez pour vous baisser. Il vous est pénible de vous pencher vers la terre ? Qu'à cela ne tienne, elle va venir vers vous.

Organisez le jardin pour en profiter le plus possible. Déterminez son emplacement de telle sorte que vous en fassiez le tour aisément et puissiez utiliser facilement le tuyau d'arrosage. Tracez-le « en courbe », avec des massifs de 1,50 mètre de large, pour pouvoir atteindre le centre simplement. Comme vous allez y travailler assis, installez les bacs de plantation à une hauteur légèrement inférieure à celle d'une table, pour que vous vous penchiez sur les plantes sans fatigue.

Jardin pour personnes fatiguées

Si vous disposez d'une place suffisante, un double jardin en surélévation peut dessiner des allées. De grandes potiches plantées marquent les entrées, circulaires, comme sur le dessin page ci-contre.

Nombre de solutions intéressantes sont envisageables dans ce cas, en dehors du classique mur en pierre sèche, habillé de quelques plantés nichées en son sein. Vous pouvez opter pour une bordure surélevée en ciment, dissimulée par des rondins ou un treillage, ou, renonçant à toute œuvre de maçonnerie, empiler des blocs de tourbe les uns sur les autres jusqu'à atteindre la hauteur optimale. Implantez-y des azalées et des rhododendrons, gourmands de terre acide, et, sur le pourtour soutenu par un treillage, de petites plantes alpine, faisant office de coffrage.

Au terme de cette promenade parmi massifs et bordures, il n'est pas vain de faire allusion aux bancs. Nous en avons, pour notre part, pratiquement à chaque endroit intéressant du jardin. Si nous les utilisons peu, par manque de temps, ils sont néanmoins là, au cas où...

Pour un jardin formel, achetez, selon votre goût, des bancs en bois, en métal ou en pierre reconstituée ; pour un jardin plus naturel, optez pour deux rondins de bois avec une simple planche comme siège ; un banc en bois entouré de thuyas soigneusement taillés, formant dossier et accoudoirs ; un petit muret en pierre devant des montants habillés de rosiers ; un banc en rotin adossé à des buissons, des montants et un dossier en ciment teinté, l'assise recouverte de 5 centimètres de terre, plantée de thym, où l'on peut s'asseoir ; un tronc d'arbre abattu de 80 centimètres de haut, creusé et transformé en chaise à dossier.

Création d'un banc

Un banc en bois entouré de thuyas soigneusement taillés.

Des planches de bois posées sur des rondins.

Un muret en grosses pierres entourant un siège engazonné.

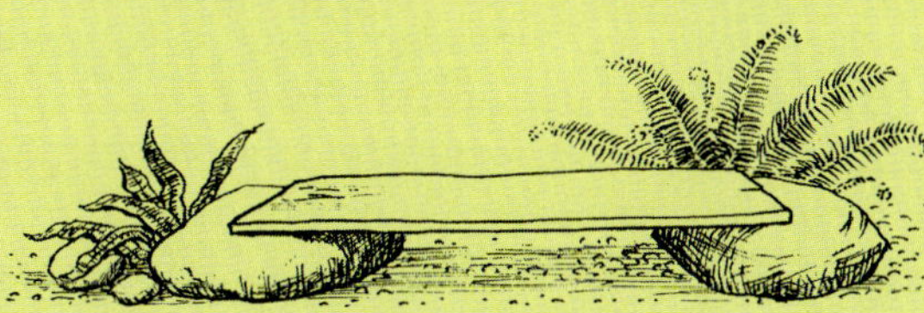

Deux grosses pierres supportent une planche de bois.

Une banquette de brique plantée de camomille et bordée de buis.

Le premier acte courageux mais nécessaire dans ce jardin est de peindre les murs qui l'entourent, blanc cassé ou crème serait classique, mais si vos rêves vous portent vers le Mexique ou l'Asie, des murs orange ou jaunes sont tellement gais et faciles à réaliser qu'il serait dommage de vous en priver. Et puisque vous devez le repeindre régulièrement, vous pouvez en corriger la teinte ou la changer selon votre préférence du moment.

Avant toute plantation, améliorez le sol en y incorporant de la tourbe, du sable et quelques poignées d'os broyé. Implantez du lierre, peu exigeant, qui vous garantit une verdure permanente — préférez-le en godet et mettez-le en place en été. Sur le pourtour, choisissez des variétés de *Hedera helix*, dont le feuillage panaché part à l'assaut des murs. Facilitez-leur la tâche en installant du treillage. Pour une bonne couverture, comptez une bouture de 10 centimètres plantée tous les 20 centimètres. N'omettez pas de tremper l'extrémité de chacune dans de la poudre d'hormones pour faciliter sa reprise.

Le jardin de ville

Si vous répondez par l'affirmative aux questions suivantes, ce paragraphe vous concerne : votre jardin est-il entouré de grands murs ; bénéficie-t-il de trois heures, au moins, d'ensoleillement quotidien ; l'accès en est-il difficile ; la terre est-elle pauvre, sèche et caillouteuse ; le sol est-il en dur ; existe-t-il une arrivée d'eau ?

Rassurez-vous si les « oui » l'emportent : il n'y a pas de jardin impossible. Deux formules s'offrent à vous, qui n'entraînent ni gros frais ni gros travaux. La qualité de la terre et l'exposition du jardin ne représentent pas un handicap.

Des murs de couleur décorent un jardin de ville agrémenté d'un deck et mettent en valeur les plantations.

Un jardin aménagé dans une cour mélange bordures classiques et plantes en pot.

Apportez une touche d'élégance avec deux arbustes en pot, taillés en topiaire, installés bien en vue de la maison.

Luxe suprême : éclairez-les... Ce n'est pas une folie ! Ne gênez cependant pas leur arrosage avec l'installation électrique. Achevez le travail en enfouissant autant de crocus ou de tulipes que vous le pouvez afin que, au printemps, la gaieté déferle chez vous (voir p.). Ce sera une redécouverte chaque année...

Exotique, oriental, jardin petit ou grand, une fois établi le jardin de ville vous donne des heures de plaisir... et de contemplation sans vous occasionner des heures de désherbage ou d'arrosage.

Le treillage

Allée couverte ou pergola ?

Dans une région ensoleillée, elle permet de passer d'une partie du jardin à l'autre en restant à l'ombre. Si votre but n'est pas de lutter contre les ardeurs du soleil, traitez-la en élément décoratif et donnez-lui une raison d'être : accès à un banc ou à un point intéressant du jardin ; compartimentage et division du terrain en espaces distincts. Mais peut-être avez-vous simplement envie d'y voir grimper des rosiers...
Si votre jardin ne se prête pas à l'installation d'une allée couverte d' un treillage, consolez-vous avec une pergola-terrasse adossée à la maison, sur laquelle peuvent grimper nombre de végétaux : figuier, kiwi, vigne, et toutes sortes de plantes grimpantes.

Rosa *'American Pillar'.*

L'installation

Vous pouvez installer un treillage métallique dans un petit jardin, mais vous ne pourrez y faire grimper des végétaux comme la glycine et le rosier liane, qui deviennent trop lourds et envahissants en quelques années.

Pour la durabilité de l'installation,choisissez des arceaux en métal de 2,50 mètres de hauteur. Comptez un espacement de 3,50 mètres entre eux et calculez la quantité dont vous avez besoin. Si vous préférez le bois, sous forme de poutres plus rustiques, ne plantez pas les montants directement dans le sol : ils pourriraient. Procurez-vous des socles en métal, à cimenter en terre, vendus expressément pour les contenir.

Pour que le treillage résiste au vent et compte tenu du poids des végétaux, enterrez les montants à 50 centimètres de profondeur.

La plantation

Si vous choisissez de planter des rosiers, les couleurs vives ou foncées doivent occuper moins de place que les claires pour que les premières n'étouffent pas les secondes. Cinq sujets roses seront ainsi juxtaposés à deux ou trois montants habillés de rouge. L'association de *Buddleia alternifolia*, de céanothes ou de clématites permet d'agrémenter l'installation et d'éviter la monotonie.

Laburnum.

Le jardin alpin se prête particulièrement bien à l'aménagement d'une rocaille.

La rocaille

Elle se résume souvent à l'empilement malheureux et peu convaincant de pierres parmi une collection de plantes n'ayant jamais vu une rocaille de leur vie. Il subsiste quelques vestiges des superbes réalisations anciennes, mais ces merveilleux échafaudages ont laissé la place à l'auge et au bac, notamment, rocailles miniatures qui conviennent admirablement pour le petit jardin alpin ou la terrasse. Quant à la rocaille sur terrain plat, elle s'aménage par de légères dénivellations sur le sol.

Comment procéder ?

Les règles de base

Quelle que soit la formule adoptée, la préparation de la terre compte, et le compost bien décomposé, la tourbe ou le terreau de feuilles entrent dans sa

L'Aubrieta *colore cet amoncellement de pierres.*

composition. Suivez les indications portées sur l'étiquette vous indiquant les préférences de chaque plante. Du remblai recouvert de 30 centimètres de terre végétale contente bon nombre d'entre elles.

Pour les pierres, rassemblez des galets — ne les prenez pas sur les plages, c'est interdit — et des cailloux, en tenant compte de leur couleur. Vous pouvez aussi acheter du tuf ; il s'associe bien à l'androsace, à la campanule et à la saxifrage, qui aiment s'introduire dans les fissures des roches, comme toutes les plantes de montagne. Enterrez toujours les pierres en partie : ainsi elles aident à former des groupes de plantations. Si vous n'en trouvez pas, réalisez-les vous-même, de la taille voulue, puis comblez les espaces entre elles avec des poignées de petites pierres ou de gravillons, vendus en sac de 10 kilos en jardinerie. Le résultat ressemble à une moraine.

Pour créer des pierres, procédez de la façon suivante :

- procurez-vous des cartons de taille différente ;
- préparez un mortier composé de 1/3 de sable, 1/3 de tourbe, 1/3 de ciment ; mélangez bien et ajoutez de l'eau pour obtenir une boue épaisse ;
- placez quelques cailloux plats, petits et grands, au fond des cartons ;
- remplissez-les du mélange et enfoncez une ou deux pierres dedans, en gardant une de leurs faces visible ;
- attendez dix jours, puis dégagez les pierres et les cailloux du fond au marteau ;
- brossez et humidifiez les « pierres » ainsi obtenues, puis mettez-les en place après trois jours de séchage à l'air.

En moins d'un an, la composition ressemble à un paysage de montagne.

La plantation

La crédibilité d'une rocaille tient aux végétaux implantés : il est impératif qu'ils soient typiques des paysages d'altitude. Comme il est probable que la neige fera défaut une bonne partie de l'hiver,

Cette rocaille sur terrain plat regroupe des plantes alpines couvre-sol.

Trillium ovatum *var.* hibbersonii *pousse à l'ombre.*

prévoyez une couverture de branchages pour ceux qui redoutent la pluie et l'humidité.
Installez-les dans 40 centimètres de terre rapportée. Tablez sur les petits conifères, qui constituent un élément essentiel : *Abies balsamea*, bleuté et de forme étalée ; *Juniperus communis* 'Compressa', à planter en groupe ; *Pinus densiflora* 'Umbraculifera', version plus petite du pin parasol, qui se plaît dans un climat plus frais ; *Pinus mugo* ; *Pinus pumila* 'Glauca', bleuté ; *Pinus sylvestris* et *Tsuga canadensis* 'Nana'.

Pour une rocaille importante, sélectionnez des variétés atteignant 2,50 mètres de haut tels le *Picea glauca* 'Albertiana Conica' et l'érable japonais, très décoratif, au feuillage découpé et aux belles couleurs automnales : *Acer palmatum* 'Dissectum Atropurpureum' ou *Acer palmatum* 'Garnet'. Pensez à *Cytisus*, dont la floraison printanière sonne le réveil de la rocaille ; à *Daphne cneorum* ; à *Iberis*, sous-arbrisseau à feuillage persistant, doté d'une longue et généreuse floraison blanche ;

à *Helianthemum* ; à *Hypericum*, un peu envahissant mais qui, placé entre des pierres, est contenu. Un tapis de bruyère est le bienvenu. *Rhododendron hirsutum* convient si la terre est acide .

Complétez le tableau avec quelques plantes vivaces : groupez-les par trois ou quatre, selon leur importance, parmi des bulbes printaniers dont elles prennent la relève en floraison — *Allium*, *Arum maculatum*, *Crocus*, *Galanthus*, *Tulipa*. Inutile de leur donner de l'engrais, elles n'en raffolent pas.

Laissez 30 à 40 centimètres entre chaque groupe, une rocaille étant rapidement envahie. Pour arriver à un résultat harmonieux, commencez par disposer les conifères et les plantes à feuillage persistant ; l'installation des autres variétés en est facilitée.

La liste est longue : *Acaena*, *Achillea tomentosa*, *Aconitum*, *Ageratum*, *Alyssum*, *Anaphalis*, *Anemone*, *Arabis*, *Aster alpinus*, *Aubrieta*, *Campanula rotundifolia*, *Campanula portenschlagiana*, *Corydalis*, *Cotoneaster congestus*, *Cyclamen*, *Dianthus alpinus*, *Erigeron*, *Eryngium alpinum*, *Erysimum*, *Genista*, *Gentiana*, *Geranium*, *Helleborus*, *Iris pumila*, *Juniperus chinensis* 'Cinerea Globosa', *Juniperus communis* 'Stricta', *Lychnis alpina*, *Muscari*, *Narcissus*, *Oenothera*, *Papaver alpinum*, *Penstemon*, *Phlox subulata*, *Potentilla nitida*, *Primula*, *Saxifraga*, *Sedum*, *Sempervivum*, *Thymus*, *Veronica*, *Viola*. Des groupes de graminées peuvent être ajoués : *Agrostis alpinus*, *Carex* et *Festuca*.

Lithodora diffusa *'Star'*.

Savoir décliner

Le muret

Si aucun emplacement du jardin ne vous paraît convenir à une rocaille, ne renoncez pas pour autant et créez-la sur un muret. Cela nécessite moins de travail au départ, et le muret peut diviser une partie du jardin ou souligner une terrasse.

Montez-le en pierres sèches — c'est-à-dire sans mortier, du moins apparemment —, sur une hauteur de 50 à 60 centimètres et une largeur équivalente. En réalité, consolidez-le par un léger ciment. Attendez plusieurs semaines, jusqu'au séchage total du matériau, avant d'implanter des végétaux dans ses interstices — des corydalis constituent un bon départ de plantation.

Procédez à la plantation de préférence au printemps. Préparez le mélange favori des plantes de montagne, composé de 1/3 de bonne terre de jardin, 1/3 de tourbe et 1/3 de sable de rivière. Remplissez-en l'élévation et incorporez quelques grosses pierres. Pour un résultat visuel optimal, calez-les à ras de terre.

Attachez-vous à la forme et à la texture des végétaux pour faire votre choix : le contraste est essentiel dans ce type de réalisation. Prenez le temps, chez l'horticulteur ou à la jardinerie où vous vous fournissez, de jouer avec les pots. Disposez-les au sol, mélangez-les pour trouver la meilleure composition.

Corydalis lutea *fleurit tout l'été.*

Abies procera '*Glauca Prostrata*'.

L'éboulis

Vous venez de prendre possession d'une propriété où les ouvriers ont laissé derrière eux un tas de pierres, rejets de dalles, briques et autres gravats. Surtout ne le faites pas enlever, il vous permet de réaliser un éboulis, que les Anglais nomment *scree garden*. Attelez-vous à la tâche :

- dans un endroit ensoleillé du jardin, creusez un trou de 60 centimètres de profondeur et jetez-y des gravats sur une épaisseur de 10 centimètres pour le drainage ;
- recouvrez-les d'un mélange de sable, de terreau de feuilles et de bonne terre de jardin ;
- installez-y quelques dalles ou des pierres plates en guise de pas japonais pour vous y déplacer aisément ;
- épandez de gros gravillons ou des petits cailloux sur toute la surface.

L'éboulis, inspiré de ceux visibles au pied des falaises, est prêt pour accueillir de la végétation : *Aethionema, Erodium, Penstemon, Sedum acre, Sedum spurium, Silene, Thymus.*

Bannissez *Alyssum saxatile, Aubrieta, Campanula muralis, Cerastium* et *Lamium* de votre sélection. Faciles à cultiver, mais incontrôlables, ils risqueraient de nuire à l'aspect général en envahissant leurs voisins.

Stabilisez l'ensemble par quelques arbustes posés tels des points d'exclamation et des conifères à port rampant. Juxtaposez un sujet au port étalé et un d'allure pyramidale, faites voisiner des fleurs en bouquet et des tapissantes, opposez une forme trapue à un fin feuillage... Pour unifier l'effet, tapissez de plantes alpines le pied des arbustes ou des conifères implantés.

Diascia rigescens *fleurit en continu du printemps à l'automne.*

Corydalis flexuosa *arbore une teinte bleue superbe.*

Diascia *'Salmon Supreme'*.

Les trois pierres de Bouddha

Cette rocaille très dépouillée existe dans la plupart des temples au Japon. C'est une formule méconnue en Occident et facile à adopter pour étendre un patio ou réduire la surface d'une pelouse. Il s'agit de placer trois grosses pierres en triangle : une de forme conique, ou colonne, érigée, et les deux autres à plat. Plus leur taille s'avère conséquente, plus la place qui leur est consacrée peut être importante. Inutile d'encombrer l'espace de plantes : la beauté de la composition réside dans son dépouillement...Choisissez de n'y placer qu'un seul arbre : cerisier à fleurs, *Juniperus*, *Pinus* ou *Tsuga canadensis*. Un tapis d'*Acaena*, d'*Arenaria* ou de *Thymus* est acceptable, et un sol de gravillon augmente le charme de ce jardin.

Terrasse en bord de mer, conçue par Naila Green.

Le microclimat

Les cartes des zones climatiques ne font pas encore partie de la panoplie du jardinier, mais comme de plus en plus de plantes arrivent des quatre coins du monde, il devient indispensable de pouvoir déterminer leur situation de prédilection. La température n'est pas délimitée d'une façon nette : les régions côtières de l'Ouest de la France profitent de la proximité du Gulf Stream et un certain nombre de manifestations atmosphériques permettent la division du pays en zones climatiques.

L'adaptation

Un phénomène identique se produit à une petite échelle dans le jardin ; on parle alors de microclimat. Certains emplacements sont plus protégés que d'autres, ou encore profitent d'arbres ou d'une pente ensoleillée. Ainsi les plantes à l'ombre

Cistus ladanifer, *arbuste fleuri, atteint 1,50 mètre.*

souffrent davantage du froid que celles au soleil ou à l'abri de la maison, qui fleurissent plus tôt. Tout jardinier crée un microclimat artificiel avec la plantation d'une haie coupe-vent, la construction d'un mur ou l'établissement d'un vaste dégagement. Une serre et un tunnel en plastique jouent le même rôle. Cela permet d'étendre la gamme des végétaux implantables.

Le principe

Les changements climatiques induisent une modification des habitudes. La neige et le gel se font rares, les températures s'élèvent dans certaines régions, et les pluies augmentent de 10 % en hiver et diminuent de 20 % en été. L'automne et l'été sont si confondus que les parcs et jardins ouverts au public se voient obligés de repenser les plantations des parterres de fleurs annuelles pour soutenir un spectacle coloré. De plus en plus de plantes, jadis appelées méditerranéennes, se trouvent parfaitement à l'aise ailleurs qu'au Sud. Certaines, jusqu'alors implantées en pot sur la terrasse et scrupuleusement rentrées à l'abri en hiver, prennent désormais place en pleine terre. En sachant quelle température minimale elles supportent, il est en effet possible de revoir des habitudes pour répondre

Hellébores et narcisses dans un jardin boisé et coloré.

Le jardin de bord de mer doit conserver un aspect naturel, même animé d'un décor de galets.

à leurs besoins. Parfois venues de très loin, elles ont voyagé avec un minimum de précautions et celles qui portaient le label « non rustiques » commencent à prouver le contraire. *Agapanthus*, *Artemisia*, *Arum*, *Choisya ternata* et *Ficus carica* se plaisent ainsi très bien en climat tempéré. Pour notre part, nous les faisons bénéficier d'une protection de *mulch* (voir p. 21) en hiver, à l'exception de *Choisya ternata*, qui, en six ans, a atteint plus de 1,50 mètre de haut sans attention particulière. Si le jardinier se met à l'écoute des plantes, nul doute qu'une nouvelle flore vienne coloniser les parterres.

Aujourd'hui, les végétaux originaires d'Australie, du Chili et d'Afrique du Sud ouvrent des perspectives bien séduisantes. À chacun d'aller à leur rencontre en pépinière ou en jardinerie.

Quelques beaux spécimens

Pour que leur implantation réussisse, choisissez de préférence un petit sujet, pour qu'il s'habitue plus facilement à son nouveau milieu. Lisez l'étiquette sur laquelle figure sa résistance au gel. Prévoyez de l'installer à l'abri du vent et des courants d'air, adossé à un mur par exemple, et protégez-le les premières années. Soyez rigoureux dans le choix de la terre.

L'*Acanthus*, originaire d'Asie mineure et des côtes méditerranéennes a assez de personnalité pour former à lui seul un groupe, même à l'ombre.
L'*Agapanthus*, originaire d'Afrique du Sud, constitue toujours un luxe en France, car une bonne protection lui est nécessaire en hiver.
L'*Alstroemeria*, une fois en place, doit bénéficier d'une tranquillité absolue.
L'*Arundinaria* résiste jusqu'à -15 °C. La gamme, très étendue, permet de jouer sur la taille (voir *Phyllostachys*). Isolez-le, il n'a besoin de personne.
Les *Camassia*, bulbes originaires des États-Unis, supportent aussi bien la sécheresse que l'humidité. Ils sont consommables.
Le *Cercis siliquastrum*, familièrement appelé arbre de Judée, résiste jusqu'à -15 °C. Il supporte la sécheresse, mais ne tolère pas le vent. Sa survie et la beauté de sa floraison dépendent d'une plantation soignée. Achetez-le jeune, en conteneur, il ne s'en portera que mieux.
Le *Choisya ternata* résiste jusqu'à -12 °C. Protégez-le dans sa jeunesse. Avec l'âge, il devient généreux en floraison. Ô merveille, il est persistant !
Le *Cistus* est originaire du pourtour de la Méditerranée. En bordure, dans la rocaille ou dans le jardin de gravillons, ses fleurs, semblables à du papier crépon, forment une parure de charme.
Le *Cyperus*, planté dans l'eau, même ayant souffert du gel — jusqu'à -3 °C —, peut être taillé pour repartir du pied.

Cyperus papyrus.

Agapenthus.

L'*Eucalyptus*, originaire d'Australie et de Malaisie, s'adapte se plaît aussi bien au bord de la mer qu'en altitude, et en terre acide ou alcaline.
Le *Ficus carica* résiste jusqu'à -15 °C. Ses racines aiment à être confinées, serrées dans un trou de plantation... Si vous voulez avoir des fruits, installez-le contre un mur.
Le *Jasminum officinale*, originaire de Chine, résiste jusqu'à -10 °C.
Le *Lagerstroemia* tient jusqu'à -10 °C et résiste à la pollution.
La *Passiflora*, sous la forme *Passiflora caerula*, résiste jusqu'à -15 °C bien protégée contre un mur. Parfumée, riche en nectar, elle entre dans la composition de glaces ou de sirops, ou demeure simplement un ornement grimpant.
Le *Phlomis fruticosa*, originaire d'Asie mineure, résiste jusqu'à -7 °C.
Le *Phormium*, originaire de Nouvelle-Zélande, résiste jusqu'à -10 °C. Ses feuilles en forme d'épée donnent à un massif un caractère exotique.
Le *Sedum*, originaire des régions tempérées et froides de l'hémisphère boréal, résiste jusqu'à -10 °C. Méfiez-vous de *Sedum acre*, envahissant.
Le *Yucca* est originaire d'Amérique du Nord. Sous la forme *Yucca glauca* et *Yucca filamentosa*, il résiste jusqu'à -15 °C.
Le *Zantedeschia* peut être planté en groupe de cinq ou six sujets. Enterrez les bulbes à 8 ou 10 centimètres de profondeur.
Pour réussir un jardin méditerranéen, mêlez les silhouettes des plantes, les feuillages pointus et les

Lagerstroemia *'Natchez'*.

Eucalyptus pauciflora ssp. niphophila.

Ficus carica.

feuillages étalés, les formes arrondies et les élancées. Entourez ces espèces spécifiques des indispensables *Euphorbia*, *Lavandula*, *Rosmarinus* et *Santolina*, qui font figure d'ancêtres parmi les nouvelles venues.

En pratique

Le jardin naturel

Vous n'êtes pas un fanatique du jardinage tout en voulant profiter du plein air et de la nature ? Abandonnez un amour-propre mal placé et faites le choix d'un jardin naturel un peu sauvage. Aux bordures florales encadrant un gazon manucuré, à la taille, aux traitements, au bêchage et au désherbage, préférez un jardinage plus souple et générez une oasis pour les oiseaux, les papillons, les abeilles, et les enfants...

L'initiateur de cette approche, l'Irlandais William Robinson, a innové en 1870 en Grande-Bretagne en optant pour une plantation naturelle, quelle que soit la morphologie du terrain. Cette démarche favorise des réalisations au charme incontestable pour lesquelles il est possible, en outre, de procéder par étapes. L'ensemble prend ainsi forme au gré des découvertes du jardinier, et les végétaux les plus appropriés à l'exposition y trouvent leur place. L'effet de spontanéité l'emporte sur la symétrie.

Pour concevoir le projet ou le plan de ce jardin, promenez-vous en traçant un chemin sinueux. Puis tondez-le s'il est en gazon ou épandez des écorces s'il est en terre, et placez des bâtons aux emplacements où vous souhaitez l'habiller de végétaux. Pensez à *Ilex*, *Buddleja* — ils attirent les papillons — et *Rosa rugosa*. Quoi de plus naturel, en effet, que ces dernières, qui poussaient à l'état

Une prairie fleurie dans un jardin naturel.

sauvage en Asie avant que l'on ait eu l'idée de les civiliser. Bêchez les endroits les plus creux du terrain et incorporez-y du fumier. S'il existe des arbres, intégrez-les à la plantation générale et convertissez progressivement des parties engazonnées en aires de promenade plantées, dans lesquelles vous ajoutez sans formalité, au cours des saisons, arbustes, bulbes et vivaces. Prévoyez des taches isolées plutôt que de grandes taches de plantation. Ils exigent un entretien minimal, mais apportent néanmoins la preuve de votre intervention. Aucune compétition ne devant opposer les sujets les uns aux autres pour s'étendre, éliminez les couvre-sol. Laissez également de côté ceux qui nécessiteraient une intervention régulière — taille, tuteurage, protection. Garnissez les parties ombrées de *Dryopteris*, d'*Helleborus*, d'*Hosta* et de *Polygonatum multiflorum* pour que le désherbage ne devienne pas une priorité. Si la terre est acide, privilégiez les plantes pour terre de bruyère — *Camelia, Daboecia, Enkianthus* — et complétez par des *Rhododendron*. Apportez enfin une touche de gaieté avec des semis *in situ*.

Nous possédons un jardin naturel et c'est notre grande joie. À l'automne, le travail se résume à une tonte tous les dix jours pour créer des allées, au nettoyage des plantations et au ramassage des feuilles mortes en automne.

Des plantations fleuries en bordure d'une forêt accueillent un banc propice à la relaxation.

Enkanthus.

Plantes alpines et bonsaïs cohabitent avec bonheur.

Le jardin d'altitude

Il n'est ni plus difficile ni décevant que le jardin classique, mais régi par d'autres règles. Ne perdez pas de vue qu'il ne vit environ que sept mois par an ; garnissez-le, de préférence, de végétaux issus d'une pépinière en altitude ; et surtout n'oubliez pas que la neige lui offre une protection thermique incomparable. Ainsi, quand en janvier il fait -17 °C au jardin à 1 000 mètres d'altitude, il ne fait que -15 °C à la surface de la neige, et -11 °C, -8 °C et -1 °C à respectivement 3,25 et 50 centimètres de profondeur. Le sol n'est donc pas plus gelé qu'il ne l'était au moment de la première chute de neige. Cette « stabilité » explique pourquoi la liste des plantes poussant en montagne est longue ; mieux vaut, toutefois, éviter celles dont la floraison a lieu à l'automne.

Lors de l'aménagement du terrain, prenez la pente en compte : le sujet doit rester dans la terre et la terre, dans la pente. Prévoyez donc des tuteurs et une cuvette d'arrosage, généralement bloquée par des cailloux en aval, d'autant que les pluies peuvent être plus ou moins violentes et érosives. Procédez à un apport de terre végétale supplémentaire ou de tourbe pour améliorer la rétention d'eau et le développement des racines.

Arrosez en fonction de la pluviométrie locale. Pas une semaine sans eau ! Au printemps, dès la fonte de la neige, retirez le feuillage noirci et fané, et amendez le sol avec du fumier de vache bien décomposé ou tout autre engrais organique. En été, bassinez de temps en temps les feuilles et les tiges des jeunes éléments pour leur éviter les coups de soleil ou donnez-leur de l'ombre. En hiver, redressez les branches des conifères le long d'un tuteur pour leur éviter de s'ouvrir sous le poids de la neige (voir p. 42-43). Paillez également le gazon : il renaîtra d'un beau vert après la fonte.

La période de végétation est déterminée par le nombre de jours où la température est supérieure à 7 °C, soit environ deux cents à 450 mètres d'altitude, avec une diminution de sept jours par mètre d'altitude. Les travaux du jardin tiennent naturellement compte du nombre de jours de jardinage ouvrables. En mars, à 600 mètres d'altitude et en avril à 1 000 mètres, la neige disparaît, et *Crocus*, *Primula* et *Soldanella* fleurissent.

La vie du jardinier commence. Plantez alors les fruitiers — pommier, poirier, abricotier — sur les pentes au sud. Mettez aussi en place les conifères... pas tous ; c'est ici que le pépiniériste vous conseille. *Juniperus*, *Thuja* et rampants sont bien adaptés, sans oublier *Abies*. Parmi les arbustes, *Buddleja*, *Philadelphus* et *Spiraea* sont des valeurs sûres. Quant aux rhododendrons ferrugineux, ils sont parfaitement chez eux, tout comme le symbole des forêts nordiques : le bouleau blanc d'Europe. Tablez aussi sur les vivaces ; bonne surprise, les phlox sont sans rouille et les asters sans oïdium.

Le jardin exotique

La Côte d'Azur n'a pas le privilège de ce type de jardin qu'il est possible de composer, presque à l'identique, en Corse, en Californie, en Afrique du Sud, dans le sud-ouest de l'Australie et sur certaines pentes montagneuses protégées. Une grande variété de végétaux, plantes de garrigue et arbustes à feuillage persistant s'adaptent à ces climats difficiles, dans lesquels le fort ensoleillement, le vent et la sécheresse alternent avec de grosses pluies.

Avant toute intervention, procédez à l'analyse du sol et ayez pour première préoccupation de l'enrichir. S'il est sableux, un important apport de matières organiques s'impose et les engrais sont à prévoir dès la première année. Accompagnez, ainsi, la plantation de sang desséché et de corne torréfiée.

Veillez aussi à protéger la terre de l'érosion provoquée par les grosses pluies et établissez si nécessaire des terrasses bordées de murets de 50 centimètres de haut. Cette solution, idéale pour un terrain en pente, permet de jouer avec les espèces et de faire resplendir leurs couleurs. *Hibiscus*,

Jardin exotique.

Lantana, *Pelargonium* et *Plumbago* s'opposent ainsi à des spécimens désertiques — acacia d'Australie, *Callistemon*, *Cassia*, semblable au mimosa, *Coronilla*, *Echinocereus*, *Nerium* et *Strelitzia*. Des parterres de *Gazania* et d'*Osteospermum*, d'*Iris* adaptés aux terres caillouteuses, et l'arctotis, qui fleurit en hiver, forment la base des bordures. Agaves, aloès, *Sedum* et *Yucca* occupent les endroits les plus secs. Quant à la bougainvillée, dont les bractées violettes, rouges, orange ou roses sortent toute l'année, faites-en une carte maîtresse.

Établissez un fond de plantes pour protéger les espèces moins rustiques du vent en associant conifères, eucalyptus, graminées et roseaux à *Lavandula*, *Olearia*, *Phlomis*, *Senecio* et *Tamarix*. Contrez enfin les dégâts dus au dessèchement de la terre en la paillant après l'avoir arrosée — c'est aussi un moyen d'économiser l'eau.

Pour habiller les allées, utilisez des gravillons ou de l'écorce de pin — répandue sur une feuille de plastique trouée ou placée directement sur la terre.

Culture d'orchidées, de primevères et de tulipes. Parmi les plantes élevées en serre, certaines peuvent s'offrir des vacances d'été dans le jardin.

La serre

De même que l'appétit vient en mangeant, l'activité pratiquée dans la serre se développe au fur et à mesure de la découverte de son utilité. Elle n'est, par conséquent, jamais trop grande. Il est probable que vous passiez par trois stades :

- je n'ai pas besoin d'une serre, cela occasionne des frais inutiles et du travail supplémentaire ;
- une petite serre, ou toute autre protection, me permettrait de faire des semis et des multiplications ;
- j'ai besoin d'une serre, même petite !

L'installation ?

La serre permet de créer une atmosphère propice à la germination et la pousse des plantes, et de garder des potées fleuries.

Pelargonium et *plantes exotiques cultivés dans une serre. Le premier peut vivre à l'extérieur à partir d'avril-mai.*

Les règles de base

Elle comble trois besoins essentiels des végétaux : la chaleur, la lumière et l'humidité. Plus elle est grande, plus sa température est stable ; sa forme est donc déterminante. Une serre tempérée offre une température d'au moins 12 °C, une froide, de 4 °C minimum — cela protège les plantes du froid, du vent, de la pluie et du gel. L'air chaud ayant tendance à monter et l'air froid à rester près du sol, un système de ventilation efficace s'impose : lucarnes ou fenêtres.

L'exposition nord-sud dans la longueur, avec la façade au sud, est optimale. L'endroit doit être abrité du vent. Le matin, le soleil à l'est réchauffe l'installation, l'après-midi et le soir, le soleil à l'ouest perd sa chaleur, mais reste lumineux. L'orientation au nord pour les flancs, trop froide et sombre, est à éviter.

L'hygrométrie idéale, équilibre entre sécheresse et humidité, dépend d'un apport d'air contrôlé. Des systèmes automatiques d'ouverture des lucarnes sont recommandés pour éviter le pourrissement ou l'assèchement des sujets. Des gouttières intérieures peuvent recueillir l'eau condensée.

Le choix

Si l'un de vos voisins possède une serre, questionnez-le sur les avantages et les inconvénients qu'elle présente, puis, si vous vous décidez à passer à l'acte, n'achetez que chez un fournisseur sérieux et spécialisé, qui connaît bien le produit. Trois facteurs président alors à votre choix. Le budget dont vous disposez s'impose d'emblée. Les modèles en PVC ou polyéthylène offrent le meilleur rapport qualité-prix, mais leur durée de vie s'échelonne entre deux et dix ans. L'utilisation envisagée — germination, bouturage, protection des sujets exotiques, production maraîchère précoce ou hâtive, etc. — entre ensuite en ligne de compte. L'esthétique, enfin, intervient. La serre, élément décoratif extérieur, peut, comme au XVIIe et au XVIIIe siècle, servir de « folie » et être conçue d'une façon originale ou agrémentée d'un décor original ou ludique.

Le tunnel ou serre agricole, en PVC ou polyéthylène soutenu par des tubes galvanisés, est destiné à un usage essentiellement maraîcher. Il est facile d'entretien et d'une bonne isolation thermique.

La serre en verre et aluminium, assemblée à l'aide de boulons, et dotée d'une lucarne et d'une porte coulissante étanche, doit reposer sur une embase en aluminium ou une ceinture de béton. Ses carreaux de verre trempé, demi-double, de 3 millimètres d'épaisseur (modèles pour particuliers), maintenus par des clips en inox, se chevauchent pour procurer une bonne étanchéité et le renouvellement de l'air. Elle se pratique sous une forme traditionnelle, avec un toit double pente ou adossée à un mur. Elle a, alors, pour avantages d'être proche de la maison, moins coûteuse et cependant relativement vaste.

La serre en polycarbonate et aluminium, robuste, légère et facile d'entretien, repose sur une embase de ciment, de brique ou de bois. Le matériau, à double paroi, exerce un effet d'isolation thermique. Il est incassable, léger, inaltérable par les ultraviolets et ne coupe pas.

La serre à flanc oblique capte au maximum les rayons du soleil, même en hiver quand ils sont bas. Elle offre une surface au sol améliorée, une plus grande stabilité et une moindre emprise au vent. Elle peut être adossée à un mur.
La serre laquée vert ou blanc, d'aspect élégant, pour les plus gros volumes, demande un entretien important.
La serre tonnelle, généralement octogonale, belle et robuste, apporte au jardin une touche d'originalité.
La mini-serre enfin, peu coûteuse, facile à utiliser et à ranger, s'adresse surtout aux possesseurs d'un petit jardin. Précieuse alliée du jardinier, elle se présente sous de multiples formes — châssis nantais, en bois et verre ou polycarbonate ; cloche ; tunnel en plastique ; voile de forçage — et permet de pallier les effets néfastes du temps au début du printemps, à l'automne et en hiver.

L'utilisation

Lors de l'aménagement, prévoyez des étagères et un plan de travail facile à entretnir ainsi qu'un point d'eau à proximité. Pensez au baril, tonneau

Pelargonium *grimpant, dans un jardin d'hiver.*

ou autre système de récupération de l'eau de pluie, toujours utile. Ne négligez pas le bac à compost en plastique ou en bois, bienvenu là où il y a beaucoup de débris verts. Perfectionnez l'installation avec des fournitures plus spécialisées. Pour l'été, sélectionnez un système d'ouverture automatique de la lucarne, un écran filtrant fixé à l'intérieur de la serre, un filet à ombrer, qui protège aussi les flancs verticaux, ou des stores — sinon, peignez les vitres intérieures ou extérieures avec un badigeon spécial. Achetez un thermomètre et un hygromètre indiquant les variations maximales de température et d'humidité ; un chauffage électrique — facile à installer et à régler —, à gaz — idéal, puisqu'il dégage du gaz carbonique et de la vapeur d'eau, bénéfiques aux plantes — ou à l'électricité — simple et programmable — ; enfin un bac à sable ou un tapis chauffant permet la germination précoce des semis.

Jeunes pousses en pot.

Une fois l'installation achevée, entretenez-la régulièrement pour éviter les maladies transmises par les champignons, les parasites et les virus, et procédez à un nettoyage annuel complet :

- lavage des vitres ;
- nettoyage et désinfection des étagères et des plans de travail, ainsi que des pots et des outils ; désherbage ;
- lavage et aération du sol ;
- renouvellement de la terre par un apport de fumier, de compost ou d'engrais ;
- récurage des gouttières intérieures et extérieures.

La serre fleurie, un exemple concret

C'est un spectacle auquel les hôtes convient les visiteurs, comme en d'autres parties du jardin. Même si la serre se destine principalement aux semis et à la multiplication, impossible de résister à la tentation d'y introduire quelques plantes qui ne peuvent pas rester en pleine terre toute l'année. La plupart des spécimens en pot peuvent être sortis pendant l'été pour habiller un patio ou une terrasse, ou enterrés en l'état pour modifier ou enrichir une bordure. Il s'agit de sujets exigeant une température oscillant dans leur milieu naturel entre 35 et 45 °C.

L'*Abutilon*, très décoratif, a besoin d'un support pour grimper.

L'*Agapanthus* déborde de magnificence.

Les azalées vivent dehors tout l'été et ont la bonne idée de fleurir pour les fêtes de Noël. L'azalée du Japon arbore des fleurs plus petites que celles généralement visibles dans un jardin. Pour sa santé, maintenez-le dans du compost mouillé.

Les cactées rebutent ou fascinent. Il faut dire, à leur décharge, qu'elles ne donnent aucun travail et se contentent d'un arrosage de temps en temps. N'oubliez pas qu'elles ont vécu dans le désert,

Abutilon *x* suntense.

Protea Cynaroides.

Brugmansia aurea.

Fuchsia *'Abbie Farges'*.

négligées, sans affection, et fleurissent étrangement. Leur seule exigence : beaucoup de lumière.
La *Campanula isophylla*, comme ses consœurs, n'a pas besoin d'une serre chauffée. Son feuillage persistant est du plus bel effet dans un panier suspendu ou une vasque.
Le *Canna* est peu avide d'eau en hiver.
Le *Datura*, grande beauté vénéneuse, fait merveille dans un bac en bois sur la terrasse. Il boit peu en hiver.
Le *Fuchsia* doit être bien rabattu après la floraison et arrosé très peu en hiver.
L'*Hibiscus* aime à être sorti dans le jardin en été. *Hibiscus rosa-sinensis* a une floraison intermittente du printemps jusqu'à l'automne.
Le *Lapageria*, liane persistante et décorative, fleurit presque toute l'année. Il exige un sol riche en humus.
Le *Medinilla*, arbuste au feuillage persistant, a besoin d'ombre et d'un bon arrosage pendant sa période de végétation. Rabattez-le après la floraison, et gardez-le au chaud et presque au sec.
Le *Plumbago* se plaît dehors, en été, accroché à un support. Il demande, durant cette période, un arrosage généreux.
Le *Protea*, bel étranger à l'allure exotique, aux grandes fleurs roses, se laisse facilement cultiver en serre.
Toutes vivent bien en pot en hiver et dehors en été;

Un plant de courge grimpe sur une arche enjambant l'allée carrelée de cet élégant potager.

Le potager

Biologique. Voilà un mot qui est entré dans la façon de faire son marché, de cuisiner... et d'envisager le potager. Contrairement à une idée répandue, ce n'est ni plus difficile, ni plus coûteux, ni plus astreignant qu'un potager tout court. Il n'y a tout bonnement rien à faire en plus ; il s'agit de faire autrement.

Comment procéder ?

Les règles de base

Pour réussir, imposez-vous un certain nombre de principes. Déterminez précisément ce dont votre famille a besoin et ce qu'elle apprécie, et n'encombrez pas le terrain avec d'inutiles navets ou une pléthore de haricots verts, qui vous obligent à en faire une cure chaque jour de la semaine

Ce carré mêle choux et salades vertes.

— à moins que vous souhaitiez les mettre en conserve pour l'hiver. Éliminez les engrais chimiques — trois semaines avant les semis ou la plantation, fertilisez le sol avec du compost ou du fumier bien décomposé —, les désherbants — au profit d'une bonne préparation du terrain — et les pesticides — au bénéfice de recettes naturelles. Ne mettez pas les mêmes légumes plusieurs années de suite au même endroit, au risque de priver la terre de certains éléments profitables à un autre type de légumes. La rotation est la clé du succès. Divisez donc votre terrain en quatre parcelles, ce qui permet aux espèces différentes de revenir à leur point de départ tous les quatre ans — sauf pour l'artichaut, l'asperge, le chou et le chou-fleur, qui peuvent rester en place plusieurs années... Encore faut-il que vous les aimiez ! Enfin plantez ou semez en rangée : passer une binette pour désherber sur une ligne droite évite de déranger la végétation.

En pratique

Le sac potager

En attendant que le sac à planter fasse son apparition dans le commerce, comme dans d'autres pays, fabriquez un ingénieux système pour cultiver des légumes sur la terrasse ou le balcon.
Remplissez, sans le bourrer, un grand sac-poubelle de bon compost et fermez-le solidement à l'agrafeuse, puis posez-le à plat et coupez des croix pour la plantation. Arrosez de façon à humidifier tout le compost. Si votre sens de l'esthétique est choqué, recouvrez le sac de petits cailloux ; cela présente l'avantage de maintenir l'humidité.

Associer et prévenir

Les végétaux ont, eux aussi, leurs sympathies et leurs antipathies, desquelles découlent symbiose ou antagonisme. Cette forme de plantation est pratiquée depuis des décennies par des jardiniers, ignorant qu'ils se livraient à la bio-dynamique des plantes, d'après de simples observations. Voici quelques principes pour obtenir un jardin sans conflits d'intérêt.

Le sac potager

Cultivez les tomates dans un sac plastique rempli de compost.

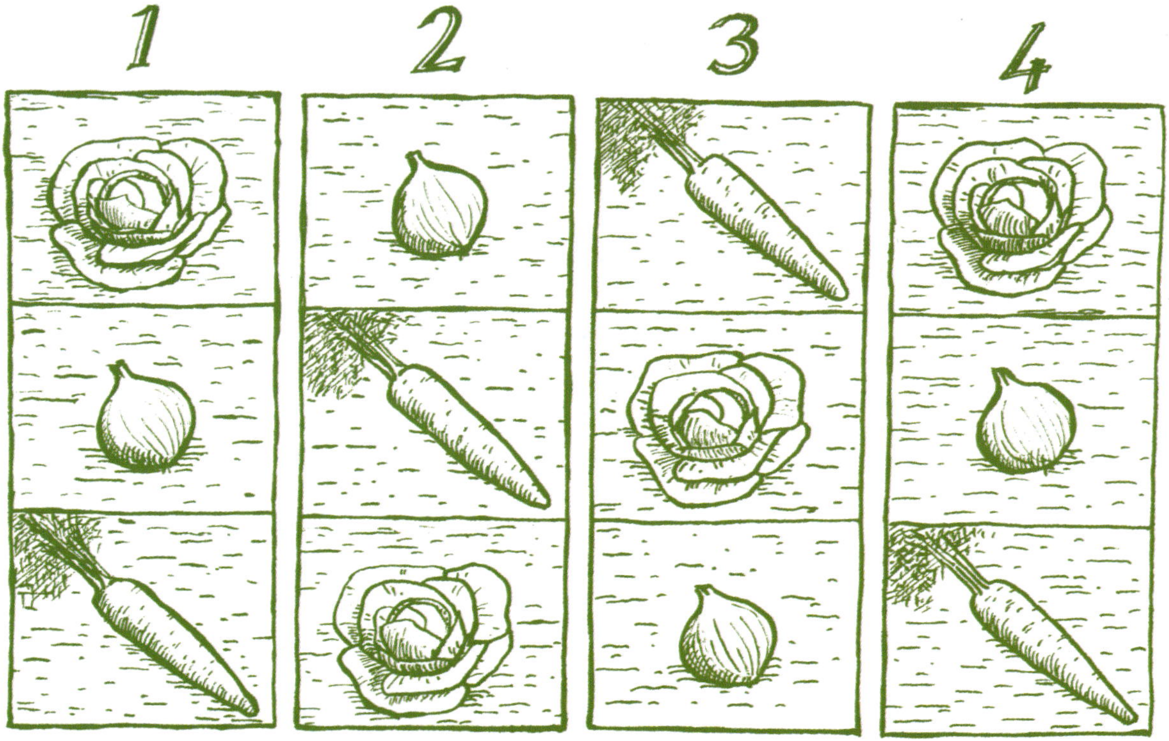

Divisez votre terrain en quatre parcelles et alternez les plantations d'une année sur l'autre en tenant compte des affinités des légumes.

Mélange de plantes

L'ail agit contre la pourriture de la pomme de terre et de la tomate.
L'aubergine, associée au haricot vert, éloigne le doryphore.
La carotte, le petit pois — la macédoine commence sous terre ! —, la ciboulette, la laitue et le radis s'entraident.
Le céleri est à semer alternativement avec le poireau et la tomate.
La ciboulette aide la plupart des plantes. Pulvérisez-la en solution contre le mildiou et l'oïdium sur le groseillier à maquereau et le concombre — on a remarqué qu'elle est rarement malade.
Le pied du fraisier, recouvert d'un *mulch* d'aiguilles de pin ou de feuilles de chêne, ne craint plus la

Salades vertes et herbes aromatiques voisinent dans un petit massif.

limace ni le ver coupant. Elle apprécie la proximité de l'épinard.

Le haricot nain s'accorde avec le concombre — placez ce dernier au milieu — et le fraisier, auquel il apporte de l'azote.

Le haricot vert se plaît près de la carotte, de la betterave et du concombre. Il cohabite aussi avec la pomme de terre nouvelle, accompagnée de la fève — quel délice dans l'assiette ! En revanche, il déteste la compagnie de l'ail, de l'échalote, du fenouil et de l'oignon.

La laitue va avec la carotte, la fraise et le radis, qui supportent l'ombre partielle qu'elle leur donne.

L'oignon s'entend bien avec le poireau. Tous deux — 2 parts de poireau ou d'oignon et 3 de graines de carotte — éloignent la mouche de la carotte *(Psila rosae)*, de même que le romarin et la sauge.

L'ortie est essentielle pour son purin, mais est envahissante.

Le petit pois se sent bien auprès de la carotte, du concombre, du haricot vert, du maïs, du navet, de la pomme de terre et du radis. Épargnez-lui la

De l'origan dans un pot ponctue et agrémente les rangs de légumes.

présence de l'ail, de l'échalote et de l'oignon, et ne le semez pas deux années consécutives au même endroit.

La pomme de terre élimine les mauvaises herbes et cohabite volontiers avec la fève, le haricot, le maïs et le petit pois. Évitez de lui donner pour voisin la citrouille, le concombre — qui abaissent sa résistance à la pourriture —, le poivron, la tomate et le tournesol.

La tomate aime l'ail, l'asperge, le céleri, le maïs et le souci, mais n'apprécie guère la pomme de terre. Implantée dans la bordure d'asperges, elle évite les mauvaises herbes — il en va de même du persil. Quelques fleurs, mêlées à l'ensemble, renforcent la protection. Le pyrèthre fait fonction de pesticide ; l'œillet d'Inde tue les nématodes, et protège efficacement la tomate des pucerons blancs et noirs.

Les plantes aromatiques

Nul potager sans leur présence, puisqu'elles agrémentent tous les plats de la table. Alors, laissez-vous aller ! Semez l'absinthe, l'anis, la bourrache, le basilic — en pot, pour être rentré en hiver —, le cerfeuil, la ciboulette — en pot, également, pour hiverner à l'intérieur —, la coriandre, le cresson, le cumin, la moutarde, l'origan, l'oseille, le persil ; bouturez l'estragon, la lavande, le romarin et la rue ; et pour la marjolaine, la sarriette, la sauge et le thym, choisissez entre les deux techniques. Achetez de préférence de petites plantes en pot, que vous multipliez (voir p. 60-69).

Ciboulette, coriandre (graines), laurier, origan, sauge, thym accompagnent les viandes et relèvent les ragoûts ; cerfeuil, ciboulette, estragon, menthe, sarriette, thym s'harmonisent avec le poulet ; basilic, cerfeuil, ciboulette, estragon, persil, oseille, sauge, thym vont bien avec les œufs, le poisson ou la salade ; angélique, anis, menthe, romarin, thym parfument un dessert ; ail, aneth, basilic, estragon, fenouil, laurier, menthe, romarin, thym donnent du goût à l'huile ou au vinaigre.

Les mini-légumes

Ils sont en vente dans n'importe quel supermarché. Carottes, choux-fleurs, maïs, poireaux... ils ne sont pas que délicieux, mais aussi très décoratifs sur un plat à table. Ils n'ont rien de mystérieux, c'est une affaire de graines. Tous les grainetiers les vendent et leur culture est pratiquement identique à celle de leurs grands aînés, à l'exception de l'espacement, qui doit être réduit. Si vous êtes à court de place, pensez à eux ! Offrez-leur une terre bien enrichie de compost et soyez généreux en arrosage. Ne dépassez pas 5 centimètres entre les rangs, sauf pour les salades et les choux (15 cm).

Sauvegarder

Contre les maladies et les visiteurs indésirables du potager, privilégiez les méthodes biologiques et mangez, ainsi, des légumes l'esprit en paix.

Les agresseurs

La courtilière, orthoptère de 5 centimètres de long ressemblant au grillon, se nourrit des racines des plantes potagères et des semis. Elle creuse des galeries légèrement visibles sur le sol. Dégagez la terre sur le dessus et inondez la galerie d'un insecticide à base de pyréthrine ou de roténone. Le purin d'ortie fait également l'affaire.

La galle commune se manifeste par des taches rugueuses sur l'épiderme de la pomme de terre, qui se fendille. La chair n'est pas atteinte. La bactérie responsable apparaît dans un sol sablonneux, sec et pauvre en matières organiques. Prévenez-la par un apport d'engrais et par un arrosage abondant.

Le mildiou se traduit par la formation de taches brunes et décolorées sur l'épiderme de la tomate, qui pourrit. Ce phénomène atteint plus généralement les sujets cultivés sous abri ; les tomates peuvent pourrir sur pied après la récolte. Pulvérisez de la bouillie bordelaise dès l'apparition des premiers fruits, et surtout par temps humide.

Les mollusques sortent par temps pluvieux et la nuit pour dévorer les feuilles, notamment celles de la laitue. Achetez du sulfate de cuivre, composante essentielle de la bouillie bordelaise, chez un droguiste ou en jardinerie et pulvérisez-le le soir entre les rangs et sur le sol (100 g pour 10 litres d'eau). Attendez quelques jours avant de consommer les légumes, après les avoir lavés abondamment. Sinon, pulvérisez une macération de feuilles et de fleurs

d'absinthe ou placez au ras du sol un récipient rempli de bière ; les limaces ne manqueront pas de tomber dedans.
La chenille de la piéride du chou, papillon blanc, se nourrit des bords des feuilles de chou. Détruisez-la avec le *Bacillus thuringiensis*.
La taupe creuse des galeries susceptibles de gêner les semis et les plantations. Déposez-y un chiffon imbibé d'essence de térébenthine, dont l'animal exècre l'odeur.

Les remèdes

Pour l'infusion de camomille, jetez une centaine de feuilles dans 10 litres d'eau bouillante. Après vingt-quatre heures, filtrez la solution et utilisez-la non diluée pour activer la croissance des plantes ou les renforcer contre les maladies.
Concoctez l'infusion de gousses d'ail en faisant tremper pendant quinze heures 80 grammes de gousses dans 10 litres d'eau. Elle aide à lutter contre les maladies cryptogamiques et les pucerons.

En pratique

Légume	Période de récolte	Semis ou plantation	Transplantation ou éclaircissement en cm
Artichaut	été-automne	plantation en avril	
Aubergine	été-automne	semis à la mi-février sur couche chaude ; maintien en godet sous châssis chaud jusqu'à la fin mai ; repiquage en place	mai
Brocoli	entre mars et mai	semis en mai-juin en pépinière (1-2 g par m^2)	début août
Carotte	printemps, été, automne	semis de mars à juillet en pleine terre ; de septembre à février sous abri (1 cm de profondeur)	mai
Chou de Bruxelles	printemps, automne, hiver	semis de février à avril (1 cm de profondeur)	mai

Préparez le purin d'absinthe en laissant macérer pendant une bonne semaine 2 kilos d'absinthe dans 10 litres d'eau. Filtrez la préparation et employez-la, non diluée, contre les altises, les chenilles, les mollusques et les pucerons.
Obtenez le purin d'ortie par la macération, quatre ou cinq jours durant, de 900 grammes de feuilles hachées dans 10 litres d'eau de pluie ou de source. Il agit contre les pucerons et comme fongicide préventif en hiver.

Pour le purin de prêle, laissez tremper 200 grammes de tiges fraîches (ou 50 g séchées) — dans 10 litres d'eau et filtrez. Il traite le sol préventivement contre les maladies cryptogamiques.
Élaborez le purin de tomate à partir de 1 kilo de feuilles et de tailles finement hachées, et mises à macérer dans 10 litres d'eau pendant deux à trois jours. Filtrez-le et employez-le non dilué contre la piéride du chou. Il est également efficace contre les pucerons.

Espace entre les rangs en cm	Espace entre les pieds en cm	Remarques	Soins
90-100	90-100	décoratif dans une bordure ; prévoyez une place de longue durée	paillez en hiver
100	60	décoratif en plante palissée ; dans un climat plus froid, choisissez une variété hâtive	enlevez les pousses latérales ; pincez la tige principale à 2 inflorescences ; laissez se développer 4 rameaux latéraux ; pincez-les à une feuille au-dessus de la deuxième fleur ; conservez 10 fleurs environ ; arrosez souvent ; attention à l'araignée rouge, aux limaces et au mildiou
2 lignes par planche	2-3 pieds par m²	choisissez une variété hâtive	paillez par grand froid ; protégez l'inflorescence blanche par une feuille cueillie sur la plante ; arrosez souvent
15-30	15	décoratif dans le potager ornemental ; terrain léger et riche en humus	fumez le sol ; sarclez ; une fois les fanes ôtées, conservez dans un bac rempli de sable ; arrosez régulièrement ; attention à la mouche de la carotte
50	50	comptez 6 mois de la mise en place à la récolte	récoltez 3-4 choux à la fois par pied

Légume	Période de récolte	Semis ou plantation	Transplantation ou éclaircissement en cm
Concombre, cornichon	été, automne	semis en avril-mai en poquet (4 graines) ou en lignes (4 ou 5 pieds), espacées de 2 m	
Courge, courgette, citrouille, pâtisson, etc.	juillet-octobre ; courge d'été : à moitié de la maturité ; courge d'hiver : conservez à la cave	semis en mars-avril en godet ou sur couche pour une production hâtive ; en mai en pleine terre (2 cm de profondeur)	mai
Échalote	par temps sec, après jaunissement des feuilles, fin juillet	échalote grise : plantation en février-mars	
Épinard	selon le besoin ; cueillez en pinçant les feuilles	semis en mars-avril ; du 15 août à octobre (2 cm de profondeur) ; un mois auparavant, amendez le sol avec du sulfate de potasse et du soufre en fleur	éclaircissement 10-12
Haricot	environ 10 semaines après le semis ; séchez les haricots pour grains secs, rentrez-les après la chute des feuilles, en sac ou la tête en bas	semis presque à la surface, sans plantoir ni sillon ; primeur : semis en mars sous abri ; après les gelées printanières, à 10 °C, jusqu'en août ; nain : en poquet (5-6 graines), en quinconce ou en ligne ; à rames : en ligne, orientée nord-sud ; recouvrez légèrement de terre ; sol frais, léger et bien fumé à l'automne	

Espace entre les rangs en cm	Espace entre les pieds en cm	Remarques	Soins
150	60	écran décoratif ; redoute le froid et l'humidité ; terrain frais et léger, riche en matière organique	pincez la tige principale à 5 feuilles et laissez les rameaux se développer ; attention à l'oïdium
250	100	décoratif dans le jardin et sur la table ; germination et pousse à 10 °C ; grosse courge, ou coureuse : potiron ; courge non coureuse : courge musquée, aux fruits longs et lisses ; citrouille : courgette, pâtisson, etc.	fumez le sol ; binez, sarclez ; paillez ; formez une cuvette autour du pied ; pincez les jeunes plants au-dessus de 3-4 feuilles, puis les rameaux porteurs de fruits à 2 feuilles au-dessus du fruit ; recouvrez de terre un nœud situé près d'un bourgeon-fruit ; arrosez 2 fois par semaine — 20 litres par temps sec
20	12-15 pieds par m²	échalote grise ; échalote oignon, ou de Jersey	sol léger ou perméable, non humide ; faites un apport d'engrais et de fleur de soufre ; exposition ensoleillée
25-30		la levée prend 4-5 jours ; très gourmand	fumez le sol ou faites un apport de compost ; binez deux fois, éclaircissez ; arrosez au moment de la pousse — 20 litres par semaine — ; attention à la courtilière, au mildiou et au ver blanc, gris ou fil de fer
75	nain : 30-35 ; 1 graine tous les 6-8 cm ; 3 lignes par planche de 120 cm ; à rames : 2 lignes par planche	nain ; à rames ; mange-tout à cosse verte ; beurre ou à cosse jaune ; vert à écosser ; à consommer sec	nain : buttez les poquets ; binez après la levée et 2 semaines plus tard ; à rames : posez-les hautes de 2 m ; inclinez-les vers le centre de la planche, en forme de pergola ou de tente indienne ; arrosez à la fleur et à la formation de la gousse, selon l'humidité et la pluie — 20 litres par semaine ; attention à l'anthracnose, à la bruche, à la maladie du gras et à la rouille

Légume	Période de récolte	Semis ou plantation	Transplantation ou éclaircissement en cm
Laitue	variété de printemps : pendant 2 mois ; feuille de chêne : cueillez une à une	variété de printemps : semis à partir de début mars en pépinière, sous châssis ; repiquage en place ; variété d'été et d'automne : semis de mars à juillet en pépinière ; repiquage ; variété d'hiver : semis en août-septembre ; 20 octobre, en pépinière ; repiquage ; variété à couper : semis à la fin février sous châssis ; feuille de chêne : semis en pleine terre en mars-avril	au plantoir semis toutes les 3 semaines ; terrain sec et exposé ou sous châssis
Oignon	par temps sec, après dessèchement des feuilles ; étalez sur claie ou nattez les bulbes ; gardez dans un lieu aéré ; oignon blanc, rouge : mai, juin, juillet ; oignon de couleur ou de conserve : août-septembre	oignon blanc, rouge : semis à partir du 15 août en pépinière ou en rayon ; oignon de couleur ou de conserve : semis en mars-avril en ligne	oignon blanc, rouge : repiquage en octobre ; oignon de conserve : éclaircissement 12-15
Poireau	rapide ou étalée : de novembre à avril de l'année suivante, selon les variétés	semis en avril et début mai en pépinière, côtière ou planche (10 g par m^2)	mise en place en juin-juillet, en fût

Espace entre les rangs en cm	Espace entre les pieds en cm	Remarques	Soins
30, pour une plante à 4 feuilles, le soir et par temps humide	30	variété pommée de printemps, d'été, d'automne et d'hiver ; à couper ; romaine	sol pas trop riche ; s'intercale avec la carotte ou le chou
12-15 20-25	12-15 8-12, selon la variété	la levée prend 2-3 semaines ; oignon blanc ; rouge ; de conserve ; à confire ; de Mulhouse	sol bien ameubli, fumé de l'année précédente ; ne replantez sur la même parcelle que tous les 3 ou 4 ans ; à la fin juin, couchez les feuilles au râteau pour augmenter le volume du bulbe ; n'arrosez qu'en cas de sécheresse prolongée — évitez 3 semaines avant la récolte — ; attention au charbon, à la maladie du gras (décomposition des bulbes), au mildiou, à la mouche de l'oignon et à la rouille
30	8-15, selon la variété	plante bisannuelle, originaire du Proche-Orient ; monte à graines au printemps de la deuxième année ; redoute la sécheresse	fumez le sol ou faites un apport d'engrais ; repiquez à 5 cm de profondeur ; arrosez au goulot ; attention à la rouille et au ver du poireau, ou teigne

Légume	Période de récolte	Semis ou plantation	Transplantation ou éclaircissement en cm
Pois	de juin à septembre, cueillez 2 fois par semaine minimum, ou à l'automne	semis en ligne ou en poquet ; à rames : (1 graine tous les 3 cm) recouvrez légèrement de terre, pente côté sud du sillon ; nains ou demi-nains : en planche de trois lignes (4-6 graines en quinconce, à 8-12 cm de profondeur)	
Poivron	en général, 5 mois après le semis ; cueillez avec le pédoncule ; poivron vert : 45-50 jours après la floraison ; poivron mûr : 60-70 jours	semis en février sur couche chaude	repiquage ou empotage en godet (le poivron a 10 cm de haut) ; sous châssis jusqu'à la mi-mai ou la fin mai
Pomme de terre	par temps sec, après le dessèchement des fanes, de juillet à octobre, selon la variété ; laissez sur le sol quelque temps ; conservez à la cave et dans l'obscurité	conservation des tubercules destinés à la germination sur clayette, à 10°-12 °C, surtout pour une variété hâtive	mise en place d'avril à juillet
Tomate	au fur et à mesure de la maturation	semis de janvier à mai sous châssis, sur couche chaude ou dans un local bien chauffé ; repiquage en godet en éclaircissant, sous châssis	au plantoir ou au transplantoir ; mise en place en avril, si c'est abrité, sinon en mai

Espace entre les rangs en cm	Espace entre les pieds en cm	Remarques	Soins
35-50 30-40	30 entre chaque trou	à rames ; nains ou demi-nains	binez et buttez pour soutenir les tiges ; à rames : posez-les longues de 20 cm, branches en dedans du rayon ; ne pincez pas ; nains ou demi-nains : pincez au-dessus du 4e et du 5e bouquet pour une variété hâtive, du 7e pour une demi-hâtive ; attention à l'anthracnose, à la bruche, au mildiou, à l'oïdium, aux pucerons, à la rouille et à la sitone rayée
70	40	plante annuelle, originaire d'Amérique du Sud ; spécialité méridionale, avec l'aubergine et la tomate ; dans un climat plus froid, protégez par un plastique ou un châssis	exige 20°-24 °C ; limitez la production de fruits à 12-15 par pied ; arrosez abondamment par temps sec
précoce : 40 ; plus tardive : 50-60	précoce : 30 ; plus tardive : 50-60	redoute le gel ; la bonne préparation des pieds est essentielle ; plantez toujours des pieds certifiés	avant l'hiver, faites un apport de fumier, de superphosphate de chaux et de chlorure de potasse ; plantez au fond d'un trou de 18-20 cm et recouvrez de terre à moitié ; buttez et binez un mois plus tard ; variété hâtive : arrosez tous 10-14 jours ; pour la production principale, arrosez lors de la pousse ; attention à la courtilière, au doryphore, au fusarium, au mildiou, à la pourriture sèche, au taupin, à la teigne et au ver blanc
100-120	60	plante qui se prête à la taille en espalier ; a un temps de maturation variable et diverses utilisations : crue, cuite, en conserve	faites un apport de fumier, de superphosphate et de sulfate de potasse ou d'engrais soluble spécialisé ; pincez les bourgeons à l'aisselle et ne gardez que le bourgeon terminal ; palissez sur un tuteur de 1,30 m de hauteur ; arrosez régulièrement et paillez pour éviter l'évaporation

Pommier en espalier.

Le fruitier

Dans un champ, contre un mur, sur une pelouse, le long d'un chemin... De nombreux endroits dans le jardin peuvent se vanter d'offrir une salade de fruits ou le plaisir d'en croquer un au passage.

Cerise bigarreau 'Napoléon'.

Bien choisir

Il existe plusieurs types de fruitiers, déterminés par leur forme. À vous d'apprendre à les connaître pour faire le bon choix.

L'arbre sur tige

La catégorie de l'arbre dit de « plein vent », en fait, sur tige, regroupe trois sortes de sujets.
La haute tige, avec son tronc de 1,80 mètre de haut est plutôt destinée au grand jardin, à la pelouse. Dès la première année, elle donne une récolte très

abondante. Si vous en plantez plusieurs, respectez un espacement de 5 à 6 mètres entre elles.

La demi-tige, un peu plus encombrante que le gobelet, a un développement modéré et exige une taille limitée. Sa fructification, rapide, fait l'objet d'une récolte aisée. Créez un bel effet ornemental en mettant en place plusieurs spécimens, espacés de 4 à 5 mètres.

Le gobelet buisson, d'aspect conique, a en général déjà deux ou trois ans. Son absence de flèche, son tronc d'environ 60 centimètres de haut et son faible encombrement en font un candidat idéal pour un petit espace, et lui valent la faveur du jardinier. Sa fructification, rapide, se produit dès la première année s'il a trois ans à l'achat. Prévoyez 4 mètres entre deux éléments.

Les formes plus travaillées

La palmette Verrier, à quatre branches, est un arbre greffé formé en quatre ou cinq ans. Sa forme, idéale pour le poirier ou le pommier, s'adapte très bien à un petit jardin ou un emplacement réduit. Elle nécessite, en outre, une taille réduite. Sa fructification démarre l'année suivant la plantation. Installez-la le long d'un mur, elle y sera très décorative, et laissez 1,20 mètre entre chaque sujet.

La palmette U simple, à deux branches, prend moins de place que la Verrier et vous permet d'es-

Arbres fruitiers

Pommier 'Fiesta' en pot.

sayer plusieurs variétés sur une petite surface. Elle donne des fruits dès l'année de plantation.
La forme en touffe, facile d'entretien, concerne les arbres à petits fruits rouges tels le groseillier et le cassissier. La taille vise à maintenir la ligne de la plante. Selon la variété, gardez 1,20 à 2 mètres de distance entre les spécimens. Ils sont d'un bel effet, et pratiques pour border une allée du potager ou en touffe dans un patio.
Le scion, enfin, très jeune élément à tige unique greffé depuis un an, est dépourvu de rameaux latéraux. Pendant trois ou quatre ans, il est travaillé pour obtenir l'une des formes décrites ci-dessus. Il est toutefois possible de le conserver à tige unique et de lui faire, grâce à la taille, porter des fruits sur ce tronc. Il s'agit, dans ce cas, d'une forme colonnaire.

En pratique

La plantation

La meilleure période pour planter un fruitier est l'automne, sauf s'il a été acheté en motte ou en conteneur. Il est alors en plein repos végétatif et ne subit donc aucun stress pendant la plantation. Les pluies lui sont en outre extrêmement bénéfiques et, au printemps, bien campé dans le sol grâce à ses radicelles, il démarre rapidement aux premiers rayons de soleil.
S'il est à racines nues, mettez-le impérativement en place entre novembre et mars. Avant toute intervention, coupez les racines malades, cassées ou trop importantes de 2 ou 3 centimètres. Suivez ensuite, dans les deux cas, la procédure habituelle (voir p. 64-65).

Palmette verrier

Palmette U simple

Palmette Verrier à quatre branches

Pour une plante greffée sur pied, le point de greffe doit se situer à 15 centimètres au-dessus du sol. Pour une plante en motte ou en conteneur, disposez le collet à ras du sol. Rebouchez le trou avec de la terre émiettée additionnée, si besoin, de terreau ou de tourbe. Attachez le sujet au tuteur — vérifiez, plus tard, que l'attache n'abîme pas le tronc. Tassez au pied et arrosez abondamment les jours qui suivent — 15 à 20 litres par arbre ; 4 à 5 litres par arbuste. Taillez la partie aérienne. Pour un spécimen sur tige de deux ou trois ans, réduisez les branches les plus hautes de 25 à 30 centimètres au-dessus d'un bourgeon. Pour les palmettes simples ou doubles, mettez-les toutes à la même hauteur.

L'entretien

Le fruitier a besoin de nourriture. Deux fois par an, à l'automne et au printemps, offrez-lui donc un apport d'engrais organique pour qu'il ne manque d'aucun élément. S'il est jeune, déposez une pelletée de compost ou de fumier bien décomposé à son pied en griffant légèrement pour l'incorporer à la terre ; s'il est plus âgé, couvrez une zone plus large allant pratiquement jusqu'à l'aplomb de sa couronne ; cette surface correspond, en général, à celle occupée, sous terre, par l'ensemble des racines. Privilégiez un engrais naturel, qui, en plus d'être efficace et inoffensif pour l'environnement est moins onéreux. Vous n'aurez aucun mal à le trouver dans le commerce.

Ne négligez pas l'arrosage, qui doit être important, au moins les deux premières années, pour que le système radiculaire s'installe correctement. Chaque hiver, bêchez autour du sujet sur 15 ou 20 centimètres de profondeur pour maintenir une bonne aération du sol et des racines.
Quand les fruits commencent à envahir les branches, ne les laissez pas tous pour que l'arbre ne s'épuise pas. Retirez ceux en surnombre de la plus petite taille ; cela s'appelle l'éclaircissage. N'hésitez surtout pas à avoir la main lourde : ceux qui restent seront plus gros et plus goûteux. L'opération ne menace en rien la production des années suivantes.

La taille

La taille, essentielle, se pratique chaque hiver. Elle consiste tout d'abord à éliminer les branches malades ou mortes en les coupant au moins 10 centimètres en dessous de la partie à retirer, dans la partie saine. Elle vise ensuite à conserver la forme du fruitier et à limiter son développement. N'oubliez pas de dégager le centre pour permettre à la lumière d'y pénétrer et au soleil de faire mûrir les fruits qui y poussent. Supprimez les drageons au pied, ainsi que les repousses du porte-greffe visibles sur le tronc. Coupez toujours au-dessus d'un bourgeon.

Fruitiers et fruits rouges

Les classiques

L'abricotier aime la chaleur et le soleil, résiste bien à la sécheresse et supporte un sol calcaire. Exposez-le donc au sud. Attention aux gelées, car sa floraison est précoce. Sa forme la plus courante est le gobelet. Si vous en plantez plusieurs, espacez-les de 5 à 6 mètres. Vous avez le choix entre 'Luizet' (France), à la chair jaune orangée ferme et juteuse, se récolte mi-juillet ; 'Rouge du Roussillon' (France) résiste bien au gel et est idéal pour les fruits au sirop ; 'Hargrand' (Canada), nouvelle variété vigoureuse, aux fruits goûteux et gros, supporte le gel.
L'amandier ne se plaît pas dans un sol lourd, qui risquerait d'asphyxier ses racines et a besoin d'une exposition ensoleillée, à l'abri du gel. Sa forme de

Taille d'un arbre fruitier

Avant

Dégagez le centre de l'arbre et allégez les branches.

base est le gobelet. À la plantation, respectez la même distance entre les sujets que pour l'abricotier. Décidez-vous pour 'All in One' (États-Unis), décoratif grâce à ses fleurs blanc rosé, auto-fertile, très productif et porteur d'une amande à coque tendre ; 'Ferraduel' (France), à la productivité excellente d'amandes à coque dure, résiste bien au froid ; ou 'Aï' (France), difficile à former à cause d'un port touffu, mais dont le fruit, large, offre un agréable goût sucré.

Après

La lumière peut passer.

Le cerisier, grâce à sa floraison tardive, est à l'abri du gel dans un climat doux. Si le vôtre est plutôt frais, réservez-lui une place au soleil... Qu'importe la nature du sol. Il se présente toujours en gobelet. Laissez-vous dicter votre choix par votre gourmandise : 'Bigarreau Napoléon' (Allemagne) offre de grosses cerises rouges et jaunes, fermes et sucrées, très appréciées pour les conserves et les pâtisseries — associez-le à son pollinisateur 'Hâtif Burlat' ou 'Géant d'Hedelfingen' pour améliorer sa production — ; 'Reverchon' (Italie) donne de gros fruits fermes, juteux et parfumés, qui résistent bien à l'éclatement — améliorez son rendement en l'associant à 'Hâtif Burlat' ou à 'Géant d'Hedelfingen'. Le figuier se plaît à un emplacement bien exposé, sous la protection d'un mur, et dans un sol léger. Évitez-lui le vent et prévoyez de la place pour qu'il se développe s'il est proche d'un mur.

À la plantation — de novembre à mars —, restreignez ses racines. Mettez-le dans un pot de 30 centimètres de côté enterré, dépassant de terre de 1 ou 2 centimètres pour retenir l'eau ; tous les deux ans, bêchez autour et supprimez les racines qui auraient poussé à l'extérieur du pot.

Autre possibilité : creusez-lui un trou de 80 centimètres de profondeur, doublé de briques ou de ciment, avec une évacuation d'eau au fond, et rempli de bonne terre de jardin enrichie d'une livre d'os broyés. Il produit des fruits à profusion, qui, dans le Midi, se récoltent à l'automne et ailleurs, en été.

Pêcher 'Peregrine'.

N'hésitez pas à supprimer les petites figues au sommet des branches, car ils n'y mûrissent pas. Protégez les fruits du gel par de la paille et un film isolant. Pour n'être pas déçu, jetez votre dévolu sur 'Noire de Caromb', bleu violacé ; 'Marseillaise', aux fruits jaune-vert sucrés ; 'Blanche d'Argenteuil', jaune clair, à chair blanche parfumée ou 'Rouge de Bordeaux', porteur de figues noires à chair rouge.

Le pêcher est originaire de Chine. Il ne tolère pas un sol trop calcaire ou trop humide, craint les gelées en période de floraison et est sensible aux maladies telle la cloque (maladie cryptogamique). Dans une région fraîche, préférez la forme à palisser en U simple ou double à mettre le long d'un mur à celle en gobelet, idéale pour un climat doux. Parmi les variétés, 'Dixired' (États-Unis), qui exige du soleil, donne d'excellents produits de gros calibre et très colorés — méfiez-vous : il est sensible à la cloque — ; 'Pêche de Vigne', à la chair sanguine, offre une bonne production même dans un environnement frais.

Le poirier s'adapte dans nombre de climats et préfère un sol limoneux perméable, profond et peu calcaire. Si vous choisissez une forme à palisser, espacez les sujets d'un mètre ; si vous optez pour le gobelet, respectez un écartement de 4 mètres. 'Williams', variété la plus cultivée dans le monde produit des poires à la peau fine jaune paille et à la chair blanche juteuse ; pour un rendement supérieur, associez-la à 'Doyenné du Comice' ou à 'Conférence' (Angleterre). Cette espèce très productive, aux fruits allongés, verts, puis jaunes à maturité, à chair fine, fondante et juteuse est excellente au sirop ; elle résiste bien à la tavelure (maladie cryptogamique).

Le pommier est très accommodant, tant au niveau du sol que du climat. Offrez-lui, néanmoins, une terre profonde et perméable. Choisissez entre la palmette ou le gobelet pour 'Api Rose', très ancienne variété bien productive, résistante à la tavelure, qui porte de petites pommes aplaties à la chair blanche et croquante ; 'Jonagold' (États-Unis), prodigue de gros fruits colorés de rouge, par endroits, mais demande un pollinisateur — 'Melrose' ou 'Reine des Reinettes' — ; ou 'Granny Smith' (Nouvelle-Zélande), aux pommes à peau verte cireuse, fermes et juteuses, dont la productivité dépend d'un pollinisateur — 'Starking' ou 'Golden Delicious'.

Les fruits rouges

Le fraisier se cultive dans une terre meuble et riche et sous toutes sortes de climats. Plantez-le à l'automne s'il est à racines nues et au printemps si vous l'achetez en godet. Paillez-le lors de sa croissance pour éviter la prolifération des mauvaises herbes et abreuvez-le en été. Il est auto-fertile. Faites-vous plaisir avec la 'Gariguette', fraise allongée au parfum caractéristique, qui ne se récolte qu'une fois, en juin ; la 'Mara des Bois', au délicieux goût de fraise des bois, variété remontante peu sensible aux maladies, qui donne au printemps et au milieu de l'été, mais en quantité moins importante qu'une espèce ne produisant qu'une fois par an ; ou la 'Surprise des Halles', qui, dès le mois de mai, offre le goût acidulé de sa chair ferme.

Le framboisier redoute un sol trop sec ou trop humide mais, pourvu qu'il ait de l'eau et de la lumière, pousse sous tous les climats. À la plantation, installez-le entre des piquets où vous tendez du fil de fer. Choisissez entre 'Lloyd George' (Angleterre), probablement l'une des meilleures variétés, de vigueur moyenne, dotée de fruits coniques et rouges au goût acidulé et fruité ; et 'Heritage' (États-Unis), fructifère, aux petites framboises fermes et savoureuses, faciles à cueillir.

Le groseillier se plaît dans n'importe quel sol, mais ses fruits sont encore meilleurs s'il est calcaire. Il s'adapte à tous les climats s'il ne fait pas trop chaud et sec. 'Junifer' (France) vigoureuse variété à grappes, donne rapidement des groseilles rouge brillant et légèrement acidulées, même sur les jeunes pousses. 'Red Lake' (États-Unis), très productif, porte des grappes de gros fruits sucrés ; il est sensible à l'oïdium. 'Freedonia', espèce à maquereau produit en abondance de gros fruits rouges excellents ; il résiste à l'oïdium. Si vous ne plantez qu'une seule variété, choisissez 'Malling Amiral' ou 'Malling Jewel', tous deux résistants aux virus.

Le lierre peut se palisser en formes géométriques, reposant sur des baguettes de bois, pour décorer une façade un peu austère.

Le lierre

Des qualités et de l'usage du lierre

À lui seul, le lierre a plus d'utilité que n'importe quelle autre plante du jardin. Il ne lui manque que de fleurir, mais personne n'est parfait ! Il pousse pratiquement partout — à l'ombre, au soleil, en terre sèche ou humide —, plus rapidement que d'autres végétaux, en grimpant ou en couvre-sol. Il est persistant, n'attrape pas de maladie et ne redoute pas le froid. Que de louanges ! Pour réussir dans votre entreprise, dirigez simplement les boutures dès le départ et surveillez leur escalade.

Le lierre abîme-t-il les murs ou les arbres ? Oui et non. Oui, s'il est laissé de nombreuses années sans taille ni entretien. Non, s'il est dirigé avec soin.

À l'usage, palissé sur un simple grillage, il forme une clôture peu épaisse — *Hedera helix* 'Chicago' — ou

Hedera helix *'Buttercup' à l'assaut d'un* Prunus serrula.

permet de compartimenter le terrain et de diviser le jardin en chambres. Guidé sur un treillage installé en pleine terre ou dans un pot, il peut être formé en topiaire.

En couvre-sol, il habille un coin déshérité et, en grimpant, camoufle un mur inesthétique ou délabré — *Hedera helix* 'Chrysophylla' ou *Hedera canariensis* 'Gloire de Marengo'. Il garnit un banc telle une housse, sans souffrir du passage des visiteurs — *Hedera helix* 'Sagittifolia', s'enroule autour d'une spirale en treillage pour marquer l'arrivée vers la maison — *Hedera helix* 'Arborescens'.

Hedera helix *'Sagittifolia' habillant un* Buxus sempervirens.

Lierre décoratif

Du lierre palissé sur des panneaux remplace une haie.

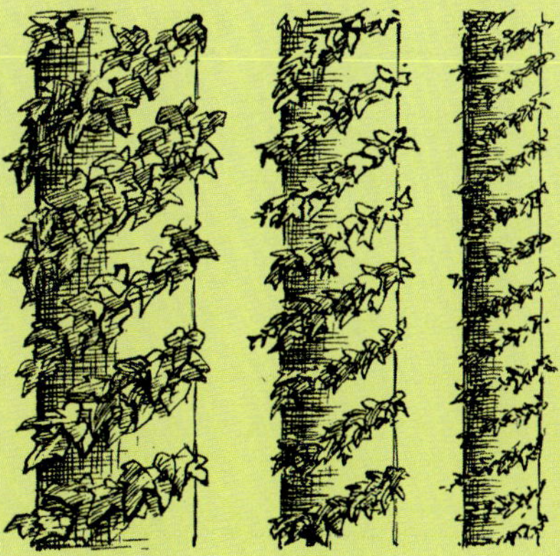

Joliment torsadé, il habille des poteaux.

Il décore un mur et sert d'encadrement aux fenêtres.

L'éclairage peut se concentrer sur les éléments décoratifs non végétaux du jardin : pièce d'eau, sculptures, architectures...

L'éclairage

Du rôle de l'éclairage

« Et la lumière fut »... Mais elle se doit d'être plus diverse, plus subtile que l'éclairage de la maison. Les sources de lumière trop crues ou trop ternes ne flattent pas les plantations et, comme dans beaucoup de domaines, il faut un technicien de l'art.

Sans créer un son et lumière professionnel, il existe des moyens d'illuminer certaines parties du jardin — les arbres, l'eau, les allées, un objet décoratif, une statue, une vasque, un mur habillé de plantes grimpantes...

La définition

L'éclairage fonctionnel, dont vous avez besoin pour vivre la nuit sur la terrasse ou le patio, ou pour accéder à un escalier ou une entrée est le plus facile à installer, puisqu'il ne nécessite souvent qu'une extension de l'installation de la maison, pour laquelle l'intervention d'un électricien peut suffire.

En pratique

Si vous recherchez un effet précis — mise en valeur d'une sculpture, ombres subtiles sur certaines plantations, illumination d'un arbre, éclairage d'une pièce d'eau —, le bricolage est à proscrire.

Éclairage d'une allée

Des briques superposées cachent un éclairage au ras du sol.

Avant de faire appel à un spécialiste, vous devez connaître vos besoins pour ne pas vous laisser entraîner dans l'achat d'un matériel certes fonctionnel, mais inesthétique ou inutile.
Première chose : assurez-vous que votre installation peut supporter une charge électrique supplémentaire. La source de lumière devant être cachée, ne choisissez pas un modèle d'éclairage fantaisie ou coûteux. Pensez à la nécessité de pouvoir faire fonctionner le système depuis la maison et de l'utiliser pour éclairer un ou plusieurs points du jardin. Prévoyez-lui une protection contre la pluie, le vent et l'orage.
Quant à l'effet produit, préférez le mystère résultant de l'éclairage d'un sous-bois à la mise en exergue d'arbres isolés. Attirez l'attention sur un beau gazon ou un parterre exceptionnel par une lumière tombant de la maison ou du sommet d'un arbre — dans ce cas, attention : elle ne doit être ni visible ni éblouissante depuis l'endroit où vous vous réunissez avec des invités.
Pour une allée, proscrivez les petites ampoules individuelles, efficaces mais aveuglantes, qui retirent toute sa poésie à une promenade, au profit de celles fixées sur des tiges de 25 centimètres de haut. Leur nombre dépend de la largeur et de la longueur de l'allée.
Pour l'eau, enfin, n'excluez pas d'installer le système sous la surface.
Il existe des techniques d'éclairage en basse et haute tension — sans oublier les systèmes photovoltaïques, à énergie solaire et mobiles. Le coût, les conditions de pose, la sécurité et les résultats obtenus diffèrent.

Pour obtenir et conserver de belles plates-bandes, sachez lutter contre les ennemis du jardin.

Les ennemis du jardin

Le ravageur, souvent un insecte, mais également un champignon, un virus ou une maladie physiologique, vit aux dépens d'une plante en provoquant des symptômes visibles. Sa présence doit être rapidement remarquée, car le sujet se fragilise petit à petit et, faute de traitement, risque de mourir. Inutile, néanmoins, de vous jeter sur un pulvérisateur… La lutte doit être raisonnée. Utiliser trop de produit peut, à la longue, abîmer la plante et même provoquer une résistance de l'insecte ou de la maladie. Consommez donc les pesticides avec modération !

Savoir regarder

La première opération consiste à inspecter la face interne des feuilles et le collet de la plante. Utilisez une loupe si nécessaire. Déterminez également si

Des tulipes affectées par un virus.

d'autres spécimens de la même espèce sont touchés et observez l'évolution des symptômes. Rappelez-vous ensuite si le phénomène se produit chaque année, s'il est fonction du temps et quelle est son ampleur. Cherchez le responsable du mal. Soit l'insecte est visible à l'œil nu ou à loupe ; soit vous ne disposez que de quelques indices — forme des perforations, trace argentée d'escargot ou de limace, etc. Si vous voyez de la poudre, il s'agit d'un champignon. Les fourmis signalent, quant à elles, l'existence de miellat, substance produite par un insecte piqueur tel la cochenille ou le puceron. Une odeur nauséabonde provient d'une bactérie et la présence de mue prouve l'existence d'acariens, de cicadelles ou de pucerons.

Grâce aux quelques exemples suivants, apprenez à nommer le mal dont peuvent souffrir les végétaux.

Savoir diagnostiquer

Les champignons

L'humidité favorise leur apparition. Ils provoquent des maladies cryptogamiques, qui prennent diverses formes.

La cloque, hypertrophie de la feuille, aboutit à une déformation spectaculaire faisant penser à la galle. La partie atteinte passe du vert clair au rouge et de la poudre apparaît sous la boursouflure. Le bouleau, le chêne, l'orme, le pêcher et le peuplier peuvent être touchés. Retirez les éléments malades dès les premiers symptômes et traitez en hiver avec un fongicide à base de cuivre (bouillie bordelaise).

La fumagine, poudre noire charbonneuse envahit le dessus de la feuille. Elle se développe après l'attaque d'un insecte piqueur tel le puceron ou le thrips. Une fois qu'elle est visible, tout traitement étant inutile, contentez-vous de passer un chiffon humide aux endroits frappés, qui, à la longue, risquent de souffrir d'un manque de lumière.

L'oïdium se manifeste par l'apparition de capsules noires sur la face interne de la feuille et d'un feutrage blanc en surface. Il touche toutes sortes de plantes, du printemps à l'automne. Pulvérisez un produit à base de triforine ou de soufre sur les parties malades.

La pourriture grise se développe sur un sujet affaibli ou qui présente une plaie — grêle ou coup de

Des fraises atteintes de pourriture grise.

sécateur — en formant un feutrage grisâtre. N'arrosez pas trop les végétaux susceptibles d'être touchés comme le cyclamen, le fraisier, la laitue, le lis ou la pivoine. Coupez et jetez toutes leurs parties abîmées et les débris que vous trouvez autour d'eux. Traitez avec un fongicide à base de dichlofluanide.

La rouille se traduit par l'émergence de pustules de couleur orangée à brune sous la feuille et par la décoloration de la surface. Pendant l'été, elle s'attaque au framboisier, à la menthe, au peuplier, à la pivoine, à la primevère, à la rose trémière et au rosier. Retirez et brûlez les feuilles atteintes ou pulvérisez un fongicide à base de myclobutanil ou de propiconazole.

Ce pommier souffre de la présence de pucerons lanigères.

Les insectes

Ils pullulent. En voici quelques-uns que vous retrouverez fréquemment.

L'acarien, difficilement visible à l'œil nu, révèle sa présence par plusieurs indices. Une fine toile d'araignée relie les feuilles du sujet touché — aster, érable, fraisier, genêt, sorbier des oiseaux, etc. —, une légère marbrure y apparaît et elles finissent par tomber prématurément. Certains d'entre eux provoquent la galle, comme chez l'orme ou le tilleul — galle dite « en doigt de gant ». Utilisez un acaricide à base de dicofol et, en hiver, une huile insecticide pour tuer les œufs.

L'aleurode, ou mouche blanche, attaque l'azalée, le chou ou le laurier-tin durant l'été. Il se repère facilement au revers de la feuille, car il s'envole au moindre dérangement. Comme le puceron, il produit du miellat, qui poisse, auquel succède la fumagine, qui la poudre de noir. Cela mis à part, il ne provoque aucun gros dégât. Dès que vous l'apercevez, pulvérisez un insecticide à base de bifenthrine au revers de la feuille.

La cochenille attaque un grand nombre de plantes, notamment le camélia, l'hortensia, le houx, le rhododendron et la vigne. Elle se fixe sur la tige, à l'aisselle de la feuille ou le long de ses nervures, sur sa face interne, et se présente sous plusieurs

Des feuilles de Matthiola *attaquées par les pucerons:*

formes : en petit amas blanchâtre d'aspect farineux (hortensia) ; en capsule brune et ronde (fougère ou plante d'intérieur) ; en « bouclier » (genévrier) — dans ce cas, elle est ovale, blanchâtre ou rose et ses pattes sont visibles. En hiver, appliquez une huile insecticide pour tuer les larves, très sensibles à cette période.

Le puceron jaune, vert, gris ou noir perce l'épiderme de la feuille pour en extraire la sève et se nourrir, et déforme les très jeunes pousses, qui se rabougrissent. Vous le découvrez aisément en colonie au revers de la feuille. Du printemps à l'automne, il s'attaque à de nombreux végétaux, dont la capucine, le cerisier, le chèvrefeuille, le chou, la fève, le

Le jaunissement du buis est provoqué par un insecte minuscule vivant dans ses feuilles.

rosier et le tilleul. Dès qu'il a fait son apparition, traitez à la bifenthrine, à la cyperméthrine ou à la pyréthrine naturelle.

Savoir traiter

Prévenir

Il s'agit de cultiver les végétaux dans les meilleures conditions possibles pour éviter le développement des maladies. Pour cela, ne plantez pas trop serré et n'arrosez pas trop, au risque de favoriser l'implantation des champignons — intervenez de préférence le soir pour que l'eau ne s'évapore pas et mouillez toujours le sol sans éclabousser le sujet lui-même. N'abusez pas des engrais et privilégiez le compost, les extraits d'algues, la poudre d'os et le sang séché.

Supprimez toutes les pousses malades et éliminez les mauvaises herbes. Ces intruses volent l'air, l'eau, l'espace et la lumière des plantes, donnent un aspect désordonné et négligé, et surtout, vous font perdre votre temps et votre patience. Devancez-les par un griffage des bordures et des plates-bandes pour les empêcher de s'enraciner ; cela prend moins de temps que de les affronter après leur installation. Sinon recouvrez la terre, selons vos possibilités, de paille, de tourbe, de fumier bien décomposé, de tontes de gazon, d'écorce ou même d'un film plastique ; les mauvaises herbes n'aiment pas être privées d'air et de lumière.
Pour un maximum d'efficacité, agissez au printemps et posez le paillis, de quelques centimètres d'épaisseur, sur un sol bien arrosé au préalable.

Lutter contre les mauvaises herbes

Si elles sont déjà installées, traitez-les différemment selon leur localisation. Dans une allée envahie par elles, employez un herbicide total — aussi utilisable pour nettoyer un terrain non cultivé —, de contact — qui ne détruit que la partie verte — ou systémique — à appliquer sur le feuillage en évitant scrupuleusement de toucher les plantes environnantes. Ce dernier éradique la mauvaise herbe en pénétrant jusqu'à la racine.
Dans une pelouse, appliquez un herbicide spécifique et sélectif à faible dose, très efficace, sauf contre la mousse, sensible au sulfate de fer — à épandre à l'automne. Contre les mauvaises herbes les plus récalcitrantes, faites une application de « sable pour gazon » ou encore arrachez à la main, en ayant soin d'enlever toute la racine, les quelques spécimens les plus visibles. N'intervenez que sur une herbe humide, au début du printemps.
Dans une haie, traitez avec un produit débroussaillant, qui dévitalise les souches.

Lutter contre les insectes

Dans la lutte biologique, les insectes auxiliaires servent à lutter contre les ravageurs. Qui n'a jamais entendu parler de la coccinelle, utilisée pour éradiquer le puceron ? Le chrysope, qui ressemble à la larve de coccinelle, rend aussi un fier service en se nourrissant de pucerons ou d'acariens. À vous de l'introduire en tout début d'attaque pour qu'il ait le temps de se multiplier. Certains coléoptères comme le carabe et la cantharide consomment, pour leur part, des limaces ou des chenilles.
Sinon, usez d'insecticides naturels, comme la roténone ou la pyréthrine, sans oublier le savon noir, à base d'huile végétale, très actif contre les pucerons, et la bouillie bordelaise, fongicide universel à base de cuivre. Ces divers produits sont couramment vendus en jardinerie et dans les boutiques proposant des denrées biologiques. Respectez les dosages indiqués.

Prunus *x* subhirtella *'Automnalis'*.

L'emplacement

Aucun végétal ne peut être placé n'importe où. La taille d'un arbre indique le plus souvent dans quel type de jardin il peut être planté, celle d'un arbuste implique le choix du massif et des plantes à fleurs censées l'accompagner.

Arbres

À fleurs pour grand jardin

(plus de 10 mètres de haut)

Acacia dealbata ; *Aesculus* ; *Aesculus* x *carnea* 'Briotii' ; *Catalpa speciosa* ; *Cornus florida* ; *Cornus macrophylla* ; *Cornus nuttallii* ; *Davidia involucrata* ; *Eucalyptus pauciflora* ; *Eucalyptus niphophila* ; *Liriodendron tulipifera* ; *Magnolia campbellii* ; *Magnolia fraseri* ; *Magnolia grandiflora* ; *Magnolia kobus* ; *Magnolia salicifolia* ; *Malus*

Miscanthus sinensis.

baccata ; *Malus hupehensis* ; *Prunus padus* ; *Prunus* 'Kanzan' ; *Pyrus calleryana* 'Chanticleer' ; *Sophora japonica* ; *Sorbus aucuparia* ; *Sorbus commixta* ; *Tilia oliveri*.

À fleurs pour petit jardin

(moins de 10 mètres de haut)

Acacia ; *Aesculus californica* ; *Albizia* ; *Amelanchier laevis* ; *Cornus controversa* ; *Cornus florida* ; *Crataegus laciniata* ; *Crataegus orientalis* ; *Eucryphia* x *nymansensis* ; *Genista aetnensis* ; *Laburnum* ; *Malus* 'Lemoinei' ; *Malus* 'Royalty' ; *Malus* 'John Downie' ; *Malus prunifolia* ; *Prunus* 'Kiku-shidare-zakura' ; *Prunus* 'Pandora' ; *Prunus* 'Shirofugen' ; *Pyrus salicifolia* 'Pendula'.

À feuillage doré

Acer campestre ; *Acer saccharum* ; *Alnus glutinosa* 'Aurea' ; *Betula lutea* ; *Carya ovata* ; *Chamaecyparis pisifera* 'Filifera Aurea' ; *Choisya ternata* 'Sundance' ; *Cornus alba* 'Aurea' ; *Cupressus sempervirens* 'Swane's Gold' ; *Davidia involucrata* ; *Hedera helix* 'Buttercup' ; *Ilex crenata* 'Golden Gem' ; *Philadelphus coronarius* 'Aureus' ; *Phormium* 'Yellow Wave' ; *Populus* x *canadensis* ; *Populus tremuloides* ; *Prunus* 'Hillieri' ; *Prunus serotina* ; *Robinia pseudoacacia* 'Frisia' ; *Sorbus aucuparia* ; *Sorbus torminalis* ; *Spiraea japonica* 'Goldflame' ; *Tilia cordata* ; *Tilia euchlora* ; *Ulmus glabra*.

Graminées

Elles exigent un entretien minimal, s'utilisent en couvre-sol (à l'ombre, mi-ombre ou soleil), servent à drainer un sol humide, font office de tuteur naturel pour les vivaces ou de coupe-vent en bord de mer. Beaucoup d'entre elles se donnent en spectacle même en hiver. Elles font enfin d'élégants bouquets secs.

Agrostis (pour bord de mer) ; *Ammophila* (roseau des sables) ; *Arundinaria* ; *Briza media* ; *Calamagrostis* (au feuillage doré, décoratif jusqu'en hiver) ; *Carex* ; *Cortaderia* ; *Dactylis glomerata* (au feuillage étroit, retombant) ; *Deschampsia caespitosa* (pour sol sec) ; *Festuca mairei* ; *Holcus mollis* (en touffe étalée) ; *Leymus arenarius* (au feuillage bleuté) ; *Luzula* (pour un sous-bois) ; *Miscanthus* ; *Panicum* (il supporte mal sécheresse et chaleur) ; *Pennisetum* ; *Phalaris arundinacea* (il aime un sol humide) ; *Saccharum ravennae* (il redoute le grand froid) ; *Stipa* ; *Zoysia tenuifolia* (pour remplacer le gazon).

Stipa calamajustis.

Euonymus europaeus *'Red Cascade'.*

Variétés à baies décoratives

Elles colorent le jardin en hiver et servent de nourriture aux oiseaux.
Arbutus ; *Arum italicum* ; *Berberis darwinii* ; *Berberis thunbergii* ; *Callicarpa bodinieri* ; *Cestrum elegans* ; *Cornus kousa* ; *Cotoneaster lacteus* ; *Crataegus* ; *Euonymus europaeus* ; *Ilex aquifolium* ; *Iris foetidissima* ; *Malus* ; *Pyracantha* ; *Rhus trichocarpa* ; *Rosa moyesii* ; *Rosa rugosa* ; *Sorbus aria* ; *Viburnum davidii*.

Hyacinthoides hispanica.

Mahonia media *'Charity'*.

Variétés à floraison hivernale

Les plantes

Septembre-novembre : *Aster novae-angliae* ; octobre-novembre : *Schizostylis coccinea* ; décembre-février : *Cyclamen coum*, *Erica carnea* ; janvier-février : *Galanthus nivalis*, *Crocus chrysanthus* ; janvier-mars : *Eranthis hyemalis*, *Iris unguicularis*, *Helleborus niger* ; février-avril : *Bergenia cordifolia*, *Helleborus corsicus* ; avril-mai : *Vinca minor*.

Les arbustes

Septembre-octobre : *Viburnum tinus* ; septembre-novembre : *Sarcococca* ; novembre-décembre : *Callicarpa* (baies mauves) ; novembre-février : *Jasminum nudiflorum* ; décembre-janvier : *Chimonanthus* ; janvier : *Daphne mezereum* ; janvier-février : *Hamamelis*, *Viburnum burkwoodii* ; janvier-mars : *Camellia japonica* ; février-avril : *Mahonia aquifolium*.

Variétés à longue floraison

Ces championnes de la floraison se surpasseront si vous leur assurez un bon arrosage et si vous supprimez les fleurs fanées.

Variétés blanches

Aponogeton distachyus ; *Centranthus* ; *Convolvulus cneorum* ; *Erica carnea* 'Springwood White' ; *Erica* x *darleyensis* 'Jenny Porter' ; *Geranium sanguineum* 'Album' ; *Helleborus* ; *Penstemon* 'White Bedder' ; *Rhodanthemum hosmariense* ; *Saxifraga* ; *Scabiosa caucasica* 'Alba'.

Variétés bleues et mauves

Acanthus ; *Aconitum* ; *Aster macrophyllus* ; *Campanula lactiflora* 'Prichard's Variety' ; *Corydalis* ; *Erodium* ; *Erysimum* 'Bowles Variety' ; *Geranium* 'Johnson's Blue' ; *Iris unguicularis* ; *Myosotis palustris* ; *Nemesia* ; *Nepeta* x *faassenii* ; *Nepeta sibirica* ; *Penstemon* 'Russian River' ; *Perovskia* ; *Salvia verticillata* 'Purple Rain' ; *Scabiosa caucasica* ; *Tradescantia* x *andersoniana* ; *Verbena* 'Muriel' ; *Veronica* ; *Viola cornuta*.

Variétés jaunes

Achillea filipendulina 'Coronation Gold' ; *Achillea filipendulina* 'Rayon d'Or' ; *Alchemilla mollis* ; *Chrysanthemum* 'Lady Brockett' ; *Coreopsis* ; *Corydalis* ; *Gaillardia* 'Kobold' ; *Halimium halimifolium* ; *Kniphofia* 'Bees' Sunset' ; *Lysimachia punctata* ; *Oenothera odorata* ; *Primula* 'Lady Green' ; *Sisyrinchium californicum*.

Cistus *x* hybridus.

Variétés roses

Anemone x *lesseri* ; *Aster* ; *Campanula lactiflora* 'Loddon Anna' ; *Centranthus ruber* 'Coccineus' ; *Coreopsis rosea* 'Nana' ; *Diascia* ; *Erica* x *darleyensis* 'Darley Dale' ; *Erica* 'Pink Spangles' ; *Erigeron* 'Rosa Triumph' ; *Erodium* ; *Geranium* 'Ann Folkard' ; *Geranium* 'Ballerina' ; *Geranium endressii* ; *Helleborus* ; *Monarda punctata* ; *Oenothera speciosa* ; *Penstemon* 'Apple Blossom' ; *Persicaria* ; *Scabiosa* 'Pink Mist'.

Variétés rouges

Centaurea dealbata 'Steenbergii' ; *Cosmos atrosanguineus* ; *Erica* x *darleyensis* 'Kramer's Rote' ; *Gaillardia* 'Burgundy' ; *Geranium* 'Ann Folkard' ; *Geranium* 'Russel Prichard' ; *Geum* 'Fire Opal' ; *Geum* 'Red Wings' ; *Monarda* 'Mahogany' ; *Penstemon* 'Le Phare' ; *Penstemon* 'Pen Purple' ; *Salvia elegans* 'Rutilans'.

Geranium *'Johnson's Blue'.*

Lysimachia punctata.

Variétés de bord de mer

La contrainte du vent

Soumis au vent, les végétaux se dessèchent et se couchent. Certains, néanmoins, généralement dotés d'un feuillage persistant, s'en accommodent parfaitement, même s'il est salé. À l'intérieur des terres, ils doivent surtout lutter contre les gelées qu'il apporte et ont donc davantage besoin de protection pour survivre. Préférez des spécimens au feuillage petit et résistant, moins exposé aux risques de déchirure.

Abelia ; *Acacia* ; *Acanthus* ; *Anemone japonica* ; *Arbutus* ; *Artemisia* ; *Arundo* ; *Atriplex* ; *Aucuba* ; *Bergenia* ; *Buddleja* ; *Bupleurum* ; *Campsis* ; *Carpinus* ; *Caryopteris* ; *Ceanothus* ; *Centranthus* ; *Ceratostigma* ; *Cistus* ; *Cortaderia* ; *Cotoneaster* ; *Crataegus* ; *Cytisus* x *praecox* ; *Echinops* ; *Elaeagnus* ; *Erica* ; *Eryngium* ; *Erysimum* ; *Escallonia* ; *Eucalyptus gunnii* ; *Euonymus* ; *Euphorbia* ; *Festuca glauca* ;

Lavandula stoechas.

Fraxinus ; *Genista* ; *Geranium* ; *Halimium* ; *Hebe* ; *Hedera* ; *Helianthemum* ; *Hydrangea* ; *Hypericum* ; *Ilex* ; *Iris* ; *Kerria japonica* ; *Lavandula* ; *Ligustrum* ; *Lonicera* ; *Lupinus* ; *Phlomis* ; *Phormium* ; *Pyracantha* ; *Rosa* ; *Rosmarinus* ; *Rubus* ; *Salix* ; *Sambucus* ; *Senecio* ; *Tamarix* ; *Teucrium* ; *Viburnum tinus*.

La contrainte du sable

Certaines espèces y restent indifférentes.
Acaena ; *Artemisia* ; *Atriplex* ; *Elaeagnus* ; *Juniperus* ; *Lathyrus littoralis* ; *Limonium sinuatum* ; *Opuntia* ; *Pittosporum* ; *Robinia hispida* ; *Rosa rugosa* ; *Solidago* ; *Tamarix*.

Variétés de terre de bruyère

Elles apprécient souvent la mi-ombre.
Acer japonicum 'Aconitifolium' ; *Camellia* 'Leonard Messel' ; *Camellia* x *williamsii* 'Debbie' ; *Chimonanthus fragrans* ; *Chimonanthus praecox* ; *Daphne bholua* ; *Daphne odora* ; *Erica arborea* 'Estrella Gold' ; *Erica cinerea* ; *Erica* x *darleyensis* ; *Eucryphia* x *nymansensis* ; *Hamamelis japonica* ; *Hamamelis mollis* ; *Hydrangea macrophylla* 'Blue Wave' ; *Kalmia latifolia* ; *Lonicera standishii* ; *Pieris* ; *Rhododendron mucronatum* ; *Sarcococca confusa* ; *Sarcococca hookeriana* ; *Trillium grandiflorum*.

Acer japonicum *'Aconitifolium*.

Variétés couvre-sol

De tous les végétaux du jardin, les couvre-sol sont parmi les plus utilisés et les plus divers — certains conifères qui s'étalent sont d'excellents sujets. Une mise en garde s'impose : le but étant d'habiller une surface pour empêcher les mauvaises herbes de s'installer, il faut impérativement éliminer celles-ci avant de procéder à la plantation, au printemps. La première saison, faites un apport de tourbe et de compost.

Acaena ; *Ajuga* ; *Alchemilla* ; *Berberis* ; *Bergenia* ; *Brunnera* ; *Campanula* ; *Ceanothus impressus* ; *Cerastium* ; *Ceratostigma* ; *Cotoneaster dammeri* ; *Cotoneaster horizontalis* ; *Epimedium* ; *Euonymus* ; *Geranium* ; *Helianthemum* ; *Heuchera* ; *Hosta* ; *Hypericum* ; *Juniperus* x *media* ; *Lamium* ; *Lysimachia* ; *Nepeta* ; *Pachysandra* ; *Pulmonaria* ; *Rosmarinus officinalis* 'Prostratus' ; *Rubus* ; *Sedum* ; *Stachys* ; *Teucrium* ; *Thymus* ; *Tiarella* ; *Vinca*.

Variétés envahissantes

Faites connaissance avec elles, soit pour les éliminer soit pour les laisser vivre leur vie et vous coloniser. Notez qu'elles ont pour avantage de faire faire des économies, puisqu'elles prennent la place de deux, trois voire quatre plantes. Surveillez-les tout de même.

Anaphalis ; *Artemisia* ; *Aster umbellatus* ; *Campanula punctata* ; *Coronilla* ; *Epilobium* ; *Euphorbia griffithii* ; *Galega* ; *Geranium clarkei* ; *Geranium nodosum* ; *Lamium* ; *Lysimachia* ; *Macleaya* ; *Mentha* ; *Nepeta* ; *Petasites* ; *Sambucus canadensis* ; *Saponaria* ; *Stachys sylvatica* ; *Symphitum* ; *Teucrium* ; *Trachystemon*.

Prairie fleurie incluant des plantes envahissantes, tels les coquelicots.

Variétés à feuillage argenté ou gris argenté

Achillea tomentosa ; *Anaphalis triplinervis* ; *Anthemis punctata* ; *Artemisia absinthium* ; *Artemisia* 'Silver Queen' ; *Convolvulus cneorum* ; *Dianthus* 'Haytor White' ; *Erica tetralix* ; *Eucalyptus gunnii* ; *Hebe pinguifolia* ; *Helianthemum* 'Wisley Primrose' ; *Lamium* 'White Nancy' ; *Lavandula* ; *Miscanthus sinensis* ; *Nepeta mussinii* ; *Pulmonaria* 'Margery Fish' ; *Romneya coulteri* ; *Salix lanata* ; *Salvia argentea* ; *Santolina* ; *Senecio cineraria*.

Variétés fleuries pour l'ombre ou la mi-ombre

De nombreuses fleurs et espèces à feuillage persistant, très belles, redoutent l'excès de soleil et se développent superbement à l'ombre et à la mi-ombre — là où le soleil ne donne que trois heures par jour et où le feuillage filtre ses rayons. En outre, elles ne redoutent pas la concurrence du sujet dominant pour l'eau et ne sont nullement dérangées par ses racines qui, parfois, émergent à fleur de sol.

Acanthus ; *Aconitum* ; *Aegopodium* 'Variegatum' ; *Alchemilla* ; *Amelanchier* ; *Anemone japonica* ; *Anemone nemerosa* ; *Anthemis* ; *Aquilegia* ; *Aruncus* ; *Astilbe* ; *Bergenia* ; *Brunnera* ; *Campanula porscharskyana* ; *Cimicifuga* ; *Colchicum* ; *Convallaria* ; *Corydalis* ; *Crocus* ; *Cyclamen hederifolium* ; *Cyclamen repandum* ; *Digitalis* ; *Epimedium* ; *Erica* ; *Euphorbia amygdaloides* ; *Euphorbia purpurea* ; *Euphorbia robbiae* ; *Filipendula* ; *Fragaria* ; *Fuchsia* ; *Galega* ; *Gentiana* ; *Geranium sylvaticum* ; *Hedera* ; *Helleborus* ; *Hemerocallis* ; *Hosta* ; *Hydrangea* ; *Hypericum* ; *Impatiens* ; *Kerria japonica* ; *Kolkwitzia* ; *Lamium* ; *Liriope* ; *Lysimachia* ; *Mahonia* ; *Meconopsis* ; *Monarda* ; *Nandina* ; *Nepeta* ; *Pieris* ; *Polygonatum* ; *Polygonum* ; *Potentilla* ; *Primula* ; *Pulmonaria* ; *Rhododendron* ; *Ribes* ; *Rodgersia* ; *Rudbeckia* ; *Ruscus* ; *Salvia* ; *Saxifraga* ; *Scilla* ; *Spiraea* ; *Symphitum* ; *Symphoricarpos* ; *Tamarix* ; *Tiarella* ; *Tradescantia* ; *Trillium* ; *Vinca difformis* ; *Vinca major* ; *Viola* ; *Waldsteinia ternata*.

Variétés hâtives

Si vous êtes quelqu'un d'impatient et qu'il vous tarde de voir le jardin habillé, privilégiez les spécimens qui poussent vite et qui, dès la première année, font un vrai décor de couleurs ou de verdure. Il s'agit d'éléments qui s'étalent, s'étoffent et conviennent parfaitement à leur emplacement définitif, parmi lesquels, avec un peu de temps et de recul, vous introduirez des coups de cœur qui prendront plus de temps à s'établir. Dans cette catégorie incluez les annuelles, que vous semez ou plantez en godet.

Les vivaces

Campanula ; *Clematis montana* ; *Corydalis* ; *Crocosmia* ; *Diascia* ; *Epilobium* ; *Eupatorium* ; *Euphorbia griffithii* 'Fireglow' ; *Euonymus fortunei* ; *Geranium* ; *Hedera* ; *Helianthemum* ; *Hosta* ; *Ipomoea* ; *Iris unguicularis* ; *Lilium henryi* ; *Lilium longiflorum* ; *Nepeta* ; *Persicaria bistorta* ; *Sedum*.

Les arbres et les arbustes

Parmi ceux-ci, les arbustes fleurissant en hiver se caractérisent par des fleurs petites, nombreuses et particulièrement parfumées ; placez-les donc de préférence en bordure d'un chemin, près de la maison ou sur la terrasse, pour en profiter le plus possible.

Betula ; *Buddleja* ; *Chaenomeles* ; *Cistus maculatus* ; *Cotinus* ; *Cotoneaster* ; *Elaeagnus* ; *Gleditsia* ; *Hydrangea paniculata* ; *Kerria japonica* ; *Kolkwitzia* ; *Lavatera* ; *Lonicera nitida* ; *Passiflora caerulea* ; *Prunus laurocerasus* 'Herbergii' ; *Prunus laurocerasus* 'Otto Luyken' ; *Prunus lusitanica* ; *Sambucus* ; *Solanum crispum* ; *Sorbus* ; *Wisteria floribunda*.

Variétés parfumées

Acacia ; *Acidanthera* ; *Buddleja* ; *Cheiranthus* ; *Chimonanthus* ; *Choisya* ; *Convallaria* ; *Crocus* ; *Cyclamen* ; *Daphne* ; *Dianthus* ; *Gardenia* ; *Genista* ; *Hamamelis* ; *Heliotropium* ; *Hesperis* ; *Hyacinthus* ; *Iris* ; *Jasminum* ; *Lathyrus* ; *Lavandula* ; *Lilium* ; *Lonicera* ; *Magnolia* ; *Matthiola* ; *Muscari* ; *Nicotiana* ; *Olearia* ; *Philadelphus* ; *Phlox* ; *Primula* ; *Reseda* ; *Robinia* ; *Rosa* ; *Stephanotis* ; *Syringa* ; *Verbena* ; *Viburnum* ; *Viola*.

Variétés persistantes

Faites le choix d'un jardin vert toute l'année : il ne se dénude pas en hiver et, en ville, amortit le bruit

Sempervivum arachnoideum.

et gomme la laideur environnante. Les arbustes et les conifères offrent un choix considérable.
Arundinaria ; Azalea ; Berberis stenophylla ; Buxus ; Calluna ; Camellia ; Caragana ; Carpenteria californica ; Ceanothus arboreus ; Cistus ; Cotoneaster microphyllus ; Cotoneaster salicifolius ; Daphne ; Elaeagnus ; Erica ; Escallonia ; Euonymus fortunei ; Fatsia japonica ; Gaultheria ; Genista hispanica ; Genista lydia ; Halimium ; Hebe ; Helianthemum nummularium ; Hypericum ; Ilex ; Kalmia latifolia ; Lavandula angustifolia ; Ligustrum ; Magnolia grandiflora ; Mahonia ; Nandina ; Olearia ; Osmanthus ; Pachysandra terminalis ; Pittosporum ; Prunus laurocerasus ; Prunus lusitanica ; Pyracantha ; Quercus ilex ; Rhododendron ; Rosmarinus ; Rubus ; Ruscus ; Salvia officinalis ; Sarcococca ; Senecio x greyi ; Skimmia ; Viburnum x burkwoodii ; Viburnum carlesii ; Viburnum davidii ; Viburnum rhytidophyllum ; Yucca.

Variétés pour pierres et dallages

Pour habiller les interstices entre les pierres sur une terrasse ou dans une allée, ou un sol en dalles, plantez des végétaux pleins de charme.
Acaena ; Achillea ageratifolia ; Alchemilla mollis ; Anthemis punctata ; Armeria ; Campanula cochlearifolia ; Diascia ; Erinus alpinus ; Saponaria ocymoides ; Sedum acre ; Sedum spurium ; Sempervivum ; Thymus ; Viola.

Variétés pour sol pauvre

Certaines plantes se contentent d'une terre qui n'a pas été amendée ni bien préparée.
Achillea ; Alchemilla ; Artemisia ; Buddleja ; Cistus ; Cytisus ; Festuca ; Geranium endressii ; Gaillardia ; Iberis ; Lathyrus latifolius ; Lavandula ; Lavatera ; Nepeta.

Variétés vénéneuses

Leurs feuilles ou leurs fruits passent pour un poison soit parce qu'ils mettent en péril quiconque les consomme, soit parce qu'ils causent une irritation de la peau. D'aucuns sont aussi particulièrement dangereux pour les animaux, tel *Taxus*.
Aconitum ; Colchicum ; Convallaria majalis ; Daphne mezereum ; Datura ; Delphinium ; Digitalis ; Euphorbia ; Glycine ; Hedera ; Laburnum ; Philodendron ; Rheum ; Robinia.

Et les voisins...

Une haie ou un mur mitoyens peuvent être source de désaccord. Mieux vaut connaître vos droits et vos devoirs, en souhaitant que vos voisins pensent de même. À la limite du jardin, les arbres de plus de 2 m de haut doivent se trouver à 2 m de la ligne de séparation. S'ils sont plantés depuis plus de trente ans, le voisin ne peut rien demander ; dans le cas contraire, il a le droit d'exiger leur taille, voire leur enlèvement. Des arbres ou une haie plantés à 50 cm de la ligne de partage ne doivent pas excéder 2 m de haut. Sur un mur mitoyen, le propriétaire du mur peut planter en espaliers sur la face qui lui appartient. Si vous voulez établir une clôture entre le voisin et vous-même, vous pouvez proposer, mais pas exiger qu'il en paie la moitié. Si des branches d'arbres fruitiers débordent chez vous, la loi ne vous autorise pas à cueillir les fruits, seulement à les ramasser. Il peut y avoir des règlements particuliers dans votre région, renseignez-vous à la mairie.

Magnolia wilsonii.

Des voyageurs

La plupart des plantes tirent leur nom du grec, mais d'aucunes ont été baptisées en hommage à des botanistes ou des voyageurs passionnés, qui les ont rapportées avec eux. Faites connaissance avec quelques-uns d'entre eux.

Abelia – Abel Clark, médecin anglais.

Alstrœmeria – Klas Alströmer, botaniste suédois (1734-1794).

Aster delavayi, *Osmanthus delavayi* – Jean-Marie Delavay, Il envoya 200 000 spécimens de Chine, notamment ces deux-là.

Aubrieta – Claude Aubriet, peintre et dessinateur français (1665-1742). Il se rendit au Levant, puis, en 1700, devint peintre du Cabinet et du Jardin du roi.

Begonia – Michel Bégon, gouverneur français de Saint-Domingue au XVIIe siècle.

Bignonia – J.-P. Bignon, libraire de Louis XIV.

Fuchsia *'Lady Thumb'*.

Alstromeria *'Apollo'*.

Zinnia *'Whirligig'*.

Buddleja – Adam Buddle, botaniste anglais du XVIIe siècle.

Camellia – Georges Kamel, botaniste du XVIIIe siècle. Il partit pour l'Asie en 1704 ; il a écrit une histoire des plantes.

Cattleya – William Cattley, horticulteur anglais du début du XIXe siècle.

Cobaea – B. Cobo, botaniste du XVIe siècle. Il recherchait des plantes au Mexique et au Pérou.

Dahlia – Andreas Dahl, botaniste suédois.

Davidia – Armand David, missionnaire, naturaliste et voyageur français (1826-1900).

Euphorbia – Euphorbius, physicien grec du roi Juba de Mauritanie au Ier siècle. Il utilisa le latex de l'*Euphorbia* à des fins médicales.

Fuchsia – Leonhart Fuchs, botaniste et médecin allemand (1501-1566).

Hosta – Nicolas Thomas Host, physicien de l'empereur d'Autriche au XVIIIe siècle.

Lonicera – Adam Lonitzer, naturaliste allemand. Il est l'auteur d'un herbier publié en 1526.

Magnolia – Pierre Magnol, médecin et botaniste français (1638-1715). Il a conçu l'idée du classement des plantes par familles.

Magnolia wilsonii – Ernest-Henry Wilson l'a rapporté de Chine.

Mahonia – Bernard McMahon, botaniste américain.

Manettia – Xaviero Manetti, botaniste italien, directeur du Jardin botanique de Florence.

Michauxia – André Michaux, botaniste et voyageur français (1746-1802). Il a été l'élève de Jussieu.

Paulownia – Anna Pavlovna, fille du tsar Paul Ier.

Perovskia – B.A. Perovsii, homme d'État turc.

Wisteria – Caspar Wistar, professeur d'anatomie à l'université de Pennsylvanie.

Zinnia – Johann Gottfried Zinn, botaniste allemand du XVIIIe siècle.

Acer palmatum *var.* dissectum.

Glossaire latin

La nomenclature des plantes est internationalement acceptée, ce qui aide à les reconnaître, quelle que soit leur provenance. Il s'agit de leur nom botanique, composé d'au moins deux mots... et souvent bien davantage.

Le premier comporte toujours une lettre capitale, *Sedum*. Suit le nom de la variété en latin, *spectabile* ; d'autres indications précisent parfois la couleur ou la texture. Ces quelques informations vous aideront à décrypter l'étiquetage des sujets.

- *Americana* : « originaire d'Amérique » ; *annuus* : « annuel » ; *arborescens* : « comme un arbre » ; *argentea* : « argenté » ; *asiaticus* : « originaire d'Asie » ; *aureus* : « doré ».

Allium carinatum ssp. pulchellum.

- *Caeruleus* : « bleu » ; *campanulatus* : « en forme de cloche » ; *candicans* : « blanchâtre » ; *cardinalis* : « écarlate » ; *chinensis* : « chinois » .
- *Edulis* : « comestible » ; *elatus* : « grand ».
- *Fastigiata* : « érigé » ; *foetida* : « sentant mauvais ».
- *Glabrus* : « chauve » ; *globosus* : « globuleux » ; *glutinosus* : « collant » ; *grandifolius* : « à grandes feuilles ».
- *Hirsutus* : « chevelu ».
- *Japonicus* : « originaire du Japon ».
- *Lanaginosus* : « laineux ».
- *Majus* : « important ».
- *Niger* : « noir ».
- *Officinalis* : « médical ».
- *Palustris* : « des marais » ; *pumilus* : « nain ».
- *Rugosus* : « au feuillage rêche ».
- *Scandens* : « grimpant » ; *sempervirens* :« persistant » ; *spectabilis* : « spectaculaire » ; *sylvestris* : « des bois ».
- *Umbellatus* : « en ombelle ».
- *Vernus* : « printanier » ; *vulgaris* : « ordinaire ».

Blechnum chilense.

Dryopteris filix-mas *'Crispa cristata'*.

Glossaire

Acide : terre dont le pH est inférieur à 7.

Amendement : produit modifiant la qualité du sol.

Ameublir : aérer le sol à la fourche pour déloger les mauvaises herbes avant la plantation.

Assolement : dans le potager, roulement évitant aux mêmes légumes d'être cultivés au même emplacement deux ans de suite.

Bouturer : prendre une bouture, fragment de la plante, et l'enraciner à des fins de multiplication.

Butter : amonceler la terre autour d'une plante pour la protéger du froid ; se pratique aussi pour les céleris, les endives et les poireaux — pour les faire blanchir.

Calcicole : aimant la terre calcaire.

Calcifuge : n'aimant pas la terre calcaire.

Chlorose : jaunissement des feuilles.

Compost : mélange de terre et de détritus naturels dont la fermentation forme un engrais utilisé à la plantation.

Geranium *'Johnson Blue'*.

Couvre-sol : plante tapissante, généralement basse.

Cultivar : ou variété ; sujet issu d'une sélection horticole par l'homme.

Drageon : ou rejet ; tige souterraine sortant à distance de la plante, surtout s'il s'agit d'une greffe ; à éliminer sous terre à la racine ; les rosiers en sont coutumiers.

Engrais : éléments minéraux fertilisants nécessaires à la terre pour nourrir les plantes.

Engrais chimiques : souvent appliqués à la place des engrais organiques, même à la surface du sol, puis griffés ; arroser la terre avant leur application et respecter scrupuleusement les doses.

Engrais foliaires : appliqués sur les feuilles ; sous forme de poudre ou de liquide à pulvériser.
Engrais organiques : issus de déchets de matières minérales ou animales — fumier, par exemple — ; riches en éléments fertilisants se transformant dans le sol avant d'être absorbés par la plante.

F1 : première génération d'une plante obtenue par hybridation, aux qualités non reproduites dans sa descendance.

Gourmand : pousse vigoureuse se développant sur une plante au détriment d'autres pousses ; à supprimer impérativement.

Genre : groupe d'espèces végétales dotées des mêmes caractéristiques.

Griffer : casser la croûte de la terre à la griffe pour semer ou désherber.

Herbicide : produit chimique vendu en poudre, granulés ou liquide pour détruire les mauvaises herbes.

Hybride : plante obtenue par le croisement de différents parents sélectionnés pour leurs qualités.

Inflorescence : fleurs en bouquets sur la tige.

Jauge (mettre en jauge) : tranchée pour entreposer les plantes en les couvrant de terre, dans l'attente de la plantation ou pour les protéger.

Ligneuse : de la nature du bois.

Marcottage : procédé de multiplication.

Microclimat : manifestation climatique localisée, résultant de la configuration d'une partie du terrain — pente, vallée, forêt, végétation.

Mulch : synonyme de paillage ; tas de feuilles décomposées servant à protéger les plantes du froid.

Œil : petit bourgeon non éclos, même latent, présent sur une tiges ou une branche.

Pailler : recouvrir la terre de paille, de tourbe ou de toute autre protection contre le froid ou la chaleur.

pH : symbole indiquant le degré d'acidité de la terre — le pH 5, acide, convient, par exemple, pour les plantes dites « de bruyère ».

Praliner : plonger les racines d'un sujet avant la plantation dans un mélange constitué de bouse de vache — ou de terre — d'eau et d'hormones pour hâter l'enracinement.

Remontant : à la floraison se répétant plusieurs fois ; surtout employé pour les rosiers.

Rustique : ne craignant pas le froid, sans préciser jusqu'à quel degré.

Terreau : terre humifère provenant de la décomposition des matières organiques et végétales, comportant quelques éléments fertilisants.

Tourbe : matière légère issue de la décomposition anaérobie de certains végétaux, dont la présence acidifie légèrement le sol.

Variété : plante dotée de caractéristiques différant de celles de son espèce ; chaque espèce peut avoir de nombreuses variétés, parfois des centaines.

Les plantes de A à Z

Astrantia major 'Hadspen Blood'.

ABELIA *Abélia*

1

2

Nom usuel : abélia
Type : arbuste
Hauteur : 5 m
Floraison : tout l'été
Sol : ordinaire
Exposition : soleil, à l'abri du vent
Multiplication : bouturage ou marcottage au printemps

>> L'abélia fut découvert en Chine par le Dr Abel Clarke, physicien, attaché à l'ambassade de Grande-Bretagne, au début du XIXe siècle. Il appartient à la même famille que le *Lonicera*, dont il partage les qualités. Planté contre un mur, il atteint 5 m de haut et, dans une plate-bande, se transforme en un couvre-sol gracieux et vigoureux. Ses branches sont souples, son feuillage, vert foncé et brillant, souvent persistant. Sa floraison rose, parfumée, très abondante, dure tout l'été. Il convient parfaitement pour une haie bordant un chemin.

Abelia chinensis Son port étalé et ses fleurs roses en forme de petite trompette lui valent un vif succès.

Abelia uniflora Il arbore, en été, d'abondantes grappes de fleurs blanches et roses de 25 cm de long.

Abelia floribunda [1] Persistant. Contre une paroi ensoleillée, il peut atteindre 3 m de haut. Ses feuilles, rondes, sont vert brillant. Ses grappes de fleurs rouge vif, réparties par trois le long des branches, mesurent 30 à 40 cm de long.

Abelia* x *grandiflora [2] Semi-persistant. Il possède une allure plus gracieuse que *floribunda* grâce à ses branches arquées. Un feuillage caractérise la plante dans sa jeunesse. Ses fleurs odorantes sont blanches et roses.

***Abelia* x *grandiflora* 'Prostrata'** Variété plus petite.

ABIES *Sapin*

1

2

Nom usuel : sapin
Type : arbre
Hauteur : 2 à 45 m
Sol : sec
Exposition : soleil, à l'abri du vent
Multiplication : semis au printemps

›› On compte environ 50 variétés de sapins, de taille et de couleur différentes — vert ou bleu-gris —, qui conviennent en de nombreux endroits : rocaille, haie, par trois ou seul dans un gazon. Chacun d'eux possède une implantation d'aiguilles spécifique. Il ne faut pas confondre le *Picea* — le traditionnel sapin de Noël — et l'*Abies* : arracher une aiguille laisse une cicatrice longue au premier et ronde, au second. Il est préférable de planter l'arbre petit. Quelques types sont particulièrement intéressants.

***Abies balsamea* et *Abies cephalonica* 'Nana'** Très adapté pour une rocaille.

***Abies concolor* 'Candicans'** Son écorce est gris foncé, ses aiguilles ont un aspect argenté, mais glauque. Ses cônes, bleu pâle, mesurent 8 à 12 cm de long. 'Aurea', d'apparence dorée, est argenté en vieillissant ; 'Winter Gold' devient or vif en hiver.

Abies grandis [2] Dans l'Ouest des États-Unis, ce géant spectaculaire atteint 100 m de haut. Il a une fructification abondante et offre des aiguilles douces au toucher.

Abies nordmanniana Il pousse de 10 à 20 cm par an les premières années, puis de 50 cm ensuite. Il supporte un sol acide, mais n'aime ni la pollution ni l'humidité. C'est un bon sujet pour un fond de jardin. 'Golden Spreader' a des aiguilles bien dorées [1].

***Abies procera* 'Glauca prostrata'** Il mesure 50 cm de haut. Ses branches, compactes, donnent des bouquets irréguliers bleu-vert. Il est parfait pour une rocaille ou en bac sur une terrasse.

ABUTILON *Abutilon*

Nom usuel : abutilon
Type : arbuste
Hauteur : 2 à 5 m
Floraison : printemps, été
Sol : riche et frais
Exposition : soleil
Multiplication : bouturage en été

>> Un mur exposé au soleil permet à l'abutilon de s'épanouir. Ses feuilles, ovales, sont vert brillant. Ses fleurs d'été, jaunes ou mauves, en forme de clochette, pendent des branches arquées. Il trouve parfaitement sa place sur une terrasse ou dans un patio.

Abutilon megapotamicum Le plus rustique. Ses fleurs, jaune vif, sont dotées d'un calice rouge.

Abutilon vitifolium Il a une croissance très rapide et peut même former un petit arbre. Il possède des feuilles duveteuses et des fleurs mauve pâle et blanc.

Abutilon x suntense [ill.] Presque persistant s'il est protégé. Il se couvre de fleurs au printemps.

ACACIA *Mimosa*

Nom usuel : mimosa
Type : arbre ou arbuste
Hauteur : 3 à 12 m
Floraison : printemps, hiver
Sol : normal ou acide
Exposition : soleil, à l'abri du vent
Multiplication : semis à la fin de l'hiver

>> Le mimosa est très utilisé en parfumerie. Ses feuilles, petites, sont gris-vert. Ses fleurs, minuscules boules jaunes, sortent en janvier, février ou mars, selon les régions. Elles embaument. Le mimosa supporte parfaitement le climat de bord de mer, à condition d'être planté à 100 m de l'eau ou protégé par des arbres, car trop d'embruns lui sont néfastes. Ses branches, coupées, donnent un bouquet au parfum suave.

Acacia dealbata Le plus rustique. Il atteint 10 à 12 m de haut. Ses fleurs sont jaune profond. Il n'aime pas le calcaire.

Acacia retinodes (mimosa des quatre saisons) Il ne dépasse pas 4 m de haut. Sa floraison se renouvelle de septembre à mars. Il ne survit qu'à un hiver très doux.

Acacia pravissima [ill.] Il ne dépasse pas 4 m de haut. Son feuillage est persistant et ses fleurs, jaune vif, apparaissent au printemps.

ACAENA *Acaena*

Nom usuel : acaena
Type : vivace
Hauteur : 10 à 20 cm
Floraison : juillet
Sol : tout type
Exposition : plein soleil
Multiplication : division des touffes au printemps

>> L'acaena, originaire de Nouvelle-Zélande, est un couvre-sol idéal, qui prospère dans tous les types de sol et demande peu d'entretien. Son feuillage en forme de lobe, persistant, est finement découpé. Ses fleurs n'ont rien de particulier. Sa fructification, en petites châtaignes non comestibles, est agréable à regarder. Il convient bien pour une rocaille.

Acaena adscendens Il arbore des tiges rougeâtres, un feuillage gris bleuté et des fleurs crème.

Acaena buchananii Ses feuilles sont bleu dense.

Acaena microphylla Très vigoureux, il a une croissance rapide. Ses petits fruits pourpres apparaissent en juillet.

Acaena novae-zelandiae Il a une croissance rapide. Ses feuilles sont légèrement bleues et ses fruits, rougeâtres.

ACANTHUS *Acanthe*

Nom usuel : acanthe
Type : vivace
Hauteur : 60 cm à 1,50 m
Floraison : juillet-août
Sol : bien drainé, mélangé à du sable
Exposition : plein soleil
Multiplication : division des touffes au printemps

>> L'acanthe est une vraie merveille architecturale. Ses tiges, arquées, portent des feuilles très échancrées vert foncé. En leur centre se dressent les fleurs, longs épis de couleur indéfinissable, allant du rose au mauve en passant par le bleu. Lorsqu'ils sont desséchés, à l'automne, les épis permettent de réaliser de ravissants bouquets, seuls ou associés à des fleurs fraîches. Ses racines laissées en terre produisent de petites plantes l'année suivante.

Acanthus mollis Ses feuilles, larges, sont vert foncé.

Acanthus spinosus [ill.] Plus petite. Ses feuilles, vert sombre, piquent légèrement.

1

2

Nom usuel : érable
Type : arbre ou arbuste
Hauteur : 2 à 30 m
Sol : acide ou calcaire suivant les variétés, toujours filtrant
Exposition : soleil ou mi-ombre
Multiplication : marcottage à l'automne ou au printemps, ou greffage au printemps ou en été

>> L'érable est l'arbre symbole du Canada. Sa sève, traitée, donne un sirop épais et délicieux. Ses feuilles, découpées, sont d'un beau vert vif. Leur tonalité automnale, du jaune au rouge, est somptueuse. Il existe des variétés pour toutes les situations : petites, pour les jardinets ou les haies, grandes, à placer en situation isolée dans un parc.

Acer davidii Originaire de Chine. Il atteint 6 à 8 m de haut et a une croissance lente. Son écorce cannelle, écailleuse, est étonnante en hiver ; son feuillage, vert frais en été, éclate, à l'automne, en une symphonie de jaune et d'écarlate.

Acer monspessulanum (érable de Montpellier) Rustique et très résistant. Il atteint 8 m de haut. Son feuillage caduc, à trois lobes, est d'un joli vert. Il convient aussi bien aux haies qu'aux topiaires.

Acer negundo Il atteint 15 m de haut dans la nature, mais reste buissonnant s'il est recépé tous les deux ou trois ans. Il a mauvaise réputation à cause d'un emploi maladroit et abusif, dans les années soixante, de sa forme panachée de crème. Il est à redécouvrir en 'Flamingo', panaché de blanc et de rose [1].

Acer palmatum (érable du Japon) [2] Il va de l'arbrisseau à l'arbre moyen pour parc — 6 à 7 m de haut. Il existe des formes vertes, dorées ou pourpres, à feuilles entières, plumeuses ou frisées, prenant de très belles couleurs automnales.

Acer pseudoplatanus (sycomore) Très vigoureux. Il atteint environ 30 m de haut. Planté à plus de 100 m de la mer, il supporte les vents et les embruns.

ACHILLEA *Achillée*

Nom usuel : achillée
Type : vivace
Hauteur : 40 cm à 1,30 m
Floraison : tout l'été
Sol : sec
Exposition : plein soleil
Multiplication : division des touffes au printemps

›› L'achillée est d'une très bonne taille pour une plate-bande, qu'elle égaie de ses fleurs jaunes, blanches ou rouges. Du fait de sa taille, variable, elle convient en de multiples endroits. Les branches coupées, fraîches ou sèches, se mettent en bouquet.

Achillea ageratum Elle mesure 50 cm de haut. Ses fleurs jaunes sont abondantes.

Achillea filipendulina [ill.] Elle atteint 1 m de haut. La plus belle des achillées, aux feuilles gris argenté et aux fleurs jaune vif, se remarque partout.

***Achillea millefolium* 'Fanal'** Cet hybride rouge vif mesure 50 cm de haut.

ACONITUM *Aconit*

Nom usuel : aconit
Type : vivace
Hauteur : 60 cm à 1 m
Floraison : juin à octobre
Sol : riche
Exposition : plein soleil
Multiplication : division des touffes au printemps

›› Les tiges de l'aconit n'ont pas besoin d'être tuteurées, sauf dans une bordure très exposée. Le principal défaut de la plante, sa toxicité, est vite pardonné face à ses nombreuses qualités : certains spécimens, au feuillage très décoratif d'un vert puissant — ni pâle ni foncé —, fleurissent juste au moment où le jardin commence à se dégarnir, à la fin de l'été ou au début de l'automne. Ses fleurs sont bleu franc — parfois blanches, voire jaunes.

***Aconitum carmichaelii* 'Arendsii'** Il se pare de fleurs bleu foncé en septembre-octobre.

Aconitum napellus Il fleurit de juin à août, bleu ou bleu et blanc.

ACTAEA *Actée*

Nom usuel : actée
Type : vivace
Hauteur : 50 cm
Floraison : mai-juin
Sol : ordinaire, mais plutôt frais
Exposition : mi-ombre
Multiplication : division des touffes à l'automne

>> Au bout d'un ou deux ans, l'actée devient une belle plante couvre-sol, au feuillage généreux et élégant, et aux baies rouges ou blanches qui durent tout l'automne et une bonne partie de l'hiver. Comme elle appauvrit le sol, il faut lui donner de l'engrais ou la changer de place. Des précautions s'imposent, car ses baies sont très toxiques.

Actaea pachypoda [ill.] Elle produit des fruits blancs.

Actaea rubra Elle donne des baies rouges.

ACTINIDIA *Actinidia*

1

Nom usuel : actinidia
Type : arbuste
Hauteur : 5 à 15 m
Floraison : tout l'été
Sol : riche et drainé
Exposition : soleil
Multiplication : bouturage à l'automne

>> L'actinidia est facile et vigoureux, et il en existe pour presque toutes les expositions. Inutile de le palisser : il suffit de le guider, au départ, pour qu'il grimpe sur un mur, une pergola, un treillage ou une arche. Ses lianes, qui fleurissent tout l'été sans s'arrêter, composent, fraîches ou séchées, des bouquets. On l'apprécie souvent davantage pour ses fruits que pour ses fleurs, pourtant très belles. L'actinidia étant une

2

plante dioïque, il faut planter un pied mâle pour 3 ou 4 pieds femelles pour obtenir des fruits.

Actinidia arguta Très vigoureux. Il dépasse 15 m de haut. Ses fleurs sont parfumées. Ses fruits, qui sortent l'été, sont comestibles, mais peu goûteux.

Actinidia deliciosa [2] Très vigoureux. Le kiwi, ou « groseille de Chine », figure sur les étals des marchés pour ses fruits bruns à chair verte et peau duveteuse.

Actinidia kolomikta [1] Il ne dépasse guère 4 m de haut. Il se plaît surtout sur un mur orienté au sud. Son feuillage, panaché de rose et argent sur fond vert, surprend. Ces couleurs ne se manifestent parfois qu'après deux ou trois ans. Il faut le tailler en hiver en prenant soin de ne laisser que deux ou trois pousses sur les branches latérales.

AEGOPODIUM *Herbe aux goutteux*

Nom usuel : herbe aux goutteux
Type : vivace
Hauteur : 30 cm
Floraison : juillet-août
Sol : tout type, mais pas trop sec
Exposition : ombre ou mi-ombre
Multiplication : division des touffes au printemps

>> L'herbe aux goutteux ressemble à une mauvaise herbe : elle envahit et résiste à tous les traitements. Son goût pour l'ombre incite évidemment à la planter dans un sous-bois. Son feuillage, qui dure longtemps, forme un joli tapis vert. Ses fleurs n'ont aucun intérêt.

***Aegopodium podagraria* 'Variegatum'** Très belle forme panachée de crème du type sauvage.

AESCULUS *Marronnier*

1

Nom usuel : marronnier
Type : arbre
Hauteur : 4 à 18 m
Floraison : printemps
Sol : tout type
Exposition : soleil
Multiplication : planter les marrons dès la maturité, pour les espèces sauvages seulement

>> Le marronnier, roi des arbres, est si courant que l'on n'y prête plus attention. Dans sa forme gigantesque, il ne convient pas aux petits jardins. Il peut couvrir d'ombre une surface importante et, planté seul, produit un effet grandiose, avec ses branches décorées de bougies blanches, roses ou rouges. Ses fruits, les marrons, semblent parfois disgracieux sur un gazon, mais les enfants les adorent. Les « marrons chauds » évoquent l'hiver et la cheminée, bien que seule la châtaigne soit comestible.

Aesculus* x *carnea Il est probablement, avec ses fleurs rouges, l'un des plus beaux.

***Aesculus* x *carnea* 'Briotii'** Il porte des fleurs rouges plus foncées.

Aesculus hippocastanum [2] Le plus grand des marronniers s'orne, au printemps, de fleurs blanches.

2

Aesculus parviflora [1] Ce bel arbre ne dépasse pas 4 m de haut. Ses tiges minces forment un hallier. Son feuillage roussit à l'automne. Sa floraison a lieu l'été, en plumeuses chandelles blanches. Il convient bien pour un petit jardin.

Aesculus pavia (pavier rouge) Cet arbre trapu atteint tout juste 3 m de haut. Comme il s'étale, il peut rester isolé. Ses fleurs rouges sont panachées de jaune. Il est parfait dans un petiı jardin.

***Aesculus pavia* 'Atrosanguinea'** Il porte des fleurs pourpre foncé.

AGAPANTHUS *Agapanthe*

Nom usuel : agapanthe
Type : vivace
Hauteur : 60 cm à 1 m
Floraison : été
Sol : riche
Exposition : soleil ou mi-ombre
Multiplication : division des touffes au printemps

>> Ravissant en pot, l'agapanthe se trouve le plus souvent en Bretagne. Ses feuilles sont persistantes. Ses fleurs, blanches ou bleues, qui sortent du feuillage en touffes droites, font penser à celles de la jacinthe. Ses racines tubéreuses se plantent en mars. En pot, il trouve sa place sur une terrasse ou dans un patio. Attention : il n'aime pas le gel et il faut le rentrer en hiver.

Agapanthus umbellatus Sa couleur bleu porcelaine se marie bien à celle des rosiers.

Agapanthus campanulatus Son bleu magnifique, qui illumine une bordure ou une terrasse, nécessite qu'il soit placé bien en vue. 'Albidus' est une variété blanche.

***Agapanthus* 'Headbourne Hybrids'** Cet hybride d'un bleu plus sombre arbore une floraison somptueuse.

AJUGA *Bugle*

Nom usuel : bugle
Type : vivace
Hauteur : 15 à 20 cm
Floraison : juin-juillet
Sol : frais
Exposition : ombre ou mi-ombre
Multiplication : division des touffes en toute saison

>> La bugle, couvre-sol de rêve, résistante et à croissance rapide, ne dépasse pas 20 cm de haut. Son feuillage bronze, brillant et coloré, est persistant. Ses fleurs, peu nombreuses, forment des épis bleus. En bordure ou en tapis, elle est du plus bel effet.

***Ajuga reptans* 'Atropurpurea'** [ill.] La plus surprenante, avec ses feuilles bronze et ses fleurs bleu foncé.

***Ajuga reptans* 'Burgundy Glow'** Elle peut supporter l'ombre.

***Ajuga reptans* 'Multicolor'** Comme son nom l'indique, ses feuilles sont panachées de bronze, de doré et de rose.

***Ajuga reptans* 'Rosea'** Très florifère, elle se pare de rose au milieu d'un feuillage vert foncé.

AILANTHUS *Ailante*

Nom usuel : ailante
Type : arbre
Hauteur : 10 à 25 m
Floraison : juin-juillet
Sol : tout type
Exposition : soleil ou mi-ombre
Multiplication : bouturage de morceaux de racine

>> Il existe 150 variétés d'ailantes de par le monde, mais seules deux d'entre elles sont connues en Europe. Cet arbre élégant fait preuve d'un caractère facile : sa croissance est rapide, il supporte l'ombre, est indifférent à la pollution et pousse dans n'importe quel type de sol. Ses feuilles, face à face sur la tige, rappellent la fougère. Ses rejets autour du tronc doivent être supprimés, car ils le fatiguent inutilement. Attention en cas de plantation dans une région ventée : ses branches cassent facilement.

Ailanthus altissima [ill.] Originaire de Chine. Il atteint 25 m de haut. On le reconnaît à son feuillage, jaunissant en été, qui mesure parfois 60 cm de long. Ses petites fleurs verdâtres possèdent une odeur indéfinissable.

AKEBIA *Akébie*

Nom usuel : akébie
Type : arbuste liane
Hauteur : 4 à 6 m
Floraison : printemps
Sol : ordinaire
Exposition : soleil ou mi-ombre
Multiplication : division des touffes au printemps

>> L'akébie, liane originaire du Japon, est encore peu répandue dans nos contrées. Son feuillage, divisé et persistant, s'étale sur de minces tiges ligneuses. Ses fleurs printanières, cireuses, vont du rose au lie-de-vin. Leur parfum rappelle celui de l'écorce d'orange.

Akebia quinata Cette variété peu connue est la moins rare de celles qui existent. Ses bois minces s'enroulent autour de n'importe quel support, à la manière du chèvrefeuille, dont la plante possède à peu près le volume et le comportement. Elle donne parfois d'étranges fruits roses, en forme de saucisse.

ALBIZZIA *Arbre de soie*

Nom usuel : arbre de soie
Type : arbre
Hauteur : 6 à 10 m
Floraison : juillet-août
Sol : normal
Exposition : soleil
Multiplication : semis au printemps

>> L'arbre de soie ne supporte pas le vent. Son feuillage est très découpé. Ses fleurs, étranges petits plumeaux rose et blanc, percent au sommet.

***Albizzia julibrissin* 'Rosea'** Il s'orne de fleurs roses.

ALCEA *Rose trémière*

Nom usuel : rose trémière
Type : vivace ou bisannuelle
Hauteur : 2 m
Floraison : tout l'été
Sol : riche
Exposition : plein soleil
Multiplication : semis en juin

>> Quel charme ! Les roses trémières, typiques des jardins de curé, enchantent tout un chacun. Elles se dressent harmonieusement contre les murs. Elles fleurissent de juin à septembre, blanc, rose, rouge, jaune ou pourpre. Leurs fleurs sont simples ou doubles, les premières étant plus résistantes.

Alcea rosea [ill.] Elle porte des fleurs simples de tous les coloris. Les hybrides de Chater sont doubles, en forme de gros pompon.

***Alcea rosea* 'Nigra'** Elle a un feuillage très dense et des fleurs très foncées.

ALCHEMILLA *Alchémille*

Nom usuel : alchémille
Type : vivace
Hauteur : 30 cm
Floraison : tout l'été
Sol : ordinaire et frais
Exposition : à l'abri des rayons directs du soleil
Multiplication : semis spontané ou division des touffes en toute saison accompagnée d'un arrosage abondant

>> L'alchémille s'adapte à tout et ne ressemble pas aux autres couvre-sol : elle ne rampe pas, mais s'étale en partant du centre. Ses feuilles, rondes au bord froissé, sont vert clair. Ses fleurs jaune-vert, fraîches ou séchées, donnent de jolis bouquets. Il faut couper régulièrement celles qui sont mortes pour éviter la prolifération, car l'alchémille se reproduit très vite. Certaines variétés s'adaptent aisément dans un jardin de rocaille.

Alchemilla erythropoda Elle convient bien pour une rocaille.

Alchemilla mollis [ill.] Elle forme de petits coussins aux fleurs couleur absinthe. Elle est idéale pour les rocailles.

ALLIUM *Ail décoratif*

1

Nom usuel : ail décoratif, ciboule
Type : bulbe
Hauteur : 20 cm à 1,50 m
Floraison : mars à juillet
Sol : ordinaire
Exposition : soleil ou mi-ombre
Multiplication : division des bulbilles en été

>> Que l'on n'aime pas sa saveur dans les plats ne justifie aucun préjugé contre l'ail décoratif : tant qu'on ne le froisse pas, il demeure parfaitement inodore. Ses têtes fleuries, grosses boules composées de minuscules fleurs mauves, bleues ou jaunes, sont très décoratives dans une plate-bande. Il se reproduit bien si on le laisse en terre.

2

À l'achat, l'état des bulbes doit être vérifié : en cas de traces de sécheresse ou de pourriture, il faut enlever leur première « chemise » et les saupoudrer de produit fongicide.

Allium caeruleum Sa jolie tête bleue couronne une tige de 30 cm de haut. Il est toujours décoratif dans une plate-bande.

Allium christophii Ses grosses têtes florales mauves de 25 cm de diamètre, un peu hirsutes, se dressent sur une tige de 50 cm de haut.

Allium flavum Il fleurit jaune clair. Il se ressème bien.

Allium giganteum Il atteint 1,50 m et trouve donc sa place parmi les arbustes. Sa tête est aussi grosse qu'un melon (20 cm).

Allium karataviense [2] Il a de larges feuilles bleutées et des fleurs gris-vert.

Allium moly Il porte des ombelles de fleurs jaune vif.

***Allium neapolitanum* 'Cowanii'** Ses fleurs blanc perle en font la plante idéale pour les zones ayant besoin d'être éclairées.

Allium ostrowskianum Cet ail rose mesure 20 cm de haut.

Allium schoenoprasum (ciboulette) [1] On peut en faire des potées, près de la porte de la cuisine, en plantations espacées. Ses fleurs roses sont ravissantes.

ALNUS *Aulne*

Nom usuel : aulne
Type : arbre
Hauteur : 8 à 20 m
Sol : humide
Exposition : toutes
Multiplication : bouturage à l'automne

>> L'aulne peut vivre 120 ans. Du vivant de celui qui l'a planté, il ne parviendra qu'à 10 m de haut. Arbre imposant et très feuillu, il exige d'être placé seul. Il aime l'humidité et connaît une croissance rapide. Ses feuilles, arrondies ou allongées, selon la variété, ont le bord découpé ; elles ne prennent pas les couleurs de l'automne. L'aulne imite un peu les conifères puisqu'il produit, au printemps, des cônes en forme d'œuf qui pendent sur de longs rameaux.

Alnus cordata Cette variété, la seule qui n'aime pas les sols humides, pousse bien en Corse dans une terre sèche.

Alnus glutinosa Il ne dépasse guère 8 m de haut. C'est le plus petit des aulnes, mais aussi le plus joli, avec son feuillage doré au printemps et son écorce orangée.

Alnus incana Planté en terrain humide, il atteint facilement 12 m de haut. Il est entièrement argenté, du feuillage à l'écorce.

Alnus viridis [ill.] Le plus dense. Il se trouve surtout dans les Alpes.

ALSTROEMERIA *Alstrœmère*

1

2

Nom usuel : alstrœmère, lis des Incas
Type : vivace
Hauteur : 80 cm à 1 m
Floraison : tout l'été
Sol : bien drainé, avec apport de sable
Exposition : soleil, à l'abri du vent
Multiplication : semis ou division des touffes au printemps

>> Courant chez les fleuristes, il entre souvent dans la composition des bouquets. Ses tiges sont fragiles et peuvent être tuteurées. Ses longues feuilles se tortillent. Ses fleurs, striées de marron, affichent tous les tons, du jaune au rose. Planté en masse dans une bordure, il produit un effet ravissant. À la fin de l'été, une couche de paille ou de tourbe délimite son emplacement, le protège du gel et élimine le risque d'y planter des bulbes. Un groupe d'alstrœmères peut rester en place des années sans cesser de prospérer.

Alstroemeria aurantiaca [1] Très courant et rustique. Il fleurit jaune ou orange et est un peu envahissant. Mais qui se plaindrait que la mariée soit trop belle ?

Alstroemeria ligtu Cet hybride aux coloris variés, parfois striés de pourpre, de blanc ou de mauve, ou dans des tons de rose est superbe et moins envahissant que la variété précédente. Attention en le plantant : ses racines charnues doivent se trouver à environ 10 cm de la surface.

Alstroemeria psittacina [2] Rustique. Il donne de ravissants bouquets.

ALYSSUM *Alysse*

Nom usuel : alysse
Type : vivace
Hauteur : 10 à 30 cm
Floraison : avril-mai
Sol : ordinaire
Exposition : soleil
Multiplication : semis en automne ou en mars, ou bouturage en août

>> L'alysse, au feuillage gris-vert, porte des fleurs d'un jaune éclatant qui ravissent. C'est le printemps qui continue son aventure. Elle trouve sa place dans une bordure, ou mieux dans une rocaille ou entre des dalles.

Alyssum montanum Assez compact. Elle convient bien pour un muret.

Alyssum murale Cette variété est très florifère.

AMARYLLIS *Amaryllis*

Nom usuel : amaryllis
Type : bulbe
Hauteur : 60 à 70 cm
Floraison : été
Sol : sable et terreau de feuilles
Exposition : soleil, à protéger du gel
Multiplication : semis en automne ou division des bulbes au printemps, tous les cinq ou six ans

>> On pense généralement que l'amaryllis est une plante d'intérieur, car on la trouve présentée ainsi dans les supermarchés — en réalité, il s'agit d'un *Hippeastrum*. Ses feuilles, étroites et longues, n'ont aucun intérêt. Sa fleur, énorme, blanche, rose, rouge ou panachée, vient sur une tige un peu raide. L'amaryllis ne convient pas vraiment pour une bordure, mais quelle beauté, en pot, sur une terrasse ou dans un patio.

Amaryllis belladonna C'est la seule que l'on trouve, sous forme de gros bulbe, généralement vendu en été, en période de repos. 'White Queen' est l'une des formes blanches.

AMELANCHIER *Amélanchier*

1

2

Nom usuel : amélanchier
Type : arbuste
Hauteur : 3 à 8 m
Floraison : avril-mai
Sol : riche
Exposition : plein soleil ou mi-ombre
Multiplication : semis pour un arbre, division des touffes en mars pour les jeunes arbustes

>> Au premier plan dans un sous-bois, l'amélanchier déploie ses changements de robe. Au printemps, il se couvre d'un léger nuage de fleurs blanches, qui cède bientôt la place à un feuillage rosé. L'automne le voit chargé de baies rouges, comestibles paraît-il. Il apprécie que l'on étende du compost à son pied pour conserver la fraîcheur. Il ne prend un véritable départ que la deuxième année après sa plantation, quand il s'est habitué à son emplacement : en mai, ses branches, largement étalées, s'alourdissent de fleurs. C'est l'un des éléments les plus décoratifs du jardin. À l'automne, après la chute des feuilles, il est recommandé de retirer ses branches desséchées, sans toutefois procéder à une vraie taille.

Amelanchier canadensis (amélanchier du Canada) [1] Cette espèce peut atteindre 8 m de haut. Elle tolère une situation humide. Ses fruits sont mous.

Amelanchier lavis Il arbore un feuillage d'un bronze violacé intense. Sa floraison blanche est abondante.

***Amelanchier lamarckii* 'Ballerina'** [2] Il porte de grosses fleurs blanches, légèrement rosées. Ses fruits, pourpre foncé, sont comestibles.

ANAPHALIS *Immortelle*

Nom usuel : immortelle, anaphalis
Type : vivace
Hauteur : 30 à 80 cm
Floraison : juin à octobre
Sol : tout type, bien drainé
Exposition : mi-ombre
Multiplication : division des touffes en avril, tous les deux ou trois ans

>> L'anaphalis est si compacte que les mauvaises herbes n'ont pas la moindre chance de l'envahir. Couvre-sol dense et lumineux, en plein soleil ou à la mi-ombre, elle est indispensable dans un jardin blanc et s'intercale parmi les vivaces. Ses fleurs, petits bouquets blancs au cœur jaune, sortent d'une touffe délicate gris argenté. Elles sont presque immortelles, puisqu'elles durent tout l'été et une partie de l'automne, et donnent, séchées, de superbes bouquets pour l'hiver. L'anaphalis décore agréablement massifs et bordures.

Anaphalis triplinervis Elle mesure 40 cm de haut. Elle arbore des feuilles gris-vert.

ANCHUSA *Buglosse*

Nom usuel : buglosse
Type : vivace
Hauteur : 70 cm
Floraison : juin à septembre
Sol : tout type
Exposition : soleil
Multiplication : division des touffes au printemps

>> La buglosse arbore certainement le plus éclatant de tous les bleus végétaux. Alors, pourquoi n'est-elle pas plus souvent présente au jardin ? Modeste, elle paraît à l'aise au cœur des villages, dans les cottages anglais ou au bord des chemins. Mais son port désordonné, son feuillage à la rugosité très campagnarde et la petite taille de ses fleurs n'empêchent pas que l'on s'extasie devant elle. Implantée dans un jardin, elle ne se laisse ni discipliner ni tuteurer et, si elle peut se prélasser au soleil, se mue en deux ans en une touffe imposante. Il est impératif de retirer ses grandes feuilles un peu velues au fur et à mesure qu'elles se fanent pour laisser la place à un feuillage plus frais. Il ne faut pas abuser des fertilisants.

***Anchusa azurea* 'Dropmore'** Elle éclate d'un bleu éblouissant. Ses grandes feuilles sont vert sombre.

***Anchusa azurea* 'Little John'** Elle forme une plante plus fournie.

ANEMONE *Anémone*

1

2

Nom usuel : anémone
Type : bulbe ou vivace
Hauteur : 15 cm à 1,20 m
Floraison : fin de l'été
Sol : frais et drainé
Exposition : soleil ou mi-ombre
Multiplication : division des touffes au printemps

>> On compte tant de variétés que l'on peut en prévoir pour tous les endroits du jardin. La petite *Anemone nemorosa* tapisse les coins d'ombre de fleurs blanches ; l'anémone de Caen, aux couleurs éclatantes, garnit les bordures ; et celle du Japon, rose ou blanche, reste en place de nombreuses années, formant des touffes importantes, et fleurit quand le jardin pâlit, en septembre-octobre. Ses tiges fleuries, de 50 à 70 cm de haut, se tiennent bien droites, sans tuteur. Elle aime le plein soleil, mais accepte la mi-ombre, où la floraison dure plus longtemps. Elle prospère admirablement, résistant au mauvais temps, au froid et à la pluie. Pour étoffer une bordure d'automne, il est bon de prévoir parmi les anémones une plantation d'asters.

Anemone blanda [4] Cette bulbeuse printanière mesure 20 cm de haut. Elle fleurit mauve, rose, blanc ou bleu.

3

4

Anemone coronaria (anémone de Caen) [3] Elle fleurit au printemps.

Anemone nemorosa [1] Cette anémone printanière de sous-bois porte des fleurs blanches.

Anemone hupehensis [2] (anémone du Japon) Elle mesure 70 cm à 1,20 m de haut. À l'automne, elle fleurit blanc ou rose.

ANGELICA *Angélique*

1

2

Nom usuel : angélique
Type : bisannuelle
Hauteur : 1 à 1,50 m
Floraison : été
Sol : très riche
Exposition : soleil
Multiplication : semis au printemps

>> L'angélique ne ressemble pas à son nom car elle s'avère imposante et superbe. Ses feuilles, découpées, sont d'un joli vert. Ses fleurs jaunes ou rouges dégagent un parfum « angélique » ou, plus exactement, suave. Toutes les parties de la plante sentent d'ailleurs bon, et ses pétioles sont utilisés en confiserie. Si on coupe ses hampes florales, elle s'étoffe l'année suivante et a une magnifique floraison. Plantées groupées, les angéliques produisent un effet spectaculaire.

Angelica archangelica [1] Les tiges de l'angélique des confiseurs atteignent 1,50 m de haut. Elle arbore un feuillage vert. Elle exerce un effet stimulant et digestif.

Angelica atropurpurea Elle mesure 1,20 m de haut. Ses tiges pourpres portent des fleurs jaune safran. Seule ou en masse dans le gazon, mais dans un endroit frais, elle suscite l'admiration de tous.

Angelica gigas [2] Elle est tout aussi belle, mais garnie de fleurs rouges.

ANTENNARIA *Antennaire*

Nom usuel : antennaire, pied-de-chat
Type : vivace
Hauteur : 10 à 15 cm
Floraison : mai-juin
Sol : sable et terreau de feuilles
Exposition : soleil
Multiplication : division des touffes au printemps

>> L'antennaire, couvre-sol au feuillage gris, se plaît au soleil dans un sol sablonneux. Au printemps apparaissent des fleurs duveteuses, roses ou blanches. Elle trouve sa place dans la rocaille, sur un muret ou entre des dalles.

Antennaria dioica Elle a un feuillage gris et fleurit rose au printemps. 'Rubra' a un feuillage gris et des fleurs rouges.

***Antennaria dioica* 'Tomentosa'** La plus jolie des antennaires a un feuillage argenté et des fleurs blanches.

ANTHEMIS *Anthémis*

1

Nom usuel : anthémis
Type : vivace
Hauteur : 20 à 40 cm
Floraison : juin à octobre
Sol : ordinaire
Exposition : soleil
Multiplication : division des souches pour *Anthemis cupaniana*, semis ou bouturage pour les autres variétés.

>> Avec son fin feuillage parfumé, amplement découpé, et sa masse de marguerites échevelées, généralement jaunes, l'anthémis est indispensable au jardin. Mais sa bonne santé dépend de quatre opérations fondamentales :
• incorporer une pelletée de terreau au sol lors de la plantation ;

2

ANTIRRHINUM *Muflier*

• rabattre la plante de 5 à 8 cm dès qu'elle atteint 20 cm, pour lui permettre de s'étoffer ;
• supprimer les fleurs fanées pour laisser les autres s'épanouir ;
• ne pas oublier de l'arroser.
Au bout de deux ou trois ans, l'anthémis paraît fatiguée... Mais qui ne le serait pas après tant de floraisons ? À la fin de l'été, il faut la rabattre sérieusement pour pouvoir prendre des boutures au printemps.

Anthemis nobilis (camomille) Cette plante tapissante naine s'orne de petits boutons fleuris. Elle se niche dans les interstices d'une rocaille ou d'un dallage et n'a aucune exigence particulière.

Anthemis punctata* ssp. *cupaniana [1] Cette variété forme de grands coussins gris argenté, constellés de fleurs blanches semblables à de petites marguerites. Elle s'étale, contournant rochers ou marches pour se draper avec volupté et charmer partout où elle peut. Inutile d'essayer de la discipliner, ce serait en vain.

Anthemis tinctoria [2] Elle se couvre de fleurs jaunes en juin-juillet. Ses hybrides portent des fleurs jaune citron.

Nom usuel : muflier, gueule-de loup
Type : vivace ou annuelle
Hauteur : 25 cm
Floraison : juin à septembre
Sol : tout type
Exposition : soleil
Multiplication : semis en automne ou au printemps

>> Le muflier, assemblage de petites têtes blanches, jaunes, roses ou pourpres au doux parfum, porte à merveille son surnom de gueule-de-loup. En supprimant les fleurs fanées, on prolonge la floraison. Selon la région, le muflier passe pour une annuelle ou une vivace. Dans le Nord de la France, avec un sol lourd, il se traite en annuelle, et sous un climat plus clément et en sol très drainant, en vivace. Au printemps suivant, lorsque les nouvelles tiges ont atteint 8 cm de haut, il faut les pincer sur environ 1 cm pour favoriser la ramification et la floraison.

***Antirrhinum majus* 'Madame Butterfly'** Cette variété géante est à placer au milieu ou en fond de massif bas.

***Antirrhinum majus* 'Tom Pouce'** Cette variété naine, très dense et colorée convient pour une bordure.

***Antirrhinum* 'Floral Carpet'** [ill] Il ne dépasse pas 15 cm de haut. Rare.

AQUILEGIA *Ancolie*

1

2

Nom usuel : ancolie
Type : vivace
Hauteur : 25 à 70 cm
Floraison : mai-juin
Sol : ordinaire
Exposition : soleil ou mi-ombre
Multiplication : semis ou division des touffes à l'automne

>> L'ancolie est originaire des talus des sous-bois, des pentes montagneuses d'Europe ou des montagnes Rocheuses aux États-Unis, où la terre est riche mais bien drainée. Les Anglais l'appellent « colombine », et cela lui va bien, tant elle est gracieuse avec ses pétales intérieurs formant une tasse posée sur la soucoupe de ses cinq longs pétales extérieurs. Elle existe dans des coloris étonnants, la soucoupe et la tasse donnant de beaux contrastes de rouge et jaune, bleu et blanc ou pourpre et rose. Elle se ressème naturellement, mais pour obtenir que le coloris d'origine se reproduise, il faut retirer ses fleurs fanées et prendre soin de récolter ses graines après la floraison, en espérant avoir une levée aux tons identiques. L'ancolie dure quatre ou cinq ans, puis assure la relève grâce à celles qui se ressèment et fleurissent dès la saison suivante.

Aquilegia longissima [2] Cette variété atteint 70 cm de haut. Elle a des inflorescences jaunes.

Aquilegia flabellata Compacte. Elle mesure 25 cm de haut. Elle fleurit bleu et blanc.

Aquilegia flabellata* var. *pumila Cette variété naine ne dépasse guère 12 cm de haut. Ses fleurs sont magenta et jaune beurre. Elle convient pour un jardin alpin.

***Aquilegia* 'Dragonfly' et *Aquilegia* 'McKana'** La première est la plus naine, la seconde atteint 50 cm de haut. Ces hybrides sont les plus florifères. 'McKana' existe dans plusieurs coloris [1].

Aquilegia vulgaris Elle fleurit jusqu'aux gelées, dans des tons à base de bleu.

ARABIS *Corbeille-d'argent*

Nom usuel : corbeille-d'argent
Type : vivace
Hauteur : 30 cm
Floraison : juin à août
Sol : ordinaire, même pauvre
Exposition : soleil ou mi-ombre
Multiplication : division des touffes quand elles sont trop denses

>> La corbeille-d'argent, de culture facile, est populaire. Elle forme un tapis semi-persistant de 30 cm de haut, habillé de rosettes de fleurs blanches, parfois teintées de rose. Elle se drape volontiers sur un mur ou s'installe au pied d'un arbre, décourageant ainsi les mauvaises herbes.

Arabis caucasica En avril-mai, elle porte des fleurs blanches parfumées.

ARAUCARIA *Désespoir-des-singes*

Nom usuel : désespoir-des-singes
Type : arbre
Hauteur : 15 à 30 m
Sol : tout type, plutôt humide
Exposition : soleil, mais pas desséchant
Multiplication : semis sûr, bouturage possible en septembre

>> Le désespoir-des-singes, conifère originaire du Chili, peut être planté en pot, si c'est un petit sujet, et c'est ainsi qu'il est arrivé sur un bateau. Bien qu'il se dégarnisse souvent par le haut, ce qui est peu esthétique, il était en vogue, au début du XXe siècle, à cause de son aspect étrange. Ses feuilles sont pointues et piquantes. Il est difficile de discerner les mâles des femelles.

Araucaria araucana Sa silhouette, pyramidale dans son jeune âge, devient du type « pin parasol » avec le temps. Ses branches sont gainées d'écailles vertes d'aspect exotique.

ARBUTUS *Arbousier*

Nom usuel : arbousier
Type : arbuste
Hauteur : 8 à 15 m
Floraison : mai-juin
Sol : riche, bien drainé
Exposition : soleil
Multiplication : semis au printemps ou bouturage en été

>> L'arbousier a plusieurs troncs et il est possible d'en éliminer certains pour n'en garder qu'un. Son écorce est rouge foncé. Ses fleurs naissent en grappes blanches et donnent des fruits ressemblant aux fraises. Les jardins méditerranéens l'accueillent avec bonheur.

Arbustus x andrachnoides Il mesure 8 m de haut. Il porte de petites fleurs blanches.

Arbustus menziesii Il peut atteindre 15 m de haut. Ses fruits sont orange.

ARMERIA *Gazon d'Olympe*

Nom usuel : gazon d'Olympe, arméria
Type : vivace
Hauteur : 15 à 25 cm
Floraison : mai à août
Sol : bien drainé
Exposition : soleil
Multiplication : division des souches au printemps

>> L'armeria pousse en forme de coussin. Ses fleurs, grappes de petits pompons roses, blancs ou rouges, sortent de touffes de feuilles longues et très fines. Facile à cultiver, peu exigeant, il trouve idéalement sa place dans une bordure, mais aussi dans une rocaille et parfois en couvre-sol.

Armeria juniperifolia Cette variété naine fleurit rose pâle.

Armeria maritima [ill.] Il est rose, ou blanc pour la variété 'Alba' ; 'Gloire de Düsseldorf' est carmin très foncé.

ARTEMISIA *Armoise*

1

2

Nom usuel : armoise
Type : vivace
Hauteur : 10 cm à 1,50 m
Floraison : juin à août
Sol : souple, bien drainé
Exposition : soleil
Multiplication : division des souches au printemps ou bouturage en été

>> L'armoise, très décorative, constitue un couvre-sol inhabituel. Ses feuilles sont parfumées et blanches. Ses fleurs, pompons roses, jaunes ou grisâtres, ne présentent pas d'intérêt. Dans une terre bien drainée, au soleil, elle forme un tapis fleuri tout au long de l'été. Dès qu'elle atteint 20 cm de haut, il faut supprimer 1 cm à l'extrémité de ses tiges principales pour l'étoffer et accroître sa floraison.

Artemisia abrotanum Elle est élégante, mais fleurit peu. Ses fleurs sont jaunes.

***Artemisia absinthium* 'Lambrook Silver'** Elle forme un buisson gris argenté.

***Artemisia schmidtiana* 'Nana'** [1] Ce coussin argenté de 10 cm de haut constitue un excellent couvre-sol pour une rocaille.

Artemisia stelleriana [2] Elle forme de belles touffes couvre-sol. Son feuillage presque blanc est magnifique. Ses fleurs sont insignifiantes et il est préférable de les supprimer pour donner plus de vigueur à la plante.

ARUNCUS *Barbe-de-bouc*

Nom usuel : barbe-de-bouc
Type : vivace
Hauteur : 50 cm à 2 m
Floraison : mai-juin
Sol : frais
Exposition : toutes
Multiplication : division des touffes au printemps

>> La barbe-de-bouc, très volumineuse, convient idéalement pour un espace à combler. Ses plumeaux crème sortent de grandes touffes de feuillage vert.

Aruncus aethusifolius Il atteint 50 cm de haut. Au printemps, ses feuilles prennent de jolies teintes.

Aruncus dioicus [ill.] Cette variété est la plus courante.

ARUNDINARIA *Bambou*

1

Nom usuel : bambou
Type : arbre ou arbuste
Hauteur : 50 cm à 5 m
Sol : tout type, plutôt humide
Exposition : soleil
Multiplication : division des jeunes pousses au printemps

>> En ville ou à la campagne... Le bambou, dont il existe des centaines de variétés, est très facile à cultiver. Au Japon c'est une plante banale, dans nos régions, elle étonne encore. Seuls les *Arundinaria*, relativement faciles à se procurer, sont utilisés. Comme tous les bambous, ils sont persistants. Leurs jeunes pousses sont comestibles et délicieuses, avec un goût d'asperge. Les variétés qui atteignent 4 m de haut forment des forêts, des allées ombragées et des bosquets, et leurs cannes entrent dans la composition de clôtures ou de pergolas. Les variétés naines font d'admirables couvre-sol, d'autres constituent

2

d'utiles brise-vents. Au Japon, certaines dépassent 4 m de haut et servent pour la construction et le mobilier. Quant à l'entretien, il est inexistant... Le bambou n'a pas besoin d'être taillé ; pour le réduire, il suffit de couper à ras ses cannes âgées.

Arundinaria chino (Pleioblastus chino) Il ne dépasse guère 2 m de haut et peut remplir des vides sur une terrasse.

Arundinaria fastuosa (Semiarundinaria fastuosa) [1] Au Japon, il atteint 15 m de haut, mais, dans nos contrées, seulement 5 m. Ses cannes, de 6 à 8 cm de diamètre, servent de tuteur aux glycines et autres plantes grimpantes.

Arundinaria graminea (Pleioblastus gramineus) Il est l'un des rares bambous à supporter l'ombre. Ses cannes sont vert olive, son feuillage, jaune lumineux.

Arundinaria japonica (Pseudosasa japonica) La première variété introduite en France, en provenance du Japon, résiste bien au froid. Son feuillage est vert-jaune lumineux. Son joli port un peu retombant en fait un bon sujet en bac, sur une terrasse.

Arundinaria pumila (Pleioblastus pumilus) Cette variété naine est un joli couvre-sol, surtout sur les berges d'une pièce d'eau, où son feuillage persistant est toujours apprécié.

Arundinaria viridistriata (Pleioblastus auricomus) [2] Cette variété se caractérise par son feuillage panaché de vert.

ASPLENIUM *Asplenium*

Nom usuel : asplenium
Type : vivace
Hauteur : 10 à 20 cm
Sol : sec
Exposition : ombre
Multiplication : séparation des touffes au printemps

>> L'asplenium est une fougère peu exigeante, qui trouve sa place dans un mur sec, une rocaille ou entre des dalles. Il ne faut pas s'inquiéter si ses feuilles brunissent : elles redeviendront vertes.

Asplenium adiantum nigrum Elle aime particulièrement les emplacements secs.

1

2

Nom usuel : aster
Type : vivace
Hauteur : 20 cm à 1,50 m
Floraison : printemps, été, automne
Sol : tout type
Exposition : soleil
Multiplication : division des touffes au printemps

» On pense toujours à l'aster comme à une fleur d'arrière-saison, qui entre en jeu, en une explosion de tons, quand le jardin se dégarnit. L'aster, avec ses coloris pastel très doux ou ses teintes puissantes, est une nouvelle et dernière fête des couleurs, depuis le buisson qui égaie une bordure jusqu'à la touffe qui jaillit à 1,50 m de haut. Mais c'est aussi une fleur de printemps, ne dépassant guère 30 cm de haut, parfaite pour une rocaille, et une fleur d'été, qui atteint 60 cm de haut dans une débauche de tonalités. L'aster d'automne, le vrai, mesure en général 1 m de haut.
Ce n'est pas parce qu'il n'est pas exigeant qu'il faut le négliger. Il se contente d'une terre quelconque, mais a soif en été. Il ne faut pas le planter serré, car il se développe et croît rapidement. Les touffes trop encombrées doivent être divisées, mais attention de ne pas les replanter dans une terre qui a déjà hébergé un aster.

Variétés de printemps

***Aster* x *Alpellus* 'Triumph'** Il mesure 20 cm de haut. Ses touffes de fleurs bleues sont étalées.

***Aster alpinus* 'Albus'** Il mesure 20 cm de haut. Ses fleurs sont d'un blanc pur.

***Aster alpinus* 'Happy End'** Il mesure 20 cm de haut. Ses fleurs sont rose pâle.

***Aster tongolensis* 'Napsbury'** Il fleurit violet foncé.

Variétés d'été

Aster amellus **'Blue King'** Il mesure 60 cm de haut. Il fleurit bleu foncé.

Aster amellus **'Lac de Genève'** Il mesure 70 cm de haut. Très florifère, il porte de grandes fleurs bleues.

Aster amellus **'Violet Queen'** [2] Il mesure 70 cm de haut. Il est d'un violet riche.

Aster **'Pink Star'** Il mesure 1,20 m de haut. Il a un aspect buissonnant et fleurit rose. Il convient pour des fleurs à couper.

Aster sedifolius **'Nanus'** [1] Il mesure 80 cm de haut. Il porte une masse de petites fleurs bleues et a une bonne tenue.

Variétés d'automne

Aster cordifolius **'Ideal'** Il mesure 1 m de haut. Il porte bien son nom, car sa floraison est idéale et ressemble à un nuage de petites fleurs bleues à cœur jaune.

Aster cordifolius **'Silver Spray'** Il mesure 50 cm de haut. Il a de longues inflorescences de petites fleurs lilas pâle.

Aster dumosus **'Alice Haslam'** Il mesure 40 cm de haut. Il fleurit carmin.

Aster dumosus **'Jenny'** Il mesure 60 cm de haut. Il porte des fleurs doubles pourpres.

Aster dumosus **'Snow Sprite'** Il mesure 50 cm de haut. Il porte de simples fleurs blanches.

Aster novae-angliae Ces variétés atteignent toutes — ou dépassent — 1 m de haut. Elles sont vigoureuses, avec une floraison saine et abondante. 'Constance' fleurit violet foncé ; 'Madame Loyau', rose ; 'September Ruby', rouge violacé.

Novii-belgii Ces variétés mesurent de 1 à 1,50 m. Elles offrent un grand choix de coloris. Il faut éviter les sols trop secs, diviser les touffes tous les trois ou quatre ans et replanter ailleurs. 'Eventide' porte des fleurs semi-doubles violettes ; 'Fellow Ship', de grandes fleurs superbes, semi-doubles rose clair ; 'La Ferté', des fleurs doubles violettes tardives ; 'The Prince', des fleurs doubles rose malvacé tardives ; 'White Ladies', des fleurs blanches tardives.

ASTILBE *Astilbe*

Nom usuel : astilbe
Type : vivace
Hauteur : 30 cm à 1 m
Floraison : juin-juillet
Sol : humide
Exposition : mi-ombre
Multiplication : division des touffes à l'automne ou au printemps

>> L'astilbe est la plante idéale pour la partie ombragée et froide du jardin, avec, toutefois une réserve : le sol doit être humide. Son feuillage est luisant ou pourpre. Sa floraison, gracieuse, est en épis de plumeaux rouges ou roses. L'astilbe peut s'épanouir en pot dans un patio, à condition qu'on la préserve du soleil et qu'on l'arrose souvent.

Astilbe chinensis Elle ne dépasse guère 30 cm de haut. C'est la seule variété qui supporte peu d'eau.
Astilbe chinensis* var. *pumila [ill.] Sa floraison, dense, forme des touffes ne dépassant guère 30 cm de haut.
Certains hybrides peuvent atteindre 1 m de haut : 'Plume d'autruche', rose saumon, l'une des variétés les plus tardives ; 'Anita Pfeifer', qui fleurit rose carminé ; 'Brautschleier', blanc sur des rameaux retombants ; 'Purpurlanze', rose carminé à rose pourpré, en touffe vigoureuse.

ASTRANTIA *Astrance*

Nom usuel : astrance, radiaire
Type : vivace
Hauteur : 30 à 60 cm
Floraison : juin-juillet
Sol : ordinaire
Exposition : mi-ombre
Multiplication : semis ou division des souches au printemps

>> L'astrance arrive parfois dans le jardin sans prévenir ; elle peut aussi être plantée. Ses feuilles sont grandes et bien découpées. Ses fleurs, roses ou blanchâtres, forment des ombelles.

Astrantia major [ill.] Elle arbore des feuilles foncées et fleurit blanchâtre.

Astrantia maxima Elle fleurit rose foncé.

ATRIPLEX *Arroche*

Nom usuel : arroche, pourpier-de-mer
Type : arbuste
Hauteur : 50 cm à 2 m
Floraison : juin à septembre
Sol : bien drainé
Exposition : soleil
Multiplication : séparation des rejets au printemps

>> L'arroche supporte le vent et les embruns, elle aide même à contenir l'érosion des dunes. Son feuillage est vert-gris. Ses fleurs, petites et blanches, n'ont rien d'extraordinaire.

Atriplex halimus Elle atteint 2 m de haut. Elle supporte tout, même l'eau salée.

Atriplex hortensis [ill.] C'est l'arroche cultivée que l'on trouve dans les potagers.

AUBRIETA *Aubriète*

Nom usuel : aubriète
Type : vivace
Hauteur : 20 cm
Floraison : avril-mai
Sol : ordinaire, très bien drainé en hiver
Exposition : plein soleil
Multiplication : division des touffes au printemps

>> L'aubriète existe dans tous les coloris imaginables : violet, rouge, pourpre, bleu clair ou profond. Elle forme rapidement un tapis très vif et dense, que les mauvaises herbes n'arrivent pas à pénétrer. Elle convient pour une rocaille, sur un muret ou entre des dalles.

***Aubrieta* 'Alsace'** Ce cultivar a des feuilles grisâtres et des fleurs roses.

***Aubrieta* x *cultorum* (*Aubrieta deltoidea*)** Cet hybride existe dans une grande variété de coloris. Il porte des fleurs doubles. 'Variegata', résistante, a un feuillage bordé de blanc et des fleurs bleues.

AUCUBA *Aucuba*

Nom usuel : aucuba
Type : arbuste
Hauteur : 2 à 3 m
Sol : ordinaire
Exposition : toutes
Multiplication : bouturage au printemps

>> L'aucuba est le genre d'arbuste qu'il faut placer judicieusement. Il a de nombreux atouts : son feuillage est joliment panaché de jaune, il est persistant, résiste au froid, à la sécheresse, à une terre pauvre, au vent... Un coin déshérité à éclairer, un autre à cacher, une haie à installer rapidement, un fond de plate-bande à étoffer : l'aucuba fait l'affaire. La pollution des villes ne le dérange pas, en revanche il n'aime pas beaucoup le soleil. Il se plaît planté en groupe.

Aucuba japonica Cette variété, la plus connue, a été apportée du Japon au XIXe siècle. Son beau feuillage vert est diversement panaché.

AZARA *Azara*

Nom usuel : azara
Type : arbuste
Hauteur : 1 à 10 m
Floraison : mai-juin
Sol : ordinaire
Exposition : soleil
Multiplication : bouturage au printemps

>> L'azara arbore des feuilles ovales sur des tiges arquées, et ses fleurs dégagent un parfum de vanille. Il n'aime pas le vent et se plaît en pot sur une terrasse ou à l'abri d'un mur.

Azara microphylla Ses fleurs poussent en grappes au milieu de son feuillage vert foncé.

Azara dentata Il arbore des feuilles dentées à revers pubescent et se couvre de fleurs jaune soutenu.

BEGONIA *Bégonia*

1

Nom usuel : bégonia
Type : bulbe, vivace ou annuelle
Floraison : juillet à novembre
Sol : riche
Exposition : soleil pour les annuelles, mi-ombre pour les bégonias tubéreux
Multiplication : semis à chaud (18 °C) en février

>> En pot dans la maison ou dans une bordure, le bégonia ne déçoit jamais. Il fleurit longuement et supporte presque toutes les expositions. Sa fleur égaie le jardin par la diversité de ses couleurs : blanc, rouge, rose ou jaune. Des variétés naines au port compact et au feuillage bronze prune s'insèrent avec bonheur au milieu de plantes argentées. Le bégonia à massifs annuels s'obtient par semis en hiver ou s'achète en godet — il faut éviter de le prendre en fleur, car à peine est-

2

il installé qu'il faut retirer les premières têtes fanées. Le tubercule est mis en terre après le mois de mai, quand les gelées ne sont plus à craindre. Pour « forcer » un peu le bégonia, on le plante en mars en godet, à l'abri, en l'arrosant régulièrement. Une fois qu'il est en terre, il est bon de pailler le sol avec de la tourbe ou des tontes de gazon sec. Attention sur ce dernier point : l'herbe ne doit pas, tel un cataplasme, écraser la plante, car la pourriture risquerait alors de s'installer. Vers le mois de novembre, il faut arracher le tubercule, le mettre à sécher dans un endroit aéré, à l'abri du gel, le nettoyer pour le conserver jusqu'à la saison suivante et étiqueter sa couleur, afin de ne pas avoir de résultat fâcheux à la prochaine plantation.

Variétés à massif

Begonia semperflorens [1] Ces hybrides existent en rose, rouge, blanc ou bicolore.

Variétés tubéreuses

Le choix est vaste, de 'Multiflora', qui porte de grandes fleurs doubles, ou fleurs de camélia, à 'Pendula', irremplaçable en jardinière ou en bac, à l'ombre, jusqu'aux bégonias doubles à fleur d'œillet et autres variantes [2].

Begonia grandis* ssp. *evansiana Rustique. Il reste en terre, protégé, en hiver, par un matelas de feuilles mortes sous lequel ses bulbilles se développent à loisir.

BERBERIS *Berbéris*

Nom usuel : berbéris, épine-vinette
Type : arbuste
Floraison : avril à septembre
Hauteur : 1 à 3 m
Sol : tout type
Exposition : soleil ou mi-ombre
Multiplication : bouturage en été et en automne

>> Le berbéris, épineux, tire sa grâce de ses branches arquées couvertes de fleurs au printemps et en été. Son feuillage, parfois persistant, se colore magnifiquement en automne. Il réussit particulièrement bien dans une rocaille. Attention : le froid peut le faire mourir.

Berberis darwinii Ses branches et ses feuilles vernissées, dentelées, persistantes sont épineuses. Il fleurit ocre foncé.

Berberis* x *stenophylla Cet hybride n'est plus très à la mode ; pourtant, il résiste à tous les mauvais traitements et couvre ses longs rameaux arqués, très élégants, de milliers de fleurs or globuleuses. En outre, il remonte souvent en été.

Berberis thunbergii C'est le plus connu de tous. Ses variétés un peu ternes, vert vaguement bronze, ont fait place, ces dernières années, à de nouvelles, irréprochables : la forme *atropurpurea* produit des feuilles pourpre foncé ; 'Bonanza Gold' est entièrement or vif, et 'Rose Glow' a des feuilles panachées de pourpre et de crème à effet général rose [ill.].

BERGENIA *Bergénia*

1

2

Nom usuel : bergénia
Type : vivace
Hauteur : 20 à 40 cm
Floraison : mars-avril
Sol : humifère
Exposition : mi-ombre ou ombre
Multiplication : division des touffes à la fin de la floraison ou à l'automne

>> Le bergénia, originaire de Sibérie, n'a aucun problème avec le froid. Ses grandes feuilles épaisses, rondes ou ondulées, ressemblent à du cuir. Sa floraison est précoce et, en avril, des bouquets de fleurs roses, rouges ou blanches émergent sur d'épaisses tiges de 20 à 30 cm de haut. Utilisé en couvre-sol, il réussit merveilleusement. Il trouve aussi sa place le long d'un muret froid ou sous des arbustes plus grands que lui.

Bergenia cordifolia [1] Cette variété tardive forme un épais tapis de fleurs roses.

***Bergenia cordifolia* 'Ballawley'** [2] Son feuillage persistant vert devient rouge bordeaux en hiver. Il fleurit rouge vif.

***Bergenia cordifolia* 'Silberlicht'** Ses fleurs blanches virent au rose pâle en fin de floraison.

Bergenia purpurascens Le dessous de ses feuilles et ses fleurs sont pourprés.

BETULA *Bouleau*

1

Nom usuel : bouleau

Type : arbre

Hauteur : 5 à 20 m

Sol : tout type

Expositions : soleil ou mi-ombre

Multiplication : semis en février ou en juillet

>> Le bouleau est l'un des arbres les plus gracieux qui soient. Son feuillage, léger, laisse apparaître le tronc et les branches, argentées ou orangées selon la variété. Il trouve sa place partout, égaie un coin sombre parmi les arbustes à feuillage persistant et les conifères, est plaisant à voir sur une pelouse, surtout s'il s'agit d'un sujet en cépée, c'est-à-dire à deux ou trois troncs. Lors de la plantation, faute de disposer d'un spécimen de ce type, il est possible de planter deux petits bouleaux dans le même trou : l'effet est ravissant. Les racines du bouleau n'étant pas très profondes, mieux vaut le tuteurer, surtout si le jardin est un peu venté. L'année de la mise en place, il est très important de l'arroser régulièrement.

2

Betula albosinensis [1] Avec son tronc pelé jaune orangé et son feuillage doré à l'automne, c'est l'un des plus décoratifs.

Betula humilis Ses feuilles arrondies, argentées sur le dessous, sont du plus bel effet quand le vent joue avec elles.

Betula pendula Avec son écorce argentée qui se détache en lamelles effilées le long de son tronc, ses extrémités de branches retombantes et son léger feuillage argenté, il compte parmi les plus beaux arbres.

***Betula utilis* 'jacquemontii'** [2] Son écorce est blanc lumineux.

Betula verrucosa Il atteint 20 m de haut. C'est le plus facile à trouver et il est excellent pour les terrains pauvres. Son écorce pelée est d'un beau blanc argenté marbré de noir.

BOUGAINVILLEA *Bougainvillée*

Nom usuel : bougainvillée
Type : arbuste
Hauteur : 8 à 12 m
Floraison : juin à août
Sol : riche
Exposition : soleil
Multiplication : bouturage en été ou marcottage au printemps

>> La bougainvillée, originaire du Brésil, ne supporte qu'un climat chaud et craint le gel. Son feuillage vert grimpant est envahi de centaines de fleurs rouges, jaunes, oranges, mauves ou parfois blanches. Elle prolifère dans les pays tropicaux, où elle pousse comme le chiendent. Elle se plaît en pot.

***Bougainvillea glabra* 'Sanderiana'** Cette variété est très florifère.

Bougainvillea spectabilis Elle existe dans tous les coloris.

BRACHYGLOTTIS *Séneçon*

Nom usuel : séneçon
Type : arbuste
Hauteur : 1 à 3 m
Sol : tout type, mais pas trop calcaire
Exposition : plein soleil
Multiplication : division des souches au printemps ou bouturage en été

>> On compte environ 300 variétés de séneçon, cultivées parfois juste pour leurs feuilles, mais on n'en utilise réellement que 2, dont *Brachyglottis* 'Sunshine'. Cet arbuste au feuillage feutré argenté supporte le climat de bord de mer. Dans un jardin, il forme une haie de 80 cm de haut et convient aussi très bien pour une rocaille ensoleillée. Sa floraison est jaune vif. En guise de taille, il suffit de supprimer ses branches abîmées.

Brachyglottis greyi (Senecio greyi) Ses feuilles, d'abord grises, virent au vert tendre en vieillissant. Ses fleurs jaune vif ressemblent à des marguerites.

BRIZA *Brize*

Nom usuel : brize
Type : vivace ou annuelle
Hauteur : 20 à 40 cm
Floraison : juin, juillet
Sol : ordinaire
Exposition : soleil
Multiplication : semis

>> Plantée dans un massif, la brize est agréable à regarder. Ses fleurs crème pendent des tiges. Séchée, elle occupe une grande place dans un bouquet.

Briza media Ses épis sont en forme de cœur.

Briza maxima [ill.] Sa tige se dresse jusqu'à 40 cm de haut.

BRUNNERA *Brunnera*

Nom usuel : brunnera, myosotis du Caucase
Type : vivace
Hauteur : 40 cm
Floraison : mai à juillet
Sol : ordinaire
Exposition : ombre
Multiplication : division des touffes en automne

>> Les Anglais appellent le brunnera *forget-me-not* (« ne m'oubliez pas »), comme son proche parent, le myosotis. Cela convient très bien à cette fleur qui, plantée en masse, forme un tapis bicolore. Ses feuilles, plutôt grandes, en cœur, se colorent de vert tendre. Ses fleurs, petites et bleues, sont disposées en étoile.

Brunnera macrophylla [ill.] Ses feuilles se teintent de vert sombre et ses fleurs, de bleu pâle.

***Brunnera macrophylla* 'Hadspen Cream'** Ses feuilles sont panachées de crème.

BUDDLEJA *Buddléia*

1

2

3

Nom usuel : buddléia
Type : arbuste
Hauteur : 2 à 6 m
Floraison : juin à octobre
Sol : tout type
Exposition : soleil
Multiplication : bouturage en été

>> Quel spectacle l'été ! Les papillons adorent le parfum léger du buddléia et voltigent autour de lui, avant de se poser sur ses branches arquées, chargées de grappes de fleurs blanches, mauves, bleues ou roses, de 15 à 20 cm de long. Mélangé à d'autres arbustes — abélia, kolkwitzia, rosier rugueux, etc. — ou palissé sur des arceaux, le buddléia constitue une superbe haie ou une allée fleurie et parfumée, offrant un spectacle inhabituel. Il peut aussi être associé à un chèvrefeuille à feuillage persistant *(Lonicera sempervirens)* ou à une clématite.

Buddleja alternifolia Cette espèce, parmi les plus gracieuses, arbore de longs rameaux arqués, chargés de petits bouquets mauves. Son fin feuillage est plus argenté que vert.

Buddleja auriculata Palissé contre un mur, il peut atteindre 6 m de haut. Ses fleurs parfumées tombent en panicules blanches de 15 cm de long. Il doit être taillé au printemps avant l'apparition des nouveaux boutons floraux. Frileux, il est réservé aux climats doux.

Buddleja davidii [2 et 4] Lui et ses cultivars offrent un grand choix de coloris. 'Black Knight' fleurit violet foncé, 'Peace', blanc, 'Harlequin', lie-de-vin, sur des feuilles panachées d'or. Il faut les rabattre très court au printemps.

***Buddleja* 'Lochinch'** [1] Cet hybride doit être taillé court pour rester étoffé ; il ne fleurit qu'en août et ses longues branches

4

pleureuses, qui font un bel effet de couvre-sol, croulent alors sous les fleurs bleues au parfum de vanille.

Buddleja globosa [3] Il arbore un feuillage persistant et porte des fleurs printanières arrondies jaune orangé. Il convient pour une bordure ou une plate-bande.

Buddleja paniculata Palissé contre un mur, il atteint environ 4 m de haut. Durant l'été qui suit sa plantation, il faut bien l'arroser et le pailler avec des tontes de gazon, de la tourbe ou des écorces de pin, pour éviter la prolifération des mauvaises herbes et le protéger du froid.

BUPLEURUM *Buplèvre*

Nom usuel : buplèvre
Type : arbuste
Hauteur : 2,5 m
Floraison : juillet à septembre
Sol : tout type
Exposition : soleil
Multiplication : bouturage ou marcottage en fin d'été

>> Le buplèvre supporte très bien le climat de bord de mer. Ses feuilles sont décoratives et ses fleurs forment des ombelles jaunes. Il faut en profiter pour en faire une haie dans un jardin proche du littoral. Le buplèvre est suffisamment décoratif pour être planté seul au milieu d'une pelouse. À l'automne, une taille sévère permet d'éviter qu'il se dégarnisse à la base lors de la pousse suivante. Attention : ses fleurs attirent les guêpes !

Bupleurum fruticosum Il dépasse parfois 2 m de haut. Son feuillage, coriace, est verdâtre au revers.

Bupleurum longifolium [ill.] Plus rustique. Il atteint 2 m de haut.

BUXUS *Buis*

Nom usuel : buis
Type : arbuste
Hauteur : 1 à 3 m
Floraison : mai à septembre
Sol : tout type, calcaire ou neutre
Exposition : toutes
Multiplication : bouturage en été ou à l'automne

>> Le buis, parfait pour les topiaires, est associé au jardin à la française, mais ce n'est pas une exclusivité. Il convient parfaitement pour une bordure, à laquelle il donne un air net, à condition qu'il soit taillé en avril et en septembre. La taille lui permet aussi d'épaissir. Sa croissance étant lente, il est préférable de ne pas l'acheter trop petit. Les variétés à petites feuilles donnent le plus bel effet.

Buxus sempervirens Le buis commun est présent spontanément un peu partout, en terrain calcaire. 'Elegantissima' est panaché de blanc ; 'Suffruticosa' est la variété à petites feuilles la plus employée pour les topiaires et bordures distinguées.

CALCEOLARIA *Calcéolaire*

Nom usuel : calcéolaire
Type : vivace
Hauteur : 10 à 60 cm
Floraison : mai à septembre
Sol : riche et drainé
Exposition : soleil
Multiplication : semis au printemps ou bouturage en été

>> La calcéolaire aime le soleil et il est bon de lui ménager de la place pour qu'elle en profite le plus possible. Son feuillage, persistant, est vert foncé. Ses fleurs jaunes, panachées de rouge, ont une forme étrange.

Calceolaria biflora Ses feuilles sont légèrement poilues.

Calceolaria darwinii Dans une rocaille, son jaune est éclatant.

CALLICARPA *Callicarpa*

Nom usuel : callicarpa
Type : arbuste
Hauteur : 3 m
Floraison : juillet à septembre
Sol : ordinaire
Exposition : soleil
Multiplication : bouturage en juin et en hiver

>> Les baies du callicarpa sont la principale raison pour laquelle on le plante. Elles apparaissent à l'automne et sont d'un mauve magnifique. Ses larges feuilles naissent couleur bronze au printemps, puis deviennent vertes juste à temps pour recevoir les fleurs roses en été.

***Callicarpa bodinieri* 'Profusion'** Cette variété est la plus florifère.

CALLISTEMON *Callistémon*

Nom usuel : callistémon
Type : arbuste
Hauteur : 2 à 6 m
Floraison : mars à juillet
Sol : léger et drainé
Exposition : soleil
Multiplication : semis au printemps ou à l'automne, ou bouturage en été et à l'automne

>> Le callistémon, originaire d'Australie et de Nouvelle-Calédonie, n'aime pas le froid. Ses feuilles, longues et minces, garnissent ses branches arquées. Ses fleurs, goupillons rouges ou jaunes, sont très décoratives mais peu nombreuses. Il se plaît en pot. Il faut le rentrer en hiver.

***Callistemon citrinus* 'Splendens'** [ill.] Ses feuilles, frottées, dégagent un parfum de citron. Il fleurit rouge.

Callistemon salignus Il résiste mieux au froid que les autres. Il fleurit jaune.

CALLUNA *Bruyère*

Nom commun : bruyère
Type : arbuste
Hauteur : 20 à 60 cm
Floraison : juillet à novembre
Sol : acide, bien drainé
Exposition : soleil ou mi-ombre
Multiplication : bouturage ou marcottage en fin d'été

>> La bruyère offre un effet ravissant et de longue durée. Son feuillage varie du vert au gris et de l'orange à l'or. Ses fleurs en épi vont du blanc au rose ou pourpre. Plantée en paquets, elle donne un bon résultat.

Calluna vulgaris Cette variété pousse bien, même dans une terre pauvre. Elle tolère les sols calcaires à condition qu'ils soient humifères. 'County Wicklow' fleurit rose ; 'Cuprea' s'orne de feuilles bronze et fleurit lilas ; 'Gold Haze' arbore un feuillage jaune d'or et porte des fleurs blanches, 'Golden Feather', des fleurs roses, 'H.E. Beale', des fleurs doubles rose pâle ; 'Silver Queen' associe un feuillage gris argenté et des fleurs lavande rosé ; 'Winter Chocolate' fleurit bleu lavande.

CALTHA *Souci d'eau*

Nom usuel : souci d'eau, caltha
Type : vivace
Hauteur : 30 à 50 cm
Floraison : mars à mai
Sol : humide
Exposition : soleil
Multiplication : division des touffes au printemps

>> Au bord de l'eau ou dans une terre bien fraîche, le caltha annonce le printemps avec éclat. Ses feuilles arrondies sont épaisses et brillantes. Ses fleurs jaunes sortent de mars à mai, et, à quelques exceptions près, percent à l'automne. Ses touffes sont faciles à diviser au début du printemps, en prenant soin de toujours conserver une tige florale par pied.

***Caltha palustris* 'Alba'** Il fleurit blanc.

***Caltha palustris* 'Flore Pleno'** Il porte des fleurs doubles.

CAMELLIA *Camélia*

1

2

3

Nom usuel : camélia, camellia
Type : arbuste
Hauteur : 1 à 5 m
Floraison : octobre à avril
Sol : riche et acide
Exposition : mi-ombre
Multiplication : bouturage (difficile) ou marcottage après la floraison

>> Le camélia tire probablement sa notoriété de *La Dame aux camélias* d'Alexandre Dumas fils. Il n'a pourtant pas besoin de la littérature pour être mis en valeur car, avec son feuillage vernissé et persistant et ses superbes fleurs, c'est l'un des plus beaux arbustes qui soient. En outre, son parfum est d'un raffinement exquis. Son emplacement préféré est contre un mur orienté au nord ou à l'ouest, mais pas trop près : la terre y est généralement sèche, ce qui risquerait d'interférer sur la qualité de la floraison. Attention : le vent ou le soleil peuvent provoquer le brunissement de ses pétales, et le soleil abîmer ses boutons, surtout s'il est exposé à l'est ou subit une nuit de gel. On a tendance à le considérer comme le candidat en pot idéal pour une terrasse, alors qu'il prospère aussi bien en pleine terre, à condition qu'elle soit acide. Il s'acclimate parfaitement au bord de la mer. Il est bon de compléter son menu avec une poignée de corne torréfiée au printemps et de le protéger du gel et de la neige par un matelas de feuilles mortes à l'automne. S'il se dégarnit au pied il ne faut pas hésiter à le tailler, car il reprend sa forme en deux ou trois ans ; si ses feuilles jaunissent, c'est sans doute parce que l'eau d'arrosage, trop alcaline, provoque la chlorose ; il suffit alors de le traiter par une pulvérisation d'un produit à base de fer et un apport de chélate de fer, qui réduit l'alcalinité du sol.
Choisir un camélia est un véritable casse-tête, car de nombreux cultivars inondent le marché. Il est préférable de le voir en fleur avant de se décider.

Camellia japonica Lui et ses cultivars comptent parmi les plus beaux ornements du jardin. 'Adolphe Audusson' est vigoureux et très florifère [1]. Avec ses fleurs rose vif, c'est une merveille. 'Alba Plena' fleurit blanc.

Camellia reticulata Il supporte des températures jusqu'à -10 °C et c'est parmi ses cultivars que l'on trouve les fleurs les plus spectaculaires de près de 20 cm de large, à tête de pivoine, roses, rouges et blanches.

Camellia sasanqua Le plus résistant. Il fleurit à l'automne et, en hiver, dégage un parfum épicé. En janvier-février, 'Narumi-Gata' porte de grandes fleurs blanches bordées de rose [3].

Camellia x williamsii [2] Avec leur silhouette élancée, lui et ses cultivars conviennent parfaitement pour une plate-bande. Ils fleurissent de l'hiver jusqu'au printemps. 'Anticipation' est rose foncé, à fleur de pivoine. 'J.-C. Williams' a des fleurs roses à reflets rouge sang, de 10 cm de large.

CAMPANULA *Campanule*

1

2

Nom usuel : campanule
Type : vivace
Hauteur : 15 cm à 1,50 m
Floraison : mai à octobre
Sol : normal, très bien drainé en hiver
Exposition : soleil ou mi-ombre
Multiplication : division des touffes après la floraison

>> La campanule trouve sa place presque partout dans le jardin. Couvre-sol efficace, elle forme rapidement un tapis de fleurs qui tient tout l'été. Sa hauteur varie, ainsi que la forme de ses fleurs : en trompette ou en étoile. Leur couleur s'échelonne du bleu au violet, mais certaines variétés sont blanches ou roses. La campanule est une plante facile à condition qu'on l'arrose régulièrement. Il faut la rabattre à la cisaille après la floraison.

Campanula cochleariifolia Ses tiges florales atteignent 15 à 20 cm de haut. Elle porte des clochettes mauves, bleues ou blanches. Si on la laisse faire, elle envahit murets, crevasses et marches.

Campanula glomerata [1 et 2] Haute de 70 cm, elle forme un coussin surmonté de fleurs violettes évasées, en étoile.

Campanula portenschlagiana Vigoureuse. Elle atteint une hauteur équivalente. On la trouve parfois sous le nom de *Campanula muralis*. Elle fleurit bleu. Elle doit être plantée à 50 cm des autres plantes.

Campanula poscharskyana Elle forme de beaux coussins constellés de fleurs étoilées bleu clair, de 15 cm de large. 'E. H. Frost', un peu plus vigoureuse, porte des fleurs blanches étoilées. 'Stella' a un feuillage pourpré et fleurit lilas foncé.

Campanula pyramidalis Élégante. Elle atteint 1,50 m de haut et donne des fleurs bleues ou blanches brillantes de mai à juillet. La compagnie de graminées lui convient fort bien.

CAMPSIS *Bignone*

1

2

Nom usuel : bignone
Type : arbuste
Hauteur : 5 à 10 m
Floraison : août
Sol : tout type
Exposition : soleil
Multiplication : marcottage au printemps

>> Grâce à ses racines aériennes, la bignone, ou trompette de Virginie, grimpe partout. Ses tiges sont comme du bois, ce qui la rend solide. Ses fleurs, trompettes rouges ou orange, ont un côté exotique. Pendant les deux premières années, il faut la laisser se développer à sa guise, puis la discipliner en rabattant ses tiges jusqu'au vieux bois au début du printemps. Il est nécessaire de surveiller attentivement sa base, de manière à supprimer les rejets au fur et à mesure qu'ils apparaissent, à moins de faire quelques marcottes. On ne doit pas la planter à moins de 60 cm du mur, car ses puissantes racines risqueraient d'endommager les fondations, ni oublier qu'elle a besoin d'espace : la confiner en la taillant serait préjudiciable et provoquerait un grossissement de ses tiges. En été, il est nécessaire de l'arroser régulièrement pour que sa base ne se dessèche pas et de protéger son pied par de la tourbe ou des déchets de tonte.

Campsis radicans Cette variété, parfois vendue sous le nom de *Tecoma radicans*, la plus répandue et la plus vigoureuse, atteint parfois 12 m de haut. Ses crampons lui permettent de grimper, tel un lierre, presque sans aide. En août elle porte des fleurs orange ou rouges, qui, en fin de saison, se transforment en gousses de 10 à 12 cm de long.

Campsis grandiflora Elle réussit particulièrement bien dans les pays du Sud de l'Europe. Ses fleurs pendantes peuvent être orange clair ou foncé. 'Madame Galen' est le meilleur hybride *(Campsis* x *tagliabuana* [1 et 2]*)*.

CANNA *Canna*

Nom usuel : canna
Type : bulbe
Hauteur : 60 cm à 1 m
Floraison : tout l'été
Sol : riche et frais
Exposition : soleil
Multiplication : division des souches au printemps

>> Le canna, d'origine tropicale, se porte très bien dans nos contrées s'il est au soleil. En bac, sur une terrasse, il atteint jusqu'à 1 m de haut. On hésite souvent à l'introduire dans une bordure, où son allure un peu arrogante rappelle les plantations des jardins publics, d'autant que ses couleurs sont souvent stridentes — mais il existe des variétés à feuillage vert, pourpre ou panaché. Après la floraison, ses feuilles jaunissent, et le rhizome doit être déterré et rangé dans un endroit sec et aéré. Le canna nain, en pot individuel, peut être une bonne idée pour habiller les marches qui mènent au jardin, sans se compliquer la vie ; après la floraison, qui dure de juillet à octobre, il suffit de rentrer les pots. Il existe dans tous les coloris vifs — orange, rouge, rose —, avec des pétales parfois bordés ou panachés. Les variétés à feuillage vert ou rouge, avec des fleurs unies, ou aux pétales striés ou mélangés, offrent elles aussi un choix de couleurs quasi illimité.

CARDIOCRINUM *Lis géant*

Nom usuel : lis géant
Type : bulbe
Hauteur : 1 à 3 m
Floraison : juillet-août
Sol : riche en humus, bien drainé
Exposition : mi-ombre
Multiplication : séparation des bulbilles à l'automne

>> Ce lis géant est spectaculaire. Chaque tige peut porter 2 douzaines de fleurs, trompettes blanches au cœur marron, au parfum délicieux. Seul problème : le bulbe, après avoir fleuri, ne produit plus, et les bulbilles séparés peuvent mettre sept ans à fleurir ! Pour une floraison annuelle, mieux vaut acheter des bulbes calibrés.

Cardiocrinum giganteum Il atteint jusqu'à 3 m de haut.

CAREX *Laîche*

Nom usuel : laîche, carex
Type : graminée
Hauteur : 10 cm à 1 m
Sol : humide
Exposition : soleil
Multiplication : division des touffes au printemps

>> Le carex est-il une herbe ou un jonc ? Il ne se plaît, en tout cas, que les pieds dans l'eau ou juste au bord. Ses touffes de feuillage, minces et longues, prennent, selon la variété, différentes couleurs. Ses petits épis sont généralement marron. Planté auprès de végétaux plus raides, tels les iris ou les hémérocalles, il contribue à les mettre en valeur par son côté alangui.

Carex buchananii Son feuillage est brun.

Carex elata Persistant. Il atteint 1 m de haut. En été, des épis brun foncé garnissent son feuillage vert bleuté.

***Carex elata* 'Aurea' ou 'Bowles Golden'** Leurs grosses touffes de feuillage mesurent 70 cm de haut. Des fleurs marron foncé en dépassent.

***Carex oshimensis* 'Evergold'** Il s'orne d'un feuillage vert strié de jaune et porte des fleurs marron au printemps. Il tolère une terre plus sèche que les précédents.

Carex pendula Il peut atteindre 1 m de haut. Son feuillage, large, est vert foncé.

Carex petriei Cette variété naine ne dépasse pas 10 cm de haut.

CARPENTERIA *Carpentéria*

Nom usuel : carpentéria
Type : arbuste
Hauteur : 2 m
Floraison : juillet
Sol : léger, bien drainé
Exposition : soleil
Multiplication : bouturage ou marcottage au printemps

>> Le carpentéria apprécie qu'on le plante contre un mur pour le protéger. Ses feuilles, allongées et brillantes, sont vert foncé. Ses fleurs blanches font penser à celles des anémones.

Carpenteria californica L'unique espèce, aux fleurs parfumées.

CARPINUS *Charme*

1

Nom usuel : charme
Type : arbre
Hauteur : 15 à 20 m
Sol : tout type
Exposition : toutes
Multiplication : semis en automne ou greffage en hiver

>> Le charme est, sans aucun doute, à la hauteur de son nom. Son tronc, cannelé, est gris cendré. Ses feuilles, ovales et joliment dentelées, jaunissent à l'automne, mais restent attachées jusqu'à l'apparition du nouveau feuillage, vert tendre, au printemps. Ses fleurs, ou chatons, mâles et femelles, ne sont pas comestibles. Certains sujets, pleureurs, portent parfaitement leur qualificatif et forment une cachette idéale pour jouer à cache-cache. Les variétés pas trop hautes conviennent pour une haie.

Carpinus betulus (charme commun) [1 et 2] Il peut atteindre 25 m de haut pour autant d'envergure. Il prend toute sa beauté à l'automne puis en hiver, quand ses feuilles jaunissent et se dessèchent. Ses chatons apparaissent en avril et mai, les mâles, jaune verdâtre, mesurant 10 cm de long, et les femelles, verts, 5 cm.

2

Carpinus caroliniana (charme américain) Il atteint 6 à 8 m de haut. Arbre gracieux, il s'orne d'un feuillage qui devient rouge orangé à l'automne. Ses chatons, qui poussent en avril et mai, se transforment en noisettes ailées.

Carpinus japonica Il ne dépasse pas 3 m de haut et d'envergure. Sa forme bien étalée en fait un joli sujet, qui donne du caractère à un massif ou une plate-bande.

CARYOPTERIS *Caryoptéris*

Nom usuel : caryoptéris
Type : arbuste
Hauteur : 1 m
Floraison : août à octobre
Sol : tout type
Exposition : soleil
Multiplication : bouturage en août

>> Le caryoptéris a une croissance rapide et prend un volume intéressant. Son feuillage, vert gris, est parfumé. À la fin de l'été, ses tiges se couvrent de fleurs bleues ou blanches, ce qui permet de prolonger la floraison au jardin. Il faut le planter tous les 80 cm.

Caryopteris x clandonensis [ill.] Il fleurit bleu foncé. 'Heavenly Blue' est la variété la plus facile à trouver.

Caryopteris incana Cette variété plutôt basse s'orne d'un feuillage moins argenté que la précédente et porte des fleurs d'un bleu plus vif.

CATALPA *Catalpa*

Nom usuel : catalpa
Type : arbre
Hauteur : 5 à 30 m
Floraison : juillet-août
Sol : ordinaire et drainé
Exposition : soleil ou mi-ombre
Multiplication : semis au printemps ou à l'automne

>> Le superbe catalpa a une croissance rapide et supporte la pollution. Ses fleurs, blanches ou mauves, le rendent encore plus intéressant. Il doit être planté dans un grand espace, car il a besoin de s'étaler.

Catalpa bignonioides Il porte des fleurs blanches groupées en panicules. 'Purpurea', aux branches et aux feuilles très foncées, produit des gousses.

Catalpa fargesii Il fleurit mauve.

Catalpa speciosa [ill.] Ses fleurs blanches marquées de pourpre et de jaune sont rassemblées en panicules dressées.

CEANOTHUS *Céanothe*

1

Nom usuel : céanothe
Type : arbuste
Hauteur : 1 à 4 m
Floraison : mai à septembre selon les variétés
Sol : riche et peu calcaire
Exposition : soleil
Multiplication : bouturage en septembre

>> Le céanothe fait aussi bien fonction de couvre-sol, d'arbuste, de plante grimpante ou d'arbre — accolé à un mur, il le dissimule entièrement. Son feuillage est soit persistant, soit caduc. Ses fleurs, en grappe, forment un massif bleu de juin à septembre pour les variétés caduques, et de mai à juin pour les persistantes. Il doit être taillé après la floraison. Il faut rabattre court, au mois de mars, le céanothe à feuillage caduc, pour harmoniser sa forme.

Ceanothus arboreus Persistant. Il atteint 2 m de haut. Il est parfumé.

2

Ceanothus dentatus Sa floraison, abondante, est bleu délavé.

Ceanothus* x *delilianus Il fleurit bleu intense, surtout 'Gloire de Versailles' [1], comme 'Topaz' [2], variété du *Ceanothus caeruleus*. 'Marie Simon' est l'une des rares variétés de l'hybride x *pallidus* à fleurir rose pâle presque délavé.

Ceanothus impressus Persistant. Il s'étale et porte des fleurs bleu foncé.

CEDRUS *Cèdre*

Nom usuel : cèdre
Type : arbre
Hauteur : 2 à 40 m
Sol : tout type
Exposition : toutes
Multiplication : semis au printemps ou bouturage en été

>> Le cèdre est l'un des très beaux grands arbres. Il vit longtemps et prend des formes différentes selon la variété. Il produit des cônes dénués de toute utilité. Il faut le planter dans un parc pour qu'il ait de la place.

Cedrus atlantica Ses branches sont basses. Ses aiguilles varient du vert profond au bleu-vert. Les branches de 'Glauca Pendula' retombent.

Cedrus deodora [ill.] Il est originaire de l'Himalaya, où il atteint 70 m de haut — contre 30 dans nos contrées.

Cedrus libani Adulte, ses branches s'étalent à l'horizontale. Vieux, il peut perdre ses aiguilles à l'automne.

CELOSIA *Célosie*

Nom usuel : célosie
Type : annuelle
Hauteur : 20 à 80 cm
Floraison : juillet à octobre
Sol : riche et frais
Exposition : soleil
Multiplication : semis au printemps

>> La célosie demande beaucoup de soins et n'est pas faite pour les jardiniers débutants. Sa fleur, très étrange, panache rouge intense ou jaune, sort d'un feuillage dense. Coupée, elle se met dans un bouquet frais ou séché.

***Celosia* 'Miss Nippon'** Cette variété, comme 'New Look', fleurit en panache dressé, 'Chef' ou 'Flamingo Feather', en forme de crête de coq.

CENTAUREA *Centaurée*

1

2

3

Nom usuel : centaurée
Type : vivace ou annuelle
Hauteur : 30 cm à 1 m
Floraison : été
Sol : tout type, bien drainé
Exposition : soleil
Multiplication : semis en juin ou division des touffes à l'automne pour les vivaces ; semis en octobre ou mars pour les annuelles

>> La centaurée évoque un champ de bleuets, bien qu'elle soit parfois rose ou blanche. Elle existe en annuelle, que l'on peut semer sur place ou en vivace, avec un choix plus restreint de coloris. Dans les deux cas, la suppression des fleurs fanées assure une seconde floraison, moins fournie, mais non négligeable.

Centaurea cyanus [2] Cette fleur des champs annuelle existe en bleu, blanc, noir, rose et rouge.

Centaurea dealbata Elle atteint 60 cm de haut. Elle arbore un feuillage au revers gris argenté et fleurit rose ou blanc.

***Centaurea hypoleuca* 'John Coutts'** [1] La plus robuste. Son feuillage, au revers gris argenté, atteint 30 cm et lui donne tout son charme.

Centaurea macrocephala [3] Elle se coiffe d'un pompon jaune.

CENTRANTHUS *Centranthe*

1

Nom usuel : centranthe, valériane des jardins
Type : vivace
Hauteur : 60 cm
Floraison : mai à septembre
Sol : tout type
Exposition : soleil
Multiplication : semis en juin

>> La valériane, qui se contente de peu, se plaît au bord d'un chemin, dans un coin sec du jardin, dans quelque fissure d'un muret au soleil ou entre les pierres d'une rocaille. Elle atteint 80 cm d'envergure. Son feuillage est vert bleuté. Ses fleurs vigoureuses, rose foncé ou blanches, s'épanouissent au soleil, surtout si la valériane est plantée à l'horizontale entre des pierres. Si les fleurs desséchées sont rabattues dès la fin de la floraison elle repartent de plus belle, à peine plus petites. Inutile d'arroser la valériane, sauf par canicule persistante. Pour la planter, rien de plus simple : il suffit d'acheter un paquet de graines en jardinerie et d'en saupoudrer un coin desséché et ingrat du jardin — une brouette de pierres mélangées à un peu de terre fait parfaitement l'affaire. La valériane est prodigue de ses graines après la floraison, ce qui garantit de nombreux petits plants l'année suivante.

2

Centranthus ruber Cette espèce fleurit rose, 'Albus', blanc [1], 'Coccineus', rouge [2].

CERASTIUM *Céraiste*

Nom usuel : céraiste
Type : vivace
Hauteur : 15 cm
Floraison : mai-juin
Sol : tout type
Exposition : toutes, sauf le manque de lumière
Multiplication : division des touffes ou bouturage au printemps

>> Le céraiste, couvre-sol très robuste, garnit rapidement la portion de jardin que l'on veut cacher. Ses feuilles sont argentées et ses fleurs, de petites étoiles blanches.

Cerastium biebersteinii Très vigoureux. Il accompagne bien les rosiers.

Cerastium tomentosum [ill.] Il atteint 15 cm de haut. Il arbore un feuillage argenté dans un buisson de fleurs blanches.

CERATOSTIGMA *Plumbago*

1

Nom usuel : plumbago
Type : vivace
Hauteur : 20 à 90 cm
Floraison : septembre à octobre
Sol : ordinaire, bien drainé
Exposition : soleil
Multiplication : division des touffes au printemps ou marcottage

2

>> Le plumbago est très décoratif. Son feuillage prend des couleurs ravissantes en novembre. Ses fleurs bleues, tardives, ornent le jardin en fin de saison.

Ceratostigma plumbaginoides [1] Il atteint 20 cm de haut. Cette plante traçante, au feuillage vert, puis rubis à l'automne, fleurit bleu gentiane brillant.

Ceratostigma willmottianum [2] Cette touffe buissonnante disparaît parfois en hiver, se régénère au printemps suivant et atteint 90 cm de haut. Son feuillage vire au rouge à l'automne et elle fleurit bleu roi en fin d'été. Le climat doux lui est recommandé mais, bien protégée en hiver, elle ne risque rien.

CESTRUM *Cestreau*

Nom usuel : cestreau
Type : arbuste
Hauteur : 4 à 8 m
Floraison : juillet-août
Sol : ordinaire
Exposition : soleil
Multiplication : bouturage ou marcottage au printemps

>> Le cestreau, nocturne et fragile, doit être protégé. Ses fleurs, petits tubes rouges ou jaunes en bouquets, n'embaument que la nuit. On peut le palisser.

Cestrum fasciculatum Persistant. Il atteint 8 m de haut. Il fleurit rouge.

Cestrum x newelii De grande taille, il fleurit rouge également.

Cestrum Parqui [ill.] Rare.

CHAENOMELES *Cognassier du Japon*

1

2

Nom usuel : cognassier du Japon
Type : arbuste
Hauteur : 1 à 3 m
Floraison : février à mai
Sol : tout type
Exposition : soleil ou mi-ombre
Multiplication : bouturage en été

>> Le cognassier du Japon englobe de nombreuses variétés qui, au Japon, donnent lieu à des plantations spectaculaires. Dans une plate-bande, il manque d'élégance, mais, palissé contre un mur, atteint plusieurs mètres d'envergure. En haie, grâce à ses épines et à ses multiples rejets, il forme en quelques années une barrière impénétrable et défensive. Son feuillage est caduc. Ses tiges, dispersées et désordonnées, portent une multitude de petites fleurs simples, sous la forme de bouquets rouges, roses ou blancs. Ses fruits, les coings, se prêtent à diverses préparations. Une première taille se pratique après la floraison, qui se produit à partir du mois de février. Durant l'été, il est bon de supprimer toutes les branches folles et envahissantes qui nuisent à l'esthétique. Il existe un si grand nombre de variétés que les botanistes les plus chevronnés y perdent leur latin. Voici les plus performantes, les plus rustiques et les plus aisées à trouver.

Chaenomeles japonica Selon les cultivars, ses fleurs varient entre le rose, le rouge, l'orange, le blanc et l'écarlate.

Chaenomeles speciosa [1] Ce vrai cognassier du Japon porte, dès le mois de mars, des fleurs rouge sang disposées en bouquets serrés le long des tiges. Ses fruits, en forme de poire, sont jaune verdâtre, mouchetés. 'Nivalis' fleurit blanc éclatant.

Chaenomeles superba La plus petite variété de l'espèce convient pour une plate-bande, où il forme un arbuste compact, à floraison précoce. L'un de ses hybrides, 'Boule de feu', fleurit rouge orangé et produit des fruits jaunes d'une bonne taille. 'Crimson and gold' est rouge cramoisi à étamines jaune d'or [2]. 'Knap Hill Scarlet' est un vieil hybride qui s'étale beaucoup, avec une abondante floraison rouge foncé.

CHAMAECYPARIS *Faux cyprès*

1

2

Nom usuel : faux cyprès
Type : arbre ou arbuste
Hauteur : 1 à 2 m pour les nains ; 8 à 10 m pour les grands
Sol : tout type
Exposition : soleil ou mi-ombre
Multiplication : bouturage ou marcottage en été

>> Le faux cyprès prend, selon les variétés, différentes formes : nain, en colonne ou plutôt tordu. Quoi qu'il en soit, il est toujours décoratif et convient aussi bien pour une rocaille, une plate-bande, un jardin de graviers ou en pot sur une terrasse.

Variétés en colonne

Sa destination — haie ou plante isolée pour ancrer une bordure ou encadrer une porte — détermine le choix de l'arbuste.

***Chamaecyparis lawsoniana* 'Alumii'** Il atteint 10 m de haut et constitue un bon coupe-vent.

***Chamaecyparis lawsoniana* 'Ellwoodii'** Son coloris bleu acier le rend très élégant.

***Chamaecyparis lawsoniana* 'Ellwood's Golden Pillar'** Il peut atteindre 20 m de haut pour moins de 50 cm de large.

***Chamaecyparis lawsoniana* 'Stewartii'** Il mesure 8 m de haut. C'est le plus doré.

Variétés naines

***Chamaecyparis lawsoniana* 'Ellwood's Gold'** Cet élégant conifère doré habille agréablement un patio.

***Chamaecyparis lawsoniana* 'Filiformis compacta'** Il mesure 1 m de haut et présente un feuillage vert fortement bleuté.

***Chamaecyparis lawsoniana* 'Fraseri'** [2] Rare.

***Chamaecyparis lawsoniana* 'Gimbornii'** [1] Rare.

***Chamaecyparis lawsoniana* 'Minima'** Il atteint 60 cm au bout de dix ans. Il forme une boule compacte d'un beau vert soutenu.

***Chamaecyparis obtusa* 'Nana'** Cette variété très décorative, la préférée des Japonais, a l'air un peu biscornue.

CHEIRANTHUS *Giroflée ravenelle*

Nom usuel : giroflée ravenelle
Type : vivace ou bisannuelle
Hauteur : 30 à 50 cm
Floraison : mars à juin
Sol : ordinaire
Exposition : soleil
Multiplication : semis au printemps

>> La giroflée ravenelle, bisannuelle au parfum un peu envoûtant, est tout indiquée à côté de la maison : les abeilles, occupées à puiser le précieux nectar, ne présentent alors aucun danger. Son feuillage est souvent persistant ou semi-persistant dans les climats doux. On peut espérer une bonne floraison, non seulement pour l'année qui suit la plantation, mais aussi pour les suivantes : la giroflée ravenelle peut devenir vivace si elle est protégée en hiver et si sa tige florale est bien rabattue. Dès que la floraison complète est terminée, une taille lui permet de redémarrer si le temps est favorable et l'arrosage d'été, adéquat. On la trouve dans les tons jaunes, grenat, blancs, et dans la gamme des marron roux et des violets.

***Cheiranthus cheiri* 'Buisson d'or'** Cette variété est très florifère. 'Rose Queen' mesure 60 cm de haut et porte une multitude de fleurs roses. Dans les variétés plus hautes, il existe un grand choix de coloris, du chamois au violet sombre. 'Tom Pouce', très décorative, est idéale pour une rocaille ou une bordure.

CHIMONANTHUS *Chimonanthe*

Nom usuel : chimonanthe
Type : arbuste
Hauteur : 4 m
Floraison : février
Sol : ordinaire et drainé
Exposition : soleil
Multiplication : bouturage ou marcottage en mai

>> Le chimonanthe a pour particularité de fleurir en hiver quand il n'a pas de feuilles. Ses petites fleurs jaunes au parfum délicieux constituent son seul attrait.

***Chimonanthus praecox* 'Grandiflorus'** Il porte de grandes fleurs jaunes et rouges [ill.]. 'Luteus' fleurit jaune pâle.

CHIONODOXA *Chionodoxa*

Nom usuel : chionodoxa
Type : bulbe
Hauteur : 20 à 30 cm
Floraison : avril
Sol : riche et léger
Exposition : soleil
Multiplication : division des bulbes à l'automne

>> En avril, lorsque l'on ne se découvre pas d'un fil, de ravissantes petites fleurs bleues en forme d'étoile, au cœur blanc, apparaissent parmi le feuillage brillant du chionodoxa. Il convient parfaitement pour une rocaille.

Chionodoxa forbesii Il s'orne de feuilles assez verticales et fleurit bleu.

Chionodoxa gigantea Comme son nom l'indique, il est grand, c'est-à-dire qu'il mesure 30 cm de haut. Il fleurit bleu clair.

Chionodoxa luciliae [ill.] Il est petit, avec des fleurs bleu pâle.

CHOISYA *Oranger du Mexique*

Nom usuel : oranger du Mexique
Type : arbuste
Hauteur : 1 à 2 m
Floraison : mai-juin
Sol : moyen, bien drainé
Exposition : soleil, mais à l'abri du vent
Multiplication : bouturage en été

>> Pas de jardin sans au moins un oranger du Mexique, au feuillage brillant et aux fleurs blanches parfumées qui, parfois, reviennent en été. Bien taillé, il peut prendre la forme de ravissantes boules de 2 m de haut.

Choisya ternata [ill.] L'espèce type s'orne de feuilles vert soutenu et de masses de fleurs blanches. 'Sundance' a un feuillage jaune doré, plus fragile.

CHRYSANTHEMUM *Marguerite d'automne*

1

2

Nom usuel : chrysanthème, marguerite d'automne
Type : vivace
Hauteur : 50 à 60 cm
Floraison : juin à décembre
Sol : riche
Exposition : soleil
Multiplication : division des touffes ou bouturage au printemps

>> En France, le chrysanthème est quasiment synonyme de cimetière. Ce n'est pas vrai dans d'autres pays et ce ne devrait plus l'être dans le nôtre, car de nombreuses variétés sont apparues. Les botanistes et obtenteurs ont fait évoluer certains « vieux » chrysanthèmes — *Tanacetum, Aster, Leucanthemum, Dendranthema* et tous les ex-*Chrysanthemum* —, qui ont donné naissance à d'autres variétés, vivaces ou annuelles. Quant aux hybrides qui portent encore le nom de *Chrysanthemum,* ils sont classés en précoces ou tardifs, ou encore, selon la forme des fleurs, « nain », « décoratif » ou « pompon ». Ces derniers, rustiques, n'ont besoin que de soleil pour s'épanouir en une masse de fleurs colorées. En utilisant des hybrides variés, on arrive à obtenir une floraison de juillet à octobre.

Parmi les variétés annuelles, il faut rechercher les chrysanthèmes de Corée.

***Chrysanthemum* 'Aurore'** Il porte, en septembre, des fleurs en pompon rose saumoné.

***Chrysanthemum* 'Clara Curtis'** Il porte, en juillet, des fleurs simples roses.

***Chrysanthemum* Grandchild'** [2] Rare. Précoce et décoratif..

***Chrysanthemum* 'Isabella'** Très rustique. Il fleurit saumon crème en août.

***Chrysanthemum* 'Kentucky'** Il fleurit rose doux en octobre.

***Chrysanthemum* 'La Perle'** Il fleurit blanc en octobre.

***Chrysanthemum* 'Max Riley'** [1] Ses fleurs jaunes mesurent 8 à 12 cm de diamètre.

***Chrysanthemum* 'Mei-Kyo'** Vigoureux. Il fleurit en octobre.

***Chrysanthemum* 'Red Velvet'** Il s'orne de fleurs doubles pourprées en septembre.

***Chrysanthemum* 'Soir d'Orient'** Il a des fleurs simples, violacées, en août.

***Chrysanthemum* 'White Bouquet'** Il fleurit blanc en août.

CISTUS *Ciste*

1

2

Nom usuel : ciste
Type : arbuste
Hauteur : 1 à 3 m
Floraison : juin à août
Sol : ordinaire et sec
Exposition : soleil
Multiplication : bouturage en été

>> Le ciste, originaire des côtes méditerranéennes, est l'un des plus ravissants arbustes qui ornent le jardin. Il supporte très bien des climats plus rudes, et ni le vent ni les embruns des régions côtières ne semblent le gêner. Il n'apprécie pas, en revanche, un froid trop vif, avec des températures descendant en dessous de -10 °C. Son feuillage est persistant. Il est très florifère, même si ses fleurs, fragiles et délicates, ne vivent qu'un jour. À développement rapide, il est parfait pour habiller un jardin récemment créé. Le planter dans une bordure procure un raffinement qui nécessite peu d'efforts, car le ciste ne demande aucune attention s'il est en plein soleil dans un endroit abrité. Attention : il n'aime pas être taillé. À la rigueur, il est possible de supprimer quelques feuilles abîmées ou l'extrémité d'une branche si elle nuit à sa forme. Il faut protéger sa souche en hiver. Il en existe de nombreuses variétés, toutes belles.

Variétés les plus grandes
(Dépassant, pour certaines, 1,50 m de haut.)

Cistus* x *corbariensis Probablement le plus résistant. Il peut atteindre 1,50 m de haut et d'envergure. Il fleurit blanc.

Cistus ladanifer* ssp. *Maculatus Il a des fleurs blanches et chaque pétale, de 10 à 12 cm de large, porte une tache rouge acajou à la base.

Cistus* x *purpureus [2] Il se plaît plutôt en bord de mer. Il se garnit tout l'été de fleurs rose violacé de 12 cm de diamètre.

Cistus villosus Il arbore un feuillage duveteux. Il fleurit pourpre rose.

Variétés les plus petites

***Cistus x argenteus* 'Silver Pink'** [1] Il se couvre, au printemps, de petites fleurs roses à cœur blanc.

Cistus* x *lusitanicus Cette jolie variété naine fleurit blanc.

Cistus salviifolius Il peut être utilisé en couvre-sol. Ses fleurs blanches, de 3 cm de large, sont panachées de jaune.

CLEMATIS *Clématite*

1

2

3

Nom usuel : clématite
Type : arbuste
Hauteur : 2 à 10 m
Floraison : juin à août
Sol : moyen ou riche
Exposition : soleil ou mi-ombre
Multiplication : bouturage en été

>> La clématite est la reine des plantes grimpantes. Inutile de la palisser : elle se tortille et s'enroule autour de tous les obstacles qu'elle rencontre. Il en existe plus de 200 variétés, ce qui ne permet pas d'en faire une description commune ; tout au plus peut-on dire que le choix d'une espèce appropriée assure une floraison presque toute l'année.

La clématite grimpe sur le mur de la maison en s'accrochant à un treillage, orne une porte d'entrée si on lui offre un arceau, mais un des emplacements où elle donne le meilleur d'elle-même est la pergola, où elle se mêle aux rosiers. Un autre de ses hôtes favoris est l'arbre, qu'elle escalade, enveloppant ses branches, se faufilant à travers son feuillage, au point de se confondre avec son support. Elle est chez elle partout, sur une terrasse, le long d'une balustrade ou dans une haie, une plate-bande ou une rocaille où elle se prélasse, en un magnifique couvre-sol.

Lors de l'achat, il faut veiller à acquérir la plante qui convient à l'emplacement choisi et à la période de floraison désirée. Si le pied est déjà en fleur, on doit le dépoter et le transférer dans une terre riche. Une fois installée, elle ne se montre pas capricieuse et fleurit facilement — pour un jeune plant, voir la méthode de plantation exposée p. 78-79.

4

5

Variétés couvre-sol

***Clematis* 'Arabella'** [3] Elle porte des fleurs pourpres, au cœur crème, tout l'été.

***Clematis* 'Brunette'** Elle a des fleurs brun pourpre, au cœur jaune, tout le printemps.

***Clematis* 'Comtesse de Bouchaud'** [4] Elle fleurit rose-mauve tout l'été.

***Clematis* 'Golden Tiara'** Cette variété vigoureuse, à sépales jaunes et étamines pourpres, fleurit de juillet à octobre.

Variétés à feuillage persistant

Clematis armandii [1] Elle a de grandes feuilles persistantes et des fleurs blanches parfumées, en mars-avril.

***Clematis cirrhosa* 'Wisley Cream'** Ses fleurs blanches dominent un feuillage vert bronze.

Variétés pour les arbres

***Clematis* 'Countess of Lovelace'** Elle porte des fleurs doubles bleu lilas en mai-juin et refleurit en septembre.

***Clematis* 'Duchess of Edinburgh'** a des fleurs doubles blanches de juin à août.

***Clematis* 'Dr Ruppel'** Elle a de grandes fleurs roses avec des grandes barres carmin en mai, juin et août.

***Clematis* 'Lasurstern'** [5] Elle fleurit bleu en mai, juin et août.

Clematis montana [8] Elle atteint 20 m de haut. Ses fleurs roses ou blanches, souvent parfumées, sortent en avril.

***Clematis* 'Perle d'Azur'** [7] Elle atteint 10 m de haut. Elle fleurit bleu pâle.

***Clematis* 'The President'** [9] Elle fleurit pourpre bleuté comme du velours.

6

7

8

9

10

Variétés pour les bacs ou les pergolas

***Clematis* 'Niobe'** [15] Elle atteint 2 m de haut. Elle porte des fleurs d'un rouge rubis velouté de juin à septembre.

***Clematis* 'Prince Charles'** [13] Compacte. Elle atteint 2 m de haut. Elle fleurit bleu de juin à septembre.

***Clematis* 'Vyvyan Pennell'** [14] Elle porte des fleurs doubles bleu-violet, en mai-juin, puis des fleurs simples, en août.

Variétés pour les murs au nord

***Clematis* 'Dr Ruppel'** [10] (voir « Variétés pour les arbres »).

***Clematis* 'Mrs. Cholmondeley'** [11] Sa floraison couleur lavande est la plus longue, de mai à septembre.

***Clematis* 'Nelly Moser'** [6] Elle porte de grandes fleurs mauves avec une barre lilas, en mai-juin, et remonte en août.

Variétés pour les murs au sud

***Clematis* 'Ernest Markham'** [12] Ses grandes fleurs rouge pivoine, d'une beauté frappante, sortent de juillet à octobre.

***Clematis* 'Lady Betty Balfour'** Elle fleurit pourpre bleuté en septembre-octobre. Pour le plein soleil.

11

12

13

14

15

CLERODENDRON *Clérodendron*

Nom usuel : clérodendron
Type : arbuste
Hauteur : 1,50 à 3 m
Floraison : août-septembre
Sol : normal
Exposition : soleil ou mi-ombre
Multiplication : semis, bouturage ou marcottage au printemps

>> Le ravissant clérodendron est très décoratif. Ses fleurs, en forme de cœur, donnent naissance à des fruits bleus. Il faut le planter à l'abri.

Clorodendron splendens Il mesure 1,50 m de haut et a une croissance rapide. Il fleurit rouge.

Clorodendron trichotomum [ill.] Il mesure 2 m de haut. Il porte des fleurs blanches parfumées. 'Fargesii' atteint 3 m de haut. Ses fleurs ont un parfum très plaisant.

COLCHICUM *Colchique*

Nom usuel : colchique
Type : bulbe
Hauteur : 15 cm
Floraison : fin d'été
Sol : ordinaire et frais
Exposition : soleil
Multiplication : séparation des bulbes à l'automne

>> « Colchiques dans les prés, fleurissent, fleurissent... » La chansonnette ne dit pas qu'ils sont toxiques et qu'il ne faut pas les cueillir. Ils ressemblent à de gros crocus. Leurs fleurs, aux grands pétales, sont généralement blanches ou rose foncé.

***Colchicum automnale* 'Album'** Blanc, il est joli à l'avant d'une bordure. Attention : les enfants ne doivent pas le toucher !

Colchicum byzantinum [ill.] Originaire de Turquie. Il est très florifère.

CONVALLARIA *Muguet*

Nom usuel : muguet
Type : vivace
Hauteur : 20 cm
Floraison : mai
Sol : ordinaire et frais
Exposition : soleil ou mi-ombre
Multiplication : division des rhizomes au printemps ou à l'automne

>> En France, le muguet est la fleur traditionnelle du 1er mai et ne pas en offrir un brin est une faute grave ! Quel dommage que cette habitude n'existe quasiment pas ailleurs, car ses clochettes blanches sont ravissantes. De plus, elles embaument — le muguet est très utilisé en parfumerie. Il pousse bien dans les sous-bois, mais réussit également en pot sur une terrasse.

Convallaria majalis C'est la seule espèce disponible, avec des variantes. La variété nantaise à fleurs géantes, 'Fortin', est la plus répandue.

CONVOLVULUS *Liseron*

Nom usuel : liseron
Type : vivace ou arbuste
Hauteur : 30 à 60 cm
Floraison : juin à octobre
Sol : moyen et drainé
Exposition : soleil
Multiplication : bouturage sous cloche en été

>> Quand on veut lui rabattre son caquet, on l'appelle liseron, mais quand on désire l'honorer, et il le mérite, on le nomme *Convolvulus*. Malgré son origine méditerranéenne, il peut réussir ailleurs s'il bénéficie d'un drainage parfait — il suffit, pour cela, de l'établir sur une pente. L'arbuste du genre est un petit buisson, souvent rampant, au feuillage presque persistant, qu'il faut protéger des pluies en hiver, surtout au nord de la Loire. Si on en a le courage, il est bon de l'abriter sous une « tente » en plastique ou de recouvrir les souches avec des conteneurs ; le liseron forme alors de grosses touffes étalées. En modérant, par une bonne taille, les branches les plus exubérantes, on renforce la floraison.

Convolvulus cneorum [ill.] Son feuillage argenté persistant se couvre, tout l'été, de petites fleurs blanches épanouies.

Convolvulus mauritanicus Cette bonne vivace rampante est envahie de fleurs bleues.

CORDYLINE *Cordyline*

Nom usuel : cordyline
Type : arbre
Hauteur : 8 à 10 m
Floraison : juillet-août
Sol : léger et drainé
Exposition : toutes
Multiplication : division des rejets toute l'année

>> La cordyline, grand plumeau à l'allure d'un palmier, aime la chaleur. Elle est parfaitement heureuse sur les côtes méditerranéennes, mais supporte le climat atlantique dans des zones à climat doux. Du sommet de son tronc, qui peut être divisé, sortent de longues feuilles relativement étroites. En été, les sujets adultes portent des fleurs crème.

Cordyline australis [ill.] On la trouve sur la côte basque. Des baies blanches ou bleues succèdent aux fleurs.

Cordyline indivisa Elle ressemble beaucoup au yucca et est plus florifère.

COREOPSIS *Coréopsis*

1

2

Nom usuel : coréopsis
Type : vivace ou annuelle
Hauteur : 30 à 60 cm
Floraison : mai à octobre
Sol : tout type
Exposition : soleil
Multiplication : division à l'automne ou semis au printemps

>> Le coréopsis, peu exigeant, ensoleille les plates-bandes avec ses fleurs en étoile jaune vif, qui sortent en bout de tige. Selon la variété, c'est une annuelle ou une vivace. Dans le premier cas, il faut pincer le haut des tiges au mois de mai pour que la plante prenne de l'ampleur. Dans le second, elle est plus compacte, et on a intérêt à laisser son feuillage sécher sur place en hiver pour le rabattre au printemps lors de l'apparition des nouvelles pousses.

Coreopsis drummondii Cette annuelle ou bisannuelle porte des fleurs jaune soutenu avec un cœur marron.

Coreopsis grandiflora [2] Il fleurit tellement qu'il meurt d'épuisement. Il faut éviter de lui donner une terre trop riche, sans toutefois le mettre au régime complet. Du terreau de feuilles et de bons arrosages en plein été lui conviennent fort bien.

Coreopsis verticillata [1] En été, ses tiges au feuillage plumeux se garnissent de fleurs jaune d'or. 'Zagreb', la variété la plus courte, ne dépasse pas 40 cm de haut et fleurit plus tard que les autres. 'Moonbeam' est jaune soufre avec des campanules.

CORNUS *Cornouiller*

1

2

Nom usuel : cornouiller
Type : arbuste
Hauteur : 2 à 10 m
Floraison : mars
Sol : tout type
Exposition : soleil ou mi-ombre
Multiplication : bouturage du bois sec en hiver ou marcottage en juin

>> Le genre comprend des arbustes, des arbrisseaux et même un arbre superbe, qui semble se développer par étages de fleurs et de feuillage : les Anglais l'appellent « pièce montée ». Il s'agit du *Cornus controversa* 'Variegata', à la croissance et au développement très lents ; mais la récompense vaut bien un peu de patience. Parmi les autres cornouillers, certains ont un feuillage persistant ou sont intéressants en hiver, surtout pour leurs branches très colorées, jaune doré ou rouge vif ; d'autres s'ornent d'un feuillage très décoratif et ont une ravissante floraison de printemps, ou encore produisent des baies. Tous tolèrent une grande variété de conditions : soleil, mi-ombre et terre quelconque, même humide en hiver. Ils ne demandent aucun entretien particulier, sinon une taille pour *Cornus alba* et *Cornus stolonifera*, afin d'assurer la prolifération de jeunes branches vigoureuses et très colorées.

Cornus alba Vigoureux. Il peut atteindre 3 m de haut. Les jeunes rameaux rougissent en hiver et le feuillage prend des teintes dorées à l'automne.

Cornus alternifolia [1] Ses branches s'étalent comme celles de *Cornus controversa*. Il porte de minuscules fleurs blanches en été, qui se transforment en baies noires. 'Argentea' est panaché de blanc.

Cornus controversa Ce petit arbre arbore un feuillage ovale, vert vif, qui devient pourpre à l'automne et qui est caduc. Ses rameaux poussent à l'horizontale et leurs pointes se couvrent de fleurs blanches en été. 'Variegata' possède un joli feuillage panaché vert et blanc crème.

Cornus florida (cornouiller à fleurs) Cette très jolie variété américaine s'orne d'un ovale vert vif, qui devient pourpre à l'automne. Au printemps, ses fleurs sont entourées de quatre grandes bractées blanches, roses ou crème.

Cornus kousa [2] Cette variété est très employée dans les jardins au Japon. Son feuillage d'automne est flamboyant, il arbore des bractées blanches et donne des fruits rouge vif.

Cornus mas Ce petit arbre rustique, indigène, est ravissant dans un sous-bois avec sa floraison dorée, qui apparaît en fin d'hiver. Ses fruits rouges sont comestibles, mais très amers. 'Variegata' est très décoratif avec son feuillage panaché.

Cornus sanguinea Cette variété, parmi les plus courantes et les plus remarquables, a des branches rouges et un feuillage sanguin.

CORTADERIA *Herbe de la pampa*

Nom usuel : herbe de la pampa
Type : vivace
Hauteur : 2 m
Floraison : juillet à novembre
Sol : tout type
Exposition : soleil
Multiplication : division des souches au printemps

>> Cette grosse touffe d'herbes fines et longues, avec un toupet argenté au sommet, est extrêmement résistante, voire coriace, et très décorative. Elle s'impose avec force et, une fois plantée, se montre difficile à canaliser ; son emplacement doit être déterminé avec circonspection et prévoyance. Tous les trois ans, il convient de diviser ses touffes devenues encombrantes. Les gants sont indispensables pour la toucher , car son long feuillage est dangereusement aiguisé. Selon les spécialistes, après avoir tout rabattu on doit protéger sa souche avec une feuille de plastique.

Cortaderia selloana Son feuillage atteint facilement 1,50 m de haut ; celui de 'Aureolineata' devient de plus en plus doré avec l'âge. 'Sunningdale Silver', très résistante, a un feuillage vert persistant et des plumes crème argenté [ill.]. 'Rendatleri' est plus décorative, avec de longues plumes roses.

CORYDALIS *Fumeterre*

Nom usuel : fumeterre
Type : vivace
Hauteur : 30 cm
Floraison : mai-juin
Sol : moyen et humifère
Exposition : mi-ombre
Multiplication : division après la floraison

>> La fumeterre se range parmi les plantes faciles et se plaît à l'ombre d'un mur ou entre les pierres d'un escalier ou d'une rocaille. Ses fleurs forment de longues clochettes jaunes ou bleues. Comme elle s'étale bien, parfois trop, il faut diviser le pied en octobre, et le problème est réglé.

Corydalis lutea [ill.] Cette variété fleurit par vagues successives presque toute l'année ; son jaune pâle, non agressif, s'accorde avec tout.

Corydalis flexuosa Cette variété, d'un beau bleu, demande une terre fraîche et humifère.

CORYLOPSIS *Corylopsis*

Nom usuel : corylopsis
Type : arbuste
Hauteur : 1,50 à 3 m
Floraison : février-mars
Sol : acide et drainé
Exposition : mi-ombre
Multiplication : marcottage au printemps ou à l'automne

>> Le corylopsis, au feuillage caduc, a un charme fou. Il monte verticalement, puis change d'avis et part à l'horizontale. Ses fleurs sortent avant les feuilles, grappes jaunes et parfumées. La multiplication est difficile à réaliser.

Corylopsis pauciflora Il mesure 1,50 m de haut. Ses feuilles, ovales, sortent bronze avant de tourner au vert. Il fleurit jaune. Il craint le gel.

Corylopsis spicata Il porte des fleurs en épi.

Corylopsis willmottiae [ill.] Ses jeunes feuilles sont rouges.

COSMOS *Cosmos*

Nom usuel : cosmos
Type : vivace et annuelle
Hauteur : 60 cm à 1,40 m
Floraison : juin à octobre
Sol : ordinaire
Exposition : soleil
Multiplication : semis au printemps

>> Le cosmos est une plante dense et facile. Ses tiges fines, ses petites feuilles et ses ravissantes fleurs en soucoupe forment un grand mais agréable fouillis. Ses feuilles ont un parfum très délicat. Ses fleurs donnent de jolis bouquets.

Cosmos atrosanguineus Cette variété fait partie des vivaces. Elle fleurit pourpre et dégage un parfum de chocolat. Elle est d'un bel effet en pot sur une terrasse.

Cosmos bipinnatus [ill.] Il porte des fleurs de couleurs variées, au cœur jaune.

Cosmos sulphureus Ses fleurs sont jaunes ou orange.

COTINUS *Arbre à perruque*

Nom usuel : arbre à perruque
Type : arbuste
Hauteur : 2 à 6 m
Floraison : juin-juillet
Sol : tout type
Exposition : soleil
Multiplication : bouturage en hiver

>> Cet arbre, de forme arrondie, peut rappeler une perruque. Il arbore des feuilles rondes pourpres, qui virent au rouge vif à l'automne. Ses fleurs, grappes vertes ou cuivre, n'apparaissent que lors d'étés très chauds et, en se fanant, ressemblent à des bouffées de fumée.

Cotinus coggygria Cette merveille atteint 4 m de haut. Ses branches, qui s'étendent jusqu'à traîner au sol, lui donnent une envergure de 6 m de large. Il est vert clair. 'Atropurpureus' est rouge foncé translucide. Quand il meurt, parfois sans prévenir, on le regrette et l'on en plante un autre.

Cotinus obovatus Plus vigoureux et plus haut. Il arbore des feuilles plus claires.

COTONEASTER *Cotonéaster*

1

Nom usuel : cotonéaster
Type : arbuste
Hauteur : 1 à 5 m
Floraison : fin du printemps
Sol : tout type
Exposition : soleil ou mi-ombre
Multiplication : bouturage en été

>> Le cotonéaster offre de multiples usages : palissé sur un mur ou une clôture, hôte d'une plante grimpante ou couvre-sol. Il vit également très bien en grand bac ou en pot sur une terrasse. Selon l'espèce, il est persistant ou caduc. En été, ses petites fleurs groupées sont charmantes, mais c'est à l'automne et en hiver qu'il explose avec ses baies, en un festival de rouges, d'orangés et parfois de jaunes ; il en porte plus, alors, que n'importe quel autre arbuste. Elles ne sont pas comestibles, sauf pour les oiseaux, qui en font un festin. Peu exigeant, il tolère un sol pauvre, mais avec un bon drainage.

2

3

4

Variétés couvre-sol

Cotoneaster dammeri radicans Originaire de Chine. Il est si dense qu'il forme une sorte de tapis. Ses longs rameaux rampent en se plaquant au sol. Son feuillage, persistant, est vert foncé brillant. En juin, ses petites fleurs blanches se collent aux rameaux et, à l'automne, des baies rouge vif apparaissent. L'un des couvre-sol favoris des auteurs de cet ouvrage.

Cotoneaster horizontalis [1] Connu de tous. Il mesure 1 m de haut, mais, planté contre un mur, atteint facilement 3 m de haut et d'envergure — il a le même comportement plaqué au sol. Ses branches, naturellement étalées, s'ouvrent en éventail et se couvrent de baies rouges. Son feuillage est caduc.

Variétés dépassant 3 m de haut

Cotoneaster affinais Il grimpe jusqu'à 6 m de haut. Ses feuilles sont petites, ses fleurs, blanches en juin, deviennent des baies pourpre-marron, presque noires.

Cotoneaster conspicuus [3] Cette variété persistante atteint 7 à 8 m de haut et ses fruits frôlent le second étage d'une maison.

Cotoneaster lacteus [2] L'un des plus décoratifs. Il atteint 5 m de haut. Son port est beau, quoique un peu dégingandé. Ses feuilles, vertes dessus et argentées dessous, sont persistantes. Ses fleurs blanches sortent au début de juillet et se groupent en corymbes. Ses fruits rouges apparaissent en octobre.

Arbustes

Cotoneaster salicifolia [4] Il mesure en moyenne 2 m de haut. Il peut être utilisé en grimpant, palissé sur une arche, une pergola ou un muret. Ses feuilles, petites et allongées, sont persistantes.

CRAMBE *Crambe*

Nom usuel : crambe
Type : vivace
Hauteur : 1,20 à 2 m
Floraison : juin à septembre
Sol : ordinaire
Exposition : soleil
Multiplication : division des souches en hiver

>> Le crambe, grand et spectaculaire, n'a pas besoin de tuteur. Il se distingue par ses centaines de petites fleurs blanches, qui forment un nuage embaumé. Il est superbe dans un massif, mais il lui faut de la place.

Crambe cordifolia [ill.] Il mesure 2m de haut. Ses feuilles sont vert foncé.

Crambe maritima Il fleurit bleuté.

CRATAEGUS *Aubépine*

Nom usuel :
Type : arbuste
Hauteur : 4 à 5 m
Floraison : mai-juin
Sol : tout type
Exposition : soleil
Multiplication : semis en octobre ou février, ou bouturage en été

>> Si l'on supprime les rejets naturels du tronc, l'aubépine peut devenir un arbre de 7 m de haut. Comme son nom l'indique, elle porte des épines sur ses branches disposées en

2

désordre. Ses fleurs blanches ou roses, de mai à juillet, répandent un parfum délicieux, avant de se transformer en fruits, qui donnent le poil à gratter. Mieux vaut ne pas en informer les enfants ! Elles entrent dans la composition de tisanes. L'aubépine est souvent utilisée en haie et, avec le temps, ses épines la rendent impénétrable. Pour la former au mieux, il faut espacer les pieds de 1 m et les planter en quinconce. La taille se fait en juin.

Crataegus crus-galli [1 et 2] Son nom, qui signifie « patte de coq », vient de la forme de ses épines, vraiment redoutables. C'est une haie défensive idéale.

Crataegus flava Ce joli petit arbre un peu sauvage atteint 5 m de haut. Ses fruits jaunes dégagent un parfum de pomme.

Crataegus monogyna Cette variété greffée peut devenir un joli arbre campagnard de 10 m de haut.

Crataegus oxyacantha Selon les cultivars, ses longues branches retombantes se couvrent de fleurs roses, rouges ou rosées. 'Plena' porte des fleurs doubles.

CRINUM *Crinum*

Nom usuel : crinum
Type : bulbe
Hauteur : 1,50 m
Floraison : juillet-août
Sol : moyen et frais
Exposition : soleil
Multiplication : séparation des bulbes en mars

>> Le gros bulbe du crinum produit des fleurs blanches ou roses délicatement parfumées, en trompette, qui font penser aux lys. Les premières années, il faut simplement le pailler pour l'hiver. Sinon, une fois en place, inutile d'y penser, sauf pour le protéger des escargots.

Crinum x powellii Son ample feuillage vert tendre retombe en cascade jusqu'au sol. Il produit jusqu'à trois hampes par bulbe, couronnées chacune d'une vingtaine de fleurs roses, en juillet-août. Il en existe une forme blanc pur, 'Album'.

CROCOSMIA *Crocosmia*

Nom usuel : crocosmia
Type : bulbe
Hauteur : 40 à 60 cm
Floraison : juin à octobre
Sol : bien drainé
Exposition : soleil
Multiplication : division des touffes au printemps

>> Le crocosmia, petit bulbe originaire d'Afrique australe, n'aime pas le froid. Il s'orne de longues feuilles en lanière et porte une multitude de fleurs jaune orangé en trompette. Coupées, elles font de beaux bouquets. Dans une région froide, il faut trouver le courage de déterrer les bulbes à la fin de l'été pour les entreposer dans un endroit sec et aéré durant l'hiver. En avril, on les plante sur un talus ou sur le sommet d'un muret.

Crocosmia* x *crocosmiiflora Le plus répandu. Ses fleurs sont orange, jaunes, cuivre, rouges ou bicolores. Celles de 'Emberglow' sont rouges et celles de 'Firebird', rouges avec des traces d'orange. 'Solfatare', un hybride, arbore des feuilles bronze tels des rayons de soleil, de mai à novembre, et fleurit jaune citron.

Crocosmia masoniorum [ill.] Il mesure 60 à 80 cm de haut. Ses fleurs, longs épis orangés, sont un régal et donnent de ravissants bouquets.

CROCUS *Crocus*

1

Nom usuel : crocus
Type : bulbe
Hauteur : 10 à 20 cm
Floraison : printemps, automne, hiver
Sol : bien drainé
Exposition : soleil ou mi-ombre
Multiplication : séparation des cormes en été

>> Le crocus annonce le printemps. Généralement, on oublie d'une année sur l'autre où il a été planté et on le redécouvre quand il perce, même à travers la neige. Dès que ses fleurs apparaissent, elles forment de belles taches de couleurs si les bulbes ont été disposés en groupe. On peut aussi les mettre en pot.

Variétés de printemps

Crocus chrysanthus [1] Ses fleurs jaunes, blanches, pourpres ou striées peuvent atteindre 20 cm de haut. 'Blue Pearl', comme son nom l'indique, est bleu pâle et argent. C'est l'un des plus jolis.

Crocus vernus [2] Le plus répandu. Il pousse à l'état sauvage dans les Alpes et les Pyrénées ; c'est le parent du grand crocus de Hollande. Ses fleurs sont géantes.

2

Variétés d'automne (octobre-novembre)

Crocus cancellatus Originaire d'Iran et de Palestine. Il est bleu-violet avec une base blanche et fleurit en octobre.

Crocus longiflorus Originaire des Pyrénées et de la Méditerranée. Il mesure 15 cm de haut. Il est lilas avec une base orange et dégage un parfum subtil et profond.

Crocus medius Originaire de France et d'Italie. Il porte des fleurs écarlates.

Crocus sativus Cultivé depuis des siècles dans tout le bassin méditerranéen, il donne le safran. Contrairement aux autres crocus, ses pétales pourpres ne se referment pas. Attention : son pistil tache.

Crocus serotinus Originaire d'Espagne. Il mesure 10 cm de haut. Ses feuilles, violet profond, apparaissent après la floraison.

Variétés d'hiver

Crocus laevigatus Originaire de Grèce. Il atteint 10 cm de haut. Il donne des fleurs rose pourpré d'octobre à janvier. C'est l'un des plus parfumés. Une merveille !

Crocus ochroleucus Originaire de Syrie. Il mesure 8 à 10 cm de haut. Ses fleurs sont blanches avec une base jaune.

CRYPTOMERIA *Cryptoméria*

Nom usuel : cryptoméria
Type : arbre ou arbuste
Hauteur : 2 à 20 m
Sol : acide
Exposition : soleil
Multiplication : semis, bouturage ou marcottage

>> La première graine est arrivée de Chine en 1842 et, depuis, le cryptoméria est très apprécié et se retrouve dans de nombreux jardins. Pourquoi pas le vôtre ? Sa forme, belle et légère, change selon la variété. Son feuillage brunit en hiver. Il ne donne des cônes que lorsqu'il atteint six ou sept ans.

Cryptomeria japonica [ill.] Il atteint 20 m de haut. Son feuillage roussit à l'automne.

***Cryptomeria japonica* 'Bandaï Sugi'** Il mesure 2 m de haut. Vert bleuté, il rougit à l'automne.

***Cryptomeria japonica* 'Elegans'** Il atteint 8 m de haut et devient rouge à l'automne. Il possède souvent plusieurs troncs. 'Elegans Nana' forme une boule de 2 m de haut.

***Cryptomeria japonica* 'Lobbii'** Il est plus dense que les autres.

CUPRESSOCYPARIS *Cyprès de Leyland*

Nom usuel : cyprès de Leyland
Type : arbre
Hauteur : 15 m
Sol : tout type
Exposition : toutes
Multiplication : marcottage au printemps ou à l'automne

>> Le cyprès de Leyland a une croissance rapide, et constitue une colonne large et dense, formant une haie d'envergure pour qui ne veut pas le tailler. Dans ce cas, il faut respecter un bon mètre de distance par rapport à la clôture avec les voisins. Mieux vaut éviter de le planter dans un climat rigoureux.

X *Cupressocyparis leylandii* Le plus courant. Son feuillage vert foncé est teinté de gris.

CUPRESSUS *Cyprès*

Nom usuel : cyprès
Type : arbre
Hauteur : 2 à 18 m
Sol : sec
Exposition : soleil
Multiplication : semis ou greffage au printemps

>> Superbe, frileux, décoratif. Voilà brossé, en trois mots, le portrait du cyprès, qui mérite davantage en raison de son port élégant et de sa beauté. Du vert-jaune au vert-bleu en passant par l'argenté, ses aiguilles sont douces.

Cupressus arizonica Il atteint 15 m de haut. Il est argenté.

Cupressus glabra Il forme une pyramide bleutée. Ses aiguilles, frottées, dégagent un parfum de pamplemousse.

***Cupressus macrocarpa* 'Goldcrest'** [ill.] C'est une colonne qui mesure 10 m de haut.

Cupressus sempervirens Son bois est utilisé pour repousser les mites et autres insectes attirés par les vêtements.

CYCLAMEN *Cyclamen*

1

2

Nom usuel : cyclamen
Type : bulbe
Hauteur : 15 cm
Floraison : avril à août
Sol : riche
Exposition : mi-ombre
Multiplication : semis à l'automne

>> Malgré son origine méditerranéenne, le cyclamen s'est parfaitement adapté sous d'autres cieux et les cormes de nombreuses espèces ne paraissent pas souffrir du froid. L'emplacement le plus heureux pour le planter est sans doute au milieu du gazon, à l'ombre des arbres où, s'il se trouve bien, il se multiplie généreusement. Des résultats appréciables s'obtiennent au bout de deux ans. Chaque année, la tache colorée s'agrandit et il ne faut surtout pas le déplacer. Une fois la floraison terminée, le feuillage marbré ou étoilé est intéressant.
Peu importe le sens dans lequel on plante les souches : elles ont la capacité de pousser à l'envers et de se « retourner » avec le temps. On peut également les mettre en pot pour avoir une pièce joliment fleurie.

Cyclamen cilicium Il forme un parterre rose de 15 cm de haut en octobre et novembre.

Cyclamen coum [1] Il ne dépasse pas 15 cm de haut. Il fleurit blanc, rose ou rouge de décembre à mars.

Cyclamen hederifolium [2] Il arbore un feuillage panaché et fleurit rose pâle ou rouge d'août à novembre.

CYNARA *Cardon*

Nom usuel : cardon
Type : vivace
Hauteur : 1,50 m
Floraison : fin de l'été
Sol : riche, bien drainé en hiver
Exposition : mi-ombre
Multiplication : semis en été

>> On peut laisser le cardon, gros capitule violet impressionnant, fleurir dans le jardin ou… le manger : à Lyon, c'est une vraie spécialité. Son feuillage argenté métallisé habille ses longues tiges duveteuses. Ses fleurs roses, au cœur d'artichaut, sont surprenantes. Ses branches fleuries se mélangent à d'autres dans un bouquet. Séchées, elles forment également une magnifique composition. Il en existe deux espèces : *Cynara cardunculus*, le cardon, et *Cynara scolynus*, l'artichaut de nos potagers.

CYPERUS *Papyrus*

Nom usuel : papyrus
Type : vivace
Hauteur : 60 cm à 1,20 m
Floraison : en été
Sol : humide
Exposition : soleil
Multiplication : division des touffes au printemps

>> Le gracieux papyrus évoque l'histoire de l'Égypte ancienne et les scribes écrivant sur ses feuilles tressées, ancêtres du papier. Il aime l'humidité. Ses feuilles vert foncé, perchées au bout des tiges, ressemblent à des rayons de bicyclette. Ses fleurs d'un brun rougissant sortent en été. Très peu de variétés résistent à l'hiver, mais certaines poussent dans la maison.

Cyperus eragrostis C'est l'une des variétés qui supportent le froid.

Cyperus longus Ses tiges, ancrées dans 20 cm d'eau, poussent serrées les unes contre les autres, formant un écran dense. Ses feuilles à bord coupant sont allongées et ses fleurs, brun-rouge.

Cyperus vegetus Il mesure 60 cm de haut. Il doit être planté dans 15 à 20 cm d'eau. Ses tiges et ses feuilles sont vert tendre brillant comme ses fleurs, semblables à des plumes.

CYTISUS *Genêt*

1

2

Nom usuel : genêt
Type : arbuste
Hauteur : 2 m
Floraison : juin-juillet
Sol : neutre ou acide
Exposition : soleil ou mi-ombre
Multiplication : bouturage à l'étouffée en été

>> Le genêt est plein de qualités : il a une croissance rapide, fleurit jeune et est présent tout en restant transparent. C'est-à-dire qu'il ne bouche pas bêtement le paysage et se révèle bon compagnon en laissant voir ses voisins et voisines.

Cytisus battandieri [1] Cette variété élégante et élancée est dotée d'un superbe feuillage argenté, garni en mai-juin de petites grappes de fleurs jaune vif, tels des mini-lupins. Certains leur trouvent un parfum d'ananas, d'autres pensent qu'elles sentent plutôt la pomme, mais à chacun son nez...

Cytisus scoparius [2] C'est le genêt à balais des bois clairs au sol sableux. L'espèce type est jaune d'or, mais elle a donné des dizaines de variétés rouges, roses, crème et bicolores.

DABOECIA *Daboecia*

Nom usuel : daboecia
Type : arbuste
Hauteur : 60 cm
Floraison : mai à septembre
Sol : acide, bien drainé
Exposition : soleil
Multiplication : bouturage en été

>> Le daboecia, d'origine méditerranéenne, se montre un peu frileux. S'il a tous les airs de la bruyère, que l'on trouve parfois trop rigide et un peu compassée, il s'en démarque par son port libre, à la fois distingué et bon enfant, et son extrême élégance. Il faut l'adopter sans hésiter. Il en existe deux espèces et un hybride, mais une seule est couramment cultivée.

Daboecia cantabrica Ce buisson, de forme libre, demande une exposition abritée. En été, ses tiges fines portent fièrement des fleurs, clochettes blanches, roses ou pourpres relativement grosses.

DAHLIA *Dahlia*

1

Nom usuel : dahlia
Type : bulbe ou annuelle
Hauteur : 40 cm à 1,60 m
Floraison : juin à octobre
Sol : riche, bien drainé
Exposition : soleil
Multiplication : séparation des souches au printemps

>> Il est vrai que le dahlia donne plus de travail qu'une autre plante et, même quand il est déplanté, il faut encore le nettoyer, le surveiller, le protéger. Mais sa forme, sa taille et ses couleurs étonnantes le rendent irremplaçable. Les dahlias modernes, si divers, sont issus de trois espèces mexicaines — *Dahlia pinnata*, *Dahlia coccinea* et *Dahlia rosea* —, elles-mêmes issues de *Dahlia variabilis*. Il est essentiel de respecter la procédure de plantation qui figure sur les paquets de tubercules. À la grande question : « Faut-il associer les dahlias à d'autres plantes ou, au contraire, leur offrir un *one man show* ? », la réponse dépend de la variété choisie. Pour faciliter le choix, les voici classées d'après la forme de leurs fleurs.

2

3

4

5

6

Variétés cactus [1 et 2]
Il existe parmi eux des géants, dont les fleurs ont 10 ou 12 cm de large, entre autres *Dahlia* 'Candy Keene', qui atteint 1,50 m de haut et porte des fleurs roses ; 'Debra Anne Cravea', qui mesure 1,60 m de haut et fleurit lie-de-vin ; 'Symbol', qui est abricot ombré d'or.

Variétés à collerette
Fleurissant jusqu'en automne, ils forment des parterres colorés qui peuvent être incorporés aux arbustes ou aux plantes vivaces à floraison printanière ayant terminé leur spectacle.

Variétés décoratives ou « géantes » [4]
Certains peuvent atteindre 1,60 m de haut et doivent être bien tuteurés dès le départ, même si une armée de bâtons nus est disgracieuse... Deux mois plus tard, c'est un festival de fleurs, dont certaines atteignent 25 cm de diamètre ou davantage, si on a pris soin d'enlever quelques boutons. *Dahlia* 'Black Monarch' est rouge foncé, ombré de noir ; 'Bonaventure' a de grandes fleurs orange ; 'Elma' est rose. 'Joconde', à la belle teinte violette, se suffit à lui-même.

Variétés à fleurs d'anémone [6]
Ils mesurent 30 à 40 cm et fleurissent à partir d'août. La couronne de fleurons et le cœur tuyauté en ruché, l'un plus court que l'autre, arborent souvent deux couleurs différentes. *Dahlia* 'Bridesmaid' est blanc à l'extérieur, avec le cœur jaune citron ; 'Lucy', pourpre, avec le cœur jaune. Si la plantation est suffisamment dense, ils n'ont pas besoin de compagnons.

Variétés à fleurs de pivoine [5]
Le plus à la mode, *Dahlia* 'Bishop of Llandaff' a un beau feuillage bronze et des fleurs légères écarlates ; 'Fascination' est violet, 'Orange Flora', orange. Ces trois variétés s'harmonisent à merveille avec des vivaces, plantées par trois ou cinq tubercules, ou parmi des arbustes. La floraison débute en août et continue jusqu'aux gelées. En supprimant les fleurs fanées, on peut, du même coup, enlever quelques boutons pour que la plante se fatigue moins.

Variétés naines [3]
Ils sont très colorés et souvent plantés en mélange. Ils n'ont pas besoin de tuteur.

Variétés pompon
Ils sont souvent groupés en bordure de plate-bande. *Dahlia* 'Amberglow' mesure 60 cm de haut et fleurit ambre doré ; 'La Corbière' ne dépasse pas 50 cm de haut et porte des fleurs couleur pêche à base jaune.

DAPHNE *Daphné*

1

2

3

4

Nom usuel : daphné
Type : arbuste
Hauteur : 50 cm à 2 m
Floraison : janvier à mai
Sol : moyen et drainé
Exposition : soleil ou mi-ombre
Multiplication : bouturage en été

>> Très joli arbuste aux fleurs tubulaires et parfumées : voilà la définition simple du daphné. Ses feuilles brillantes, en forme de cuillère, sont vert foncé. Ses fleurs prennent tous les tons de rose. Il faut le protéger du vent.

Daphne bholua [1] Il fleurit en décembre-janvier, et ses fleurs pourpres ont un parfum presque entêtant.

Daphne cneorum [4] Il ne dépasse pas 50 cm de haut. Il veut une terre pierreuse et du calcaire. Ses fleurs roses, printanières (avril-mai), sont très parfumées.

Daphne mezereum (bois-gentil) [3] Il est connu pour ses fleurs rose vif qui l'envahissent en janvier.

Daphne odora [2] Comme son nom l'indique, c'est le plus odorant. Il est caduc.

DARMERA *Darmera*

Nom usuel : darmera
Type : vivace
Hauteur : 30 à 40 cm
Floraison : printemps
Sol : riche et trempé
Exposition : soleil
Multiplication : division de la touffe à l'automne

>> On connaît parfois le darmera sous son ancien nom de *Peltiphyllum*. Son feuillage sort après ses fleurs, qui forment un ravissant parapluie de grappes blanches ou roses. Il faut le planter en masse au bord d'une pièce d'eau ou d'un ruisseau.

Darmera peltata C'est la seule espèce du genre. On peut compter sur sa robustesse.

DATURA *Datura*

Nom usuel : datura
Type : annuelle ou arbuste
Hauteur : 50 cm à 3 m
Floraison : juillet à octobre
Sol : moyen à riche et drainé
Exposition : soleil
Multiplication : semis au printemps ou bouturage en été

>> Le datura, originaire des tropiques, prend parfois des proportions imposantes. Son feuillage est persistant et ses fleurs roses ou blanches ont la forme d'une trompette. Ses fruits épineux étant vénéneux, comme ses feuilles, il faut éviter que les enfants ne les touchent et se laver les mains après lui avoir prodigué des soins. L'effet produit par le datura compense cet inconvénient. Il se plaît contre un mur, ou en pot sur une terrasse. Certaines variétés sont aujourd'hui classées parmi les *Brugmansia*.

Datura* x *candida (Brugmansia* x *candida)* et *suaveolens (Brugmansia suaveolens) Ces arbustes portent des fleurs blanches pendantes très parfumées, souvent par bouquets de trois.

Datura metel Cette annuelle à la croissance rapide atteint parfois 1,20 m en une saison. Elle a de longues fleurs blanches, violettes ou jaunes, simples ou doubles, de 20 cm de long.

Datura meteloides Cette annuelle ou bisannuelle porte des fleurs blanches, parfois bordées de violet, pendant les deux mois d'été. Elle a la bonne idée de jeter ses semences autour de soi, ce qui donne des bébés datura.

DAVIDIA *Arbre aux mouchoirs*

1

2

>> C'est en Chine qu'un grand botaniste français, le père David, a découvert l'étonnant arbre aux mouchoirs, surnommé ainsi à cause des « pochettes », en fait des bractées, accrochées à ses branches comme des centaines de mouchoirs séchant au soleil. Il est parfois difficile à trouver, ce qui est dommage, car il est tout à fait rustique et a une croissance très rapide. Il faut attendre dix ans au moins avant qu'il ne commence à fleurir, au mois de mai. Cet arbre de collectionneur, un sujet inhabituel, mérite les recherches nécessaires pour se le procurer.

Davidia involucrata [2] Il peut atteindre 20 m de haut. *Vilmoriana* [1] ressemble au précédent, mais le revers de ses feuilles est glauque.

Nom usuel : arbre aux mouchoirs
Type : arbre
Hauteur : 12 m
Floraison : avril-mai
Sol : riche et profond
Exposition : soleil
Multiplication : semis en automne

>> Il est impossible de concevoir un jardin sans delphinium. Il en existe tant de variétés et tant de coloris que chacun peut trouver son bonheur. Son feuillage lobé pousse à la base de la tige, le long de laquelle ses fleurs simples ou doubles — blanches, roses, rose foncé, bleu ciel, bleu foncé, mauves, violettes ou jaunes — se répartissent. Il produit un effet superbe dans une plate-bande, surtout s'il est associé à d'autres pieds de la même couleur. Il ne demande pas beaucoup de soins, sinon le tuteurage pour les sujets les plus hauts. Ses tiges, coupées, donnent de magnifiques bouquets. Les petites variétés procurent autant de satisfaction que les grandes.

Les grands delphiniums typiques appartiennent à deux groupes : Elatum, qui atteint 2 m de haut s'il est bien soigné, et Pacific. On trouve parmi eux des célébrités comme 'Black Knight', 'Galahad', 'King Arthur', 'Blue Bird' et 'Summer Skies'. Une autre série, du célèbre obtenteur Blackmere and Langdon, peut-être un peu moins grande, mais dotée de tiges plus résistantes, comprend les élégants 'Blue Fountains', 'Blue Springs' et 'Pennaut'. Ils ne dépassent guère 80 cm de haut.

Le groupe Belladona est un peu différent : il atteint 1,20 m de haut, mais la plante, plus branchue, donne des fleurs moins compactes, qui vivent plus longtemps. 'Belladona' est bleu clair, 'Bellamosum', bleu foncé et 'Casa Blanca', blanc.

Nom usuel : delphinium, pied-d'alouette
Type : vivace
Hauteur : 1 à 2 m
Floraison : mai à octobre
Sol : riche et humifère
Exposition : soleil
Multiplication : semis en juin

DEUTZIA *Deutzia*

Nom usuel : deutzia
Type : arbuste
Hauteur : 1 à 2 m
Floraison : mai à juillet
Sol : riche
Exposition : soleil
Multiplication : bouturage ou marcottage en été

>> Au printemps, des masses de petites fleurs blanches ou roses couvrent le deutzia, dont les feuilles allongées, caduques, sont vert tendre. Après la floraison, il faut assurer la relève. Pourquoi ne pas placer à côté de lui des delphiniums ou des héliopsis, ou encore un lilas ou autre arbuste fleurissant plus tard ?

Deutzia gracilis Il peut atteindre 1,80 m de haut, mais ses tiges retombent harmonieusement et, comme son nom l'indique, il est gracieux. Ses fleurs blanches sont abondantes. 'Nikko' ne dépasse pas 30 à 40 cm de haut, mais bénéficie d'une envergure de 1,50 m.

***Deutzia* x *elegantissima* 'Rosealind'** Ses tiges de 1,50 m de haut forment des arches de fleurs rose profond, qui embaument.

Deutzia scraba 'Plena' Ses boutons sont roses et ses fleurs blanches ont un goût de miel.

DIANTHUS *Œillet*

1

Nom usuel : œillet
Type : vivace ou annuelle
Hauteur : 15 à 70 cm
Floraison : avril à août
Sol : ordinaire
Exposition : soleil
Multiplication : division des touffes ou bouturage en juin

>> L'œillet, bien connu depuis l'Antiquité, a été par la suite réservé aux jardins nobles, avant de profiter à tout le monde. L'œillet n'a pas la folie des grandeurs et est tout simplement poétique, mais a pour lui d'embaumer — l'œillet mignardise a ainsi un parfum caractéristique épicé. Plante idéale pour les débutants, il résiste à tout et accepte d'être planté presque n'importe quand. Irremplaçable, l'œillet existe sous forme de centaines de variétés. Celui des fleuristes *(Dianthus caryophyllus)* n'est pas le préféré des auteurs pour une bordure, un jardin alpin ou une rocaille, mais il s'est un peu miniaturisé avec le temps, à son avantage.

Variétés annuelles

***Dianthus sinensis* (œillet de Chine)** On peut le semer ou l'acheter en godet à replanter. Il existe dans de nombreux coloris.

2

3

***Dianthus barbatus* (œillet de poète)** [1 et 3] Bisannuel, il existe à fleur simple ou double, qui dure plus longtemps. Comment ne pas succomber à son nom en imaginant Rimbaud ou Verlaine le porter à la boutonnière ?

Variétés vivaces

***Dianthus plumarius* (œillet mignardise)** Il existe en simple ou en double, rouge, orange et rose. Son parfum est presque entêtant. 'Desmond' est double, très florifère, rouge. 'White Reserve' est remontant, avec de grosses fleurs blanches.

Dianthus deltoides Il supporte mieux le froid que les autres et apprécie une légère ombre, alors que les autres aiment le soleil. Lorsque ses fleurs sont toutes écloses, il forme un tapis compact.

Dianthus gratianopolitanus Ou, plus simplement, 'Badenia'. Cette belle touffe arrondie, bleutée, porte des fleurs simples plus ou moins carminées.

Parmi les nombreux cultivars, il faut citer :

***Dianthus* 'Ine'** Il a des fleurs doubles, blanches, avec la base des pétales grenat.

***Dianthus* 'Haytor White'** Il porte de grandes fleurs doubles, blanches. Du plus bel effet à la boutonnière d'un marié…

***Dianthus* 'London'** Il est double, blanc, avec des pétales bordés de pourpre. Un vrai festival…

***Dianthus* 'Laced Joy'** Il est double, pourpre, bordé de carmin.

Variétés pour auges et rocailles [2]

De nombreuses variétés ne dépassent pas 15 cm de haut, dont *Dianthus* x *allwoodii* 'Baby Rose', rose clair, et 'Rubis', à larges fleurs rouges.
Enfin, un peu étonnant chez les *Dianthus knappii*, dans un feuillage vert souple, des hampes raides terminées par des bouquets de petites fleurs jaune clair.

DIASCIA *Diascia*

Nom usuel : diascia
Type : vivace
Hauteur : 30 cm
Floraison : mai à octobre
Sol : ordinaire
Exposition : soleil ou mi-ombre
Multiplication : bouturage

>> La diascia, dont les fleurs couleur abricot poussent en épi, est idéale pour une rocaille ou le devant d'une plate-bande. Si l'on retire les fleurs fanées, la floraison se reproduit jusqu'en octobre.

Diascia fetcaniensis Très rustique. Elle porte des fleurs roses au cœur rougeâtre.

Diascia rigescens [ill.] Elle peut avoir 80 cm d'envergure. Ses fleurs sont des épis rose soutenu.

DICENTRA *Cœur-de-Marie*

1

2

Nom usuel : cœur-de-Marie, dicentra
Type : vivace
Hauteur : 20 à 60 cm
Floraison : juin à août
Sol : un peu calcaire et frais
Exposition : soleil ou mi-ombre
Multiplication : division des touffes au printemps

>> En anglais, on appelle la plus grande variété de dicentra *(Dicentra spectabilis)* 'Bleeding Heart', « cœur qui saigne », ce qui la définit bien. Ses feuilles légères sont vert mat ou bleuté. Ses fleurs en forme de cœur rose vif pendent des tiges comme des gouttelettes de sang ou, si l'on est d'une nature optimiste, comme des rubis sur un collier.
Dans une plate-bande relativement à l'ombre, elles offrent, de juin à août, un spectacle permanent, d'une grâce et d'une délicatesse extrêmes.

Dicentra eximia [2] Ses tiges nues, coiffées de fleurs d'un rose profond, sortent de son feuillage bleu-gris en touffe.

Dicentra formosa Elle atteint 30 cm de haut. Ses fleurs, rose pâle à rose profond, se détachent sur son feuillage bleu-gris.

Dicentra spectabilis [1] Elle mesure 60 m de haut. Rose, elle peut être associée à 'Alba', blanche, ou, pourquoi pas, à un couvre-sol de *Prunella* ou de *Penstemon* 'Evelyn', pour rester dans la gamme rose.

DICTAMNUS *Fraxinelle*

Nom usuel : fraxinelle, herbe-aux-éclairs
Type : vivace
Hauteur : 40 à 90 cm
Floraison : juin à août
Sol : bien drainé
Exposition : soleil
Multiplication : division des touffes au printemps, semis en été

>> La fraxinelle forme une touffe qui ressemble à un arbuste et qui dégage un parfum de citron. Ses feuilles sont brillantes et ses fleurs, des épis roses, parfois lilas et rarement blancs. On l'appelle herbe-aux-éclairs car, lors des journées chaudes et humides, ses glandes sécrètent une essence volatile hautement inflammable. Si l'on en approche une allumette, elle se transforme en buisson ardent pendant un court instant. Malgré les apparences, ce « tour de magie », idéal pour les enfants, n'est dangereux ni pour la personne qui le réalise ni pour la plante.

Dictamnus albus Contrairement à ce que son nom indique, elle est rose avec des filets violets ; 'Albiforus', rare, est blanche. 'Purpureus', couleur lilas, se trouve difficilement [ill.].

DIERAMA *Dierama*

Nom usuel : dierama
Type : vivace
Hauteur : 1 m
Floraison : juin à octobre
Sol : riche
Exposition : soleil
Multiplication : division des touffes à l'automne ou au printemps

>> Le dierama est d'apparence délicate. Des bouquets de feuilles sortent de ses fines tiges arquées, d'une élégante finesse, qu'habillent de petites clochettes roses ou pourpres durant la floraison. Il est du plus bel effet en bordure ou dans le gravillon. Il faut le protéger en hiver.

Dierama pendulum Il n'atteint que 40 cm de haut. Il est encore plus fragile et fleurit mauve ou blanc.

Dierama pulcherrimum [ill.] Il est pourpre.

DIGITALIS *Digitale*

1

Nom usuel : digitale
Type : vivace ou bisannuelle
Hauteur : 50 cm à 1,20 m
Floraison : avril à août
Sol : ordinaire et peu calcaire
Exposition : mi-ombre ou soleil
Multiplication : semis en juin

2

>> La digitale est une jolie plante de sous-bois ou de fond de bordure. Ses longues tiges rigides, garnies de fleurs ressemblant à un dé à coudre coloré, émergent d'un bouquet de feuilles un peu velu. Toutes les variétés se ressèment naturellement. Il faut les planter par groupe de trois ou quatre et, pour étoffer un peu leur allure dégingandée, les associer à des arbustes tels que potentilles ou berbéris, qui cachent leurs tiges dégarnies à la base.

Digitalis ferruginea [2] Les grandes rosettes des feuilles sont persistantes et fort décoratives dans les bordures, après la floraison. Ses fleurs jaunes, étroites, sont maculées de brun.

Digitalis grandiflora Cette vivace atteint 70 cm de haut. Elle arbore un feuillage vert foncé. Ses hampes rigides portent de grosses fleurs jaune clair.

Digitalis* x *mertonensis [1] Son feuillage est vert foncé. Ses fleurs rose saumoné ont l'intérieur taché de pourpre.

***Digitalis purpurea* (digitale pourpre)** Bisannuelle. 'Gloxinioides' a des fleurs plus grandes que les autres variétés. Elles offrent différents tons de rose, de rouge et de blanc, en mélange.

DORONICUM *Doronic*

Nom usuel : doronic
Type : vivace
Hauteur : 50 à 80 cm
Floraison : avril-mai
Sol : frais
Exposition : soleil ou mi-ombre
Multiplication : division des touffes au début de l'automne

>> Le doronic, fleur jaune légère évoquant la marguerite, illumine le jardin et égaie un parterre de tulipes, par exemple. En supprimant les fleurs fanées, on bénéficie d'un second ensoleillement à l'automne. Puis il faut le rabattre à terre et diviser les touffes pour instiller du soleil ailleurs dans le jardin.

***Doronicum caucasicum* (doronic du Caucase)** Précoce et très gracieux.

***Doronicum orientale* 'Magnificum'** [ill.] Il atteint 80 cm de haut. Ses fleurs sont également plus grandes.

Doronicum plantagineum Plus résistant. Il mesure 80 cm de haut, pour une envergure équivalente. Ses fleurs, jaune vif, ont environ 12 cm de diamètre.

DRIMYS *Drimys*

Nom usuel : drimys
Type : arbre ou arbuste
Hauteur : 2 à 4 m
Floraison : avril-mai
Sol : léger
Exposition : soleil
Multiplication : bouturage en été

>> Le drimys, au feuillage persistant, a une écorce qui sent la cannelle. Ses fleurs parfumées forment des grappes ivoire.

Drimys aromatica Son écorce, ses feuilles, ses fleurs et ses fruits sont odorants.

Drimys winteri [ill.] Il mesure environ 4 m de haut. Ses fleurs dégagent un parfum de jasmin.

DRYOPTERIS *Fougère*

Nom usuel : fougère
Type : vivace
Hauteur : 40 cm
Sol : ordinaire
Exposition : mi-ombre
Multiplication : semis en automne ou division des touffes à l'automne et en hiver

>> Frondes triangulaires ou dressées, c'est la fougère bien connue. Elle remplit les grands « trous » des massifs et reste verte très longtemps. Facile, elle vaut la peine d'être considérée.

Driopetris affinis Ses très jolies frondes larges sont d'un beau vert.

Driopteris erythrosora Ses frondes presque triangulaires sont dorées lorsqu'elles sont jeunes.

Driopteris filix-mas [ill.] Cette variété présente des frondes dressées.

ECHINACEA *Rudbeckia pourpre*

Nom usuel : rudbeckia pourpre
Type : vivace
Hauteur : 1 m
Floraison : juillet à septembre
Sol : ordinaire
Exposition : soleil
Multiplication : division des touffes au printemps ou à l'automne

>> Le rudbeckia pourpre, au cœur jaune ou marron, ressemble à la marguerite. À l'extrémité des tiges, ses fleurs sortent de touffes de feuilles. Solide, il est à placer dans un massif.

Echinacea pallida Il fleurit rose. Il supporte le bord de l'eau.

***Echinacea purpurea* 'Alba'** Il porte de grosses fleurs blanches. 'Magnus' est rose foncé.

***Echinacea purpurea* 'Robert Bloom'** [ill.] Ses capitules violets portent des ligules brun orangé.

ECHINOPS *Échinops*

Nom usuel : échinops, boule azurée
Type : vivace
Hauteur : 1 à 1,50 m
Floraison : juin à septembre
Sol : ordinaire et drainé
Exposition : soleil
Multiplication : semis au printemps ou division des touffes au printemps et à l'automne

>> Jardiniers du week-end, l'échinops, est pour vous, car il demande peu d'entretien. Ses touffes sont dressées et, selon la variété, ses fleurs ressemblent à de grosses marguerites roses ou à des chardons. Il convient très bien pour un massif. La variété *ritro* est intéressante à faire sécher pour les bouquets.

Echinops bannaticus Ses capitules rondes sont bleues.

Echinops niveus Il porte de grandes fleurs blanches.

Echinops ritro [ill.] Il atteint 4 m de haut et fleurit violet.

ECHIUM *Vipérine*

Nom usuel : vipérine
Type : vivace ou annuelle
Hauteur : 30 cm à 1 m
Floraison : juillet-août
Sol : ordinaire
Exposition : soleil
Multiplication : semis en été pour les vivaces ; au printemps pour les annuelles

>> La vipérine se plaît dans une rocaille bien ensoleillée. Ses feuilles, longues et étroites, sont sorties sous les épis roses ou bleus de ses fleurs.

Echium fastuosum Il fleurit bleu. Il réussit bien dans un climat méditerranéen.

Echium vulgare Il est bleu et rose.

ELAEAGNUS *Elæagnus*

Nom usuel : elæagnus, chalef
Type : arbre ou arbuste
Hauteur : 2 à 6 m
Floraison : automne
Sol : tout type
Exposition : soleil ou mi-ombre
Multiplication : bouturage en été

>> Selon la variété, l'elæagnus est un arbre ou un arbuste à feuillage caduc ou persistant dense et très décoratif. Ses feuilles, ovales, sont vert foncé soulignées de jaune doré. Ses fleurs parfumées, couleur crème, sortent à l'automne.

Elaeagnus angustifolia Rustique. Cet arbuste au feuillage caduc et argenté, très parfumé, fleurit en mai.

Elaeagnus* x *ebbingei Ce petit arbre atteint 3 m de haut. Ses feuilles, persistantes, sont vertes dessus et argentées dessous. Ses fleurs d'automne sont parfumées. 'Gilt Edge' arbore de grandes feuilles soulignées de jaune ; celles de 'Limelight' sont jaunes au centre [ill.].

Elaeagnus pungens L'un des plus résistants. Cet arbuste épineux a des feuilles persistantes et des fleurs parfumées à l'automne. Il convient pour une haie, surtout en bord de mer.

EPILOBIUM *Épilobe*

Nom usuel : épilobe
Type : vivace
Hauteur : 20 cm à 1,50 m
Floraison : juillet à septembre
Sol : ordinaire
Exposition : soleil ou mi-ombre
Multiplication : division des touffes au printemps ou à l'automne

>> L'épilobe, résistant et florifère, d'apparence légère, porte des fleurs roses, blanches ou jaunes. Si on le plante en masse il faut le surveiller, car il pourrait s'étendre plus qu'on ne le désire.

***Epilobium angustifolium* 'alba'** Il mesure 1,20 m de haut. Il porte des fleurs blanches.

Epilobium dodonaei Il fleurit bleuté et rose.

Epilobium hirsutum Cette variété est rouge.

1

2

3

Nom usuel : fleur des elfes, chapeau d'évêque
Type : vivace
Hauteur : 30 à 50 cm
Floraison : avril-mai
Sol : ordinaire
Exposition : ombre ou mi-ombre
Multiplication : division des touffes à l'automne

>> La fleur des elfes est aussi jolie que son nom. Élégante, surprenante, changeante, que d'adjectifs pour définir cette plante qui réussit bien dans une bordure, dans un sous-bois ou comme couvre-sol, car elle est dense et courte. Ses feuilles en forme de cœur allongé se superposent, formant une touffe dense, bronze au printemps, verte en été, puis rouge à l'automne. Au début du printemps, de charmantes petites fleurs sortent au-dessus du feuillage.

Epimedium grandiflorum [1] Ses grandes fleurs de plusieurs couleurs ressemblent à des ancolies.

Epimedium* x *perralchicum [2] Ce couvre-sol très vigoureux fleurit jaune foncé.

Epimedium* x *versicolor Cette variété vigoureuse et très utilisée a des feuilles dentelées, et des fleurs d'un joli jaune.

Epimedium* x *youngianum [3] Ses 20 cm de haut et ses fleurs en font un candidat pour une rocaille.

EREMURUS *Eremurus*

Nom usuel : eremuruss
Type : vivace
Hauteur : 1 à 3 m
Floraison : juin
Sol : riche et drainé
Exposition : soleil
Multiplication : semis en février ou à l'automne

>> Les feuilles longues et fines du lis des steppes, en touffe, forment un écrin pour ses grands épis fleuris. Il faut veiller à le protéger du vent.

Eremurus himalaicus Il atteint 1,50 m de haut et porte des fleurs blanches.

***Eremurus* x *isabellinus* 'Cleopatra'** [ill.] Il porte des fleurs orange.

Eremurus robustus Il mesure 3 m de haut et fleurit jaune.

Eremurus stenophyllus Il a des fleurs jaunes.

ERICA *Bruyère*

Nom usuel : bruyère
Type : arbuste
Hauteur : 25 cm à 2 m
Floraison : printemps, été, hiver
Sol : plutôt acide, voire sablonneux
Exposition : soleil ou ombre légère
Multiplication : division des touffes après la floraison

>> Cette bruyère, qui fleurit en fin d'hiver, au printemps et en été, dans un merveilleux choix de couleurs, est souvent utilisée comme « bouche-trou », alors qu'elle peut former un tapis en mélangeant les coloris. Elle mesure généralement entre 20 et 60 cm, mais a parfois la taille d'un arbuste. Pour réussir une belle tache colorée, mieux vaut la planter au printemps ou à l'automne dans une terre sableuse. Un apport de tourbe assure un bon enracinement au départ. La bruyère s'étale en touffes sans se montrer envahissante.

2

3

4

Variétés de printemps

***Erica arborea* (bruyère en arbre)** Elle mesure 1,50 m de haut. Ses branches ploient sous les fleurs blanches de mars à avril.

***Erica* x *veitchii* 'Gold Tips'** [3] Elle fleurit blanc et son feuillage se pare de touches dorées au printemps.

Variétés d'été

***Erica vagans* 'Mrs. D.F. Maxwell'** Ses fleurs rouge cerise forment des bouquets compacts. *Erica vagans* 'Birch Glow' [1] porte des fleurs roses.

Variétés d'hiver

***Erica carnea* 'Pink Spangles'** Ses touffes roses sont vigoureuses. 'December Red' fleurit lilas. 'Myretoun Ruby' a un feuillage sombre et une floraison rose exceptionnelle. *Erica carnea* 'Golden Starlet'[4] fleurit blanc et 'Red Rover [2], rose.

Erica hibernica (Erica erigena) Cette plante buissonnante arbore un feuillage vert-gris et fleurit mauve clair.

ERIGERON *Érigéron*

Nom usuel : érigéron, vergerette
Type : vivace ou, annuelle
Hauteur : 15 à 50 cm
Floraison : juin à septembre
Sol : léger et frais
Exposition : soleil
Multiplication : semis ou division des touffes au printemps

>> Le bel érigéron ressemble, selon la variété, à l'aster ou à la pâquerette. Très florifère, il permet aussi bien de créer un tapis que de cacher les crevasses d'un muret. En divisant ses touffes chaque année, on lui conserve sa vigueur.

Erigeron aurantiacus Il mesure 20 cm de haut. Ses fleurs sont orangées.

Erigeron glaucus [ill.] Avec sa petite taille et ses fleurs violettes, il convient pour une rocaille.

Erigeron karvinskianus Il est blanc rosé et ressemble à la pâquerette.

ERODIUM *Érodium*

Nom usuel : érodium
Type : vivace
Hauteur : 10 à 40 cm
Floraison : juin à septembre
Sol : pauvre
Exposition : soleil
Multiplication : bouturage

>> Le charmant érodium rappelle le géranium en petite taille. Il n'est pas vraiment rustique, mais néanmoins facile à cultiver. Amateur de sols secs, il se plaît dans une rocaille ou entre des dalles.

Erodium chrysanthum Il est blanc.

Erodium manescavii Rustique. Il mesure 40 cm de haut. Il fleurit rouge. Il convient pour un massif.

Erodium pelargoniiflorum De même taille que le précédent, mais il fleurit blanc. Il est à mettre en pot sur une terrasse.

Erodium 'Merstham Pink' [ill.] Rare.

ERYNGIUM *Panicaut*

1

Nom usuel : panicaut
Type : vivace
Hauteur : 40 à 60 cm
Floraison : juillet à septembre
Sol : ordinaire
Exposition : soleil
Multiplication : division des touffes ou semis en place au printemps

2

3

>> Avec sa fleur bleu acier en forme de cône, qui sort de son feuillage argenté très découpé, le panicaut est caractéristique. Séché, c'est le chouchou des fleuristes car, dans un bouquet, il se remarque par sa singularité et sa majesté. Attention aux piqûres : c'est une plante très acérée.

Eryngium alpinum [1] Ses fleurs coniques bleu-mauve, coupées, peuvent être séchées.

Eryngium bourgatii [3] Il mesure 60 cm de haut. Son feuillage est veiné d'argent.

Eryngium variifolium [2] Avec son feuillage persistant veiné de blanc, c'est la meilleure variété pour faire des bouquets secs.

ERYSIMUM *Giroflée des murailles*

Nom usuel : giroflée des murailles
Type : vivace ou bisannuelle
Hauteur : 30 à 50 cm
Floraison : mai à septembre
Sol : ordinaire
Exposition : soleil
Multiplication : semis à l'automne

>> Des pierres et du soleil, et la giroflée des murailles part à l'assaut. Ses feuilles sont longues et pointues, et ses fleurs, jaunes ou orange. On a intérêt à en replanter tous les deux ou trois ans. Elle offre une palette presque complète au parfum discret.

Erysimum alpinum Cette variété est vraiment une giroflée des murailles : c'est là qu'elle se plaît le plus. Elle forme des coussins de fleurs jaunes qui réussissent bien entre des dalles.

Erysimum hieracifolium Cette bisannuelle fleurit orange.

Les cultivars 'Constant Cheer' sont roses [ill.] et 'Jakob's Jacket', violacés.

ESCALLONIA *Escallonia*

Nom usuel : escallonia
Type : arbuste
Hauteur : 2 à 5 m
Floraison : juillet à septembre
Sol : ordinaire
Exposition : soleil
Multiplication : bouturage en été

>> L'escallonia, dense et persistant, supporte le vent et les embruns. Ses feuilles sont brillantes et sa floraison, abondante, se compose de petites fleurs rouges, roses ou blanches. Pour une haie — un mur de verdure couvert de fleurs, quel régal ! —, il doit être planté tous les 40 cm. Palissé contre un mur ou encore tout seul, il est aussi d'un bel effet.

Escallonia* x *exoniensis Il mesure 5 m de haut. Ses fleurs, petites et roses, sont un bonheur tout l'été.

Escallonia laevis (Escallonia organensis) Ses feuilles, froissées entre les doigts, dégagent un délicieux parfum.

***Escallonia* 'Apple Blossom'** [ill.] Compact, ce cultivar atteint 3 m de haut, ce qui le rend idéal pour une haie. Ses fleurs blanc et rose, parfumées, ressemblent à celles du pommier.

***Escallonia* 'Iveyi'** Plutôt compact, avec un port érigé, ce cultivar mesure 2 m de haut. Son feuillage est vert sombre. Ses fleurs blanches, en calice, mesurent 15 cm.

ESCHSCHOLZIA *Pavot de Californie*

Nom usuel : pavot de Californie
Type : annuelle
Hauteur : 30 cm
Floraison : juin à octobre
Sol : ordinaire
Exposition : soleil
Multiplication : semis au printemps

>> Le pavot de Californie, que l'on dirait en papier froissé, n'a rien de fragile. Il ne craint ni les sols pauvres et secs, ni le bord de mer, ni même le vent. Cette plante annuelle peut être semée en situation et fournir en quelques semaines un tapis jaune, orange, rouge ou blanc au parfum délicieux. Plante de « secours » pour un emplacement dont on ne sait que faire, il offre au moins un spectacle, le temps de réfléchir à un programme plus permanent. On ne le trouve généralement pas en godet, mais il suffit de le semer en place pêle-mêle pour avoir un jardin rempli de fleurs ensoleillées — par exemple parmi les santolines dont, pour une fois, on ne retire pas les petits boutons jaunes. Il se plaît dans une terre sèche ou ordinaire avec beaucoup de soleil et fleurit longuement.

Eschscholzia californica [ill.] C'est le pavot de Californie classique, et le meilleur. Il faut choisir celui à fleurs simples. Les coloris varient dans la gamme des jaunes, orange, crème ou abricot.

EUCALYPTUS *Eucalyptus*

Nom usuel : eucalyptus
Type : arbre
Hauteur : 3 à 50 m
Floraison : novembre
Sol : tout type
Exposition : soleil
Multiplication : semis au printemps ou en été

>> L'eucalyptus a une croissance rapide et prend 1 à 2 m par an. Son tronc, gris argenté, est joli et ses feuilles embaument. Ses fleurs, malgré leur parfum, sont moins intéressantes. Une taille régulière rend son feuillage plus beau. Ses feuilles, séchées, servent pour des inhalations en cas de rhume hivernal. Attention : il est frileux et se plaît dans un climat doux.

Eucalyptus coccifera Son feuillage est gris argent.

Eucalyptus gunnii [ill.] Il atteint 25 m de haut. Son tronc est bronze et ses feuilles, rondes.

Eucalyptus niphophila Il faut le tailler beaucoup pour le conserver en arbuste.

EUCRYPHIA *Eucryphia*

Nom usuel : eucryphia
Type : arbuste
Hauteur : 2 à 5 m
Floraison : juillet à septembre
Sol : acide
Exposition : soleil ou mi-ombre
Multiplication : bouturage en juin

>> L'eucryphia, très décoratif, a la forme d'une colonne au feuillage persistant. Ses fleurs blanches au cœur jaune poussent en grappe et sont parfumées. Il ne faut penser à lui que si l'on habite dans un endroit où il ne gèle pas.

Eucryphia cordifolia Il atteint 3 m de haut. Ses fleurs sont grandes.

Eucryphia glutinosa Il dépasse 5 m de haut. Son feuillage se teinte joliment en automne.

Eucryphia x nymansensis [ill.] Ses feuilles ovales sont brillantes. Ses fleurs sortent en septembre.

EUONYMUS *Fusain*

1

2

3

Nom usuel : fusain
Type : arbuste
Hauteur : 1 à 5 m
Floraison : avril-mai
Sol : ordinaire
Exposition : toutes
Multiplication : bouturage en été

>> Il existe des variétés de fusain très différentes. On le plante non pas pour ses fleurs, mais pour son ravissant feuillage : caduc, il flamboie à l'automne, parsemé de fruits orange ou rouges non comestibles ; persistant, il est aussi attrayant en été qu'en hiver grâce à sa coloration. Le fusain convient parfaitement pour une rocaille ou entre des dalles, mais il peut être envahissant. Il réussit aussi très bien en bac sur une terrasse.

Variétés caduques

Euonymus alatus [2] Il atteint 1,50 m de haut. Ses branches poussent à l'horizontale, ce qui lui donne un sommet assez plat. À l'automne, ses feuilles sont rouge écarlate. Ses fruits sont rares.

Euonymus europaeus **(fusain d'Europe)** [3] Il peut atteindre 4 m de haut. À l'automne, ses feuilles tournent au rose vif et il croule sous les fruits rouges.

Euonymus planipes À l'automne, ce très bel arbuste semble prendre feu et s'embrase en rouge et orange. Ses fruits, roses ou rouges, s'épanouissent en de très nombreuses grappes.

Variétés persistantes

Euonymus fortunei [1] Il peut être utilisé comme rampant, et il devient alors un vrai couvre-sol, ou palissé, car ses rameaux atteignent 5 m de long. Ses feuilles ovales sont brillantes. Ses fleurs et ses fruits apparaissent à l'automne. 'Carrierei' est un bon couvre-sol, aux fruits orange ; 'Coloratus' vire au rouge vif ; 'Emerald and Gold', le plus connu, panaché vert brillant et jaune d'or, rosit en hiver ; 'Silver Queen' a un feuillage vert souligné de blanc.

Euonymus japonicus **(fusain du Japon)** Il se développe dans n'importe quel sol avec peu ou beaucoup d'arrosage et se plaît également au bord de la mer. Son feuillage dense, persistant, est vert ou avec un bord blanc ou jaune, ou encore une tache jaune au centre. Il convient pour une haie, qui devra être taillée en avril ou mi-août. Attention : il attire les cochenilles, et elles le tuent.

EUPATORIUM *Eupatoire*

1

2

Nom usuel : eupatoire
Type : vivace
Hauteur : 1 à 2 m
Floraison : juillet à septembre
Sol : frais
Exposition : soleil
Multiplication : division des touffes à l'automne

›› L'eupatoire sent bon la vanille. Son feuillage est dense, chaque feuille émanant d'une tige pourpre ayant parfois 30 cm de long. En dépit de leur taille, les variétés géantes se tiennent raides et groupées sans aucun tuteurage, coiffées de leurs larges inflorescences rose framboise ou pourpres, faisant un excellent fond de bordure. L'eupatoire peut rester en place de nombreuses années, mais elle s'étale vite ; rien de plus facile, alors, que de la diviser à la bêche pour établir une touffe ailleurs. De structure massive, elle porte parfois préjudice aux plantes qui l'entourent et il faut lui trouver des compagnons dotés, eux aussi, de caractère. L'euphorbe ou l'hémérocalle, qui existent maintenant dans un grand choix de coloris, peuvent faire l'affaire. Quoique originaire d'un pays chaud, l'eupatoire supporte bien les rigueurs de l'hiver si elle est coupée ras en fin de saison et protégée par un matelas de feuillage. À la plantation, elle apprécie un apport de tourbe.

Eupatorium purpureum [1] Il atteint 2 m de haut et fleurit avec exubérance en août.

Eupatorium rugosum [2] Quoique moins imposant, il possède une floraison plumeuse blanche touffue.

EUPHORBIA *Euphorbe*

1

2

3

4

Nom usuel : euphorbe
Type : vivace
Hauteur : 50 cm à 1,20 m
Floraison : avril à juin
Sol : ordinaire
Exposition : soleil, mi-ombre ou ombre
Multiplication : division des touffes après la floraison

>> L'euphorbe la plus connue est le poinsettia, mais c'est une plante d'intérieur. Les autres sont généralement des vivaces rustiques, aux fleurs blanches, vertes, jaunes ou rouges. Elle convient en couvre-sol, dans une rocaille, parmi d'autres arbustes.

Toutes les variétés d'euphorbe partagent un point commun : si une de leurs feuilles est cassée, un peu de liquide blanc et piquant s'en écoule, qui provoque des démangeaisons. Il ne faut pas se toucher les yeux et aller se rincer les mains. Aucune autre remarque ne s'attache à cette famille superbe, complément indispensable de toute bordure.

Euphorbia characias Décorative et très élégante, cette variété fait penser à des algues extraordinaires. Elle forme un buisson dense persistant vert bleuté de 1 m de haut, qui se termine par des épis de fleurs vertes à œil noir au centre. Résistante aux vents et aux embruns, elle convient pour le bord de mer. Elle s'accommode d'un sol lourd ou léger, apprécie le calcaire, mais s'adapte si on l'en prive.

Euphorbia characias* ssp. *wulfenii [1 et 4] L'autre vedette de cette famille douée dépasse la précédente. Elle fleurit plus tard, jaune. Comme elle croît rapidement et n'aime pas être transplantée à l'âge adulte, il ne faut planter que de jeunes sujets.

Euphorbia cyparissias [5] Elle aime s'étendre, dans un sol sec.

***Euphorbia griffithii* 'Fireglow'** [2] Spectaculaire. Ses feuilles, en forme de lance, caduques, sont bronze veiné de rouge. Ses fleurs apparaissent en bouquets terminaux vermillon. Elle s'éclaire de cuivre à l'automne. Elle forme de belles touffes,

5

mais se montre un peu envahissante, aussi il est bon de la rabattre au début de l'hiver.

Euphorbia myrsinites [3] Cette vivace au feuillage bleuté persistant, avec des inflorescences jaune verdâtre, est à planter en couvre-sol le long d'un escalier, où, selon son humeur, elle monte ou descend. Elle prend ses aises dans une rocaille, s'incrustant entre les pierres, évoquant la Grèce ou l'Italie.

Euphorbia polychroma C'est une bonne plante de bordure. Son feuillage caduc, vert frais, est coiffé de petites fleurs jaune acide qui durent jusqu'à l'été. 'Purpurea' s'orne de feuilles pourpres.

Euphorbia robbiae Cette variété supporte l'ombre dense. Son feuillage persistant, vert foncé, dominé par des fleurs couleur chartreuse, se remarque.

EURYOPS *Euryops*

Nom usuel : euryops
Type : arbuste
Hauteur : 30 cm à 1 m
Floraison : juin à octobre
Sol : bien drainé
Exposition : soleil
Multiplication : bouturage en été

>> Originaire d'une région montagneuse d'Afrique du Sud, l'euryops se plaît dans une zone ensoleillée et abritée. Il forme un coussin de feuilles argentées, d'où sortent de multiples fleurs jaunes. Il faut protéger son pied avec des gravillons.

Euryops abrotanifolius Il peut atteindre 2 m de haut.

Euryops acraeus Peu rustique. Cet arbuste touffu est à protéger en hiver avec quelques branchages.

Euryops pectinatus [ill.] Il porte de juin à octobre des fleurs jaune vif.

FAGUS *Hêtre*

Nom usuel : hêtre
Type : arbre
Hauteur : 15 à 20 m
Floraison : printemps
Sol : moyen
Exposition : soleil ou mi-ombre
Multiplication : semis à l'automne ou au printemps après stratification des graines

>> Le hêtre, l'un des rois de la forêt, se pare, à l'automne, d'un feuillage or. Son bois, qui sert pour la fabrication de chaises, de tables, d'armoires, etc., ne résiste pas à l'extérieur.

Fagus sylvatica [ill.] C'est le hêtre des forêts. 'Purpurea' arbore des feuilles acajou foncé ; 'Dawyck' se dresse à la façon du peuplier d'Italie, et il existe en doré et pourpre ; 'Pendula' forme une gigantesque fontaine, verte ou pourpre, adaptée aux grands espaces.

FATSIA *Aralia*

Nom usuel : aralia
Type : arbuste
Hauteur : 1 à 2 m
Floraison : été-automne
Sol : tout type
Exposition : soleil ou mi-ombre
Multiplication : plantation des rejets à l'automne

>> L'aralia s'orne de grandes feuilles lobées brillantes persistantes. Ses fleurs sont des boules crème. Jeune, il a besoin qu'on l'abrite.

Fatsia japonica [ill.] Il arbore de grandes feuilles vernissées vert clair ; 'Aurea', de grandes feuilles panachées or ; 'Variegata', un feuillage souligné de blanc.

FELICIA *Félicie*

Nom usuel : félicie
Type : vivace
Hauteur : 30 à 40 cm
Floraison : juin à septembre
Sol : ordinaire
Exposition : soleil
Multiplication : semis au printemps ou bouturage en été

>> La félicie ressemble à une petite marguerite aux pétales bleus et cœur jaune. Les meilleurs emplacements sont en panier suspendu ou en pot sur une terrasse.

Felicia amelloides Très florifère.

FESTUCA *Fétuque*

Nom usuel : fétuque
Type : graminée
Hauteur : 30 cm
Floraison : juin-juillet
Sol : ordinaire, bien drainé
Exposition : soleil
Multiplication : division des touffes au printemps

>> La fétuque, d'une envergure de 20 à 25 cm, forme une touffe dense de feuillage fin, argenté ou bleuté. Elle habille une bordure d'escalier ou un dallage, ou garnit des gravillons. Inutile de parler de ses fleurs : seuls ses épis sont intéressants.

Festuca glauca [ill.] Cette variété est la plus bleutée ; 'Blaufuchs' est une sélection encore meilleure.

Festuca punctoria Son feuillage coriace, vert grisâtre, la rend particulièrement attrayante dans une rocaille

FILIPENDULA *Filipendule*

1

Nom usuel : filipendule
Type : vivace
Hauteur : 1,20 m
Floraison : juin à septembre
Sol : tout type
Exposition : soleil ou mi-ombre
Multiplication : division des touffes à l'automne

2

>> La filipendule n'est guère exigeante, mais elle préfère un sol frais. Son feuillage, vert foncé, s'éclaire de fleurs vaporeuses roses ou blanches. Plantée en paquets au fond d'une bordure, elle y apporte une touche d'élégance.

Filipendula hexapetala Elle fleurit rose pâle ou blanc crème.

***Filipendula* 'Kahome'** Ce cultivar au feuillage lobé et dentelé, vert brillant, porte des fleurs pourpres.

Filipendula purpurea [1] Originaire du Japon. Ses fleurs presque pourpres se dressent au-dessus du feuillage, découpé comme des feuilles d'érable.

Filipendula rubra [2] Ses fleurs, plumets roses, dégagent un parfum délicat.

3

***Filipendula ulmaria* (reine-des-prés)** [3] Ses fleurs crème, odorantes, sortent en mai ; 'Variegata' arbore un feuillage souligné de jaune pâle ; 'Plena' a des fleurs doubles. Après quelques années, la reine-des-prés forme une touffe très « meublante ».

FOENICULUM *Fenouil*

Nom usuel : fenouil
Type : vivace
Hauteur : 1,50 m
Floraison : juillet à septembre
Sol : ordinaire
Exposition : soleil
Multiplication : semis en mars à la chaleur, en mai en place

>> Le fenouil, très léger, embaume l'anis. Ses feuilles sont fines et ses fleurs jaunes. Par sa taille, il allège une plate-bande.

***Foeniculum vulgare* 'purpureum'** Il porte des fleurs rougeâtres.

Foeniculum vulgare [ill.] C'est le fenouil comestible. Ses fleurs jaunes sont suivies de graines aromatiques.

FORSYTHIA *Forsythia*

1

2

>> Le forsythia est là, le printemps aussi ! Dans un coin de la pelouse, contre un mur de la maison, de chaque côté du portail d'entrée ou dans un parterre de fleurs, ses longues tiges, nues tout l'hiver, se couvrent d'un seul coup de milliers de petites fleurs jaune vif, attirant l'œil tel un soleil dans le jardin. Ses feuilles ovales, d'un vert riche, leur succèdent. À l'automne, rien ne distingue le forsythia, qui n'affiche aucune teinte particulière. Facile, il s'adapte à n'importe quelle terre si on lui donne un minimum de six heures d'ensoleillement. S'il est planté isolément, qu'il soit l'hôte amical d'une clématite, afin que celle-ci prenne la relève de la floraison ; il garde ainsi tout son attrait en été. La mode voulait autrefois qu'on ne le taille pas, mais aujourd'hui on le voit de plus en plus en topiaire, boule ou cône. Du fait de sa précocité, il a son mot à dire dans une haie persistante ou parmi des arbustes.

***Forsythia* 'Beatrix Farrand'** Le plus grand, avec environ 3 m de haut. Ses tiges sont plus verticales que celles des autres variétés et ses fleurs, plus importantes, avec une touche orange.

***Forsythia* 'Spring Glory'** Il mesure environ 2 m de haut. Ses fleurs jaune pâle apparaissent avant celles des autres variétés.

Forsythia* x *intermedia [1 et 2] Robuste. Il porte beaucoup de fleurs jaune moyen. 'Karl Sax', le plus petit, est doté de tiges d'une forme harmonieuse.

Forsythia suspensa Moins compact que le précédent. Ses branches, plus solides, forment des arches aux fleurs jaunes.

Nom usuel : forsythia
Type : arbuste
Hauteur : 2 à 3 m
Floraison : mars-avril
Sol : tout type
Exposition : soleil ou mi-ombre
Multiplication : bouturage en été

FRAXINUS *Frêne*

Nom usuel : frêne
Type : arbre
Hauteur : 8 à 12 m
Floraison : mai-juin
Sol : tout type
Exposition : soleil ou mi-ombre
Multiplication : semis au printemps

>> Le frêne croît rapidement et est très résistant. Ses branches, qui démarrent très bas, lui donnent une jolie forme. Touffu, il produit de l'ombre. Ses folioles ovales, caduques, vertes l'été et multicolores à l'automne, poussent l'une en face de l'autre sur une petite tige, avec un spécimen unique à leur extrémité. Le frêne à fleurs, auquel on ne pense pas assez, est très décoratif.

***Fraxinus americana* (frêne blanc)** Il atteint 35 m de haut et a une forme ovale. Ses feuilles composées, de 25 à 30 cm de long, sont vert foncé dessus et vert pâle au revers, ce qui est du plus bel effet en cas de vent. Son feuillage automnal va du jaune au pourpre. Il convient pour une grande propriété.

***Fraxinus excelsior* (frêne commun)** Cette variété est très courante. Sa couleur ne change pas à l'automne. 'Pendula', le frêne pleureur, dont les branches s'élèvent à 5 m de haut et retombent au sol, offre une cachette aux enfants et un abri aux adultes.

***Fraxinus ornus* (frêne à fleurs)** [ill.] Ses fleurs parfumées sortent en mai et juin. De 8 m de haut, il convient pour un petit jardin.

FREMONTODENDRON *Frémontia*

Nom usuel : frémontia
Type : arbuste
Hauteur : 5 m
Floraison : juillet à septembre
Sol : léger
Exposition : soleil
Multiplication : bouturage en juin ou septembre

>> Protégé par un mur, le frémontia y grimpe joyeusement. Il arbore des feuilles vert pâle en dessous et porte de grandes fleurs jaunes, en forme de coupe.

***Fremontodendron* 'California Glory'** [ill.] Très florifère.

Fremontodendron mexicanum Il est moins grand.

FRITILLARIA *Fritillaire*

1

2

Nom usuel : fritillaire
Type : bulbe
Hauteur : 30 cm à 1 m
Floraison : printemps
Sol : frais et drainé
Exposition : soleil
Multiplication : séparation des bulbilles en juin

>> Originales, capricieuses, telles sont les fritillaires *Fritillaria meleagris* et *Fritillaria imperialis*, aux fleurs en clochettes pendantes, qui ne ressemblent à aucune autre fleur du jardin. Le bulbe doit être planté penché, entre 25 et 35 cm de profondeur, dans une terre calcaire, surtout pas acide. La fritillaire se plaît en terrain frais, mais pas humide. Elle se naturalise si elle trouve l'emplacement à son goût.
On peut essayer de la mettre dans le gazon, dans un endroit non tondu avant la fin de l'été, comme un coin de sous-bois. À l'achat, il faut choisir des bulbes frais et sans aucune trace d'humidité.

Fritillaria imperialis [1] Elle atteint 1 m de haut. Elle est dotée d'un toupet vert et de fleurs orange ou jaunes.

Fritillaria meleagris [2] Elle ne dépasse pas 30 cm de haut. Ses pétales sont lie-de-vin ou blanc quadrillé.

Fritillaria persica Elle mesure 50 cm de haut. Elle porte de longs épis de délicates fleurs noires.

FUCHSIA *Fuchsia*

1

2

Nom usuel : fuchsia
Type : arbuste
Hauteur : 30 cm à 3 m
Floraison : juin à octobre
Sol : riche et frais
Exposition : mi-ombre
Multiplication : bouturage en été

>> De nouvelles variétés commencent à apparaître, qui remettent le fuchsia au goût du jour. Ses petites feuilles ovales, vert foncé, s'étirent vers une pointe discrète. Ses fleurs sont des clochettes rouges, rouge et blanc, rouge et pourpre, blanches ou roses. Il peut être debout, droit comme un soldat bien décoré ou, au contraire, souple et retombant harmonieusement. Dans un massif, il a une place évidente.

***Fuchsia* 'Corallina'** Ce cultivar peut atteindre 4 m de haut. C'est un plaisir de le palisser au fur et à mesure de sa croissance sur un mur ou une pergola. Ses feuilles oblongues, vert bronze dessus et pourpres au revers, viennent par paire ou par groupe de trois ou quatre. Ses fleurs aux sépales écarlates et aux pétales pourpres achèvent cet enchantement de couleurs.

***Fuchsia magellanica* 'Riccartonii'** Le plus robuste. Si un temps peu clément l'abat, il repousse. En été, il forme une jolie haie de 1,50 m de haut, ponctuée de petites fleurs rouge et pourpre. 'Alba' a des feuilles vert tendre et des fleurs rose très pâle. 'Gracilis', l'un des fuchsias qui grimpent le plus haut pousse ses clochettes rouges jusqu'à 3 m. 'Versicolor' arbore un feuillage rose et crème, qui abrite ses clochettes tel un nid douillet [1]. 'Variegata' a de jolies feuilles soulignées de blanc crème, et des fleurs aux sépales écarlates et aux pétales violets [2].

***Fuchsia* 'Mrs. Popple'** Un basique. Il croule sous des centaines de grandes fleurs violettes.

***Fuchsia* 'Tom Thumb'** Également un basique. Petit, il est idéal pour une rocaille ou en pot sur une terrasse.

GAILLARDIA *Gaillarde*

Nom usuel : gaillarde
Type : vivace
Hauteur : 60 cm
Floraison : mai à septembre
Sol : ordinaire
Exposition : soleil
Multiplication : semis en juin ou division des touffes à l'automne

>> À y bien regarder, son nom sied parfaitement à la gaillarde, grande marguerite aux pétales or, jaunes, roux ou bicolores. Très présente au centre des massifs, elle doit être rabattue en fin de saison pour que sa souche se développe et se fortifie. En plantant des variétés mélangées, on obtient un effet encore plus gai.

***Gaillardia* aristata** [ill.] Ses fleurs jaunes ont un cœur rougeâtre.

***Gaillardia* 'Bourgogne'** Elle est rouge sombre.

***Gaillardia* 'Dazzler'** Elle porte des fleurs orangées à pointe jaune.

***Gaillardia* 'Lutin'** Ses fleurs rouges sont soulignées de jaune.

GALANTHUS *Perce-neige*

Nom usuel : perce-neige
Type : bulbe
Hauteur : 10 à 20 cm
Floraison : février
Sol : tout type
Exposition : soleil ou mi-ombre
Multiplication : division des touffes au printemps

>> En l'absence de neige, le perce-neige, petite clochette blanche, sort la tête des feuilles mortes ou du gazon. Les bulbes doivent être plantés par centaines pour obtenir un bel effet.

Galanthus elwesii [ill.] Cette grande variété au feuillage vert bleuté pousse comme du chiendent. Mais qui aurait envie d'arrêter sa multiplication ?

Galanthus nivalis C'est le plus connu. Il est un peu plus petit et existe à fleurs doubles.

GALEGA *Galéga*

Nom usuel : galéga, rue des chèvres
Type : vivace
Hauteur : 1 à 1,50 m
Floraison : été
Sol : ordinaire et frais
Exposition : soleil
Multiplication : division des touffes à l'automne

>> Le fait qu'il arbore un feuillage qui ressemble à celui de la rue, apprécié des caprins, vaut au galega son surnom de « rue des chèvres ». Très florifère, il porte de petits épis de fleurs blanches, mauves ou lilas. Comme il est envahissant, mieux vaut le placer dans un endroit auquel on ne consacre que peu de temps, tel le jardin sauvage. On doit rabattre entièrement ses branches ayant déjà fleuri.

Galega officinalis [ill.] Il atteint 1,50 m de haut. Ses tiges sont très vigoureuses.

Galega x hartlandii 'Lady Wilson' et 'Her Majesty' Ils mesurent entre 50 et 80 cm de haut. On surveille plus facilement leur progression.

GALTONIA *Galtonia*

Nom usuel : galtonia, jacinthe du Cap
Type : bulbe
Hauteur : 70 cm à 1,50 m
Floraison : été
Sol : ordinaire
Exposition : soleil
Muliplication : division des jeunes bulbes à l'automne

>> Attention : la jacinthe du Cap n'est pas une fleur de printemps, comme la plupart des bulbes, mais d'été, et il faut y prendre garde lors de l'achat, au risque de se retrouver avec une floraison inattendue. Ses feuilles allongées et pointues, rares, se situent surtout à la base. Ses fleurs, clochettes blanches, sont inodores. Mélangée à d'autres espèces dans un massif, elle est très satisfaisante.

Galtonia candicans [ill.] Cette variété élégante est légère et facile d'entretien.

GARRYA *Garrya*

Nom usuel : garrya
Type : arbuste ou arbre
Hauteur : 2 à 5 m
Floraison : juillet à septembre
Sol : drainé
Exposition : mi-ombre
Multiplication : semis en octobre ou en mars, ou bouturage en été

>> Le garrya, aux feuilles vert foncé, porte en hiver une succession de pompons gris soyeux qui tombent de ses branches. Il supporte les embruns et convient pour une haie, dans un massif ou palissé contre un mur.

Garrya elliptica [ill.] Ses feuilles sont soulignées de bleu foncé ; celles de 'James Roof' sont épaisses.

GAURA *Gaura*

Nom usuel : gaura
Type : vivace
Hauteur : 50 cm
Floraison : été
Sol : ordinaire
Exposition : soleil
Multiplication : semis en juin ou bouturage en été

>> Le gaura, élancé et buissonnant, possède une délicatesse très attrayante. Ses tiges gracieuses, qui peuvent s'étirer jusqu'à 1,20 m, sont habillées de feuilles étroites, longues de 7 à 8 cm. Elles s'évasent comme dans un vase imaginaire, en véritables bouquets. Ses fleurs blanc rosé succèdent aux boutons roses. Son feuillage est souvent teinté de rouge.

Gaura lindheimeri Très ramifié, il se ressème facilement, et l'on en récolte les plants précieux. 'Corrie's Gold' a un feuillage panaché de jaune. 'Siskiyou Pink' [ill.], ravissante variété nouvelle, s'orne d'un feuillage rougeâtre et de fleurs rose vif.

GAZANIA *Gazania*

1

2

›› Le ciel est gris, le gazania est fermé, le soleil apparaît et il s'ouvre, offrant un régal de couleurs franches. Son feuillage vert est argenté au revers. Ses tiges portent une unique fleur jaune, orange ou rouge. Dans une bordure d'été, il apporte sa contribution colorée, mais est aussi très apprécié en pot sur une terrasse ensoleillée. Chut... Le soleil vient de se coucher... Le gazania se referme.

Gazania x hybrida [1] Il arbore un feuillage foncé. Ses fleurs, en majorité orange, apparaissent à partir de juillet.

Gazania rigens [2] Ses fleurs, de 8 cm de large, sont souvent dotées d'une pointe noire à la base des pétales.

Nom usuel : gazania
Type : vivace en climat doux ou annuelle
Hauteur : 30 cm
Floraison : juillet à octobre
Sol : ordinaire
Exposition : soleil
Multiplication : bouturage à l'automne

GENISTA *Genêt*

1

2

Nom usuel : genêt
Type : arbuste
Hauteur : 70 cm à 3 m
Floraison : juin-juillet
Sol : non calcaire et drainant
Exposition : soleil
Multiplication : bouturage en été

>> Les branches vert-gris du genêt se couvrent de petites fleurs jaunes en une explosion de soleil dans le jardin. Comme il s'étoffe très vite, il faut le surveiller et supprimer les rameaux moins harmonieux ou qui nuisent à sa forme.

***Genista aetnensis* (genêt de l'Etna)** [2] Très rustique. Il atteint 5 à 7 m de haut. Lorsqu'il est jeune, ses branches sont recourbées, puis se redressent. Sa floraison parfumée, jaune tendre, explose en juillet, cachant presque toutes ses feuilles. Il serait plus à l'aise sur un tapis de couvre-sol (arabis ou certaines variétés de géraniums) que parmi d'autres arbustes.

***Genista hispanica* (genêt d'Espagne)** [3] Très résistant. Cet épineux ne dépasse pas 70 cm de haut. Il a une forme dressée et arrondie, et ressemble à un ajonc. Il fleurit en mai et juin. C'est une merveille qui supporte le vent, les embruns et la sécheresse.

3

4

Genista lydia [4] Ce rampant dépasse rarement 75 cm de haut. Il fleurit, jaune, en mai, tel un rayon de soleil dans la rocaille. Il est idéal pour garnir un talus.

***Genista tinctoria* (genêt des teinturiers)** [1] Cette variété naine mesure entre 40 et 50 cm de haut. Il peut être en fleur tout l'été.

GENTIANA *Gentiane*

Nom usuel : gentiane
Type : vivace
Hauteur : 10 cm à 2 m
Floraison : mai à octobre
Sol : frais et drainé
Exposition : soleil
Multiplication : semis au printemps

>> Les trompettes bleues de la gentiane poussent généralement en altitude. En plaine, Il faut lui réserver une rocaille.

Gentiana acaulis Elle forme un tapis bleu, et aime les étés frais et humides.

Gentiana asclepiadea Elle a des feuilles vert pâle et des fleurs panachées de violet.

***Gentiana* 'Blue Silk'** [ill.] Rare.

Gentiana septemfida Ses fleurs sont dotées d'un cœur blanc.

1

2

3

4

5

6

Nom usuel : géranium
Type : vivace
Hauteur : 30 à 70 cm
Floraison : mai à octobre
Sol : tout type
Exposition : soleil ou mi-ombre
Multiplication : division des touffes au printemps

>> Parmi les centaines de variétés de géraniums existant, il est difficile de n'en sélectionner qu'une dizaine. Plante idéale, il offre des couleurs intenses, tous les tons pastel dont on peut rêver et une longue floraison exubérante pour un entretien pratiquement nul. Il apprécie que l'on retire ses fleurs fanées et son feuillage desséché, et donne alors une seconde floraison.

***Geranium* 'Ann Folkard'** C'est un excellent couvre-sol, très lumineux, à longue floraison pourpre de juin à octobre.

Geranium cinereum [7] Il ne dépasse pas 30 cm de haut. Ses pétales, très délicats, sont roses veinés de marron.

Geranium endressii Très florifère, surtout si on le tond. Il fleurit rose pâle, de mai à octobre. Rabattu, il refleurit.

***Geranium himalayense* 'Gravetye'** [6] Vigoureux. Ce couvre-sol fleurit tout l'été. Ses grandes fleurs bleu violacé intense, veinées de rouge, ont un petit cœur blanc.

***Geranium* 'Johnson's Blue'** [2] Son bleu magnifique a fait la célébrité de ce cultivar. Fleuri de mai à juillet, il est superbe dans une bordure, parmi des vivaces.

Geranium macrorrhizum [5] Très vigoureux. Ce couvre-sol s'orne d'un feuillage clair, persistant et aromatique.

Geranium x magnificum [3] Il atteint 60 cm de haut. Il est vraiment magnifique, avec sa floraison bleu violacé

7

8

GEUM *Benoîte*

Nom usuel : benoîte
Type : vivace
Hauteur : 15 à 60 cm
Floraison : mai à septembre
Sol : ordinaire
Exposition : soleil
Multiplication : semis au printemps

>> On trouve souvent la benoîte dans les jardins de curé, c'est dire si elle est facile... Ses feuilles lobées sont vert clair et elle porte de charmantes fleurs de couleur vive. Elle produit des fruits bruns.

***Geum chiloense* 'Lady Stratheden'** Il peut atteindre 40 cm de haut. Ses tiges arquées sont jaunes. 'Fire Opal' mesure 60 cm de haut et porte des fleurs orange. Celles de 'Mrs. J. Bradshaw' sont rouges[ill.].

Geum montanum Il ne dépasse pas 15 cm de haut. Il se plaît en pot sur une terrasse.

***Geum rivale* 'Album'** Ses fleurs blanches pendent.

Geranium pratense [4] Il mesure 70 cm de haut. Ses fleurs bleu violacé, avec un centre clair, sortent à partir de juin. Il arbore de jolies couleurs automnales. C'est une couverture idéale pour de grandes surfaces.

Geranium psilostemon* ou *armenium [1] Cette superbe variété offre des buissons de fleurs de juin à septembre.

Geranium sanguineum [8] Vigoureux. Ce couvre-sol au petit feuillage foncé a une longue floraison. 'Album' fleurit blanc.

GINKGO *Ginkgo*

Nom usuel : ginkgo, arbre aux écus
Type : arbre
Hauteur : 20 à 30 m
Sol : tout type
Exposition : soleil
Multiplication : semis de graines fraîches en février

>> Le ginkgo est originaire de Chine. Il entre dans la composition de médicaments stimulant la mémoire humaine, mais, surtout, il incarne celle de l'humanité, puisqu'il date du jurassique. Voilà un arbre qui a vu les dinosaures, l'homme de Néanderthal, l'Homo sapiens... Il grandit de manière irrégulière, plutôt lente, atteignant généralement 14 m de haut ou, au contraire, ne dépassant pas 8 ou 9 m. Ses feuilles ressemblent à un éventail vert clair qui, à l'automne, vire au jaune d'or, avant de tomber. Le pied femelle produit de petits fruits jaunâtres qui sentent très mauvais, surtout s'ils tombent au sol et éclatent. Il faut donc plutôt choisir un pied mâle. Bien qu'il ne porte pas de cônes, le ginkgo est classé parmi les conifères. Il s'adapte à tous les climats, ce qui n'est pas étonnant : en deux cents millions d'années il a dû en supporter un certain nombre.

Gingko biloba C'est la seule espèce du genre.

GLADIOLUS *Glaïeul*

1

Nom usuel : glaïeul
Type : bulbe
Hauteur : 40 à 70 cm
Floraison : été
Sol : riche
Exposition : soleil
Multiplication : séparation des cormes à l'automne

>> Le glaïeul, base obligatoire d'un bouquet d'été, met les autres fleurs en valeur. Bien qu'il soit un peu raide, il a néanmoins besoin d'un tuteur. Une fois toutes les fleurs de la hampe mortes, sa tige paraît sale et gluante, et il faut la couper, mais en conservant les feuilles. Planté en groupe

GLORIOSA *Gloriosa*

entre des arbustes denses, il produit un effet de bouquet et ses couleurs, généralement très vives, forment une jolie tache dans un grand jardin. Si un emplacement est réservé aux fleurs à couper, il faut, sans aucune hésitation, en mettre de toutes les tailles et de tous les coloris. Sans oublier que des variétés naines conviennent pour un patio ou une terrasse. Lors de l'achat des bulbes, il est utile de prêter attention à l'illustration figurant sur le sachet, afin de s'assurer que la plante convient pour l'endroit prévu.

Gladiolus communis* ssp. *Byzantinus [2] Rustique et de taille moyenne. Ce glaïeul de printemps résiste bien au vent. Moins raide que ses cousins géants, il offre en mai d'élégantes hampes magenta.

Gladiolus x colvillei [1] Ses fleurs ont un cœur rose ou rouge.

Les variétés papillons, récentes, font un bel effet dans un patio, notamment 'Lady Donna', rose à macule blanche ou 'Perfecta', rouge mandarine à macule jaune-vert.

Les variétés géantes existent dans tous les coloris : 'Rose Suprême' est rose bigarré de blanc rosé ; 'Blue Isle', violet brillant ; 'Ploben', rouge si foncé qu'il semble noir.

Nom usuel : gloriosa
Type : bulbe
Hauteur : 1 à 2 m
Floraison : juillet à octobre
Sol : riche en humus
Exposition : soleil
Multiplication : séparation des rhizomes en avril

>> Le gloriosa est une liane bulbeuse — ce qui est rare —, qui grimpe harmonieusement sur un treillage ou une pergola. Ses longues feuilles sont vert tendre et ses fleurs, orange ou rouges, s'ouvrent comme des papillons. Il réussit en pleine terre ou en pot.

Gloriosa rothschildiana Ses fleurs ont des pétales rouges soulignés de jaune.

GODETIA *Godetia*

Nom usuel : godetia
Type : annuelle
Hauteur : 30 à 40 cm
Floraison : mai à août
Sol : riche et frais
Exposition : soleil
Multiplication : semis en mars ou en octobre

>> Le godetia, connu pour ses ravissantes couleurs, ne fleurit que durant trois semaines. Il faut donc bien choisir la variété pour avoir des fleurs à différents moments.

***Godetia grandiflora* 'Whitney'** Il fleurit rose pâle, avec le cœur rose foncé. 'Azalée' a des fleurs doubles [ill.].

GUNNERA *Gunnéra*

Nom usuel : gunnéra
Type : vivace
Hauteur : 2 m
Floraison : automne
Sol : humide
Exposition : soleil ou mi-ombre
Multiplication : division des souches au printemps

>> Le gunnera est spectaculaire. Ses feuilles ovales, disposées en éventail, peuvent atteindre 1 m de diamètre, même quand il ne dépasse pas 1,50 m de haut. Ses fleurs, très grands épis marron qui deviennent orangés, apparaissent en juin. Pour peu que l'on ait un espace à combler au bord de l'eau, il faut penser à lui car, grâce à sa croissance rapide, on obtient vite un résultat satisfaisant. On peut utiliser ses feuilles pour le recouvrir en hiver en ajoutant un sac de compost.

Gunnera manicata Le plus spectaculaire et le plus rustique.

Gunnera tinctoria [ill.] Ses fleurs rouge rouille sont portées par des panicules de 50 cm de haut. Ses feuilles atteignent 2 m de large.

GYPSOPHILA *Gypsophile*

Nom usuel : gypsophile
Type : vivace ou annuelle
Hauteur : 40 à 60 cm
Floraison : juin à août
Sol : riche
Exposition : soleil
Multiplication : division des touffes au printemps

>> La gypsophile est idéale dans un bouquet, qu'elle allège tout en lui donnant du volume. Ses branches désordonnées, couvertes de petites fleurs blanches, conviennent aussi, séchées, pour une composition hivernale.

Gypsophila elegans Cette annuelle porte des fleurs roses ou blanc perle, de 1 cm de large.

Gypsophila paniculata [ill.] Cette vivace est un nuage de fleurs blanches. 'Bristol Fairy' porte des fleurs blanches doubles ; 'Flamingo', roses doubles ; 'Pink Star', rose vif doubles. Plus petite, 'Pink Star' mesure environ 40 cm de haut.

Gypsophila tenuifolia Elle n'atteint que 10 cm de haut. Elle forme un coussin de feuillage vert clair, avec des fleurs roses simples.

HALIMIUM *Halimium*

Nom usuel : halimium
Type : arbuste
Hauteur : 50 à 80 cm
Floraison : fin du printemps et été
Sol : sec, pauvre, mais bien drainé
Exposition : soleil
Multiplication : semis ou marcottage

» L'halimium est très décoratif et facile à cultiver. Persistant, il s'étale et devient un parfait couvre-sol. De son feuillage gris-vert sortent des grappes de fleurs jaunes au cœur marron, en forme de soucoupe. Il apprécie les étés chauds et se plaît dans une rocaille ou en pot, sur une terrasse.

Halimium atriplicifolium Il mesure environ 1,50 m de haut et son port est érigé.

Halimium halimifolium Au printemps, des centaines de fleurs jaunes au cœur marron ponctuent ses fines feuilles grises.

Halimium lasianthum Il supporte le bord de mer.

Halimium ocymoides [ill.] Il se dresse tout droit. Il a de petites fleurs jaunes. Rare.

Halimium umbellatum Il arbore des feuilles gris clair, au toucher de velours, et des fleurs blanches.

HAMAMELIS *Hamamélis*

1

Nom usuel : hamamélis
Type : arbuste
Hauteur : 2 à 4 m
Floraison : hiver
Sol : riche et acide
Exposition : soleil ou mi-ombre
Multiplication : marcottage au printemps

2

3

4

>> On choisit l'hamamélis pour ses grosses grappes de fleurs très odorantes, qui apparaissent en hiver lorsque les branches sont encore nues. Ses feuilles ovales, larges et vertes, virent au rouge puis au jaune à l'automne.

Hamamelis* x *intermedia Il fleurit jaune. 'Diane' s'orne de grandes feuilles et de fleurs rouges [4].

Hamamelis japonica [2] Il atteint 3 à 5 m de haut et s'étale sur 4 à 5 m. Ses fleurs jaune vif, parfumées, apparaissent en janvier et persistent jusqu'en mars, alors qu'il n'a pas encore de feuilles.

Hamamelis mollis [1] Ses fleurs jaunes sont dotées d'une base rouge.

Hamamaelis vernalis Ses pétales étroits sont jaunes.

Hamamelis virginiana [3] Il mesure 3 m de haut. Il arbore des feuilles jaune vif, et fleurit en octobre et en novembre. Ses branches, qui composent d'harmonieux bouquets, ont tendance à prendre des formes un peu japonisantes. Mieux vaut donc ne pas le tailler et se contenter de supprimer les parties desséchées.

HEBE *Véronique en arbre*

1

2

3

Nom usuel : véronique en arbre
Type : arbuste
Hauteur : 80 cm à 3 m
Floraison : entre juin et octobre, selon les variétés
Sol : moyen et drainant
Exposition : soleil
Multiplication : bouturage en été

>> Avec son feuillage persistant et ses fleurs toutes petites, mais groupées en épi à l'extrémité des tiges, la véronique est ravissante. Ses coloris vont du blanc au violet, et comme certaines variétés attirent les papillons, elle offre parfois un charmant spectacle. Elle peut être plantée en de nombreux endroits, bien qu'elle apprécie surtout une terrasse ou une rocaille. Seule restriction : située dans un emplacement froid ou exposé au vent, il faut l'abriter. En la taillant chaque année on limite sa pousse, sans que cela l'empêche, pour autant, de repartir vivement. Retirer quotidiennement les fleurs séchées est le gage de l'apparition de nouvelles.

Hebe cupressoides [1] Ce coussin de 30 cm de haut a une forme joliment arrondie.

Hebe* x *franciscana [3] Résistante au vent et aux embruns, elle convient pour le bord de mer.

***Hebe* 'La Séduisante'** Elle arbore des feuilles luisantes et fleurit rouge.

***Hebe* 'Midsummer Beauty'** Dans une rocaille, parmi des bruyères, ses fleurs mauve violacé apportent une touche élégante.

Hebe ochracea Elle ressemble à un genévrier au feuillage ocre jaune, virant au bronze en hiver.

***Hebe pinguifolia* 'Pagei'** Charnue et gris bleuté, elle est idéale pour une rocaille, et convient pour un jardin alpin.

Hebe salicifolia [2] Ses épis floraux plus longs que les feuilles s'épanouissent en juillet-août.

HEDERA *Lierre*

1

2

3

Nom usuel : lierre
Type : arbuste
Hauteur : 1 à 10 m
Sol : ordinaire
Exposition : toutes
Multiplication : marcottage en été

>> *Hedera*... Voilà le lierre, au feuillage persistant, qui grimpe ou rampe. Chacun le connaît, mais il ne faut pas le confondre avec la vigne vierge, caduque. Ses feuilles, petites ou grandes (jusqu'à 15 ou 20 cm de large), sont vertes et brillantes. Ses fleurs vertes, presque inexistantes, se transforment à l'automne en petites billes qui noircissent en hiver. Il s'accroche aux murs et aux arbres grâce à ses crampons. C'est une des plantes les plus faciles à vivre, puisqu'il supporte le vent, le froid — excepté pour les espèces les plus méditerranéennes —, le manque d'arrosage — hormis lors de la plantation. Son plus grand mérite est de masquer les bâtiments peu attrayants.

***Hedera canariensis* 'Gloire de Marengo'** [3] Ses feuilles panachées de blanc crème rougissent en hiver.

Hedera colchica Il croît très rapidement. Ses feuilles brillantes sont vert uni ou panachées, notamment chez 'Sulphur Heart' [2], et très attrayantes.

Hedera helix [1] Il pousse partout, et fort bien. Il est plus banal que les autres, mais compte des variétés intéressantes. 'Arborescens' mesure 2 m de haut. 'Buttercup' a des feuilles dorées. 'Hibernica' est un excellent couvre-sol, vert foncé et très résistant. 'Minima', comme son nom l'indique, arbore de toutes petites feuilles ; il est idéal en bac ou en pot suspendu, car ses tiges retombent gracieusement. 'Sagittifolia' est doté de feuilles découpées semblables à des étoiles de mer.

***Hedera rhombea* 'Variegata'** Ses feuilles sont soulignées de jaune.

HELENIUM *Hélénie*

Nom usuel : hélénie
Type : vivace
Hauteur : 50 à 80 cm
Floraison : juin à octobre
Sol : riche
Exposition : soleil
Multiplication : division des touffes au printemps

>> L'hélénie ressemble à une marguerite jaune ou rouge-brun de 3 à 5 cm de diamètre. Elle est facile et supporte la sécheresse. Plantée en groupe, elle forme une tache de couleur agréable.

Helenium autumnale Ses fleurs jaunes sont dotées d'un cœur brun.

***Helenium* 'Bruno'** Cette variété, bien différente, a des pétales rouge-brun.

Helenium hoopesii Il fleurit jaune au printemps.

***Helenium* 'Moerheim Beauty'** [ill.] Il atteint 80 à 90 cm de haut. Ses fleurs sont rouge-brun.

***Helenium* 'Rotkäppchen'** Dans un vase, elle forme un bouquet très plaisant.

***Helenium* 'The Bishop'** Ce cultivar est jaune d'or.

HELIANTHEMUM *Hélianthème*

Nom usuel : hélianthème
Type : vivace
Hauteur : 20 cm
Floraison : juin à septembre
Sol : ordinaire
Exposition : soleil
Multiplication : division des touffes au printemps

>> L'hélianthème adore le soleil, dont il ne peut se passer. Ses fleurs simples ou doubles sont roses, blanches, rouges, orange ou jaunes. Il est du plus bel effet dans une rocaille, en bac ou pour habiller une bordure. Il en existe de nombreuses variétés.

Helianthemum oelandicum* ssp. *alpestre Ses toutes petites fleurs jaunes, de 3 à 5 cm, sortent en mai et juin.

***Helianthemum* 'Anjou'** Il a des feuilles vert foncé et des fleurs roses.

***Helianthemum* 'Ben Fhada'** Ses fleurs jaunes sont dotées d'un cœur orange.

***Helianthemum* 'Rhodanthe Carneum'** Il fleurit rose.

***Helianthemum* 'Fire Dragon'** [ill.] Il arbore un feuillage vert-gris et porte des fleurs orange foncé.

***Helianthemum* 'Lawrenson's Pink'** Ses fleurs sont rose tendre, avec un cœur légèrement orangé.

***Helianthemum* 'Raspberry Ripple'** Ses fleurs sont blanc et carmin.

***Helianthemum* 'Supreme'** Il est rouge orangé.

***Helianthemum* 'The Bride'** Il fleurit blanc.

HELIANTHUS *Tournesol*

1

2

Nom usuel : tournesol, soleil
Type : vivace ou annuelle
Hauteur : 50 cm à 2 m
Floraison : juillet à octobre
Sol : riche
Exposition : soleil
Multiplication : division des touffes à la fin de l'hiver

>> Planté seul, ou en masse au fond d'une plate-bande, le tournesol est magnifique. Ses longs pétales, jaunes ou orange, sont assortis d'un cœur vert ou marron. Sa graine est comestible et produit de l'huile. Il donne de magnifiques bouquets.

Helianthus annuus [1] Très florifère. Cette annuelle est le vrai « tournesol ». Il en existe quantité de variétés, simples ou doubles, qui vont du jaune pâle au brun.

Helianthus decapetalus Il atteint 1,50 m de haut. Cette vivace au cœur double est jaune.

Helianthus salicifolius [2] Il mesure 2 m de haut. Vivace, il arbore des feuilles rugueuses, longues et fines, et porte une fleur jaune.

HELICHRYSUM *Immortelle*

Nom usuel : immortelle
Type : annuelle ou arbuste
Hauteur : 30 cm à 1,20 m
Floraison : juin à septembre
Sol : ordinaire et sec
Exposition : soleil
Multiplication : semis ou bouturage en été

>> L'immortelle, avec son feuillage étroit et argenté, et ses fleurs parfumées, en étoile, existe dans de nombreuses variétés. En arbuste, couvre-sol ou dans un panier suspendu, c'est toujours une réussite.

***Helichrysum bracteatum (Bracteantha bracteata)* 'Bright Bikinis'** [ill.] Il atteint 40 cm de haut. Ses fleurs se parent de coloris vifs.

Helichrysum italicum* ssp. *serotinum Cette variété arbustive mesure 40 cm de haut. Elle arbore des fleurs jaunes et embaume le cari.

Helichrysum petiolare Ses rameaux souples, aux larges feuilles feutrées, décorent à merveille une terrasse. 'Limelight' est éclairé d'or. Il n'est pas rustique et doit être traité en annuelle.

HELIOPSIS *Héliopsis*

Nom usuel : héliopsis
Type : vivace
Hauteur : 1 à 1,20 m
Floraison : juillet à octobre
Sol : ordinaire
Exposition : soleil
Multiplication : division des touffes à l'automne

>> L'héliopsis ressemble à un petit soleil. Ses feuilles sont poilues et rugueuses, et ses fleurs, simples ou doubles, jaune orangé. Très florifère, il fait de l'effet planté en masse dans un massif. Il est résistant et supporte même la sécheresse.

Heliopsis helianthoides* var. *scabra [ill.] Il atteint 90 cm de haut. Il est jaune, avec un cœur vert. 'Hohlspiegel' mesure 1,20 m de haut ; il est semi-double et porte des fleurs jaune d'or, tout comme 'Sommersonne'.

HELLEBORUS *Hellébore*

1

2

3

4

5

6

Nom usuel : hellébore
Type : vivace
Hauteur : 30 à 60 cm
Floraison : janvier à avril
Sol : riche
Exposition : mi-ombre
Multiplication : division des touffes en septembre

>> L'hellébore est à la fois robuste, gracieux et élégant. Ses feuilles sont épaisses et sa fleur, qui sort en hiver, presque translucide. Il résiste à la sécheresse.

***Helleborus argutifolius* (hellébore de Corse)** [1] Il atteint 60 cm de haut. Ses feuilles persistantes, larges et découpées sont vert bleuté, et ses fleurs, vert jade.

***Helleborus* 'Atrorubens'** [5] Il mesure entre 20 et 30 cm de haut. Il fleurit rose pourpre.

***Helleborus foetidus* (hellébore fétide)** [2] Son nom fait injure à cette fleur raffinée ! Ses fleurs vert pâle sortent de janvier à mai.

***Helleborus niger* (rose de Noël)** [3] Il mesure entre 20 et 30 cm de haut. Véritable petit bijou, il porte des fleurs au cœur vert, dotées de pétales blancs à l'extérieur et vert pâle à l'intérieur. Il ne mérite pas son nom, car il fleurit en janvier ou février.

Helleborus orientalis [4] Dans la nature, il fleurit rose plus ou moins intense. Les coloris de ses multiples hybrides pouvant varier, il faut être vigilant en les achetant.

Helleborus purpurascens [6] Ses fleurs sont pourpres.

HEMEROCALLIS *Hémérocalle*

1

2

Nom usuel : hémérocalle
Type : vivace
Hauteur : 40 cm à 1 m
Floraison : juin à octobre
Sol : ordinaire ou humide
Exposition : soleil
Multiplication : division des touffes au printemps

>> L'hémérocalle ne fleurit que durant une journée, parfois une soirée. Ses feuilles sont longues et minces, et ses fleurs ressemblent à un petit lis orange. Certaines variétés dégagent un parfum délicat. Elle est très florifère, mais inutile de couper ses tiges pour un bouquet, car elle fâne trop vite.

Hemerocallis citrina Ses toutes petites fleurs jaune citron dégagent un parfum très délicat.

Les hybrides sont très nombreux et de nouvealles hémérocalles apparaissent sans cesse.

***Hemerocallis* 'August Orange'** Elle fleurit orange foncé. 'Autumn Red' est rouge orangé, avec un cœur doré. 'Mighty Mogul' porte une fleur rouge , avec un cœur marron . 'Art Festival' est mauve au cœur blanc. 'Toyland' est garnie de petites fleurs pêche. 'Stafford' [2] est rouge au cœur jaune. 'Summer Wine', très florifère, porte de grandes fleurs pourpres au cœur jaune-vert.

Hemerocallis lilioasphodelus [1] Ses fleurs jaunes légèrement ocrées sont parfumées.

HEPATICA *Anémone hépatique*

Nom usuel : anémone hépatique
Type : vivace
Hauteur : 10 cm
Floraison : mars à mai
Sol : ordinaire et calcaire
Exposition : ombre
Multiplication : division des touffes au printemps

>> L'*Hepatica* rappelle l'anémone. Elle s'orne de grandes feuilles lobées et de fleurs rose violet ou bleues. Elle se plaît dans un sous-bois ou une rocaille ombragée. Mieux vaut la planter en groupe.

Hepatica nobilis Ses fleurs bleues sont dotées d'étamines blanches.

HERACLEUM *Berce du Caucase*

Nom usuel : berce du Caucase
Type : vivace
Hauteur : 3 m
Floraison : juin-juillet
Sol : ordinaire et frais
Exposition : soleil
Multiplication : division des touffes au printemps

>> Avec ses feuilles lobées et ses fleurs formant de grandes ombelles blanches, la berce est peu ordinaire. Comme elle croît très rapidement, elle convient en fond de massif ou pour masquer un élément inesthétique.

Heracleum mantegazzianum Il mesure 3 m de haut. Il est doté de grandes feuilles et de grandes fleurs.

HEUCHERA *Heuchera*

1

2

Nom usuel : heuchera
Type : vivace
Hauteur : 40 à 60 cm
Floraison : juin à septembre
Sol : ordinaire
Exposition : soleil
Multiplication : division des souches au printemps

>> L'heuchera demande peu d'entretien, se plaît dans n'importe quelle terre et fleurit chaque été. Ses fleurs, petites clochettes corail, blanches ou vertes, forment des épis qui surplombent ses feuilles persistantes en coussin, arrondies et marbrées.

Heuchera americana Ses feuilles pourprées s'éclairent de fleurs crème.

Heuchera* x *brizoides et ses hybrides 'Pluie de Feu' atteint 50 à 60 cm de haut ; il fleurit rouge ardent. 'Red Spangles' est rouge écarlate ; 'Saturne', rouge vif ; 'Virginal', blanc.

***Heuchera cylindrica* 'Greenfinch'** Ses clochettes sont vertes, ce qui ne manque pas d'étonner.

***Heuchera micrantha* 'Palace Purple'** [1] Il tire son charme de ses minuscules fleurs blanches sur son feuillage rouge.

***Heuchera sanguinea* 'Splendens'** Il fleurit rouge sang ; 'Bressingham Hybrids', rouge vif, avec des rayures roses.

***Heuchera* 'Snow Storm'** [2] Ses feuilles sont vert tacheté de crème et ses fleurs, rouges.

Bien d'autres hybrides mériteraient d'être cités.

HIBISCUS *Hibiscus*

Nom usuel : hibiscus, mauve en arbre
Type : arbuste
Hauteur : 2 à 3 m
Floraison : juillet à septembre
Sol : tout type
Exposition : soleil ou mi-ombre
Multiplication : bouturage en été

>> L'hibiscus évoque l'exotisme. Inutile pourtant de s'attacher aux variétés tropicales : les formes rustiques sont tout aussi belles. Il est garni de feuilles caduques et de fleurs à cinq pétales en forme d'entonnoir, qui ne vivent qu'un ou deux jours. En haie, c'est une merveille lors de la floraison, mais il fait également un bon arbuste, car ses tiges sont assez raides. Palissé, il exhibe ses couleurs. Il est possible, après la floraison, de mettre en pleine terre un hibiscus en pot : il vivra au moins deux ans, s'il ne gèle pas. Les hybrides offrent un vaste choix.

***Hibiscus syriacus* 'Duc de Brabant'** Il est double et pourpre ; 'Hamabo', rose tendre avec un cœur rouge carmin. 'Lady Stanley' s'orne de fleurs doubles blanches au cœur pourpre. 'Oiseau bleu' [ill.], avec ses fleurs bleues au cœur grenat, est un très bel arbuste sur tige. 'Pink Giant' fleurit rose, 'Woodbridge', rouge.

***Hibiscus* 'Southern Bels'** Ses fleurs blanches, roses ou rouges mesurent 20 à 25 cm de diamètre.

HIPPOPHAE *Argousier*

Nom usuel : argousier
Type : arbre ou arbuste
Hauteur : 4 m
Floraison : mars-avril
Sol : tout type
Exposition : toutes
Multiplication : bouturage en été

>> L'argousier, facile et décoratif, peut séduire tout le monde. Il supporte les embruns, s'accroche bien au terrain et peut donc servir à retenir un talus ou une dune. Il produit, accessoirement, de petits fruits orange.

Hippophae rhamnoides Ses feuilles étroites sont argentées.

HOHERIA *Hohéria*

Nom usuel : hohéria
Type : arbuste
Hauteur : 3 à 8 m
Floraison : juillet-août
Sol : léger
Exposition : soleil
Multiplication : bouturage en été pour les espèces caduques ; en août-septembre pour les persistantes

›› L'hohéria est gracieux, facile à cultiver et très florifère. Ses fleurs embaument. Il supporte les climats maritimes.

Hoheria glabrata [ill.] Rare.

Hoheria lyallii Son feuillage est caduc. Ses fleurs séduisent les papillons.

Hoheria sexstylosa Les papillons apprécient aussi ses fleurs, en grappes tombantes.

HOSTA *Hosta*

1

Nom usuel : hosta
Type : vivace
Hauteur : 30 à 50 cm
Floraison : juillet à septembre
Sol : riche
Exposition : mi-ombre
Multiplication : division des souches au printemps

2

3

4

5

6

>> L'hosta, excellent couvre-sol, s'étale avec vigueur, triplant de taille dans l'année. Son feuillage, riche et très varié, forme une touffe au centre de laquelle pousse une hampe surmontée de fleurs en trompette. Il convient pour un sous-bois, un massif un peu ombragé ou un jardin en ville, mais réussit également en bac, sur une terrasse. On l'associe au lis avec bonheur.

Hosta crispula [6] Ses grandes feuilles soulignées de blanc l'éclairent.

***Hosta decorata* 'Betsy King'** [1] Il fleurit violet, rayé de blanc.

Hosta fortunei [4] Il atteint 50 à 60 cm de haut. Ses fleurs sont violet clair.

Hosta plantaginea [2] Ses fleurs blanches dégagent un merveilleux parfum.

Hosta sieboldiana [3] Son feuillage bleu-vert est plissé. Ses fleurs lilas pâle, en trompette, pendent gracieusement.

Hosta tokudama Il est doté d'un feuillage doré et de fleurs mauve pâle.

Hosta undulata* var. *univittata [5] Il mesure 40 cm de haut pour autant d'envergure. Ses feuilles sont bordées de blanc et ses fleurs violettes.

Hosta ventricosa Il atteint 60 cm de haut et 40 cm de large. Il fleurit mauve foncé.

HOUTTUYNIA *Houttuynia*

Nom usuel : houttuynia
Type : vivace
Hauteur : 30 cm
Floraison : juin-juillet
Sol : humide
Exposition : toutes
Multiplication : division des souches au printemps

>> L'houttuynia est un couvre-sol un peu envahissant. Ses feuilles en forme de cœur sont panachées de plusieurs couleurs. Ses fleurs blanches, simples ou doubles, exhalent un délicieux parfum d'orange.

Houttuynia cordata Ses feuilles sont rouges, jaunes et crème.

HUMULUS *Houblon*

Nom usuel : houblon
Type : vivace
Hauteur : 3 à 4 m
Floraison : août-septembre
Sol : tout type
Exposition : soleil ou mi-ombre
Multiplication : bouturage au printemps

>> Nul besoin de réserver le houblon à la fabrication de la bière. Liane vivace, un peu traçante, aux feuilles découpées, cette plante est parfaite pour garnir un claustra en un clin d'œil.

Humulus lupulus Le houblon à bière vaut surtout par ses plants femelles, dotés de grappes de fleurs, sorte de pompons verts, de longue durée. 'Aureus' arbore un feuillage or, du plus bel effet avec des clématites violettes, par exemple, mais il ne fleurit guère [ill.].

HYACINTHUS *Jacinthe*

1

2

Nom usuel : jacinthe
Type : bulbe
Hauteur : 20 cm
Floraison : avril-mai
Sol : riche
Exposition : soleil
Multiplication : séparation des bulbilles en été

>> Son parfum, voilà la première chose que l'on remarque chez la jacinthe, synonyme du printemps. Elle trouve sa place dans une bordure, en masse dans le gazon, en bac et bien sûr en pot ou en panier dans la maison. Le choix des coloris est étendu.

Hyacinthus orientalis Plus grande que les autres, elle atteint 30 cm de haut. 'Blue Jacket' fleurit bleu foncé, 'City of Haarlem' jaune, 'Jan Bos', rose vif [2], 'Lady Derby', rose, 'Ostara', bleu foncé [1], 'Pink Pearl', rose, 'White Pearl', blanc.

1

2

Nom usuel : hortensia, hydrangea
Type : arbuste
Hauteur : 1 à 3 m
Terre : riche
Exposition : mi-ombre
Multiplication : bouturage en août

>> L'hortensia est indispensable dans un jardin. Il s'orne de feuilles caduques vert franc et, selon les variétés, de fleurs semblables à une grosse boule de 25 à 30 cm de diamètre ou à un couvercle de dentelle, d'où sortent par-ci par-là d'autres fleurs bien ouvertes. La qualité du sol détermine généralement leur couleur : acide, il les teinte en bleu et alcalin, en rose. À l'automne, elles s'assombrissent, en particulier les roses, qui virent au framboise et vert. Séchées, elles donnent un bouquet très décoratif. L'hortensia se plaît au nord.

***Hydrangea arborescens* 'Annabelle'** [2] Ses tiges non ramifiées, à tuteurer, portent des fleurs de 30 cm de diamètre.

Hydrangea macrophylla [1] Rustique, le plus courant. Il a donné les variétés aux grosses têtes, généralement roses, mais sa

3

4

coloration varie selon les hybrides : 'Altona' et 'Eldorado' sont rose foncé ; 'Europa', rose foncé [3] ; 'Iris', bleu, comme celui des fleuristes — mais il ne le reste qu'en terre acide ou grâce à des produits spécifiques ; 'Maréchal Foch', rose bleuté ; 'Masja', rouge ; 'Sœur Thérèse', blanc.

***Hydrangea paniculata* 'Grandiflora'** [4] Il atteint 1,50 m à 2 m de haut et d'envergure. Ses branches ploient sous le poids de ses fleurs blanc crème, dont la forme allongée évoque plutôt un lilas géant.

Hydrangea petiolaris Cette variété grimpante peut atteindre 15 m de haut. Il s'accroche seul sur une surface à l'ombre. Il fleurit blanc.

HYPERICUM *Millepertuis*

Nom usuel : millepertuis
Type : arbuste
Hauteur : 30 cm à 1 m
Floraison : juillet à septembre
Sol : léger
Exposition : soleil ou mi-ombre
Multiplication : division des touffes au printemps

>> Le millepertuis, à la multiplication rapide, est un excellent couvre-sol pour des surfaces importantes, notamment les talus d'autoroute. Inutile de le dédaigner pour autant ! Ses feuilles sont persistantes ou semi-persistantes, et ses fleurs jaunes mesurent 5 à 6 cm de diamètre. S'il a le mérite d'éradiquer les mauvaises herbes on a, en contrepartie, beaucoup de mal à s'en débarrasser. Mais qui se plaindrait de son caractère envahissant dans un endroit du jardin où l'entretien prendrait trop de temps ?

Hypericum calicynum Robuste et envahissant. Il porte de grandes fleurs or.

***Hypericum* 'Hidcote'** Ce gros buisson non traçant mesure 1 m de haut. Il forme une boule d'or en juillet-août.

***Hypericum x inodorum* 'Albury Purple'** Son superbe feuillage pourpre et ses fleurs bronze discrètes sont magnifiquement assortis. 'Elstead' produit des baies rose carminé [ill.].

ILEX *Houx*

1

2

Nom usuel : houx
Type : arbre ou arbuste
Hauteur : 3 à 5 m
Sol : tout type
Expositions : toutes
Multiplication : bouturage en été

>> Au Moyen Âge, le houx symbolisait l'espérance et le renouveau. Rien d'étonnant, donc, que le 31 décembre, dans certains pays, on le préfère au gui pour s'embrasser en dessous, selon une tradition très ancienne. Avec ses branches très denses, aux feuilles persistantes, pointues et piquantes partant du sol, il convient parfaitement pour une haie défensive. Des baies rouges ponctuent son feuillage en hiver. À l'exception des variétés aux feuilles panachées qui, pour rester belles, exigent une forte luminosité, il supporte presque tout. Il serait donc injuste de lui tenir rigueur de sa croissance lente.

Ilex x altaclarensis Les tiges de cet hybride sont rayées de jaune. 'Golden King' arbore des feuilles vert profond bordées de jaune [1]

Ilex aquifolium Il peut atteindre 5 m de haut. 'Golden Milkboy' des feuilles jaune franc soulignées de vert. 'Golden Queen', au feuillage marbré bordé de d'or, ne produit pas de baies. 'Pyramidalis' porte des fruits rouges [2] tandis que 'Pyramidalis Fructu Luteo' a des feuilles vert clair et des fruits jaunes.

IMPATIENS *Impatiente*

1

2

Nom usuel : impatiente
Type : annuelle
Hauteur : 20 cm à 1,20 m
Floraison : juin à octobre
Sol : riche en humus et drainé
Exposition : ombre ou mi-ombre
Multiplication : semis au printemps

>> L'impatiente est facile à cultiver. Ses feuilles ovales, vert clair, s'éclairent de fleurs délicates aux tons pastel. En théorie, elle préfère l'ombre, mais en pratique elle s'adapte n'importe où avec un arrosage quotidien en cas de grosse chaleur. Elle réussit aussi très bien en pot sur une terrasse.

Impatiens glandulifera Elle se caractérise par ses fleurs bicolores.

***Impatiens* niamniamensis** [1] Rare.

***Impatiens* de Nouvelle-Guinée** [2] Elles sont plus hautes.

***Impatiens wallingant* 'Tempo'** Elle ne dépasse pas 30 cm de haut. Elle est souvent bicolore.

INULA *Aunée*

Nom usuel : aunée
Type : vivace
Hauteur : 20 cm à 2,50 m
Floraison : juin à novembre
Sol : ordinaire
Exposition : soleil
Multiplication : division des touffes au printemps ou à l'automne

>> La robuste aunée est facile à cultiver. Ses fleurs jaunes, nombreuses, ont la forme de la marguerite.

Inula ensifolia Elle mesure 50 cm de haut.

Inula helenium Avec ses grandes fleurs, elle convient parfaitement pour un massif.

Inula hookeri [ill.] Ses fleurs ont un cœur orangé.

Inula orientalis Des fleurs orange ponctuent ses feuilles foncées.

IPHEON *Iphéon*

Nom usuel : iphéon
Type : bulbe
Hauteur : 15 cm
Floraison : avril-mai
Sol : ordinaire
Exposition : soleil
Multiplication : séparation des bulbilles au début de l'automne

>> L'iphéon met longtemps à parvenir à maturité. Ses feuilles, étroites, sont vert-bleu. Ses fleurs bleu lilas en forme d'étoile, avec la base des pétales plus claire, dégagent un agréable parfum.

Ipheion uniflorum Il trouve sa place dans une rocaille. 'Froyle Mill' est plus pâle. 'Rolf Fiedler' [ill.] est rare.

IPOMAEA *Ipomée*

1

2

Nom usuel : ipomée
Type : annuelle
Hauteur : 2 à 3 m
Floraison : juillet à septembre
Sol : riche et frais
Exposition : soleil
Multiplication : semis en avril

>> L'ipomée galopant sur une rambarde, un fil de fer, un treillage ou grimpant dans un arbre : voilà une vision familière à la campagne. Ses feuilles sont en forme de cœur. Ses fleurs, calice violet ou bleu à fond blanc, s'ouvrent le matin et se referment le soir en s'enroulant sur elles-mêmes. Attention : ses graines sont très toxiques si elles sont ingérées.

Ipomaea indica Très résistant. Ses fleurs violettes, groupées par trois ou cinq, virent au rouge.

***Ipomaea purpurea* (volubilis)** [1] Ses fleurs blanches, rouges ou pourpres pâlissent au bout de quelques heures.

Ipomaea tricolor [2] D'un diamètre moyen de 10 cm, ces fleurs au cœur jaune sont plus grandes que les autres.

IRIS *Iris*

1

2

3

Nom usuel : iris
Type : vivace
Hauteur : 10 cm à 1,20 m
Floraison : toute l'année selon les variétés
Sol : moyen, acide pour les iris d'eau, calcaire pour les autres
Exposition : soleil
Multiplication : séparation des rhizomes après la floraison

>> La plupart des iris sont rustiques et certains ont des feuilles persistantes. La diversité des variétés permet d'obtenir des fleurs toute l'année, dans une gamme de coloris très étendue... Une merveille pour ceux qui aiment la plante ! L'iris nain fleurit ainsi en avril, le Lilliput, en avril-mai, les intermédiaires, fin avril-début mai, le grand rhizomateux, en mai-juin, l'*Iris laevigata* et l'*Iris sibirica,* en juin. Bulbe ou rhizome, il a besoin pour prospérer d'une bonne terre sèche, au soleil — hormis celui qui vit près de l'eau — et apprécie qu'elle soit bien drainée. Comme à chacun correspondent une taille, une époque de floraison et un sol différents, seul l'emplacement prévu pour la plantation détermine le choix lors de l'achat.

L'iris barbu ou iris des jardins L'une des plus belles parures d'une plate-bande au mois de mai et de juin, il réussit mieux si on le plante à la fin de l'été qu'au printemps. Il aime les sols calcaires. Parmi les sujets les plus spectaculaires, on compte 'Brilliant Star', aux fleurs blanches dotées d'une barbe rouge ; 'Early Light', aux pétales blancs légèrement plissés, bordés de jaune ; 'Garnet

4

5

6

7

8

Robe', à la robe rouge foncé velouté (un coloris rare) ; 'Midnight Hour', très florifère, aux grandes fleurs bleu nuit à reflets pourpres ; 'Osiroco Flow', avec ses volants bleutés, soulignés de violet ; ou 'Vanity', d'un rose succulent, aux trois volants recourbés.

Comme iris intermédiaire, mesurant 50 à 60 cm de haut, on remarque 'Blue Boy', d'un bleu merveilleux, 'Eleonor Roosevelt', à l'étonnant indigo-noir, ou encore 'Lillipinkput', abricot rosé. Pour une rocaille, ne dépassant pas 20 cm de haut, on retient 'Azurea', bleu pâle, 'Crispy', blanc pur aux pétales ondulés, ou 'Pink Cushion', jaune saumoné clair.

***Iris ensata*, ou « de Kæmpfer » (iris du Japon)** Il appartient à un groupe différent. Ses fleurs s'ouvrent à plat en été. Attention : il ne supporte que la terre acide, les sols tourbeux et l'humidité. 'Comtesse de Paris' est blanc pur ; 'Fuji-Yama', violet, avec un centre bleu vif ; 'Gei-sho-ui', violet avec un cœur jaune.

***Iris foetidissima* (iris gigot)** [1 et 2] Il est doté d'un feuillage persistant. On le cultive pour ses graines rouge écarlate, qui l'habillent jusqu'à l'automne. Il résiste à tout, même à l'ombre sèche.

***Iris pallida* 'Variegata'** [3] **et *Iris pallida* 'Argentea Variegata'** Ils sont très différents de ce que l'on a l'habitude de voir. Avec son petit éventail de feuilles persistantes, panachées vert et crème, 'Variegata' est très décoratif dans une bordure ou une rocaille ; 'Argentea Variegata' est panaché de blanc [7]. Tous deux ont une floraison bleu pâle parfumée.

***Iris pseudacorus* (iris des marais)** Il atteint 1 m de haut. Il peut envahir une pièce d'eau avec son feuillage vigoureux. Ses fleurs jaunes sortent au début de l'été. 'Plena' possède des fleurs doubles ; 'Variegata', dont le feuillage est marqué de longues raies jaunes, supporte un sol plus sec [8].

Iris pumila [4] Il ne dépasse pas 10 à 15 cm de haut. Il convient parfaitement pour une rocaille

***Iris sibirica* (iris de Sibérie)** [5] Robuste. Il atteint 1 m de haut. Il est généralement dans la gamme des bleus et fleurit en mai-juin. Il se plaît dans un sol humide ou juste un peu frais. 'Tropical Night' est violet très foncé ; 'Cool Spring', bleu lavande.

***Iris unguicularis* (iris d'Algérie)** [6] Il est également dans les bleus et fleurit en hiver. Il lui faut un terrain sec et ensoleillé.

JASMINUM *Jasmin*

1

2

3

Nom usuel : jasmin
Type : arbuste
Hauteur : 2 à 10 m
Floraison : mars à août
Sol : riche
Exposition : soleil de l'après-midi
Multiplication : marcottage en août

>> Bien que le jasmin soit synonyme de parfum, seules quelques variétés embaument, en particulier le *Jasminum officinale*. Quel enchantement, presque entêtant ! Plante ligneuse, persistante ou caduque, il grimpe avec bonheur, particulièrement planté au sud, à condition d'être palissé et que ses branches soient démêlées régulièrement, car elles ont la fâcheuse habitude de faire des nœuds. Il fleurit, suivant les espèces, au printemps, en été ou en hiver. Vorace, il épuise le sol, et il est donc conseillé de lui apporter de l'engrais soluble deux fois pendant l'été. Placé près de la porte de la maison, il y dispense son parfum estival.

***Jasminum beesianum* (jasmin rose)** Il peut atteindre 4 m de haut. Ses fleurs rose pourpre sont délicieusement parfumées.

***Jasminum grandiflorum* (jasmin d'Espagne)** Il atteint 2 m de haut. Son feuillage est persistant, mais il n'est pas vraiment rustique dans le Nord. Avec ses innombrables fleurs tubulaires, blanches à revers rouge, il embaume en été et à l'automne.

Jasminum nitidum [2] Rare.

***Jasminum nudiflorum* (jasmin d'hiver)** [1] Il est dépourvu de feuilles et ses fleurs jaunes, en hiver, ne dégagent aucun parfum.

Jasminum officinale Le plus connu et le plus rustique. Il atteint 10 m de haut. Au printemps et en été, il produit des grappes courtes de fleurs blanches très parfumées.

Jasminum polyanthum [3] Sur un mur bien à l'abri et dans un climat doux, il peut atteindre 5 m de haut. Il fleurit blanc rosé.

JUNIPERUS *Genévrier*

1

2

Nom usuel : genévrier
Type : arbre ou arbuste
Hauteur : 2 à 6 m
Sol : calcaire de préférence
Exposition : soleil ou mi-ombre
Multiplication : bouturage en février ou à l'automne

›› Debout, couché, assis… Voilà à peu près les images qu'évoque le rustique genévrier, souvent d'origine nordique. Selon la variété, on peut en effet l'utiliser en beau sujet isolé, en couvre-sol ou en haie, dans un petit jardin de ville, sur une terrasse ou dans un parc. Son feuillage en aiguilles est vert, bleu ou doré.

Variétés couvre-sol

Juniperus chinensis **'Gold Coast'** Originaire de Chine. Il a un port étalé. C'est le plus doré des genévriers.

Juniperus communis **'Depressa Aurea'** Son feuillage jaune vire au bronze en hiver. Il exige du soleil.

Juniperus horizontalis **'Glauca'** [2] Il pousse en étages superposés bleu acier. Il faut lui laisser la place de s'étendre.

Juniperus pfitzeriana Dense. Ses branches montent, puis retombent à leur extrémité. Ses fruits sont pourpres.

Juniperus procumbens Plat et rampant, il habille un dallage tel un tapis.

Variétés en colonne

Juniperus communis **'Compressa'** Il ne dépasse guère 1 m de haut. Il apporte une touche verte dans une rocaille, où il prend idéalement place.

Juniperus communis **'Fastigiata'** Il se développe en une belle colonne, solide et élégante, de 6 m de haut.

Juniperus communis **'Hibernica'** L'un des plus utilisés, car il est d'un beau vert. Il ne nécessite aucune taille.

Juniperus scopulorum **'Blue Heaven' ou 'Grey Glea'** Ils sont respectivement bleu et argenté, et portent souvent des baies gris argenté.

Juniperus scopulorum **'Skyrocket'** [1] Il atteint 5 m de haut. Il forme une belle colonne étroite gris bleuté.

KERRIA *Kerria*

Nom usuel : kerria
Type : arbuste
Hauteur : 1 à 2 m
Floraison : avril à septembre
Sol : tout type
Exposition : soleil
Multiplication : division des rejets à l'automne

>> Le kerria pousse partout sans poser de problème. Ses branches, qui évoluent harmonieusement en arc, portent de ravissantes fleurs jaunes. Son défaut est d'être traçant, comme le framboisier, et donc un peu envahissant.

Kerria japonica [ill.] Il porte de petites corolles simples or foncé. Il n'est plus guère cultivé et on lui préfère les variétés 'Golden Guinea', à très grandes fleurs, et 'Pleniflora', aux fleurs en pompon, très plein. 'Picta', peu florifère, s'orne d'un feuillage ourlé de blanc.

KNIPHOFIA *tritoma*

1

Nom usuel : tritoma
Type : vivace
Hauteur : 50 cm à 1 m
Floraison : juin-juillet
Sol : riche et frais
Exposition : soleil
Multiplication : division des touffes au printemps

>> Le tritoma, solide et un peu raide, fait de l'effet dans une bordure. Ses tiges, en dépit de leur taille, ne nécessitent aucun tuteur et, dès la première année, son long feuillage étroit forme de bonnes touffes denses. Ses fleurs tubulaires, jaunes ou rouges, en épi, se remarquent. Mieux vaut éviter de le

2

bouger, car il s'habitue à son emplacement. Il fait partie des plantes qui prennent le plus d'espace dans un jardin

Kniphofia caulescens [2] Son feuillage large, bleu-vert, forme des touffes pendantes autour de fleurs rouge corail, qui sortent tardivement, en été et jusqu'à l'automne.

***Kniphofia galpinii* 'Gloire d'Orléans'** Il fleurit jaune lumineux, 'Luna', orange. 'Little Maid' compte parmi les nombreux nouveaux hybrides intéressants ; crème, il fait merveille avec la lavande ou le népéta.

***Kniphofia* 'Royal Standard'** Ses longues feuilles, qui ressemblent à des herbes, retombent. Ses fleurs rouges et jaunes coniques sortent au milieu de l'été.

Kniphofia triangularis [1] Il fleurit généreusement à l'automne. Ses fleurs orange brûlé sont souvent soulignées de rouge autour des « lèvres ».

KOLKWITZIA *Kolkwitzia*

Nom usuel : kolkwitzia
Type : arbuste
Hauteur : 3 m
Floraison : mai-juin
Sol : tout type
Exposition : soleil
Multiplication : bouturage en été

>> Le kolkwitzia, ravissante plante en fontaine à l'écorce beige et aux innombrables fleurs roses, est aussi séduisant en haie que seul dans un gazon.

Kolkwitzia amabilis Le seul du genre, il suffit bien à rendre compte de sa beauté.

LABURNUM *Cytise*

Nom usuel : cytise
Type : arbre ou arbuste
Hauteur : 3 à 8 m
Floraison : juin à septembre
Sol : tout type
Exposition : toutes
Multiplication : semis à l'automne ou bouturage en été

>> Une allée bordée de cytises palissés sur des arceaux, ou encore deux ou trois jeunes sujets plantés ensemble au bord de la pelouse produisent un effet enchanteur. Le cytise s'étale et se prélasse, atteignant 7 à 8 m d'envergure. Son bois, très dur, sert à la fabrication d'instruments de musique. Ses feuilles sont caduques et ses fleurs, longues grappes jaune vif, mesurent 60 cm de long. Dès qu'elles sont fanées, il faut les supprimer, au risque d'avoir des gousses desséchées réellement laides. Ses graines sont toxiques.

Laburnum anagyroides [ill.] Cet arbuste s'étale avec l'âge. 'Aureum' s'orne d'un feuillage doré. 'Autumnale' donne souvent une seconde floraison à l'automne. 'Pendulum' ne dépasse pas 2 m de haut ; il a beaucoup de charme dans une bordure.

***Laburnum* x *watereri* 'Vossii'** Ses grappes de fleurs sont plus longues que sur l'espèce type.

LAGURUS *Lagurus*

Nom usuel : lagurus, gros-minet
Type : annuelle
Hauteur : 30 cm
Floraison : juin à août
Sol : ordinaire
Exposition : soleil
Multiplication : semis au printemps

>> Comme toutes les graminées, le lagurus est à la mode. Ses feuilles sont longues et minces, et sa floraison en épis blanc crème couverts de duvet doux — d'où son nom de gros-minet. Il produit un bel effet dans un massif, où il apporte une certaine légèreté, mais prend tout son intérêt en bouquet séché.

Lagurus ovatus Cette unique espèce cultivée pousse dans les dunes. Il faut la faire sécher la tête en bas.

LAMIUM *Lamier*

1

Nom usuel : lamier
Type : vivace
Hauteur : 20 à 40 cm
Floraison : avril à juin
Sol : tout type
Exposition : toutes
Multiplication : division des touffes au printemps

2

>> Le lamier, décoratif et facile, est le couvre-sol par excellence. Son feuillage est bien découpé et ses fleurs affichent de plaisants coloris. L'ombre ne l'effraie pas et rien ne le décourage, pas même une mauvaise terre. Il se faufile un peu partout, explore le terrain entre les arbustes, autour des vivaces, auprès des arbres. On l'utilise pour garnir de grandes surfaces à peu de frais. De nouvelles variétés se créent sans cesse.

Lamium galeobdolon (parfois classé comme *Galeobdolon luteum*) [2] Il atteint 40 cm de haut. Il arbore un feuillage marqué d'argent et fleurit jaune. Il est très envahissant.

Lamium maculatum Il s'orne d'un feuillage marqué de blanc et de fleurs roses.

***Lamium maculatum* 'Album'** [1] Il fleurit blanc.

***Lamium maculatum* 'Pink Pewter'** Il est argenté, avec des fleurs rose tendre.

***Lamium maculatum* 'Silver Carpet'** Son feuillage largement panaché d'argent le rend plus décoratif.

LATHYRUS *Pois de senteur*

1

2

Nom usuel : pois de senteur
Type : vivace ou annuelle
Hauteur : 30 cm à 3 m
Floraison : mai à septembre
Sol : ordinaire
Exposition : soleil
Multiplication : semis au printemps

» À la seule évocation du pois de senteur, on pense au romantisme et à un parfum délicat. Il ravit par l'allure et la couleur de ses fleurs, en forme de papillon. Il s'accroche partout grâce à ses vrilles et grimpe gaiement, attirant les abeilles. Il donne de ravissants bouquets. En annuelle, il demande un peu de patience et d'attention, mais son parfum et la diversité de ses coloris sont sans pareils. Pour peu que l'on se donne la peine de laisser tremper les graines une nuit avant de les semer, de préférence sous châssis, puis de transplanter le pied et enfin de l'attacher avec délicatesse, on est récompensé par la floraison la plus raffinée qui soit. Son entretien nécessite de retirer quotidiennement les fleurs fanées. En vivace, il est très rustique et, grâce à ses vrilles, grimpe sur plusieurs mètres et escalade les obstacles. En revanche, il n'embaume pas et ses coloris sont limités. Ses fleurs, roses, blanches ou pourpres, en bouquets groupés le long des tiges, se mêlent néanmoins élégamment à la végétation environnante. Malgré son apparente fragilité, c'est un accrocheur, dans tous les sens du terme. Les Anglais le nomment d'ailleurs « pois immortel ».

Lathyrus grandiflorus [3] Il grimpe à 1,50 m de haut. Avec ses fleurs rose pourpre géantes et parfumées, c'est une exception chez les vivaces du genre.

Lathyrus latifolius [4] Son feuillage vert bleuté se pare de fleurs rose pourpre, qui durent jusqu'au début de l'automne. 'Albus' est une variété blanche.

3

4

Lathyrus odoratus [2] Cette annuelle grimpe jusqu'à 3 m de haut. Elle fleurit dans les bleu, mauve, rose ou blanc, du début de l'été jusqu'à l'automne. 'Bijou' a une croissance rapide. 'Lady Diana' porte des fleurs bleu-violet pâle l'été et jusqu'au début de l'automne.

Lathyrus vernus [1] Cette touffe buissonnante atteint 30 cm de haut. Au printemps, ses tiges fines se garnissent de fleurs rouge violacé et bleu.

LAURUS *Laurier*

Nom usuel : laurier
Type : arbre
Hauteur : 2 à 10 m
Floraison : mars-avril
Sol : riche et drainé
Exposition : soleil
Multiplication : bouturage en été

>> Mieux vaut ne pas se reposer sur ses lauriers, mais les tailler en topiaire... Ainsi transformés, ils basculent du simple élément décoratif à l'ornement remarquable — et parfumé. (L'opération doit toujours s'effectuer au printemps.) Quant au petit sujet, il se plaît en pot sur une terrasse. Le laurier supporte un climat côtier s'il n'est pas directement exposé au vent, susceptible de déchiqueter son feuillage. S'il a sérieusement souffert du gel, le rabattre fortement permet de lui faire reprendre goût à la vie.

***Laurus nobilis* (laurier sauce)** Il atteint 10 m de haut. Son feuillage, très aromatique, lui vaut d'être utilisé en cuisine, d'où son nom.

LAVANDULA *Lavande*

1

Nom usuel : lavande
Type : vivace
Hauteur : 30 à 60 cm
Floraison : juin-juillet
Sol : sec et calcaire
Exposition : soleil
Multiplication : bouturage en été

>> La lavande, originaire du midi, pousse en montagne et se marie aussi bien aux plantes d'un élégant jardin qu'à celles d'un jardinet. Outre le fait qu'elle est ravissante et embaume au naturel, elle permet de confectionner de petits sacs parfumés pour le linge, des pots-pourris pour le salon, de l'extrait pour les tisanes. Autant de raisons pour en planter. Son feuillage persistant argenté et ses épis bleus, roses ou blancs font d'elle une compagne pour tous les végétaux du jardin. Couper les fleurs fanées au pied permet de conserver de belles touffes compactes. Si elle fait mine de devenir rachitique, mieux vaut se montrer impitoyable et rabattre les tiges maigrichonnes qui ne donnent plus de feuilles. Comme sa durée de vie est brève, après six à huit ans, on a intérêt à la remplacer.

2

***Lavandula angustifolia* (lavande vraie)** Elle atteint 50 cm de haut. C'est la variété communément vendue. Elle fleurit bleu dès le mois de juin. 'Alba' a des fleurs blanches. 'Hidcote', la plus belle de toutes, doit son nom au fameux jardin de Hidcote, en Angleterre, où elle a été produite par le célèbre M. Johnson, propriétaire des lieux, jardinier, et américain [1]. 'Nana Compacta', comme son nom l'indique, est un petit arbuste compact.

***Lavandula* x *intermedia* 'Dutch'** C'est un buisson plus vigoureux, doté d'une floraison bleue plus clair.

Lavandula stoechas [2] Elle se différencie des autres par son feuillage vert grisâtre et ses fleurs violacées surmontées de longues bractées. Elle fleurit en mai et juin.

LAVATERA *Lavatère*

1

2

Nom usuel : lavatère
Type : arbuste
Hauteur : 2 m
Floraison : juin à octobre
Sol : normal
Exposition : soleil
Multiplication : bouturage en été

>> La lavatère arbustive, à croissance rapide et à floraison étendue, est l'une des plantes vedettes. Son feuillage, presque persistant, est vert doux. Sa floraison est abondante, toutes ses branches arborant des bouquets rose tendre ou soutenu, selon les variétés. Comme elle est vigoureuse, elle peut, placée dans un endroit ensoleillé, atteindre les proportions d'un véritable petit arbre. Dans les régions côtières, sa performance est exemplaire, car les embruns ne la dérangent pas. Attention cependant : si l'endroit est particulièrement exposé au vent, il est prudent de l'abriter. L'arrosage, essentiel, contribue à sa longévité. Au début de l'hiver, un généreux apport de terreau de feuilles autour du tronc la protège efficacement. La taille, effectuée au début du printemps, relève du bon sens : une plante trop dégingandée, souvent exposée au gel, doit être rabattue à 15 cm, pour repartir avec plus d'exubérance. Les boutures se préparent en été, en coupant l'extrémité des branches puis en les plantant en pot, dans un mélange de sable et de tourbe ; conservées dans un endroit abrité, elles donnent, au printemps, une collection de jeunes plants, qu'il faut éviter de planter dans une terre trop riche, afin que le bois ne se développe pas, au détriment de la floraison. Sa durée de vie moyenne est de six ans.

***Lavatera* 'Barnsley'** [1] Avec son feuillage vert-gris et ses fleurs blanches au cœur rose, c'est l'une des plus séduisantes.

***Lavatera* 'Candy Floss'** [2] Elle s'orne d'un feuillage vert-gris et de fleurs au cœur rose soutenu, dotées de pétales au contour ourlé rose tendre.

***Lavatera* 'Ice Cool'** Son feuillage est vert amande et ses fleurs, aux pétales échancrés, blanc pur.

***Lavatera* 'Pink Frills'** Elle arbore un feuillage persistant argenté, et porte des fleurs frisées, semi-doubles, roses.

***Lavatera* 'Rosea'** Elle a un feuillage vert grisâtre et fleurit rose.

LEUCANTHEMUM *Leucanthème*

1

2

Nom usuel : leucanthème
Type : vivace
Hauteur : 40 cm à 1 m
Floraison : mai à septembre
Sol : riche
Exposition : soleil
Multiplication : division des touffes au printemps

>> Auparavant, le leucanthème aurait été répertorié avec le chrysanthème, mais, désormais, il a sa place propre et est reconnu comme une marguerite blanche. De son feuillage dense vert foncé émanent de longues tiges fleuries à leur extrémité. Comme il est très florifère, on peut couper des bouquets tout l'été sans dénuder la touffe. Son apparence un peu hirsute en fait un excellent fond de bordure. Inutile de chercher à le domestiquer en le tuteurant, ce n'est pas son genre.

Leucanthemum* x *superbum [2] 'Reine de Mai' est précoce, comme son nom l'indique. 'Beauté Nivelloise' a des fleurs simples à l'aspect ébouriffé. 'Bernadette Lepage' arbore de grandes fleurs semi-doubles. 'Harry Pötschke', avec ses grandes fleurs doubles de 12 cm de diamètre, de juillet à septembre, est l'un des plus intéressants. 'Princesse d'Argent' mesure 40 cm de haut. Cette variété simple convient pour faire de jolies touffes en bordure. 'Wirral Supreme' atteint 80 cm de haut. Il porte de grandes fleurs doubles. Étant donné son aspect étalé, désordonné, surtout en pleine floraison, il est préférable de le placer parmi des arbustes à l'aspect rigide plutôt que parmi des vivaces [1].

LEUCOIUM *Nivéole*

1

2

3

Nom usuel : nivéole
Type : bulbe
Hauteur : 15 à 30 cm
Floraison : février à mai
Sol : ordinaire
Exposition : mi-ombre ou ombre
Multiplication : séparation des bulbilles après la floraison

>> La nivéole, originaire d'Afrique du Nord, s'est très bien acclimatée à des températures plus froides. Au printemps, cette petite fleur ronde qui sent le chocolat est un enchantement, surtout si elle se trouve en masse. Les bulbes, mis en terre à 10 cm de profondeur lors de la plantation, génèrent chaque année une nouvelle floraison.

***Leucoium aestivum* 'Gravetye Giant'** [3] Le plus robuste. Ce cultivar se porte mieux dans une terre plutôt humide et tolère un peu d'ombre.

Leucoium autumnale Ses fleurs blanches, teintées à la base de rose diffus, apparaissent en juillet et durent jusqu'en septembre.

Leucoium vernum [1 et 2] Originaire d'Europe centrale. Ses fleurs blanches, de 2 cm de long, dotées d'une petite lèvre verte, sortent en février et mars.

LEYCESTERIA *Leycestéria*

Nom usuel : leycestéria
Type : arbuste
Hauteur : 1,50 m
Floraison : août
Sol : riche en matière organique (terreau de feuilles)
Exposition : presque toutes.
Multiplication : semis à l'automne ou bouturage en été

>> Le leycestéria, originaire de l'Himalaya, est très décoratif. Ses fleurs blanches et pourpres, en grappe, apparaissent à l'extrémité des tiges en été et font place à des fruits rouges appréciés des oiseaux à l'automne. Comme il craint le froid, mieux vaut le protéger avec une couche de feuilles mortes en hiver pour lui assurer un bon départ au printemps.

Leycesteria formosa Cet élégant est si florifère qu'il est encore épanoui quand les premières baies, au goût de caramel, viennent à maturité.

LIATRIS *Liatris*

Nom usuel : liatris
Type : vivace
Hauteur : 60 cm à 1 m
Floraison : juillet à septembre
Sol : drainé
Exposition : soleil
Multiplication : division des touffes au printemps

>> Le liatris, facile à cultiver, est un original. Ses fleurs, en épi, s'ouvrent de haut en bas et leur pointe est rose, mauve ou blanche alors que le bas n'a pas encore éclos. Planté en masse dans un massif, il permet de renouveler un bouquet qui tient longtemps.

***Liatris scariosa* 'alba'** Il atteint presque 1 m de haut. Il fleurit blanc.

Liatris spicata [ill.] Il mesure 60 cm de haut. Il est rose.

LIGULARIA *Ligulaire*

1

2

Nom usuel : ligulaire
Type : vivace
Hauteur : 1 à 2 m
Floraison : juillet à septembre
Sol : riche et humide
Exposition : soleil ou mi-ombre
Multiplication : division des touffes au printemps

>> Quelle énergie ! La ligulaire, d'une robustesse étonnante, pousse en touffe et s'étend rapidement. Elle se présente comme un bouquet pyramidal ou aplati, suivant les espèces, de marguerites jaunes. C'est un beau sujet pour un jardin humide ensoleillé, mais un peu d'ombre ne manque pas de lui plaire. Il faut prendre garde aux limaces,qui s'en régalent, et un feuillage troué gâche tout. Si l'entourer de cendres reste sans effet, l'emploi d'un produit spécifique s'impose.

Ligularia dentata [2] Elle s'orne de grandes feuilles rondes et de fleurs orange de juillet à septembre.

Ligularia japonica Elle pousse admirablement dans l'eau et atteint une taille impressionnante.

Ligularia przewalskii Avec ses nombreuses hampes florales de 1,50 m de haut, elle est spectaculaire.

Ligularia tangutica Elle porte de longues grappes de fleurs jaune lumineux. Ses hampes et ses fruits restent décoratifs jusqu'en octobre.

Ligularia wilsoniana [1] Avec son feuillage arrondi vert et ses hampes florales élancées jaune vif, elle égaie l'automne.

LIGUSTRUM *Troène*

1

2

Nom usuel : troène
Type : arbre
Hauteur : 2 à 6 m
Floraison : juin-juillet
Sol : tout type
Exposition : toutes
Multiplication : bouturage à l'automne

›› Jadis utilisé en haie, le troène est aujourd'hui souvent oublié. Pourtant, il bénéficie d'une croissance rapide et touffue, dégage un merveilleux parfum au printemps, et supporte la pollution, la mauvaise terre et la taille inappropriée — ou plutôt sans imagination — qu'on lui inflige parfois. Comme il est bon marché, on lui témoigne souvent peu d'égards, alors qu'on peut le former en topiaire, en boule ou en colonne, pour encadrer une grille d'entrée, par exemple. Pour l'anoblir, deux tailles s'imposent dans l'année, en mai et en septembre ; mais, pour profiter de son parfum, donc de sa floraison, mieux vaut attendre juillet, une fois la pousse terminée. Lors de la plantation, il faut éviter de le placer dans une plate-bande ou à côté d'autres arbustes ; son enracinement étant très superficiel et sa gourmandise effrénée, il appauvrit la terre. S'il dispose d'une tige centrale bien droite, on peut en faire un arbuste sur tige ou modeler cette dernière en boules pour un sujet en pot. Ces sculptures n'étant pas rustiques, elles doivent être paillées et protégées en hiver.

Ligustrum japonicum Son feuillage est persistant. Ses fleurs sont les plus grandes et les plus parfumées de l'espèce.

Ligustrum lucidum [2] Vigoureux. Il a une forme conique. De petits fruits noirs succèdent à ses fleurs, qui sortent à la fin de l'été et au début de l'automne. Il convient parfaitement pour une haie. Le feuillage d''Excelsum Superbum' [1] est panaché de jaune.

LILIUM *Lis*

1

2

3

4

5

Nom usuel : lis
Type : bulbe
Hauteur : 1 à 2 m
Floraison : mai à septembre
Sol : riche, avec apport de sable
Exposition : soleil ou mi-ombre
Multiplication : semis à l'automne ou bouturage au printemps

>> Le lis, originaire d'Asie, où il est cultivé depuis 3 500 ans, symbolise en France la royauté et est traditionnellement offert le 1er mai aux États-Unis. Il se décline désormais dans de nombreux coloris, même si la tradition exige une fleur blanche. Pour faire un choix judicieux, mieux vaut aborder cet aristocrate rustique, parfois délicieusement parfumé, au cas par cas.

***Lilium auratum* (lis du Japon)** [2] Il a de grandes fleurs blanches. Il lui faut une terre riche et acide.

***Lilium candidum* (lis de la Madone)** [3] Le plus connu. Ses fleurs, en trompette, sortent en mai et se présentent en bouquets sortant d'un fin feuillage.

Lilium henryi [4] L'un des plus imposants. Il fleurit orange. Il convient pour le fond ou le milieu d'une grande bordure, et il faut le tuteurer. Il supporte tous les sols.

Lilium martagon [1] Ses fleurs pourpres, aux pétales enrubannés le long de la tige, s'épanouissent en juillet.

Lilium regale C'est l'un des plus faciles à cultiver. Il est ombré de rose et vraiment parfumé. 'Album' est blanc [5].

LINARIA *Linaire*

Nom usuel : linaire
Type : vivace ou annuelle
Hauteur : 10 à 40 cm
Floraison : juin à septembre
Sol : ordinaire
Exposition : soleil
Multiplication : semis au printemps ou en été

>> La linaire est très facile. Avec son feuillage bleuté et ses fleurs roses, elle apporte la gaieté dans une rocaille ou un pot sur une terrasse.

Linaria alpina Vivace. Elle est dense et violette.

Linaria purpurea [ill.] Vivace. Elle fleurit rose.

Linaria maroccana Annuelle. Elle est rose-mauve.

LINUM *Lin*

Nom usuel : lin
Type : vivace ou annuelle
Hauteur : 30 à 60 cm
Floraison : juin à septembre
Sol : ordinaire
Exposition : soleil
Multiplication : semis au printemps

>> Avec ses longues tiges fines surmontées de fleurs en coupelle, le lin a le mérite d'aérer les plates-bandes. Sa durée de vie moyenne est de cinq ou six ans.

Linum flavum Vivace et jaune.

Linum grandiflorum [ill.] Annuelle et rouge.

Linum narbonense Bleu vif.

***Linum perenne* 'Album'** Blanc.

Linum usitatissimum C'est la variété utilisée pour faire le tissu.

LIQUIDAMBAR *Liquidambar*

Nom usuel : liquidambar
Type : arbre
Hauteur : 30 m
Sol : humide et frais
Exposition : soleil ou mi-ombre
Multiplication : bouturage ou marcottage au printemps

>> Le liquidambar, originaire d'Amérique du Sud, est arrivé au XVIIIe siècle. Son tronc droit, son magnifique feuillage, sa longévité (quatre-vingts ans au moins), son envergure et sa facilité à être cultivé le rendent très attrayant. Ses larges feuilles lobées virent au rouge et jaune à l'automne. Sa sève est utilisée en pharmacie et en parfumerie. Il s'adapte à tous les sols.

Liquidambar styraciflua [ill.] C'est l'arbre type. 'Aurea' s'orne de feuilles vertes et jaunes.

LIRIODENDRON *Tulipier de Virginie*

Nom usuel : tulipier de Virginie
Type : arbre
Hauteur : 30 m
Floraison : juin-juillet
Sol : tout type
Exposition : soleil ou mi-ombre
Multiplication : bouturage en été

>> Le tulipier de Virginie doit son nom à ses fleurs, qui n'apparaissent qu'au bout de vingt ans. Ses feuilles lobées jaunissent en septembre. À l'automne, des cônes succèdent aux fleurs.

Liriodendron tulipifera Ses fleurs sont jaune pâle.

LIRIOPE *Liriope*

Nom usuel : liriope
Type : vivace
Hauteur : 30 à 40 cm
Floraison : juillet à octobre
Sol : bien drainé
Exposition : soleil ou mi-ombre
Multiplication : division des touffes au printemps

>> Le liriope, originaire d'Asie, se comporte en couvre-sol ou constitue une ravissante bordure, par exemple dans un sous-bois, à l'ombre. Ses feuilles persistantes, en lanière, restent très attrayantes après la floraison mauve, en épi.

Liriope graminifolia Peu rustique. Ses fleurs violet-mauve sortent de juillet à octobre dans son étroit feuillage. Il faut l'abriter des grands froids.

Liriope muscari [ill.] Très rustique. Son feuillage dense, vert foncé, atteint 30 cm de haut ; ses épis floraux en dépassent. Il fleurit en été.

LITHODORA *Grémil*

Nom usuel : grémil
Type : vivace
Hauteur : 50 cm
Floraison : mai à juillet
Sol : acide
Exposition : soleil
Multiplication : bouturage en été

>> Le grémil, merveilleux candidat pour une rocaille, s'étale rapidement, cachant les pierres cassées d'un escalier ou un muret. En été, ses petites fleurs bleues en entonnoir le couvrent. Il lui faut du compost.

***Lithodora diffusa* 'Heavenly Blue'** [ill.] Il s'étale en touffes de fleurs bleu gentiane brillant.

***Lithodora diffusa* 'Star'** Ses fleurs étoilées sont bleu et blanc.

LOBELIA *Lobélie*

1

2

Nom usuel : lobélie
Type : vivace
Hauteur : 60 cm
Floraison : août-septembre
Sol : humide
Exposition : soleil
Multiplication : division des touffes au printemps ou bouturage

>> Avec ses couleurs vives, rouge intense, bleu franc, violet ou rose vif, la lobélie se fait remarquer. Mélangée à des plantes au feuillage argenté ou gris, elle les éclaire, et ses partenaires calment le jeu. Elle est presque rustique ; plus exactement, elle redoute l'humidité stagnante en hiver, mais semble bien la supporter en été. Pour être sûr de la conserver, il faut protéger son pied pendant l'hiver avec de la paille recouverte d'un film plastique.

Lobelia cardinalis [1] Elle atteint 80 cm de haut. Son feuillage est vert bronze et ses fleurs écarlate brillant.

Lobelia cardinalis* f. *alba Elle fleurit blanc, moins longtemps que l'espèce type.

***Lobelia* x *speciosa* 'Russian Princess'** Avec son feuillage en touffes pourpres d'où jaillissent des fleurs écarlates, elle est très décorative. Elle convient pour le bord de l'eau.

Lobelia syphilitica [2] Assez rustique. Elle s'orne d'un feuillage vert clair et fleurit bleu.

Lobelia* x *vedrariensis Rustique. Elle arbore un feuillage vert foncé, ombré de rougeâtre, et des fleurs violet pourpre.

LONICERA *Chèvrefeuille*

1

Nom usuel : chèvrefeuille
Type : arbuste
Hauteur : 2 à 5 m
Floraison : toute l'année selon les variétés
Sol : tout type
Exposition : soleil ou mi-ombre
Multiplication : bouturage ou marcottage à l'automne

2

>> Le chèvrefeuille n'a que des qualités : il grimpe partout, embaume, arbore des fleurs ravissantes, et s'accommode d'une terre pauvre, d'une mauvaise orientation et de la pollution. Ses fleurs, en trompette, sont le plus souvent blanches, parfois roses. Inutile de le tailler ; il suffit de couper la branche qui prendrait une direction inopportune. Il se plaît dans un vieil arbre, sur une clôture, une arche ou simplement un mur. Certaines variétés conviennent même pour une haie dense.

Lonicera* x *brownii Il mesure 4 m de haut. Il est semi-persistant et porte, de juin à septembre, des fleurs écarlates de 5 cm de long. Il a une bonne envergure.

Lonicera caprifolium Le plus vigoureux. Il peut atteindre 5 m de haut. Il fleurit toute l'année et pousse à l'état sauvage.

Lonicera fragrantissima [1] Originaire de Chine. Il est persistant et doté d'une floraison blanche, hivernale, qui garantit un parfum merveilleux de décembre à mars. Il ne grimpe pas.

Lonicera henryi Vigoureux. Avec son feuillage persistant et sa floraison pourpre, il essaie de faire pardonner son absence de parfum.

3

4

5

Lonicera* x *italica [3] Vigoureux. Il est envahissant, très florifère, rose doux à rose pourpre et très parfumé. On a intérêt à couper d'un tiers les branches ayant fleuri.

Lonicera nitida Il ne grimpe pas, ne fleurit pas, ne dégage aucun parfum, mais forme une haie persistante dense, et peut même être mis en topiaire si on le taille deux fois par an.

Lonicera periclymenum Il peut atteindre 6 m de haut. Sa floraison, jaune et parfumée, dure de juillet à septembre. 'Serotina' fleurit rouge, et un peu plus tard [4].

Lonicera sempervirens (chèvrefeuille à fleurs en trompette) Il fleurit orange vif en été et à l'automne.

Lonicera tatarica [2] Cette variété arbustive est originaire du Turkestan.

Lonicera* x *tellmaniana [5] Vigoureux, il fleurit jaune vif.

LOTUS *Lotier*

Nom usuel : lotier
Type : vivace
Hauteur : 10 à 30 cm
Floraison : mars à septembre
Sol : riche, bien drainé
Exposition : soleil
Multiplication : bouturage en été

>> Le lotier pousse facilement et rapidement, et supporte même les sols secs. Tapissant, il est parfait dans une rocaille ou pour dissimuler les fissures d'un muret. Il ne faut pas le confondre avec le nelumbo/lotus, une plante d'eau.

Lotus berthelotii Cette annuelle, connue sous le nom de bec-de-perroquet, porte des fleurs rouges pendantes.

Lotus corniculatus Il arbore des fleurs doubles jaunes.

Lotus maculatus [ill.] Cette vivace rampante fleurit au printemps et se cultive très bien en pot ou en suspension.

LUNARIA *Lunaire*

Nom usuel : lunaire, monnaie-du-pape
Type : vivace
Hauteur : 60 cm à 1 m
Floraison : mai à juillet
Sol : tout type
Exposition : soleil ou mi-ombre
Multiplication : semis au printemps

2

3

>> Les pastilles blanches — ses fruits — légèrement transparentes de la monnaie-du-pape séchée tendent à faire oublier qu'à l'état naturel, elle arbore un feuillage vert foncé et des fleurs pourpres. Sa floraison ne dure qu'un mois.

Lunaria annua [2 et 3] Elle a une croissance et une expansion rapides. Les pieds, installés à 40 cm les uns des autres, se rejoignent pour former des touffes.

Lunaria rediviva [1] Elle atteint 60 cm de haut. Les plants doivent être espacés de 50 à 60 cm. Il existe de nouvelles variétés à feuillage panaché.

LUPINUS *Lupin*

1

2

Nom usuel : lupin
Type : vivace
Hauteur : 60 cm à 1 m
Floraison : juin-juillet
Sol : non calcaire
Exposition : soleil ou mi-ombre
Multiplication : division des touffes au printemps

>> Le lupin diffuse sa grâce dans le jardin, avec ses longs épis floraux odorants, aux multiples coloris, qui trouvent idéalement leur place dans une plate-bande ou une bordure. Il s'accommode d'une terre argileuse. En vivace, il tient bien dans un bouquet.

Lupinus arboreus [2] Ce sous-arbrisseau à croissance rapide a tendance à s'étaler. Son feuillage semi-persistant, fin et découpé, est vert argenté. Il porte des épis floraux parfumés, généralement jaune pâle, parfois lilas délavé ou blanc. C'est une bonne plante pour un jardin côtier, où il semble se plaire, mais ne vit pas longtemps.

Lupinus polyphyllus Ses fleurs bleues, roses, jaunes ou rouges durent de mai à juillet. Les hybrides de Russel arborent de magnifiques coloris [1].

LYCHNIS *Lychnis*

1

2

Nom usuel : lychnis
Type : vivace
Hauteur : 30 cm à 1 m
Floraison : mai à juillet
Sol : calcaire et drainé
Exposition : soleil
Multiplication : division des touffes en été ou à l'automne

>> Le lychnis compte douze espèces bien différentes les unes des autres, parmi lesquelles se trouvent de bons sujets pour un jardin alpin ou une rocaille, d'autres à naturaliser dans un champ et quelques belles touffes florifères pour une bordure. Dans tous les cas, il faut supprimer les fleurs fanées et tuteurer les pieds, à moins de les laisser s'incliner contre des arbustes.

Lychnis alpina Vivace, originaire de Sibérie et du Labrador. Ses fleurs roses, de 5 à 6 cm de long, sortent de mai à juillet. 'Alba', la forme blanche, est idéale pour un jardin alpin ou en pot.

Lychnis chalcedonica [3] Originaire de l'est de la Russie. Ses fleurs vermillon, en forme de croix de Malte, parmi les plus vives, apparaissent en juillet-août.

Lychnis coronaria [1] Il atteint 60 cm de haut. Il s'orne d'un feuillage duveteux et argenté et, sur ses longues tiges fines, de fleurs magenta ou blanches. Il essaime facilement.

3

***Lychnis flos-jovis* 'Plena'** [2] Son feuillage vert bronze forme un coussin dense et ses fleurs doubles rose carminé le couvrent entièrement. Dès le mois de mai, il se remarque dans une rocaille.

LYSIMACHIA *Lysimaque*

1

2

3

Nom usuel : lysimaque
Type : vivace
Hauteur : 10 à 80 cm
Floraison : juillet à septembre
Sol : ordinaire
Exposition : soleil ou mi-ombre
Multiplication : division des touffes à l'automne

>> Florifère, robuste et vigoureuse, la lysimaque, à croissance rapide, s'accommode de tout. On en compte une demi-douzaine de variétés convenant pour n'importe quel emplacement dans le jardin. À part *Lysimachia ephemerum*, qui aime explorer les alentours, elle se présente en touffe dense qui, au bout de trois ans, doit être divisée à n'importe quel moment de l'année, excepté durant la floraison.

***Lysimachia ciliata* 'Firecracker'** Elle atteint 1,20 m de haut. Son superbe feuillage chocolat clair vire au cuivré à la fin de l'été. Ses fleurs jaunes sortent de juin à août. Comme elle est dense et envahissante, quatre pieds au mètre carré suffisent.

Lysimachia clethroides [1] Son feuillage jaune clair prend les couleurs de l'automne. Ses fleurs blanches sont bizarrement coudées.

Lysimachia ephemerum [3] Elle arbore des touffes dressées de 90 cm de haut et des fleurs blanches en épi.

Lysimachia nummularia Cette variété tapissante s'insinue aussi bien sous les arbustes, qu'au bord de l'eau ou dans une rocaille.

4

Ses fleurs sont jaune brillant. 'Aurea', couvre-sol dense, mesure 20 cm de haut ; son feuillage est doré [2].

Lysimachia punctata [4] Vigoureuse. Elle atteint 80 cm de haut. Cette touffe buissonnante est garnie de fleurs étoilées qui habillent le haut de ses tiges. Peu exigeante, elle se débrouille dans un jardin sauvage... parmi les mauvaises herbes, si nécessaire.

LYTHRUM *Salicaire*

Nom usuel : salicaire
Type : vivace
Hauteur : 80 cm à 1 m
Floraison : juin à septembre
Sol : ordinaire
Exposition : soleil ou mi-ombre
Multiplication : division des touffes en septembre

>> Le salicaire aime le bord de l'eau, où ils se marie bien avec le rodgersia et les graminées. Il porte des épis magenta. Tous les terrains humides lui conviennent, il a même tendance à devenir un peu envahissant. Il faut le diviser tous les trois ans, après l'avoir rabattu à l'automne.

Lythrum salicaria Il atteint 1 m de haut. De son feuillage étroit sortent de nombreuses petites fleurs rose pourpré, telles des bougies. 'Blush' fleurit rose clair, 'The Beacon', rose carminé.

MACLEAYA *Bocconie*

Nom usuel : bocconie
Type : vivace
Hauteur : 2 m
Floraison : juillet-août
Sol : ordinaire
Exposition : soleil
Multiplication : division des touffes au printemps

>> La bocconie, dotée de longs épis roses ou blancs, ressemble beaucoup à une plante sauvage. Elle habille un mur ou les recoins d'un escalier et se marie bien aux arbustes. Elle se reproduit grâce au vent, mais il faut l'en protéger s'il est trop fort.

Macleaya cordata L'espèce type, devenue assez rare, est plus courte, à grosses capsules.

Macleaya microcarpa (souvent vendue comme *Macleaya cordata*) [ill.] Comme elle s'étoffe rapidement, un seul pied par mètre carré suffit.

MAGNOLIA *Magnolia*

Nom usuel : magnolia
Type : arbre
Hauteur : 5 à 12 m
Floraison : mai-juin
Sol : riche et drainé, peu calcaire
Exposition : soleil ou mi-ombre
Multiplication : marcottage en début d'été

>> Le magnolia, arrivé en France au début du XVIIe siècle, a été baptisé ainsi en hommage à Pierre Magnol, directeur du jardin botanique de Montpellier. Il fallut attendre vingt ans pour le voir fleurir. Commença alors la recherche d'espèces différentes, que l'on découvrit au Japon et en Amérique du Nord, certaines, arbustives, d'autres atteignant jusqu'à 20 m de haut. Toutes possèdent un feuillage caduc, sauf le *Magnolia grandiflora*. La plupart préfèrent un sol acide ou neutre, auquel on ajoute de la tourbe. Rustique ou semi-rustique, le magnolia craint le vent et, s'il est à floraison printanière, ses boutons craignent le gel. On le voit souvent palissé, s'appuyant — pour ne pas dire grimpant — contre une vénérable demeure. Une bonne plantation est la condition sine qua non d'une belle floraison. Ainsi, il faut enterrer la souche à la même profondeur que dans son conteneur, entourer la motte de tourbe dans le trou de plantation et arroser généreusement. Inutile de se préoccuper de la taille, le magnolia n'en

2

3

4

5

a pas besoin, sauf peut-être pour rééquilibrer une branche ou nettoyer quelques feuilles.

Variétés de printemps

Magnolia denudata [2] Originaire de Chine. Il dépasse rarement 3 m de haut et a une croissance lente. Ses fleurs blanches et parfumées, en forme de calice, apparaissent de mars à mai.

Magnolia* x *loebneri [3 et 5] Ses nombreuses fleurs blanches, en forme d'étoile, sont parfumées.

Magnolia* x *soulangeana Il atteint 3 m de haut pour autant d'envergure. Ses fleurs roses panachées de pourpre s'ouvrent en avril, quand les feuilles se déploient. Son port très ouvert en fait un sujet idéal pour un petit jardin.

Magnolia stellata [4] Originaire du Japon. Il fleurit dès le mois de mars. 'Rosea' fleurit rose ; 'Royal Star', aux fleurs plus grandes, avec davantage de pétales, convient parfaitement pour un petit jardin.

Variétés d'été

Magnolia grandiflora [1] Originaire des États-Unis. Il a une croissance très lente, mais atteint des proportions impressionnantes. Son feuillage persistant, vernissé et coriace, a un revers feutré marron. Ses fleurs blanches, en forme de coupe, sortent de juillet à août. Il est préférable de le planter contre la maison.

Magnolia sieboldii Originaire du Japon et de Corée. Ses fleurs pendantes, en forme de coupe, sont blanches, avec des étamines lie-de-vin proéminentes.

Magnolia virginiana Il atteint 15 m de haut et s'étale sur 10 m d'envergure. Il a une forme conique. Ses fleurs globuleuses blanc crème sont très parfumées.

MAHONIA *Mahonia*

1

2

3

4

Nom usuel : mahonia
Type : arbuste
Hauteur : 1 à 4 m
Floraison : janvier à mai
Sol : tout type
Exposition : toutes
Multiplication : bouturage en été

>> Au moins un mahonia par jardin ! Telle devrait être la loi du jardinage. Son feuillage persistant rappelant le houx et les grappes de fleurs à l'extrémité de ses tiges sont très décoratifs. Sa floraison est hivernale : un avantage supplémentaire.

***Mahonia aquifolium* (mahonia à feuilles de houx)** [1] Originaire d'Amérique du Nord. Il atteint 1,50 m de haut pour autant d'envergure. Son feuillage brillant est foncé et sa floraison se produit en mars-avril, suivie de bouquets de baies noires. C'est un excellent couvre-sol, qui supporte le vent sur un site exposé.

Mahonia bealei Originaire de Chine. Modestement rustique. Son port est droit. Ses fleurs jaune citron, en grappe et dressées, sortent de décembre à février.

Mahonia japonica [2] Originaire de Chine et du Japon. Il atteint 2 m de haut pour une envergure presque égale. Ses fleurs jaune citron, en grappe de 20 cm de long, apparaissent de janvier à mars et dégagent un parfum de muguet.

Mahonia lomariifolia [3] Originaire de Chine. Ses fleurs jaune foncé sont groupées en bouquets érigés. C'est un arbuste décoratif, qui a sa place dans une bordure rehaussée de fleurs jaunes ou blanches. Il convient pour un jardin abrité.

***Mahonia x media* 'Charity'** [4] Rustique. Il atteint 2 à 3 m de haut. À la fin de l'automne, un grand bouquet de fleurs jaunes en épis multiples se déploie à son sommet et en son cœur. C'est un joyau pour une plate-bande ou une parure solitaire dans un pavement.

MALUS *Pommier à fleurs*

1

2

Nom usuel : pommier à fleurs
Type : arbre
Hauteur : 4 à 6 m
Floraison : printemps
Sol : tout type
Exposition : soleil
Multiplication : bouturage ou marcottage à l'automne

>> Le malus compte vingt-cinq espèces d'arbres décoratifs ou fruitiers, dont le *Malus sylvestris*, ancêtre direct du pommier ! Son autre titre de gloire est d'avoir été, depuis des siècles, et d'être encore une source d'inspiration pour les créateurs d'estampes japonaises. La plupart de ceux qui trouvent leur place dans le jardin font de ravissants spécimens décoratifs dans le gazon ou au bord d'une allée. Les hybrides américains développés depuis quelques années ont des fleurs doubles et peuvent constituer une heureuse plantation de champ, sous-plantés de bulbes et de fleurs — à ne pas tondre trop souvent. Leurs petits fruits ne sont pas bons à croquer, mais font des confitures et des gelées très acceptables. Pendant les trois premières années, il est important que le pommier planté dans le gazon conserve 1 m de terre paillée autour du tronc, où l'herbe ne pousse pas.

***Malus coronaria* 'Charlotte'** Il mesure 3 m de haut pour 2 m d'envergure. Ses fleurs roses, parfumées, sortent fin mai.

***Malus* 'Echtermeyer'** Il atteint 3 m de haut, puis s'incline et ploie, devenant pleureur. Son feuillage vert prend une nuance pourprée après que des fleurs pourpres ont envahi ses branches.

Malus floribunda [1 et 2] Originaire du Japon. Cette variété, en forme de dôme arrondi, produit d'abondantes fleurs, en mai, puis des fruits jaunes.

***Malus* 'Golden Hornet'** Vigoureux. Ce petit arbre à floraison blanche conserve ses fruits jaunes accrochés longtemps après la tombée des feuilles.

***Malus* 'Lemoinei'** Il mesure 3 m de haut pour une envergure équivalente. Avec son feuillage pourpre, sa floraison écarlate et ses fruits pourprés, il attire les regards sur lui.

Malus sargentii Originaire du Japon. Il ne dépasse guère 2 m de haut pour une envergure de 2,50 m. Ses fleurs, simples, teintées de rose, apparaissent en mai. Ses petits fruits sont également rosés. Il est parfait pour un patio.

MALVA *Mauve*

1

2

Nom usuel : mauve
Type : vivace
Hauteur : 60 cm à 1 m
Floraison : juin à septembre
Sol : tout type
Exposition : soleil
Multiplication : semis en juin

>> La mauve exhibe dans les prés ses touffes surmontées de fleurs roses, mauves ou blanches. Elle n'est pas réservée à la partie sauvage du jardin et réussit très bien dans un massif. En la rabattant après la floraison et si le temps est au grand beau, on peut espérer une seconde floraison.

***Malva alcea* 'Fastigiata'** Elle mesure 50 cm de haut. Ses fleurs roses se dressent en touffes vigoureuses.

Malva moschata Très florifère. Ses fleurs roses se présentent en touffes ramifiées. 'Alba', forme à fleurs blanches, rend bien, associée à l'espèce type [2].

Malva sylvestris [1] Elle dépasse 1 m de haut. Elle est dotée d'un feuillage bleuté et de fleurs violettes, avec des marques sombres à la base des pétales.

MATTEUCCIA *Fougère plume d'autruche*

Nom usuel : fougère plume d'autruche
Type : vivace
Hauteur : 60 à 80 cm
Sol : tourbeux et frais
Exposition : mi-ombre
Multiplication : division des souches au printemps

>> La fougère plume d'autruche, originaire d'Allemagne et d'Autriche, est infiniment plus délicate que la fougère mâle. Ses frondes vert clair captent la lumière et dansent dans le vent. Stolonifère, elle s'étend rapidement.

Matteuccia struthiopteris Ses frondes vert olive sont stériles et celles marron, au centre de la touffe, fertiles.

MATTHIOLA *Giroflée quarantaine*

Nom usuel : giroflée quarantaine
Type : annuelle et bisannuelle
Hauteur : 30 cm à 1,20 m
Floraison : février à octobre
Sol : riche et drainé
Exposition : soleil
Multiplication : semis

>> Cette giroflée maladroite sur ses tiges raides gagne à être un peu cachée. Ses fleurs doubles vont du blanc au rose. Elle permet de faire des bouquets délicieusement parfumés.

Matthiola 'Cinderella White' et 'Cinderella Purple' sont bonnes à couper pour des bouquets. Matthiola 'Dame' est un petit buisson.

Matthiola incana [ill.] Rare.

MECONOPSIS *Meconopsis*

1

2

Nom usuel : meconopsis, pavot d'Irlande, pavot de l'Himalaya
Type : vivace
Hauteur : 30 à 70 cm
Sol : acide, terre de bruyère et tourbe, pour les variétés bleues ; bonne terre de jardin pour les autres
Exposition : mi-ombre
Multiplication : semis à l'automne

3

>> Le pavot, très curieusement réparti entre l'Europe et l'Himalaya, est devenu mythique en raison des espèces à fleurs bleues qu'il comporte. La joie d'en avoir dans son jardin vaut la peine que l'on se donne un peu de mal. Pour mettre toutes les chances de son côté, il est préférable de le planter à la fin de l'été pour lui permettre de s'établir avant le froid. Dans une région pluvieuse, il faut le recouvrir d'une cloche en hiver, après avoir dispersé de la cendre de bois autour du collet. Au printemps, lors du départ de la végétation, un épandage de tourbe autour du pied et un bon arrosage s'imposent. Enfin, pour empêcher une floraison trop abondante, susceptible de l'épuiser, il suffit de couper une ou deux hampes et, pour garantir sa pérennité, de ramasser des graines, que l'on sèmera dans des caissettes laissées dehors en hiver. Que ne ferait-on pas pour un si beau bleu ?

Meconopsis betonicifolia [2] Il est doté de fleurs bleu azur à étamines jaunes. Sa durée de vie est courte. Il n'aime pas le plein soleil.

Meconopsis cambrica [3] Sa floraison jaune peut durer plusieurs mois. Il se ressème souvent avec frénésie, surtout dans les lieux ombragés.

Meconopsis grandis [1] Bien vivace. Il est encore plus bleu et un peu moins exigeant.

MELIANTHUS *Melianthus*

Nom usuel : melianthus
Type : vivace ou arbuste
Hauteur : 2 à 3 m
Sol : riche, frais et drainé
Exposition : soleil
Multiplication : prélèvement des rejets en avril

>> Le melianthus se comporte comme un arbuste en climat doux, mais telle une vivace en climat frais, une fois frappé par le gel. Il n'est pas très rustique et demande à être bien paillé pour survivre, du moins les premières années.

Melianthus major Le plus utilisé. C'est le plus spectaculaire du genre, avec ses hautes tiges porteuses de grandes feuilles divisées, presque bleues, et couronnées d'épis acajou en été. Il faut lui réserver de la place, car il s'étend par ses rhizomes, jusqu'à former des touffes de 3 à 4 m de diamètre.

MENTHA *Menthe*

Nom usuel : menthe
Type : vivace
Hauteur : 5 cm à 1 m
Floraison : juillet à septembre
Sol : ordinaire et frais
Exposition : soleil ou mi-ombre
Multiplication : prélèvement d'éclats en mars

>> Ce n'est ni pour ses fleurs blanches ou mauves ni pour son feuillage d'abord rouge, puis grisâtre, que l'on plante la menthe. Son parfum, et surtout son utilisation dans la cuisine justifient que l'on désire en posséder quelques pieds.

***Mentha* x *gracilis* (ou x *gentilis*) 'Variegata'** Elle mesure 40 cm de haut. Son feuillage est éclaboussé d'or.

***Mentha longifolia* 'Buddleia'** [ill.] Cette géante atteint 1 m de haut. Elle arbore de longues feuilles argentées.

Mentha requienii Elle ne dépasse pas 5 cm de haut. Elle forme un tapis dense et odorant, parfait entre des dalles.

***Mentha suaveolens* 'Variegata'** Elle est d'une taille moyenne. Ses feuilles ovales sont soulignées de blanc crème et ses fleurs blanc lilacé.

MIMULUS *Mimulus*

Nom usuel : mimulus
Type : vivace ou annuelle
Hauteur : 30 à 70 cm
Floraison : juin à septembre
Sol : humide et frais
Exposition : peu de soleil
Multiplication : semis en avril

>> Le mimulus est facile à cultiver. Très florifère, il exhibe ses tubes terminés par quatre pétales de couleur vive. Les limaces l'apprécient beaucoup, et cela peut devenir un vrai problème.

***Mimulus* x *hybridus* 'Malibu'** Cet hybride vivace porte des fleurs orange.

Mimulus luteus [ill.] Il forme un tapis compact, garni de fleurs jaunes. Il se ressème très facilement.

Mimulus ringens Il atteint 70 cm de haut. Il arbore des feuilles vert foncé et de petites fleurs violettes. Il se plaît au bord de l'eau.

MISCANTHUS *Miscanthus*

1

Nom usuel : miscanthus
Type : vivace
Hauteur : 1 à 2,50 m
Floraison : juillet à décembre
Sol : moyen et frais
Exposition : soleil
Multiplication : prélèvement d'éclats au printemps

2

3

>> Le miscanthus est une graminée à croissance rapide. Son élégant feuillage se suffit à lui-même et, à l'automne, les hautes tiges prennent des teintes jaunes, or et brun. Sous nos climats, ses fleurs n'apparaissent pas de façon certaine. Il est souvent utilisé en coupe-vent sans avoir besoin de tuteurage. Il s'associe bien avec le bambou, mais réussit aussi isolément au coin d'un point d'eau ou en fond de massif. Comme ses touffes s'élargissent, il faut prévoir de lui laisser de la place. On le rabat au printemps.

Miscanthus sinensis [1 et 2] Son étroit feuillage vert-gris affiche une nervure blanche. Ses panicules plumeuses brunes deviennent argentées. 'Cosmopolitan' est doté d'un large feuillage panaché de blanc. 'Emmanuel Lepage' atteint 1,20 à 1,80 m de haut ; il s'orne d'un feuillage persistant très dense et d'inflorescences brun rosé. 'Rotsilber' est teinté de rouge [3].

MONARDA *Monarde*

Nom usuel : monarde
Type : vivace
Hauteur : 60 cm à 1 m
Floraison : juin à septembre
Sol : frais
Exposition : soleil ou mi-ombre
Multiplication : division des touffes à l'automne

>> La monarde est envahissante, mais cela n'est pas gênant car elle est pleine de charme. Ses fleurs à bractées s'étalent le long de ses tiges. Ses feuilles, froissées entre les doigts, dégagent un parfum de thym et, séchées, s'utilisent en tisane. Elle convient parfaitement pour un massif.

Monarda didyma 'Alba' a un feuillage vert clair et des fleurs blanches. 'Beauty of Cobham' doit sa popularité à ses fleurs rose malvacé [ill.]. 'Monarda 'Blaustrumpf' fleurit violet. Monarda 'Cambridge Scarlet' porte des fleurs écarlates. Monarda 'Croftway Pink' fleurit rose clair.

MUSCARI *Muscari*

Nom usuel : muscari, oignon musqué
Type : bulbe
Hauteur : 20 à 30 cm
Floraison : avril à mai
Sol : ordinaire
Exposition : soleil ou mi-ombre
Multiplication : séparation et plantation des bulbilles après le dessèchement du feuillage

›› Le muscari est le cousin germain de la jacinthe, à laquelle il ressemble, en plus petit. Généralement bleu, il est parfois jaune. Il faut le planter par paquets dans une bordure ou une rocaille, également au pied des arbustes. Ses bulbilles se propageant généreusement, on doit les diviser et effectuer une transplantation tous les trois ans, quand le feuillage a jauni.

Muscari armeniacum [ill.] Ses fleurs bleu foncé sont soulignées de blanc.

Muscari latifolium Originaire de Turquie. Ses fleurs violettes sortent au printemps.

Muscari racemosum Ses fleurs bleu foncé, ourlées de blanc, sont parfumées.

MYOSOTIS *Myosotis*

Nom usuel : myosotis
Type : vivace ou bisannuelle
Hauteur : 15 à 30 cm
Floraison : avril-mai
Sol : tout type
Exposition : soleil
Multiplication : semis en juin

›› Le myosotis forme un tapis bleu, à condition, bien sûr, d'en avoir planté suffisamment. Il se ressème naturellement. Il est d'un bel effet au bord d'un gazon ou à l'orée d'un bois.

***Myosotis alpestris* (myosotis des Alpes)** [ill.] Cette bisannuelle, présente dans les massifs de printemps, a donné des sélections bleu outremer, blanches ou roses.

Myosotis palustris Vivace. Ses touffes lâches remplissent bien l'espace parmi les plantes au bord de l'eau.

MYRTUS *Myrte*

Nom usuel : myrte
Type : arbuste
Hauteur : 3 m
Floraison : juillet à septembre
Sol : acide et drainé
Exposition : soleil
Multiplication : bouturage à l'automne

>> Dans une région un peu froide, le myrte apprécie de se trouver contre un mur ensoleillé. Son feuillage persistant, vert brillant et aromatisé, a une forme bien ronde. De nombreuses petites fleurs blanches et parfumées précèdent les baies violet foncé, qui sortent à l'automne.

***Myrtus communis* 'Variegata'** Il a des feuilles vertes et crème.

Myrtus communis* ssp. *tarentina [ill.] Il mesure 1,50 m de haut. Il est plus dense, avec des fleurs plus petites.

NANDINA *Nandina*

Nom usuel : nandina
Type : arbuste
Hauteur : 1,20 à 1,60 m
Floraison : juin-juillet
Sol : riche et frais
Exposition : soleil ou mi-ombre
Multiplication : bouturage en hiver

>> Le nandina est originaire du Japon. Ses tiges droites portent un léger feuillage persistant vert foncé, qui vire au rouge à l'automne, avant que la plante ne devienne entièrement rouge vif. Ses petites fleurs blanches en bouquet léger, apparues en juin-juillet, se changent alors en baies de couleur identique. Il s'harmonise avec des arbustes à fleurs ou des vivaces, parmi lesquelles il assure en hiver une note colorée.

***Nandina domestica* (bambou sacré)** C'est le plus facile à trouver ; il risque de geler par temps très froid, mais il suffit alors de rabattre sa souche au ras du sol pour qu'il reparte de plus belle. 'Filamentosa' ne dépasse pas 1,20 m de haut ; sa croissance est lente ; il est doté de feuilles plus étroites. 'Nana Purpurea' arbore toute l'année des feuilles à pointe rouge ; il peut être utilisé en couvre-sol ; en revanche, il ne fructifie guère.

NARCISSUS *Narcisse*

1

2

Nom usuel : narcisse
Type : bulbe
Hauteur : 15 à 35 cm
Floraison : février à mai
Sol : tout type, bien drainé
Exposition : soleil ou mi-ombre
Multiplication : semis ou division des touffes en juin

>> Planter des masses de bulbes et les mélanger permet d'obtenir au printemps des taches colorées. La jonquille s'associe d'autant mieux au narcisse qu'elle en est une variété. Les bulbes mis en place dans le gazon soulèvent le problème de la tonte. Pour éviter toute complication, on peut les planter dans une partie sauvage du jardin, où la coupe ne s'impose pas le temps de la floraison, ou les installer en groupe dans un massif ou en pot sur une terrasse. Les fleurs embaument.

Variétés à fleurs doubles

***Narcissus* 'Texas' et *Narcissus* 'Mary Copeland'** Ils sont dotés d'un centre orangé.

Variétés à grandes fleurs

***Narcissus* 'Actaea'** [1] Il est blanc et orange, bordé de rouge, et très parfumé.

Narcissus poeticus Il est blanc et très odorant.

Narcissus tazetta Il fait des bouquets parfumés.

Variétés en trompette

***Narcissus* 'Golden Harvest'** [2] **et 'King Alfred'** Ils sont respectivement or et paille.

1

2

Nom usuel : nemesia
Type : vivace ou annuelle
Hauteur : 15 à 20 cm
Floraison : mai à novembre, par période d'un mois
Sol : léger et humifère
Exposition : soleil ou mi-ombre
Multiplication : semis à chaud (18 °C) en mars

>> Le nemesia est originaire d'Afrique du Sud. Ses fleurs possèdent de larges pétales de couleur vive. Il fait merveille dans une plate-bande estivale ou en pot. La variété vivace, rustique, à petites fleurs bleues ou mauves, se prête à toutes les compositions.

Nemesia caeruleum [2] Il forme une petite touffe dressée aux fleurs rappelant la linaire. Il apprécie le soleil.

Nemesia strumosa [1] Considéré comme annuelle, car il gèle. À la mi-ombre, ce qu'il préfère, il donne tout l'été un spectacle éblouissant.

NEPETA *Nepeta*

1

2

3

Nom usuel : nepeta, herbe aux chats
Type : vivace
Hauteur : 30 à 50 cm
Floraison : mai à octobre
Sol : sec
Exposition : soleil
Multiplication : division des touffes au printemps

>> Le nepeta, ou herbe aux chats, est très apprécié par ces derniers qui s'y roulent, sans doute attirés par le parfum des feuilles grises et longues. Il figure parmi les plantes les plus florifères qui supportent une terre sèche. En le rabattant à terre dès la fin de la première floraison, on en permet une seconde et l'on favorise la croissance des touffes.

***Nepeta* x *faassenii* (ou mussinii)** [1] Il peut être utilisé en couvre-sol. Dès le mois de mai, il exhibe ses rameaux dressés de fleurs bleu lavande.

***Nepeta racemosa* 'Snowflake'** Cet hybride fleurit blanc.

Nepeta sibirica [3] Il mesure 90 cm de haut. Il forme des touffes buissonnantes, au feuillage vert foncé et aux grandes fleurs bleu foncé. Sa floraison est abondante.

***Nepeta* 'Six Hills Giant'** [2] Il atteint 40 cm de haut. C'est probablement la plus belle variété.

NERINE *Nérine*

Nom usuel : nérine, lis de Guernesey
Type : bulbe
Hauteur : 60 cm
Floraison : septembre à novembre
Sol : ordinaire
Exposition : soleil
Multiplication : séparation des bulbes au printemps

>> La nérine se plaît à l'abri d'un muret ou d'un escalier. Ses fleurs, calice délicat très découpé, apparaissent in extremis avant l'hiver. Son feuillage ne sort qu'après la floraison, pour durer jusqu'en juin. Associée à l'aster ou à l'anémone du Japon, ou plantée en bouquet parmi des népétas, elle contribue à créer un véritable décor d'automne. Il faut protéger son pied d'un matelas de feuilles mortes et éviter, autant que possible, de le diviser : la nérine mettrait plusieurs années à refleurir.

Nerine bowdenii La plus robuste pour l'amateur.

NERIUM *Laurier-rose*

Nom usuel : laurier-rose
Type : arbuste
Hauteur : 4 à 5 m
Floraison : juin à novembre
Sol : fertile
Exposition : soleil
Multiplication : bouturage au printemps

>> Le laurier-rose s'orne de feuilles colorées et de petites fleurs rose soutenu. Il réussit particulièrement bien dans un climat méditerranéen.

Nerium oleander Le plus connu. Il fleurit le plus souvent rose, parfois blanc.

NICOTIANA *Nicotiana*

Nom usuel : nicotiana, tabac d'ornement
Type : annuelle et bisannuelle
Hauteur : 30 cm à 2 m
Floraison : juin à octobre
Sol : frais
Exposition : mi-ombre
Multiplication : semis au printemps

>> Le nicotiana embaume d'un parfum très capiteux. Ses fleurs, long tube au coloris varié et franc terminé par une inflorescence plate, ne s'ouvrent que le soir. Il est du plus bel effet dans un patio ou une plate-bande, où son emplacement dépend de la hauteur de la variété.

Nicotiana alata Cette variété est blanche. 'Lime Green' mesure 60 cm de haut ; ses fleurs sont vert pâle.

Nicotiana x sanderae [ill.] Hybride à fleurs blanches, jaunes, rouges ou roses, selon les variétés.

Nicotiana sylvestris Il atteint 1,50 m de haut. Il faut la tuteurer.

NIGELLA *Nigelle*

Nom usuel : nigelle
Type : annuelle
Hauteur : 40 cm
Floraison : juin à septembre
Sol : ordinaire
Exposition : soleil ou mi-ombre.
Multiplication : semis en place en octobre ou mars

>> La nigelle, si décorative et facile à établir, mérite d'être choisie. Son feuillage, fin et découpé comme du persil, et ses fleurs blanches, bleues ou roses se marient avec tous les végétaux d'une bordure. Après la floraison, ses branches chargées de cosses séchées se mettent en bouquet. Elle lève *in situ* et peut être transplantée si ses pieds se révèlent trop serrés. Quand elle a atteint 20 cm de haut, il faut la pincer pour l'obliger à se ramifier. Les Anglais, qui aiment les analogies poétiques, l'appellent « amour dans un brouillard ».

***Nigella damascena* (nigelle de Damas)** Elle est surtout connue grâce à 'Miss Jekyll', aux fleurs doubles bleu foncé [ill.] ; 'Miss Jekyll Alba' fleurit blanc.

NOTHOFAGUS *Nothofagus*

Nom usuel : nothofagus, hêtre austral
Type : arbre
Hauteur : 8 à 12 m
Sol : acide de préférence
Exposition : soleil, à l'abri du vent
Multiplication : bouturage à l'automne

>> Le nothofagus, à croissance rapide, est idéal pour un jardin nouvellement conçu, car il produit en peu de temps un bel effet. Son feuillage prend de très belles couleurs à l'automne et son tronc est magnifique en hiver. Lorsqu'il a atteint 12 m de haut, son envergure est de 6 ou 8 m, et il donne l'ombre espérée durant les étés chauds. Il ne supporte pas le plein vent.

Nothofagus antarctica Son feuillage automnal jaune, rouge et or est un véritable feu d'artifice.

Nothofagus obliqua Il peut atteindre 20 m de haut en vingt ans, battant ainsi tous les records de vitesse de croissance.

Nothofagus procera [ill.] Son feuillage vire au rouge rosé à l'automne.

NYMPHAEA *Nymphéa*

Nom usuel : nymphéa
Type : vivace
Hauteur : 20 à 30 cm au-dessus de l'eau
Floraison : juillet à octobre
Sol : riche
Exposition : soleil
Multiplication : division au printemps

>> Claude Monet a peint le nymphéa, parfumé, qui flotte sur l'eau. Il s'étale vite,et la variété choisie doit être en accord avec la taille de la pièce d'eau, tant en surface qu'en profondeur.

Nymphaea candida Il est à planter en profondeur (de 60 cm à 2 m). Ses fleurs blanches supportent bien les eaux froides.

***Nymphaea* 'Escarboucle'** [ill.] Ses fleurs sont vermillon teinté de blanc.

***Nymphaea* 'Princes Elisabeth' (parfois 'Irène')** Il se développe peu et convient pour un petit bassin. Il a une longue floraison parfumée de fleurs rose vif.

***Nymphaea* 'Sioux'** Il lui faut une exposition bien ensoleillée. Ses grandes fleurs jaunes virent au rose cuivré.

OENOTHERA *Œnothère*

Nom usuel : œnothère, onagre
Type : vivace
Floraison : juillet à octobre
Sol : frais et drainé
Exposition : soleil
Multiplication : bouturage au printemps

>> L'œnothère, parfois rampant, parfois dressé, n'aime pas l'humidité. Ses feuilles allongées sont suffusées de rouge. Ses fleurs jaunes en forme de tasse se succèdent pour donner une longue floraison. Certaines s'ouvrent le soir, pour attirer les papillons de nuit.

***Oenothera missouriensis* (ou *macrocarpa*)** [ill.] Avec ses touffes étalées, c'est un vrai couvre-sol pour une rocaille ou le dessus d'un muret.

Oenothera pumila Il ne dépasse pas 25 cm de haut. Ses touffes étalées, son feuillage vert foncé et ses fleurs jaunes en font un sujet idéal pour une rocaille.

Oenothera speciosa Il atteint 60 cm de haut. Il arbore des hampes dressées et de grandes fleurs rose pâle, veinées de rose plus soutenu.

OLEARIA *Olearia*

1

Nom usuel : olearia, aster en arbre
Type : arbuste
Hauteur : 1 à 3 m
Floraison : été
Sol : tout type
Exposition : soleil
Multiplication : bouturage en été

2

>> L'olearia est un vrai trésor. Son feuillage est persistant et ses fleurs blanches, évoquant des bouquets de petites marguerites, sortent théoriquement en été. En réalité, la floraison dépend de la région et se produit parfois au printemps ou à l'automne. Lors de l'achat en conteneur, il faut vérifier qu'il a plusieurs branches. Inutile de le tailler : un nettoyage des rameaux morts suffit. Comme il supporte la pollution, il convient parfaitement pour un jardin en ville ou en pot sur une terrasse.

Olearia* x *haasti [2] Il atteint 2 m de haut pour autant d'envergure. Sa floraison est parfumée.

Olearia macrodonta [1] Son feuillage ressemble à celui du houx, en plus clair ; celui de 'Major' est légèrement argenté. C'est un arbuste bien florifère.

OMPHALODES *Omphalodes*

Nom usuel : omphalodes, nombril de Vénus
Type : vivace
Hauteur : 10 à 25 cm
Floraison : février à mai
Sol : riche en humus
Exposition : ombre ou mi-ombre
Multiplication : séparation d'éclats après la floraison

>> Ses grandes feuilles pointues et ses fleurs bleues au cœur blanc donnent tout son charme à l'omphalodes. Il est d'un bel effet en parterre, dans un sous-bois ou au pied d'un arbre.

Omphalodes cappadocica [ill.] Il forme des touffes de 25 cm de haut.

***Omphalodes* 'Cherry Ingram'** Il porte des fleurs plus grandes.

***Omphalodes* 'Starry Eyes'** Ses fleurs bleues sont bordées de blanc.

ONOPORDUM *Onopordon*

1

2

» L'onopordon, superbe chardon argenté, est bien différent d'une mauvaise herbe que l'on arrache. Il est imposant, ce qui le rend difficile à placer, mais se contente de peu ; aussi un coin dans le fond d'un jardin de gravillons ou un emplacement sec et déshérité, où il fait fonction de bouche-trou majestueux, lui suffit. Il paraît qu'il est bisannuel, mais, une fois installé, il risque de s'incruster grâce à la générosité de ses graines. En coupant ses fleurs avant qu'elles ne fanent, on évite l'invasion. Séché, il produit son effet dans la maison. Des gants s'imposent pour le manipuler, car il pique.

Onopordon acanthium [1 et 2] Ses grandes feuilles argentées sont très piquantes. Sa floraison, pourpre, a lieu en août.

Onopordon nervosum Il s'orne d'un feuillage gris, dentelé et épineux, et de fleurs pourpres.

Nom usuel : onopordon, acanthe sauvage
Type : vivace ou bisannuelle
Hauteur : 2 m
Floraison : juin à août
Sol : tout type
Exposition : soleil ou mi-ombre
Multiplication : semis au printemps ou à l'automne

ORIGANUM *Origan*

Nom usuel : origan, marjolaine
Type : vivace
Hauteur : 20 à 60 cm
Floraison : juillet à septembre
Sol : ordinaire
Exposition : soleil
Multiplication : division des touffes au printemps

>> L'origan est très facile. Ses feuilles ovales et foncées, parfumées, servent, comme chacun sait, dans la cuisine. Ses petites fleurs sont tubulaires. Il convient parfaitement en bordure de massif ou dans une rocaille.

Origanum laevigatum [ill.] Ses fleurs sont légères et bleues.

Origanum vulgare C'est celui que l'on utilise en cuisine. Il forme un petit buisson. 'Compactum' fleurit rose.

ORNITHOGALUM *Ornithogale*

Nom usuel : ornithogale
Type : bulbe
Hauteur : 20 à 80 cm
Floraison : mai à septembre
Sol : sablonneux
Exposition : soleil ou mi-ombre
Multiplication : séparation des bulbes en hiver

>> Lorsque les autres plantes à bulbe sont fanées, les petites fleurs blanches de l'ornithogale sortent parmi son feuillage vert franc, en touffe, formant une belle tache claire. Il tient en bouquet.

Ornithogalum arabicum Il arbore de grandes fleurs blanches.

Ornithogalum magnificum Il atteint 80 cm de haut.

OSMANTHUS *Osmanthus*

Nom usuel : osmanthus
Type : arbuste
Hauteur : 3 à 6 m
Floraison : mai-juin
Sol : tout type
Exposition : soleil ou mi-ombre
Multiplication : bouturage en été

>> L'osmanthus, de forme arrondie, exhibe son feuillage persistant et ses fleurs blanches parfumées, qui tiennent longtemps. Il réussit très bien dans une bordure, et mieux encore en haie. Guidé, il grimpe également sur un mur.

Osmanthus x burkwoodii [ill.] Dense. Ses petites feuilles sont luisantes et sa floraison très parfumée.

Osmanthus delavayi Touffu. Ses branches arquées sont chargées à profusion de fleurs blanches très parfumées.

Osmanthus fragrans Il atteint 6 m de haut. Ses branches sont dressées ; sa floraison, parfumée, se produit au début de l'été.

Osmanthus heterophyllus Avec son feuillage découpé, il ressemble au houx ; sa floraison, automnale, est parfumée.

OSMUNDA *Osmonde*

Nom usuel : osmonde
Type : vivace
Hauteur : 60 cm à 3 m
Sol : frais
Exposition : soleil ou mi-ombre
Multiplication : séparation des rejets en octobre ou mars

>> La majestueuse osmonde est une espèce de fougère protégée à l'état naturel. Lors de la plantation, on peut l'associer à des *Primula*, des *Astilbe* ou des *Lysimachia*. Elle ne supporte le soleil que si la terre est très humide. Ses frondes devenant de plus en plus puissantes chaque année, il faut impérativement lui prévoir un emplacement suffisant.

Osmunda regalis Indigène. C'est la plus grande du genre.

OSTEOSPERMUM *Osteospermum*

1

2

>> L'osteospermum n'est réellement vivace que dans une région à climat doux, même si son feuillage est persistant. Ses fleurs, de divers coloris, ressemblent aux marguerites et ont la curieuse habitude de replier leurs pétales dès que le soleil disparaît. Ainsi, par une journée couverte, il dort, mais se réveille avec éclat et promptitude si le soleil réapparaît. Comme il craint le gel, il est prudent d'en conserver quelques boutures racinées à l'abri.

***Osteospermum* 'Buttermilk'** Il est dressé plutôt que tapissant et porte des marguerites jaune beurre. Il redoute le froid.

Osteospermum jucundum [1] Ses fleurs mauve rosé s'épanouissent tout l'hiver, s'il est doux, et toute l'année en climat maritime. Les coups de chaleur mettant un terme à sa floraison, mieux vaut éviter les expositions en plein soleil. Il peut couvrir 2 m^2 en une saison.

***Osteospermum* 'Whirligig'** [2] Ses ligules blancs à revers bleu acier sont pincés en forme de spatule. Il en existe une variante rose.

Nom usuel : osteospermum
Type : vivace
Hauteur : 40 cm
Floraison : mai à septembre
Sol : tout type, bien drainé
Exposition : soleil non brûlant
Multiplication : bouturage au printemps

OXALIS *Oxalis*

Nom usuel : oxalis
Type : bulbe
Hauteur : 20 cm
Floraison : mai à septembre
Sol : ordinaire
Exposition : soleil
Multiplication : séparation des bulbes

>> L'oxalis arbore des feuilles gris-vert en forme de cœur et des fleurs semblables à un petit calice doté de pétales striés. Il convient bien pour une rocaille.

Oxalis adenophylla Originaire des Andes. Il fleurit rose ; 'Ione Hecker', bleu.

Oxalis deppei Il est envahissant.

Oxalis versicolor [ill.] Il porte des fleurs blanches ornée au revers d'un liseré cramoisi.

PACHYSANDRA *Pachysandra*

Nom usuel : pachysandra
Type : vivace
Hauteur : 30 cm
Floraison : mai-juin
Sol : frais et humifère
Exposition : mi-ombre
Multiplication : division des touffes au printemps

>> Le pachysandra est un couvre-sol à croissance rapide. Ses feuilles ovales, persistantes et brillantes, forment de petits bouquets à l'extrémité des tiges. De petites fleurs blanches en épi apparaissent en mai. Il supporte bien l'ombre et se plaît dans un sous-bois, ou encore dans un endroit sombre un peu oubliés.

Pachysandra terminalis [ill.] Le plus courant. Ses fleurs blanches se présentent en grappe au bout du feuillage. 'Variegata', moins vigoureux, a un feuillage vert-gris marginé de blanc.

PAEONIA *Pivoine*

1

2

3

Nom usuel : pivoine
Type : vivace ou arbuste
Hauteur : 60 cm à 1,20 m
Floraison : mai à juillet
Sol : riche et drainé
Exposition : soleil
Multiplication : division des touffes en été

>> La pivoine, qui compte parmi les plus belles fleurs du jardin, est cultivée — et peinte — par les Japonais depuis des siècles. Une fois en terre, elle peut occuper le même emplacement cinquante ans et plus, en une touffe massive à la floraison assez brève ; une beauté éphémère, en somme, mais qui donne un incomparable éclat au jardin. Inutile de s'inquiéter si elle ne fleurit pas la première année : elle doit s'établir avant de se sentir dans son élément et d'exploser. En hiver, lorsqu'elle a disparu, il est bon de matérialiser son emplacement pour éviter d'y enfouir des bulbes qui sortiraient au milieu de son feuillage. Les variétés ligneuses se transforment, pour leur part, en arbustes dépassant 1 m de haut ; contrairement aux autres, elles n'ont pas besoin de tuteur. Pour un bouquet, il faut couper les tiges quand les boutons sont à peine ouverts.

Variétés arbustives

Paeonia suffruticosa [3] Elle pousse à l'état sauvage au Tibet, où elle atteint 1,80 m de haut. C'est l'une des plus belles, mais elle est parfois difficile à trouver. Ses fleurs blanches mesurent 15 cm de large, avec une tache à la base de chaque pétale, qui varie du magenta au rose soutenu.

Variétés vivaces

***Paeonia* 'Bowl of Beauty'** [2] Cette variété japonaise porte bien son nom. Elle fleurit en mai, en forme de large coupe ; ses pétales roses sont jaune clair vers le centre.

***Paeonia* 'Felix Crousse'** Ses fleurs doubles en forme d'anémone, très parfumées, sont rubis.

***Paeonia* 'Sarah Bernhardt'** [1] Elle fleurit plus tardivement. Ses fleurs très doubles, parfumées, sont rose frais.

PAPAVER *Pavot*

1

2

3

Nom usuel : pavot
Type : vivace, annuelle ou bisannuelle
Hauteur : 20 cm à 1 m
Floraison : avril à septembre
Sol : tout type
Multiplication : semis en juin pour les vivaces et les bisannuelles, en octobre ou mars pour les annuelles

>> Jadis, le mot pavot évoquait des champs de blé constellés de pétales rouges jouant dans le vent. Maintenant, une multitude de cultivars légers comme du papier de soie, aux coloris chatoyants, sont les parures de l'été. À côté de ces annuelles figurent diverses vivaces. La grande diversité des tailles permet de leur trouver l'emplacement le plus avantageux dans une bordure. Le pavot d'Orient, aux fleurs géantes, a fait beaucoup de progrès dans les couleurs ces dernières années.

Papaver burseri Le plus petit. Il s'intègre à merveille dans une rocaille ou une auge.

Papaver nudicaule **(pavot d'Islande)** [3] Cette bisannuelle attein 40 cm de haut. Ses fleurs s'affichent en jaune, orange ou blanc brillants

Papaver orientale **(pavot d'Orient)** Il compte d'excellents cultivars notamment 'Cedric Morris', dont le feuillage duveteux gris argent contraste avec les fleurs rose tendre marquées de noir [1] ; 'Mrs Perry est rose saumon [2] ; 'Patty's Plum', mesurant 80 cm de haut, superb

4

5

avec sa floraison lie-de-vin [4] ; 'Perry's White', l'un des plus beaux, doté de fleurs blanches maculées de noir ; 'Wunderkind', fleurissant rose carminé.

Papaver somniferum [5] Lui et ses hybrides sont surtout connus grâce aux sélections doubles dites « à fleurs de pivoine » mauves, rouges, noires ou blanches.

PARROTIA *Parrotia*

Nom usuel : parrotia
Type : arbre
Hauteur : 12 m
Sol : tout type, non calcaire
Exposition : soleil
Multiplication : marcottage au printemps

>> Quel printemps, quel automne, s'exclament ceux qui ont un parrotia ! À la fin de l'hiver, il éclate d'étamines rouges serrées les unes contre les autres. Puis ses feuilles sortent et l'été est banal. À l'automne enfin, il s'embrase dans tous les tons de rouge, du rose au grenat. Nombre de ses branches sont horizontales, ce qui ne l'empêche pas de croître lentement en hauteur, peut-être pour mieux permettre à ses admirateurs de jouir de ses coloris extraordinaires. Installé au coin d'une pelouse, il est d'un très bel effet. Inutile de le tailler.

Parrotia persica Il arbore de grandes feuilles écarlates et dorées.

PARTHENOCISSUS *Vigne vierge*

Nom usuel : vigne vierge
Type : plante grimpante
Hauteur : 7 à 10 m
Floraison : été
Sol : tout type
Exposition : soleil ou mi-ombre
Multiplication : marcottage en été

>> La vigne vierge, originaire d'Asie, a une croissance très rapide, pour le bonheur de ceux qui veulent habiller leur maison. À l'automne, ses tons rouges sont absolument extraordinaires. À ses fleurs verdâtres, dépourvues d'intérêt, succèdent des fruits ou baies noirâtres. Elle s'accroche aux murs à l'aide de vrilles, ce qui ne les abîme pas.

Parthenocissus henryana [ill.] Vigoureuse. Elle grimpe à plus de 10 m de haut. L'installer sur un mur au nord ou à l'est permet de mettre pleinement en valeur sa remarquable coloration.

Parthenocissus tricuspidata Elle peut grimper au-delà de 20 m de haut. Avec son feuillage dense, en forme de cœur, d'environ 10 cm de large, c'est l'une des variétés les plus spectaculaires.

PASSIFLORA *Passiflore*

Nom usuel : passiflore, fleur de la Passion
Type : arbuste
Hauteur : 8 m
Floraison : juin à septembre
Sol : drainé
Exposition : soleil
Multiplication : marcottage au printemps

>> La passiflore, originaire d'Amérique du Sud, aurait été baptisée ainsi par analogie avec la Passion : les pétales représentent les apôtres, et la couronne plus foncée, celle du Christ ; les cinq étamines et les trois styles évoqueraient respectivement les blessures du Crucifié et les clous. Ses vrilles permettent à la passiflore de s'accrocher à un support. Ses fruits, essentiellement ceux des variétés tropicales, sensibles au gel, se trouvent dans le commerce . Ceux des espèces rustiques, semblables à l'abricot, sont insipides. Il est bon de rabattre les branches après la floraison. Sous un climat doux, la passiflore trouve sa place sur une pergola, associée à un rosier à petites fleurs.

Passiflora x allardii Elle arbore un feuillage persistant et porte des fleurs blanches suffusées de rose, à la couronne marquée d'une bande blanc et bleu. Elle supporte jusqu'à -4 °C.

***Passiflora caerulea* (passiflore bleue)** [ill.] Elle atteint 5 m de haut. Son feuillage est presque persistant. Ses fleurs, de 10 cm de large, s'ouvrent au soleil, mais restent repliées par temps nuageux. 'Constance Elliott' fleurit blanc ; si sa partie aérienne gèle, elle repousse vite grâce à ses nombreux stolons.

PAULOWNIA *Paulownia*

Nom usuel : paulownia
Type : arbre
Hauteur : 12 à 15 m
Floraison : avril-mai
Sol : drainé
Exposition : soleil
Multiplication : semis au printemps ou à l'automne

>> Le paulownia est doté de grandes feuilles de 30 cm de large en forme de cœur, et de fleurs au doux parfum, pareilles à de petites cloches roses.

***Paulownia imperialis* (ou *tomentosa*)** [ill.] Originaire de Chine. Il a une croissance rapide. Ses fleurs rose lilas sortent avant ses feuilles.

PELARGONIUM *Pélargonium*

1

2

3

4

Nom usuel : pélargonium
Type : vivace en serre ou annuelle
Hauteur : 40 cm à 1 m
Floraison : juin à août
Sol : riche
Exposition : soleil
Multiplication : bouturage au printemps ou en été

>> Géranium ou pélargonium : nombreux sont ceux qui les confondent. Ce dernier a souvent un feuillage parfumé. Il craint le gel et convient surtout pour une potée, un balcon, une véranda ou un massif d'été et, parfois, une serre, s'il intéresse un collectionneur passionné. Il a besoin d'une situation bien ensoleillée, d'arrosages réguliers et, pour donner une belle floraison, d'engrais. On le conserve a l'abri en hiver ; comme il hiberne, inutile de l'arroser, il ne se dessèche pas. On en distingue quatre groupes.

***Pelargonium zonale* (et ses hybrides)** [1 et 5] On l'appelle, sans doute à tort, géranium des jardins. Il est dressé, avec l'allure d'un sous-arbrisseau. Ses fleurs, unies ou bicolores, se déclinent du blanc au rouge foncé.

***Pelargonium regale* (pélargonium des fleuristes)** [2] Sa taille est identique à celle du *Pelargonium zonale*, mais il porte de très grosses fleurs aux superbes coloris, dont le noir.

Pélargonium à feuilles aromatiques Il est proche des espèces sauvages. Ses fleurs sont rarement spectaculaires et il tire son attrait de son parfum : menthe *(Pelargonium tomentosum* [6]*)*, citron (*Pelargonium* 'Mabel Grey' et *Pelargonium crispum* [3]), rose (*Pelargonium* 'Patton's Unique' et *Pelargonium capitatum*).

5

6

Pélargonium-lierre (géranium-lierre) [4] Il retombe sur 1 m de haut. Il est idéal pour un panier fleuri ou sur un balcon. Il supporte moins bien la sécheresse que ses frères, mais produit des fleurs aux tons plus variés, notamment lavande.

PENNISETUM Pennisetum

Nom usuel : pennisetum, herbe aux écouvillons
Type : vivace
Hauteur : 30 cm à 1,50 m
Floraison : août à décembre
Sol : ordinaire
Exposition : soleil
Multiplication : division des touffes au printemps

>> Le pennisetum, touffe verte et fine, exhibe, en été, ses étroites brosses cylindriques, qui contribuent à lui donner sa grâce.

Pennisetum alopecuroides Il atteint 90 cm de haut. Son feuillage vert foncé est ponctué de fleurs en plume rose-brun, avec une pointe blanche. 'Hameln', plus petit, est doté de très nombreux épis.

Pennisetum japonicum Il s'orne d'un feuillage très foncé et d'écouvillons brun pâle. Il supporte la sécheresse.

Pennisetum setaceum [ill.] Il donne en été de nombreuses fleurs rose pourpre en bouquets légers.

PENSTEMON *Penstemon*

1

2

3

›› Le penstemon compte parmi les végétaux les plus appréciables pour une plate-bande. Généralement son feuillage est semi-persistant. Sa longue floraison éclatante permet d'intéressantes associations, notamment *Penstemon hirsutus* avec des miscanthus, *Penstemon* 'Alice Hindley' avec des népétas, *Penstemon* 'Pen Purple' avec des armoises, *Penstemon* 'White Bedder' avec des perovskias. Selon les variétés, il s'adapte à de nombreux emplacements. Au bout de quelques années, il est nécessaire de le renouveler.

***Penstemon* 'Apple Blossom'** Il est doté d'un fin feuillage vert clair et de fleurs rose tendre à gorge blanche.

Penstemon barbatus* ssp. *coccineus [3] Rustique. Ses hampes atteignent 1 m de haut. Ses fleurs rouges sont tubulaires.

***Penstemon* 'Gloire des Quat'rues'** L'un des plus appréciés. Il porte des fleurs campanulées violet pourpre à gorge blanche.

***Penstemon* 'Heavenley Blue'** Il fleurit bleu bleuet.

***Penstemon* 'Pennington Gem'** [2] Il mesure 1 m de haut. Il fleurit rouge-orange éclatant.

Penstemon pinifolius Il atteint 20 cm de haut. Il est doté de fleurs tubulaires rouge vif. Il convient parfaitement pour une rocaille.

***Penstemon* 'Sour Grapes'** Il hésite entre le bleu et le lie-de-vin.

***Penstemon* 'Stapleford Gem'** [1] Ses fleurs en clochettes sont violettes.

***Penstemon* 'White Bedder'** Il donne de grandes fleurs blanc pur.

Nom usuel : penstemon
Type : vivace ou bisannuelle
Hauteur : 40 à 60 cm
Floraison : mai à septembre
Sol : drainé
Exposition : soleil
Multiplication : division des touffes au printemps

PEROVSKIA *Pérovskia*

Nom usuel : pérovskia
Type : arbuste
Hauteur : 1 à 1,50 m
Floraison : juillet à septembre
Sol : ordinaire et drainé
Exposition : soleil
Multiplication : bouturage en été

>> Avec son feuillage très découpé gris argenté et ses tiges souples, émaillées de fleurs bleues sur toute leur longueur et agréablement parfumées, le pérovskia trouve sa place parmi les roses anciennes ou dans un groupe de phlox blancs ou roses. Au début du printemps, il est nécessaire de le rabattre presque à la base pour qu'il soit bien fourni. Une de ses grandes qualités est de supporter le climat maritime.

Perovskia abrotanoides Il peut atteindre 1,20 m de haut. Son port est érigé et il porte des fleurs bleu brillant en longs épis.

***Perovskia atriplicifolia* 'Blue Spire'** [ill.] Son feuillage gris argenté est ponctué de fleurs bleu-violet.

PETASITES *Petasites*

Nom usuel : petasites
Type : vivace
Hauteur : 60 cm
Floraison : janvier à avril
Sol : ordinaire et frais
Exposition : mi-ombre
Multiplication : division des touffes toute l'année

>> Grâce à son feuillage spectaculaire, le petasites, excellent couvre-sol, remplace avantageusement les mauvaises herbes. Il convient pour le bord de l'eau, une zone humide ou un fossé à combler. Il se montre envahissant.

Petasites hybridus Il produit d'étranges épis floraux mauves, à la fin de l'hiver, puis tout l'été un énorme feuillage arrondi, vert à revers argenté.

PETUNIA *Pétunia*

Nom usuel : pétunia
Type : annuelle
Hauteur : 20 à 40 cm
Floraison : juin à octobre
Sol : riche et drainé
Exposition : soleil
Multiplication : semis au printemps

>> Installé en panier suspendu, le pétunia produit un bel effet. Il est très florifère, et ses fleurs en forme de trompette, se déclinent dans divers coloris de rose, mais on en trouve des jaunes et des blanches.

***Petunia* 'Prism Sunshine** [ill.] Rare.

***Petunia* 'Rose du Ciel'** Il se renouvelle. 'Carpet Series' est très dense et existe dans toutes les couleurs.

Petunia violacea On le met en panier suspendu.

PHALARIS *Phalaris*

Nom usuel : phalaris, ruban de bergère
Type : vivace
Hauteur : 80 cm
Floraison : mai-juin
Sol : ordinaire
Exposition : soleil
Multiplication : division des touffes au printemps

>> Le phalaris est une graminée pleine d'élégance. Ses longues feuilles vertes étroites, marquées au milieu par une ligne blanche, très esthétique, retombent en donnant du volume à ses touffes. Ses fleurs ne méritent pas que l'on en parle.

***Phalaris arundinacea* 'Picta'** Ses feuilles sont panachées de crème et de rose.

PHILADELPHUS *Seringa*

1

2

3

Nom usuel : seringa
Type : arbuste
Hauteur : 2 à 4 m
Floraison : juin-juillet
Sol : ordinaire
Exposition : soleil ou mi-ombre
Multiplication : bouturage du bois vert en été ou du bois sec en hiver

>> Le seringa est l'un des éléments indispensables du jardin. Ses petites fleurs blanches embaument, et même s'il n'en produit pas la première année, cela vaut la peine de se montrer patient. Il faut le rabattre court et le protéger, en hiver, avec quelques pelletées de tourbe ou de compost pour qu'il fleurisse la saison suivante. Il convient parfaitement pour une plate-bande, mais peut aussi participer à la formation d'une haie fleurie, associé à l'escallonia, au rosier *Rugosa* ou à la spirée. Planté contre un mur de la maison, il offre à tout un chacun son parfum.

***Philadelphus* 'Beauclerk'** Il arbore des branches légèrement retombantes. Sa floraison blanche est à peine teintée de rose.

***Philadelphus* 'Belle Étoile'** [1] Plus compact que 'Beauclerk', il a des branches arquées.

***Philadelphus* 'brachybotryse'** [3] Ses fleurs blanc crème sont simples et parfumées.

***Philadelphus coronarius* 'Variegatus'** Il a un port érigé. Un liseré blanc borde son feuillage vert. Il convient pour un sous-bois mi-ensoleillé ou pour éclairer une plantation à feuillage persistant.

***Philadelphus* 'Manteau d'Hermine'** [2] C'est l'une des variétés les plus populaires. Il donne des fleurs doubles très parfumées.

PHLOMIS *Phlomis*

1

2

3

Nom usuel : phlomis
Type : vivace ou arbuste
Hauteur : 60 cm à 2 m
Floraison : juin à août
Sol : bien drainé
Exposition : soleil
Multiplication : division au printemps ou bouturage en été

>> Jusqu'à très récemment, le phlomis n'existait qu'en jaune, ce qui l'excluait de certaines compositions florales. Ce temps est révolu, et on le trouve désormais en rose, tel *Phlomis italica*, en arbuste, ou *Phlomis tuberosa*, en vivace, plus rare. Il est garni d'un feuillage persistant, duveteux et parfumé, et de fleurs semblables à de petits flocons étagés le long de ses tiges. Mélangé à la pivoine et au ciste, il donne une bordure sortant de l'ordinaire. Pour ne pas risquer de le perdre au cours d'un hiver rigoureux, il vaut mieux le protéger par un bon paillis.

Phlomis fruticosa [1] Arbuste. Il atteint 2 m de haut. Il a une floraison dorée. 'Edward Bowles' mesure 1,40 m de haut. Il est doté d'un feuillage velu et de fleurs étagées jaune citron.

Phlomis russeliana [3] Vivace. Il mesure 60 cm de haut. Son feuillage pointu, semi-persistant, est duveteux. Sa floraison jaune apparaît en juin et ses graines décoratives tiennent jusqu'à la fin de l'automne.

Phlomis tuberosa [2] Vivace. Il atteint 1 m de haut. Ses boules roses étagées, marquées de pourpre, se détachent sur son feuillage duveteux.

PHLOX *Phlox*

1

2

Nom usuel : phlox
Type : vivace
Hauteur : 20 cm à 1 m
Floraison : mars à septembre
Sol : riche
Exposition : soleil
Multiplication : division des souches au printemps

>> Ses formes variées et ses coloris intenses ont valu au phlox son nom qui, en grec, signifie « flamme ». Il en existe tant que l'on pourrait presque en fleurir toute une bordure, en allant du couvre-sol, souvent persistant, jusqu'aux magnifiques nouveaux hybrides qui, pour la plupart, nécessitent un tuteurage. En octobre, il faut rabattre ceux ayant terminé leur floraison à quelques centimètres du sol et supprimer les nouvelles pousses faibles émises par les touffes anciennes. Si l'on décide de transplanter certaines d'entre elles, autant éliminer un nœud de racines probablement mort au milieu de la motte ; cela rajeunit le pied.

Variétés pour auges et rocailles (ne dépassant pas 10 cm de haut)

***Phlox adsurgens* 'Wagon Wheel'** Il forme un tapis de fleurs roses d'avril à juin.

***Phlox douglasii* 'Crackerjack'** Ses fleurs rouge éclatant sortent en avril-mai.

***Phlox douglasii* 'Red Amiral'** Sa floraison rouge est très lumineuse.

***Phlox subulata* 'Kelley's Eye'** Il porte des masses de petites fleurs blanches teintées de rose.

Variétés couvre-sol

***Phlox divaricata* 'Chattahoochee'** Cet hybride atteint 35 cm de haut. Il porte des fleurs mauve violacé à œil étoilé pourpre.

***Phlox subulata* 'Benita'** Cet hybride a des fleurs mauves ; 'Betty', léger et lumineux, des roses ; 'Drumm', des blanches maculées de lilas ; 'Oakington Blue Eyes', des bleu-mauve ; 'White Delight', des blanc pur. Ils mesurent en moyenne 15 cm de haut.

Variétés plus grandes

Phlox paniculata Ses hybrides, à végétation vigoureuse et fleurs richement colorées, ne doivent pas être plantées en sol trop sec. 'Amethyst' atteint 90 cm de haut ; il fleurit bleu de juin à septembre. 'Caroline van den Berg' mesure 80 cm de haut ; il est doté de fleurs mauves. 'Eva Cullum' pousse jusqu'à 1 m de haut ; il porte des fleurs rose pâle à œil rose foncé [1]. Les fleurs de 'Fanal' sont rouge brillant, celles d''Orange Perfection', saumonées et celles de 'Parma', bleu violacé.

Phlox stolonifera 'Blue Ridge' [2] Il porte des fleurs bleu pâle.

PHORMIUM *Phormium*

Nom usuel : phormium, lin de Nouvelle-Zélande
Type : vivace
Hauteur : 1,50 à 3 m
Floraison : été
Sol : riche et drainé
Exposition : soleil
Multiplication : division des touffes au printemps

>> Avec ses longues feuilles en touffe très dense, au cœur desquelles sortent ses fleurs en épi, le phormium n'a nul besoin d'être mis en valeur par d'autres plantations. Il se distingue dans n'importe quel endroit abrité du jardin, une rocaille ou un patio.

***Phormium* 'Maori Sunrise'** [ill.] Ses feuilles sont abricot et rose bordées de bronze.

***Phormium tenax* 'Purpureum'** Il est pourpré ; 'Variegatum' porte un feuillage strié lie-de-vin et vert.

PHOTINIA *Photinia*

Nom usuel : photinia
Type : arbuste
Hauteur : 2 à 5 m
Floraison : mai-juin
Sol : riche, avec compost
Exposition : soleil
Multiplication : bouturage en été

>> Le photinia est d'un bel effet. Ses feuilles persistantes en forme de lance, rouges quand elles sont jeunes, prennent, ensuite, un aspect rappelant le cuir. Ses petites fleurs en grappe sortent au printemps. Il est particulièrement efficace en haie et remarquable dans une bordure.

***Photinia* x *fraseri* 'Red Robin'** [ill.] Il forme une superbe haie persistante.

Photinia glabra Il arbore un feuillage bronze. Des baies rouges qui deviennent noires succèdent à sa floraison blanche au printemps.

PHYLLOSTACHYS *Phyllostachys*

Nom usuel : phyllostachys
Type : arbuste
Hauteur : 2 à 3 m
Sol : riche, mais plutôt frais
Exposition : soleil ou mi-ombre
Multiplication : division des souches au printemps

>> Le phyllostachys, bambou élégant et décoratif, avec ses branches arquées et son feuillage persistant, allongé et léger, forme une haie originale et du plus bel effet. En bosquet, il ne demande aucun soin particulier. D'autres espèces de bambous, dont la hauteur ne dépasse guère 60 cm, peuvent lui servir d'« avant-scène ». Les *Sasa*, avec leur feuillage dense, sont des candidats possibles, qui ont l'avantage — ou le désavantage — de se multiplier rapidement.

Phyllostachys aurea [ill.] Son feuillage est doré.

Phyllostachys nigra Il arbore un feuillage gracieux et de fins chaumes noirs décoratifs, résistants au froid.

Phyllostachys viridis Ses jeunes pousses délicieuses se mangent crues ou cuites. 'Robert Young', cultivar très lumineux, est doté d'un feuillage clair et de chaumes jaunes à rayures vertes.

PICEA *Épicéa*

Nom usuel : épicéa
Type : arbre
Hauteur : 50 cm à 40 m
Sol : normal
Exposition : toutes
Multiplication : bouturage en été

>> Les épicéas sont des conifères de toute taille, toute forme et presque toute couleur. Leurs cônes, quand ils en ont, sont tombants. *(Pour le* Picea abies, *voir à* Abies.)

Picea glauca Il mesure entre 3 et 5 m de haut. Il est de forme conique, avec un feuillage bleu-vert et des cônes en été. Il a une croissance lente et s'avère idéal pour un petit jardin.

***Picea glauca* 'Albertiana'** Ce couvre-sol mesure 60 cm de haut.

Picea likiangensis [ill.] Ses feuilles sont vert-bleuté. Il produit des cônes pourpres.

Picea mariana Il ne dépasse pas 50 cm de haut.

***Picea omorika* 'Nana'** Il atteint 1,50 m de haut. Il est arrondi.

***Picea pungens* 'Koster'** Il mesure 15 m de haut. Sa forme est conique, avec des branches horizontales. Il est doté d'un feuillage gris argenté. Il trouve sa place dans une rocaille.

Picea sitchensis Il mesure 40 m de haut.

PIERIS *Pieris*

1

2

Nom usuel : pieris, andromède
Type : arbuste
Hauteur : 1 à 2 m
Floraison : avril
Sol : acide
Exposition : mi-ombre
Multiplication : marcottage à la fin du printemps

3

>> Faute d'une terre acide, on peut mettre le pieris en pot, dans de la bruyère. Sur son feuillage persistant rougeoyant se détachent, au printemps, des panicules de fleurs pendantes, cireuses, blanches. Si on l'associe au rhododendron, à l'hellébore et à l'hosta en couvre-sol, il forme un tableau complet. Quelques poignées de sang séché et un paillage de feuilles mortes lui sont plus que bénéfiques.

***Pieris* Flaming 'Silver'** [2] Ses feuilles sont vert bordé de blanc.

Pieris floribunda Il atteint 1 m de haut pour 1,50 m d'envergure.

Pieris formosa Il mesure 1,20 m de haut et 2 m d'envergure. Son jeune feuillage cuivré vire au vert avec l'âge. 'Forrestii dispose d'un feuillage rouge brillant. Sa floraison est généreuse.

Pieris japonica [3] Il atteint 1,50 m de haut. Il donne une bonne floraison. 'Variegata', à croissance plus lente, arbore un feuillage jaune, souligné de blanc [1]. Associés au *Rhododendron luteum* (azalée), ils créent un bel effet.

PINUS *Pin*

1

2

Nom usuel : pin
Type : arbre ou arbuste
Hauteur : 2 à 20 m
Sol : tout type
Exposition : toutes
Multiplication : semis, à levée irrégulière selon les variétés, ou greffage

>> Les formes et tailles diverses prises par le pin en font l'un des conifères très faciles à placer. On le trouve dans toutes les forêts et dans toutes les régions, et l'on a pris l'habitude de l'associer au paysage : le pin maritime, qui donne de l'ombre dans un pays ensoleillé ; le *Pinus contorta*, habitué des dunes, qu'il aide à fixer ; le pin parasol, que l'on place d'office sur la côte méditerranéenne — au bout de trente ans, ses cônes donnent de délicieux pignons. Il faut l'acheter en conteneur et éviter de casser la motte en le transplantant.

Variétés les plus grandes

Pinus cembra Il atteint 15 à 20 m de haut. Il est doté d'aiguilles au revers bleuté et de cônes violets. Il trouve sa place dans un jardin en montagne.

***Pinus sylvestris* 'Fastigiata'** Il mesure 10 m de haut. Ce beau sujet au feuillage bleu-vert est à planter isolément.

***Pinus sylvestris* 'Watereri'** [1] Il atteint 3 m de haut. Il est dense, de forme arrondie, avec un feuillage bleu-vert. Il convient pour tous les jardins.

Variétés pour rocailles

Pinus mugo [2] Il mesure 2 m de haut et autant d'envergure. Sa forme est aplatie. 'Pumilio', au feuillage vert bleuté, a un port rampant étalé.

PITTOSPORUM *Pittosporum*

1

2

>> Avec ses feuilles persistantes, vertes dessus et bronze au revers, et ses fleurs blanches ou jaunes au parfum de miel, le pittosporum forme une belle haie. Il est frileux, mais apprécie le bord de mer.

Pittosporum crassifolium Semi-rustique. Il atteint 5 m de haut. Son feuillage vert foncé, tirant sur le gris argenté, est feutré au revers.

***Pittosporum tenuifolium* 'James Stirling'** Ce petit arbre au sommet arrondi s'orne d'un feuillage vert argenté. Ses fleurs pourpres, qui sortent à la fin du printemps, exhalent un parfum de miel. 'Warnham Gold' arbore un feuillage jaune d'or ; celui de 'Silver Queen' est argenté et souligné de blanc [2].

Pittosporum tobira [1] Il est doté d'un feuillage persistant et de fleurs blanc crème, qui sentent la fleur d'oranger.

Nom usuel : pittosporum
Type : arbuste
Hauteur : 1 à 5 m
Floraison : mai-juin
Sol : tout type et drainant
Exposition : soleil
Multiplication : bouturage au printemps

PLATANUS *Platane*

Nom usuel : platane
Type : arbre
Hauteur : 20 à 50 m
Sol : tout type
Exposition : toutes
Multiplication : bouturage en hiver

>> Le platane fait partie des arbres les plus connus, ce qui n'a rien d'étonnant, car tout en lui est magnifique : son port, son tronc, ses grandes feuilles. Il porte des fruits semblables à la châtaigne. Chose appréciable, il donne beaucoup d'ombre ; en outre, il supporte la pollution. Il lui faut un grand jardin, où il peut se développer à loisir.

Platanus x hispanica [ill.] Il mesure 35 m de haut. C'est celui que l'on voit partout. Les feuilles de 'Pyramidalis' sont vernissées.

Platanus occidentalis Il atteint 50 m de haut.

PLATYCODON *Platycodon*

Nom usuel : platycodon
Type : vivace
Hauteur : 30 à 60 cm
Floraison : juin à septembre
Sol : ordinaire et drainé
Exposition : soleil ou mi-ombre
Multiplication : semis au printemps

>> Avec ses feuilles bleu-vert en touffe et ses fleurs étoilées bleues, roses ou blanches, le platycodon embellit une rocaille ou le bord d'un massif.

***Platycodon grandiflorus* 'Albus'** Il fleurit blanc ; 'Apoyama', nain, bleu foncé ; 'Mariesii', bleu [ill.] et 'Fuji Pink', rose.

PLUMBAGO *Plumbago du Cap*

Nom usuel : plumbago du Cap
Type : arbuste
Hauteur : 3 m
Floraison : été
Sol : bien drainé
Exposition : plein soleil
Multiplication : semis ou bouturage en mars

>> Le plumbago se palisse, et son feuillage semi-persistant, constellé de bouquets de fleurs bleues, habille un pan de mur, une véranda ou une terrasse pendant les mois d'été. Comme il craint le gel, il faut prévoir de le protéger en hiver sous un matelas de paille doublé d'un film plastique. Sinon, planté en pot, il peut être rentré à l'abri. Sa taille s'effectue au début du printemps.

Plumbago auriculata Il est souvent étiqueté *Plumbago capensis*. Il existe en bleu et en blanc.

POLEMONIUM *Polemonium*

Nom usuel : polemonium
Type : vivace
Hauteur : 50 à 60 cm
Floraison : avril à juillet
Sol : riche et frais
Exposition : soleil ou mi-ombre
Multiplication : semis au printemps ou en automne, ou division au printemps

>> Le polemonium se cultive facilement. Son feuillage lobé vert clair forme un coussin et ses hampes florales blanches, roses, jaunes ou bleues se dressent gaiement. Il est très florifère, et le fait de retirer ses fleurs mortes permet la venue de nouvelles. Il convient bien pour une bordure ou, mieux encore, un jardin sauvage.

***Polemonium caeruleum* 'Album'** Il fleurit blanc ; 'Sapphire', bleu.

Polemonium carneum Il est rose.

Polemonium pauciflorum Ses fleurs jaunes sont en trompette.

***Polemonium reptans* 'Lambrook Mauve'** [ill.] Il est bleu lilas.

POLYGONATUM *Sceau-de-Salomon*

1

2

Nom usuel : sceau-de-Salomon
Type : vivace
Hauteur : 60 cm à 1,20 m
Sol : frais
Exposition : ombre
Multiplication : division des souches à l'automne ou au début du printemps

>> Ses fleurs blanches en clochette pendante confèrent au sceau-de-Salomon tout son charme. Il s'établit facilement dans un coin ombragé et sauvage du jardin, s'y multiplie et apparaît fidèlement chaque printemps, même cerné par les mauvaises herbes.

Polygonatum commutatum Spectaculaire. Il atteint 1,20 m de haut.

Polygonatum multiflorum [2] Il mesure 60 cm de haut. Ses clochettes blanches en été donnent des fruits noirs à l'automne. 'Variegatum' arbore un feuillage panaché vert et blanc.

Polygonatum odoratum [1] Il est très parfumé.

POLYSTICHUM *Polystic*

Nom usuel : polystic
Type : vivace
Hauteur : 60 cm à 1m
Sol : ordinaire et frais
Exposition : mi-ombre
Multiplication : semis dès la maturité des spores

>> Le polystic, élégante fougère, produit un bel effet dans un sous-bois ou un massif, à condition d'être placé à l'ombre. Il ne fleurit pas. Il réussit également en pot, dans un patio.

Polystichum acrostichoides Il est vert dense.

Polystichum aculeatum Persistant. Ses frondes sont vert foncé.

Polystichum setiferum [ill.] Semi persistant. 'Proliferum' a des frondes denses.

PONTEDERIA *Pontederia*

Nom usuel : pontederia
Type : vivace
Hauteur : 1 m
Floraison : juin à août
Sol : lourd
Exposition : soleil
Multiplication : division des souches en avril

>> Les longues feuilles pointues du pontederia se dressent avec élégance et ses fleurs forment de gros épis compacts bleu-violet. Il pousse dans 20 à 30 cm d'eau.

Pontederia cordata Ses hampes de 25 à 35 cm de haut portent des grappes de fleurs bleues de 10 à 15 cm de long.

POPULUS *Peuplier*

POTENTILLA *Potentille*

Nom usuel : peuplier
Type : arbre
Hauteur : 30 à 40 m
Sol : tout type
Exposition : toutes
Multiplication : séparation des rejets au printemps

>> Le peuplier est si connu qu'il n'est pas nécessaire d'en dire grand-chose. Il est facile à cultiver et supporte le froid.

Populus alba Il est argenté et supporte les embruns.

Populus x jackii 'Aurora' [ill.] Ses feuilles sont vert foncé sur le dessus, blanc argenté au revers.

Populus pyramidalis Ses jeunes feuilles dégagent un agréable parfum.

Populus tremula Il vire au jaune à l'automne.

Nom usuel : potentille
Type : vivace ou arbuste
Hauteur : 20 à 50 cm
Sol : tout type
Floraison : juin à septembre
Exposition : soleil
Multiplication : bouturage au printemps

>> La potentille, facile à cultiver, est plus séduisante en arbuste qu'en vivace. Ses fleurs charment tout un chacun et la rendent quasiment indispensable dans un jardin.

Potentilla fruticosa Ses hybrides fleurissent blanc, orange, jaune ou rouge. 'Mandshurica', argentée avec des fleurs blanches, se marie avec les rosiers et se prête aussi à l'établissement d'une haie de bordure le long d'une allée. 'Princess Blink' a une floraison rose [ill.].

PRIMULA *Primevère*

1

2

3

4

5

6

Nom usuel : primevère
Type : vivace ou bisannuelle
Hauteur : 20 à 50 cm
Floraison : mars à septembre
Sol : frais
Exposition : mi-ombre
Multiplication : division des touffes à l'automne

>> Charmante, six cents fois charmante, puisqu'il existe plus de six cents espèces de primevères, originaires d'Amérique du Sud, d'Asie et d'Europe. Bien que très différente les unes des autres, elles apprécient toutes un sol frais, un peu humide.

Primula beesiana [1] Ses hampes portent six à huit couronnes de fleurs rouges en juin-juillet. Elle se plaît au bord de l'eau, mais tolère un sol sec.

7

8

Primula denticulata [3] C'est l'espèce la plus résistante au froid.

Primula florindae **(primevère du Tibet)** [8] Elle forme des touffes vigoureuses et ses fleurs jaune clair sont odorantes.

Primula hirsuta Elle s'orne de feuilles vert clair et de fleurs pendantes rose violacé.

Primula japonica [6] L'une des plus jolies. Ses fleurs, de coloris varié, sont étagées en couronne. Elle apprécie le bord de l'eau.

Primula juliae **'Wanda'** Ses fleurs bleu violacé apparaissent en mars-avril, avant ses feuilles. Elle supporte un sol ordinaire.

Primula **'Miss Indigo'** [4] Ses fleurs doubles renferment un cœur pourpre.

Primula x pubescens [2 et 5] C'est la primevère du jardin, dotée de grandes fleurs variées en mars-avril. Elle convient bien en potée ou en massif. Sa culture est très facile.

Primula vialii [7] Elle dispose de longues feuilles étroites et, en juin, de hampes florales rouge écarlate, virant au rose.

PRUNELLA *Prunelle*

Nom usuel : prunelle
Type : vivace
Hauteur : 20 à 30 cm
Floraison : juin à septembre
Sol : tout type
Exposition : soleil
Multiplication : division des touffes à l'automne

>> La prunelle est un couvre-sol tapissant et vigoureux. Ses fleurs tubulaires roses ou mauves, érigées au-dessus de son feuillage, attirent les abeilles. À la fin de l'été, il faut rabattre les touffes et si elles sont denses, ce qui peut nuire à la floraison, les diviser en supprimant les racines desséchées. La prunelle doit être surveillée pour ne pas devenir envahissante.

Prunella grandiflora [ill.] Elle fleurit violet ; 'Alba', blanc.

Prunella vulgaris **'Rubra'** Ses fleurs sont rose foncé.

PRUNUS *Prunus*

1

2

3

4

Nom usuel : prunus
Type : arbre ou arbuste
Hauteur : 2 à 6 m
Floraison : janvier à juin
Sol : bien drainé
Exposition : soleil
Multiplication : bouturage en juin pour les variétés persistantes

>> Il existe des centaines de variétés de prunus, tous très décoratifs. Celle appelée cerisier du Japon, par exemple, décore Washington de ses milliers de fleurs blanches ou roses. La taille s'effectue à la fin de l'été et consiste à retirer les branches abîmées. Les premières années, le tuteurage s'impose. En mélangeant les espèces, on obtient un sous-bois clair et agréable.

***Prunus* 'Cheal's Weeping' (*Prunus serrulata* 'Kiku-Shidare-Sakura')** Ce ravissant petit arbre est pleureur.

Prunus davidii Il fleurit rose un peu plus tard. Son tronc acajou lui vaut sa renommée.

***Prunus laurocerasus* (laurier-cerise)** Il croît rapidement, garde son beau feuillage toute l'année et s'emploie en haie, en bordure ou en couvre-sol, dans une rocaille. Il fleurit au printemps. 'Otto Luyken' forme un petit arbuste mesurant 1,50 à 2 m de haut [2]. 'Mount Vernon' et 'Zabeliana' sont de parfaits couvre-sol.

***Prunus lusitanica* (laurier du Portugal)** [4] Persistant. Il atteint 5 à 6 m de haut. Il fleurit au printemps et ses petites grappes de fleurs blanches, peu spectaculaires mais très parfumées, ne sont pas à dédaigner. Il préfère une exposition ensoleillée.

Prunus pumila* var. *depressa Au printemps, ce couvre-sol est envahi de fleurs blanches.

***Prunus serrulata* 'Kanzan'** [3] Ses fleurs doubles rose foncé apparaissent avant les feuilles.

***Prunus spinosa* 'Purpurea'** Avec son feuillage pourpre, c'est un trésor dans un jardin.

***Prunus subhirtella* 'Autumnalis'** [1] Si l'hiver a été clément, c'est l'un des premiers à donner ses fleurs rose clair. Au printemps, 'Pendula Rosea' croule sous ses fleurs roses ; il est pleureur.

PULMONARIA *Pulmonaire*

1

2

3

Nom usuel : pulmonaire
Type : vivace
Hauteur : 30 cm
Floraison : mars à mai
Sol : tout type
Exposition : mi-ombre
Multiplication : division des touffes à l'automne

>> La pulmonaire, couvre-sol tapissant, supporte bien l'ombre. Ses larges feuilles sont maculées de blanc ou de jaune et ses fleurs annoncent le printemps. Pour cette raison, elle forme une belle bordure.

Pulmonaria angustifolia [3] Elle forme une touffe dense, garnie de fleurs bleu gentiane très abondantes.

Pulmonaria rubra Elle arbore un feuillage vert clair et des fleurs rouges. 'Redstart' fleurit rose [2].

Pulmonaria saccharata [1] Son feuillage est maculé d'argent. Ses fleurs, rouges en bouton, deviennent violettes en s'ouvrant, puis s'achèvent en bleu.

PULSATILLA *Pulsatille*

Nom usuel : pulsatille
Type : vivace
Hauteur : 20 cm
Floraison : avril-mai
Sol : drainé
Exposition : soleil
Multiplication : semis ou division des touffes au printemps

>> Les feuilles très découpées, vert foncé, de la pulsatille apparaissent après ses fleurs légèrement veloutées, en forme de clochette. Elle trouve sa place dans une rocaille ou les crevasses d'un dallage.

Pulsatilla halleri [ill.] Elle mesure 20 cm de haut. Elle est couverte d'un duvet gris.

***Pulsatilla vulgaris* 'Alba'** Elle fleurit blanc ; 'Rubra', rouge.

PYRACANTHA *Pyracantha*

Nom usuel : pyracantha, buisson-ardent
Type : arbuste
Hauteur : 2 à 4 m
Floraison : juin
Sol : tout type
Exposition : soleil ou mi-ombre
Multiplication : bouturage à l'automne

2

>> Vigoureux et épineux : voilà le pyracantha décrit en deux mots. Il arbore un petit feuillage persistant et fourni et, à la fin du printemps, ses longues branches se couvrent de fleurs blanches, puis de baies d'un rouge vibrant à l'automne. Les oiseaux l'affectionnent pour y construire leur nid, sans doute parce que ses feuilles et ses épines féroces leur offrent une bonne protection. Sa croissance est rapide et, dès la deuxième année de plantation, il s'élance et se développe, particulièrement s'il se trouve contre un mur à l'ombre. Sa taille s'effectue au milieu du printemps, mais on peut procéder à une seconde intervention en été et supprimer quelques branches inutiles pour mettre les baies en valeur. Bien taillé, il fait figure de topiaire et, en haie, forme un écran impénétrable.

Pyracantha angustifolia [2] Originaire de Chine. Il atteint 2,50 m de haut. Ses fleurs blanc crémeux, en bouquet, sont suivies de baies orange.

Pyracantha coccinea [1] Il mesure 4 m de haut. En juin, ses fleurs blanches forment des bouquets le long de ses branches ; des baies rouges leur succèdent.

Pyracantha crenulata Originaire de Chine. Ses fleurs apparaissent en juin, suivies par des baies rouge orangé.

***Pyracantha* 'Watereii'** Il atteint 3 m de haut. Sa floraison est abondante ; à l'automne, il est garni de baies rouges.

PYRUS *Poirier à feuilles de saule*

Nom usuel : poirier à feuilles de saule
Type : arbre
Hauteur : 3 à 4 m
Sol : tout type
Exposition : soleil ou mi-ombre
Multiplication : greffage en mai

>> Il faut absolument planter un poirier à feuilles de saule dans son jardin, isolé dans une allée gazonnée bien centrée ou dans une bordure de 1 m de large avec à son pied, selon l'inspiration du moment, tout ce que l'on a sous la main : bulbes, petits arbustes argentés, hélianthèmes. Ses branches courbées sont couvertes d'un fin feuillage argenté et, au printemps, de fleurs blanches. On peut le laisser vivre sa vie avec une tête hirsute, ses branches se courbant de plus en plus jusqu'à masquer la tige de 2,50 m. Une taille, effectuée en mars-avril pour lui donner un air de parasol argenté, assure un grand succès.

***Pyrus salicifolia* 'Pendula'** Il ne faut surtout pas chercher une autre variété !

RANUNCULUS *Renoncule*

Nom usuel : renoncule
Type : vivace
Hauteur : 20 à 40 cm
Floraison : mars à mai
Sol : riche et frais
Exposition : soleil
Multiplication : division des griffes au printemps ou en automne

>> La renoncule est dotée de feuilles découpées vert foncé et de petites fleurs simples ou doubles. Elle se met en bouquet.

Ranonculus aconitifolius Ses fleurs sont des boutons blancs.

Ranonculus calandrinioides Cette variété est blanche, avec des étamines jaunes.

RHAMNUS *Alaterne*

Nom usuel : alaterne
Type : arbuste
Hauteur : 1 à 2 m
Floraison : printemps
Sol : tout type, même très pauvre, et filtrant
Exposition : soleil
Multiplication : marcottage au printemps

>> L'alaterne, originaire d'Italie, n'est pas fragile et possède un feuillage dense. Il croît rapidement. Ses feuilles ovales, vert-gris, sont soulignées de crème. Il supporte même les embruns. Installé en fond de plantation, il protège les végétaux plus fragiles.

Rhamnus alaternus Ses feuilles allongées, vert moyen, se serrent sur ses branches, qu'elles garnissent jusqu'au sol. Sa croissance n'est pas trop rapide. 'Argenteovariegatus', panaché de crème, offre un spectacle permanent [ill.].

RHEUM *Rhubarbe*

Nom usuel : rhubarbe
Type : vivace
Hauteur : 2 m
Floraison : juin-juillet
Sol : profond et frais
Exposition : soleil
Multiplication : division des touffes au printemps

>> La rhubarbe ornementale, solide, demande de l'espace pour se développer et se faire admirer. Ses feuilles sont grandes et ses fleurs, extraordinaires, diffèrent de toutes les autres.Autant en planter dans un massif ! Il ne faut pas la confondre avec sa cousine, la rhubarbe comestible, plus petite.

Rheum palmatum* var. *tanguticum [ill.] Son feuillage très découpé est rouge au revers, et ses fleurs lie-de-vin apparaissent en juin. Il faut compter 1 m² par pied.

Rheum rheubarbarum C'est la variété comestible. Pour que ses tiges épaisses et rougeâtres soient délicieuses, il faut retirer ses fleurs blanchâtres dès qu'elles apparaissent. Seuls les pétioles des feuilles sont intéressants.

RHODANTHEMUM *Rhodanthemum*

Nom usuel : rhodanthemum
Type : vivace
Hauteur : 40 cm
Floraison : toute l'année
Sol : tout type
Exposition : toutes
Multiplication : division des touffes à la fin de l'été

>> Le rhodanthemum est une star qui figure rarement en catalogue, car c'est un nouveau venu. Sous-arbrisseau et couvre-sol bien précieux, il vaut la peine qu'on le recherche. Son feuillage argenté, en coussin, s'orne de fleurs blanches de janvier à décembre, si l'on se donne la peine de couper les fleurs fanées. Il convient pour de nombreux emplacements, mais il est tellement précieux qu'il est plus prudent de lui donner la protection d'un mur.

Rhodanthemum hosmariense C'est la plus belle et l'une des rares espèces.

RHODODENDRON *Rhododendron*

1

2

Nom usuel : rhododendron
Type : arbuste
Hauteur : 50 cm à 6 m
Floraison : avril-mai ou juillet-août
Sol : acide
Exposition : toutes
Multiplication : bouturage ou marcottage à la fin de l'été

3

>> L'azalée et le rhododendron sont désormais regroupés sous le même nom — du grec *rhodon*, « rose », et *dendron*, « arbre ». Ils se différencient par leur feuillage, petit et parfois caduc chez le premier, plus grand et toujours persistant chez le second. Ils ont besoin de terre de bruyère et aiment la mi-ombre, et certains font de superbes sujets de sous-bois, ou conviennent pour former une allée ou une plantation groupée. Un paillis de terreau de feuilles ou des feuilles de fougère, qui préservent l'humidité des racines et limitent la prolifération des mauvaises herbes, sont préférables à de l'engrais. Les branches du rhododendron étant généralement très basses, le marcottage est probablement la meilleure technique pour le multiplier. Comme il en existe plus de 1 500 variétés, un classement par couleur rend le choix plus facile.

Variétés blanches

Rhododendron auriculatum [4] Il est très étalé et ses fleurs embaument.

***Rhododendron* 'Cunningham's White'** Il peut atteindre 4 m de haut. C'est un arbuste touffu.

***Rhododendron* 'Fragrantissimum'** [1] Il peut atteindre 2 m de haut. Ses fleurs teintées de rose sont très parfumées.

4

5

6

7

***Rhododendron* 'Sappho'** Il mesure 3 m de haut. Il affiche un port arrondi. Ses fleurs sont tachées de pourpre.

Variétés bleues

Rhododendron augustinii Il comporte plusieurs variétés bleu foncé ou mauves. Plusieurs sujets groupés avec des variétés blanches font un élégant parterre de printemps.

***Rhododendron* 'Blue Diamond'** [5] Il ne dépasse pas 90 cm de haut. Il fleurit bleu lavande.

Variétés jaunes

***Rhododendron* 'Crest'** Il peut atteindre 3,50 m de haut. Ses fleurs sont jaune miel.

***Rhododendron* 'Golden Witt'** Il produit, en mai, des fleurs jaunes tachées de rouge.

***Rhododendron luteum* (azalée pontique)** [2] Le plus connu des rhododendrons du type azalée est facile à cultiver et parfumé. Il est caduc, mais donne un spectacle si réjouissant au printemps qu'il doit avoir une place dans le jardin.

***Rhododendron* 'Yellow Hammer'** [6] Il porte des bouquets de fleurs en trompette.

8

Variétés mauves

Rhododendron ponticum [8] Vigoureux. Il peut atteindre 5 m de haut. On le voit souvent dans un sous-bois, où il se naturalise — parfois trop ! Il fleurit mauve pâle.

***Rhododendron* 'Praecox'** [3] Il ne dépasse pas 60 cm de haut. Il fleurit au début du printemps et c'est un bon sujet pour une rocaille ou un petit jardin.

Variétés roses

***Rhododendron* 'Alison Johnstone'** Il est touffu, et doté d'un feuillage cireux et de fleurs rose pêche campanulées.

Rhododendron arboreum Il atteint 6 m de haut. Sa floraison, en corymbe campanulé, va du rouge au rose.

***Rhododendron* 'Bow Bells'** [7] Il mesure 1,50 m de haut. Il fleurit rose nacré.

RHUS *Sumac*

Nom usuel : sumac
Type : arbre ou arbuste
Hauteur : 3 m
Floraison : juillet-août
Sol : ordinaire
Exposition : soleil
Multiplication : bouturage en été

>> Avec ses feuilles très découpées, ressemblant à une palme, qui virent au rouge à l'automne, ses petites fleurs blanc-vert et ses fruits rougeâtres couverts d'une matière veloutée, le sumac est très décoratif. Il ne projette pas trop d'ombre.

Rhus coriaria Il préfère un climat doux.

Rhus typhina [ill.] Il mesure 2 m de haut.

RIBES *Groseillier à fleur*

Nom usuel : groseillier à fleur
Type : arbuste
Hauteur : 1,50 m
Floraison : avril-mai
Sol : ordinaire
Exposition : toutes
Multiplication : bouturage en hiver

>> Le groseillier à fleur, rustique, est facile à vivre et supporte n'importe quelle terre. Sa croissance est rapide et sa floraison, délicieusement parfumée, se joue dans des coloris délicats. Il fait merveille dans une haie, associé à d'autres arbustes — avec le forsythia, l'effet est ravissant —, ou planté en groupe en fond de bordure ou en limite d'un sous-bois.

Ribes odoratum [ill.] Il atteint 2 m de haut. Son feuillage vert pâle vire en octobre au jaune orangé. Ses fleurs tubulaires jaunes, en bouquet pendant, dégagent un fort parfum d'œillet. C'est le plus parfumé du genre.

Ribes sanguineum Vigoureux et florifère. Ses fleurs pendantes sont rose pâle, avec un cœur blanc. 'Pulborough Scarlet', rouge, est la meilleure variété ; 'Tydeman's White' fleurit blanc.

ROBINIA *Robinier*

1

2

Nom usuel : robinier
Type : arbre
Hauteur : 4 à 15 m
Floraison : mai à juillet
Sol : tout type et sec
Exposition : soleil
Multiplication : séparation des rejets à l'automne

>> Ses branches arquées donnent au robinier, assez courant, son port élégant. Son feuillage prend des couleurs dorées à l'automne. Ses fleurs roses ou blanches se présentent en grappe. Comme il apprécie une terre sèche, il se plaît au pied d'un mur ensoleillé de la maison, contre lequel on le palisse — un sol trop riche favorise la prolifération des épines. En bordure d'une allée ou sur une pelouse, il apporte une touche décorative. La pollution ne le gênant pas, on peut l'envisager en ville.

Robinia hispida **(acacia rose)** [1] Il possède un port lâche. Ses branches pendantes se chargent de fleurs roses au début de l'été, auxquelles succèdent des gousses marron. Il se palisse bien.

Robinia kelseyi Originaire des États-Unis. Il atteint 12 à 14 m de haut. Son feuillage vert pâle garnit ses branches pendantes, très épineuses ; ses fleurs roses, en grappe de trois à sept racèmes, en font un sujet très décoratif.

Robinia pseudoacacia **(faux acacia)** [2] Il mesure 15 m de haut. Sa floraison blanc crème est très parfumée. Il produit des rejets qui peuvent servir à sa multiplication. 'Frisia' est l'un des plus beaux arbres dorés.

RODGERSIA *Rodgersia*

Nom usuel : rodgersia
Type : vivace
Hauteur : 1,20 m
Floraison : juin-juillet
Sol : frais
Exposition : soleil ou mi-ombre
Multiplication : division des touffes au printemps

>> Avec ses fleurs blanc crème, souvent en épi lâche retombant, le rodgersia est spectaculaire. Dans un terrain humide, associé à l'astilbe, à la ligulaire et à la rhubarbe, il contribue à créer une scène unique n'exigeant aucun entretien pendant l'été, puisque toutes ces plantes sont couvre-sol. Trois variétés sont les préférées des auteurs de cet ouvrage.

Rodgersia aesculifolia [ill.] Il porte des inflorescences pyramidales blanches, tel le marronnier.

Rodgersia pinnata Ses fleurs pyramidales sont jaune crème.

Rodgersia sambucifolia Son feuillage ressemble à celui du sureau ; il fleurit blanc.

ROSA *Rosier*

1

2

Nom usuel : rosier
Type : arbuste
Hauteur : 70 cm à 5 m
Floraison : juin-juillet
Sol : bonne terre de jardin
Exposition : soleil
Multiplication : bouturage en été

>> Il en existe des milliers de variétés.

3

4

5

6

7

Variétés romantiques
Ce sont les plus parfumées. 'Comte de Chambord' porte une grande fleur double rose lilas [4] ; 'Fragrant Cloud', une rouge géranium, très parfumée [1]. 'Madame Isaac Pereire', en buisson ou petit grimpant, exhibe une grosse fleur rose foncé, la plus parfumée de toutes [3]. 'Madame Louis Laperrière', vigoureux spécimen ne dépassant pas 2 m de haut, fleurit somptueusement rouge. 'Papa Meilland' s'orne d'une fleur rouge foncé, presque noir, semblable à du velours. 'Président de Sèze', qui atteint 1,50 m de haut, lourdement parfumé, fleurit magenta [2].

Variétés spectaculaires
Elles peuvent être isolées sur une pelouse ou intégrées dans une bordure, pour produire de l'effet. La taille détermine leur hauteur. 'Fantin-Latour' atteint 1,50 m de haut ; sa floraison rose est merveilleusement parfumée [5]. 'Nevada' atteint 1,50 à 2 m de haut [6] ; c'est un sujet érigé et il se couvre de fleurs simples blanches. 'Roi des Pompons' atteint 1 m de haut pour autant d'envergure ; très florifère, il arbore des bouquets doubles pourpre satiné. 'Rush' mesure 1,50 m de haut ; ses grandes branches sont chargées de fleurs roses.

'Yves Piaget' atteint environ 90 cm de haut ; il possède une floraison vigoureuse et abondante ; ses pétales roses, dentelés, font penser à ceux de la pivoine.

Variétés ne nécessitant aucune taille
'Canary Bird', qui fleurit parmi les premiers, s'orne de petites roses jaunes [7]. *Rosa chinensis* s'exhibe en rose pendant des

1

2

3

4

5

mois. *Rosa rugosa* 'Alba' s'adapte partout ; elle est très florifère et dotée de grandes fleurs blanches [ill. 1, p. 519]. 'Roseraie de l'Haÿ' pousse partout et fleurit rouge velouté [ill. 7, p. 519].

Variétés dépourvues d'épines

Plus de risque d'égratignures pour les tout-petits : ces rosiers ne piquent pas. 'Abraham Darby' s'orne de grandes fleurs en forme de coupe, rose abricot jaune — c'est la seule façon de décrire sa couleur —, au parfum riche et fruité. 'Constance Spry', en buisson ou grimpant, porte de grosses fleurs roses qui embaument la myrte. 'The Pilgrim' forme des massifs de petites roses jaune pâle [ill. 2, p. 518]. 'Blush Boursault', 'Kathleen Harrop [1], 'Rose-Marie Viaud', 'Veilchenblau' et 'Zéphyrine Drouin' [2] entrent également dans cette catégorie.

Variétés grimpant au mur

'Aimée Vibert', ou « Bouquet de la mariée », fleurit blanc pur ; 'Étoile de Hollande', remontant parfumé, rouge velouté. 'Félicité Perpétue', qui atteint 4 m de haut, arbore tout l'été une floraison blanc crème frangé de rose. 'Gloire de Dijon', remontant parfumé, a de grandes fleurs ocrées virant au rose [3] ; 'Iceberg', des blanches, parfumées, en bouquet [9]. 'Madame Caroline Testout', rose, fait preuve de vigueur [6]. 'Zéphyrine Drouin', dépourvue d'épines, se pare de fleurs tout l'été [2]. De nombreux sujets buissons peuvent être encouragés à grimper s'ils sont palissés à la fois horizontalement et verticalement.

Variétés grimpant aux arbres

'Albertine' atteint 10 m de haut [ill. 4, p. 520]. 'Apple Blossom' fleurit en larges bouquets rose pendant un mois. 'Kiftsgate' livre une avalanche de fleurs blanches en juin [5]. 'Madame Alfred Carrière', victorienne, habillait jadis les murs au nord des châteaux ; elle fleurit en été et à l'automne. 'Wedding Day' se couvre, en juin, de bouquets blancs parfumés sur des branches de 8 m de long [4].

6

7

8

9

10

Variétés pour fleurs à couper

'Louise Odier' donne de juin à octobre de grandes fleurs doubles rose lilas, parfumées. 'Madame Caroline Testout' porte tout l'été de vrais choux rose satiné, très parfumés [6]. 'Penthouse' porte jusqu'à l'automne de larges inflorescences rose doux. 'Queen Elizabeth', grand spécimen fier et royal, exhibe ses fleurs parfaites au sommet de longues tiges. 'Rose Gaujard', vigoureuse, supporte un sol quelconque et la pluie ; ses pétales mi-blancs mi-roses lui donnent son élégance.

Variétés couvre-sol

Elles conviennent pour habiller un muret ou un terrain en pente. 'Angela Rippon' a une floraison rose, compacte et parfumée ; 'Ballerina', une rose, exubérante [7]. 'Francine Austin', miniature, idéale pour une rocaille, porte des fleurs blanches en grappe. 'Grouse', assez dense pour étouffer les mauvaises herbes, fleurit en continu. 'Joséphine Wheatcroft', qui ne dépasse pas 50 cm de haut, donne des fleurs jaunes parfumées ; 'Max Graf', des roses au cœur blanc en juin-juillet. 'Patte de Velours', dépourvue d'épines, arbore en continu une floraison crème bordé de rose. 'Swany' atteint 60 cm de haut ; sujet vigoureux et florifère, il s'étale et arbore longuement des fleurs blanches légèrement parfumées. 'Tapis Rouge' fleurit rouge sang.

Variétés à massifs

'Ballerina' resplendit de grâce tout l'été [7]. 'Baron Girod de l'Ain', très florifère, porte des fleurs doubles cramoisies, parfumées. 'Centenaire de Lourdes' exhibe une généreuse floraison rose légèrement parfumée ; 'Felicia', de larges bouquets rose pâle, jusqu'à l'automne [8] ; 'Ferdinand Pichard' [9], remontant, des fleurs panachées carmin et blanc parfumées. 'Iceberg' fleurit en continu jusqu'aux gelées [10]. 'Just Joey' associe un feuillage brillant et de grandes fleurs parfumées abricot cuivré. 'Madame A. Meilland' donne une superbe floraison tardive, jaune pâle bordé de rose. 'Paul Neyron' est doté de grosses fleurs rose à reflets lilas ; 'Pénélope', de longues branches souples parfumées, blanc teinté de rose ; 'Penthouse', de superbes fleurs rose nacré, parfumées, résistant à la pluie. 'Westerland', sujet vigoureux, fleurit en continu ; il arbore de grandes fleurs abricot foncé parfumées. 'Yolande

1

2

3

4

5

d'Aragon' possède de grandes fleurs doubles en quartiers roses serrés, au merveilleux parfum. 'Zéphyrine Drouin', en grand arbuste, convient parfaitement pour un fond de massif [ill. 2, p. 516].

Variétés pour plates-bandes et bordures

Les rosiers anglais ont le charme et le style des roses anciennes, et offrent un festival de parfums variés. La plupart fleurissent tout l'été et s'associent à merveille avec les arbustes et les plantes vivaces. Ils se déclinent dans des coloris variés.

• À floraison abricot et cuivré :
'Leander', sujet vigoureux, dégage un parfum de framboise.
• À floraison blanc crème :
'Glamis Castle', sujet compact, donne tout l'été des fleurs en forme de coupe [4]. Son nom se réfère au château ou naquit la reine mère Elizabeth, et qui sert de cadre à *Macbeth*. 'Winchester Cathedral' atteint 80 cm à 1 m de haut ; sa floraison est blanc pur et son parfum, celui du miel et de la fleur d'amandier.
• À floraison écarlate :
'William Shakespeare' résiste bien aux maladies ; il possède une somptueuse floraison, rouge velouté [1].
• À floraison jaune :
'Jayne Austin' mesure entre 70 et 80 cm de haut ; il est branchu et dispose de fleurs raffinées jaune pâle. 'The Pilgrim' produit des fleurs plates, très ouvertes, à deux tons de jaune et au parfum de thé [2].
• À floraison rose :
'Cottage Rose' atteint 80 cm à 1 m de haut ; il possède toutes les caractéristiques d'un spécimen ancien, très parfumé [3]. 'Gertrude Jekyll', vigoureux et très parfumé, convient en fond de bordure. 'Mary Rose' atteint 1,50 m de haut ; il conjugue une excellente floraison et un parfum de miel et amande.

Variétés pour rocailles

Jadis, c'était un crime que d'inclure un rosier dans la rocaille... On n'arrête pas le progrès, c'est aujourd'hui permis ! Il existe un vaste choix de sujets miniatures. 'Angela Rippon' ('Ocaru') porte des fleurs rose carmin parfumées.

6

7

sur plus de 2 m. 'Queen Elizabeth' peut atteindre 3 m de haut ; il se tient droit, raide, très royal avec des fleurs roses tout l'été et à l'automne. *Rosa rugosa* 'Alba' forme tout l'été une haie fleurie de 2 m de haut [6]. 'Blanc Double de Coubert' [4] s'orne de grandes fleurs parfumées blanches jusqu'en octobre [5]. 'Roseraie de l'Haÿ', la reine de toutes, incontestablement, s'accommode d'un sol pauvre, de soleil et de vent ; son seul défaut est de ne pas faire de baies en hiver ; personne n'est parfait [7] !

Variétés pour haies

La haie de rosiers fleurit tout l'été et ne nécessite pas un entretien considérable. *Rosa rugosa* forme de véritables parois défensives du fait de sa taille, de ses épines et de son feuillage compact. Inutile de supprimer les fleurs fanées : elles deviendront des cynorhodons en hiver. Au départ, les pieds doivent être espacés de 1 à 1,50 m les uns des autres. Il est probable qu'ils fournissent des rejets, à déterrer et à replanter.
'Agnès', *rugosa* jaune, l'un des plus prolifiques, s'étale en tout sens

Variétés pour bord de mer

Les *rugosa* et les rosiers à fleurs simples ou fleurs d'églantine.

Variétés miniatures en pot

Elles vivent très bien si elles disposent d'une profondeur de terre de 30 cm. La plantation se fait dans un mélange de terreau, de fumier, de terre franche et de sable. L'arrosage est à surveiller. Du gravier ou des tessons disposés au fond du pot permettent un bon drainage, à condition que le contenant lui-même repose sur un socle. On compte parmi elles 'Marquisette' et 'Cumba Meillandina'.

1

2

4

3

5

6

Variétés pour jardinières et terrasses
Il leur faut une profondeur de terre de 40 cm et des arrosages réguliers.
'Cecile Brunner' est un ravissant petit sujet touffu rose pâle [1]. 'Little White Pet', très florifère, se pare de blanc [2]. 'The Fairy' atteint 50 cm de haut pour une envergure de 70 cm ; il se place partout ; il donne une floraison rose tout l'été et à l'automne.

Variétés pour treillis et arceaux
'Albertine', grand nom parmi les roses, déploie sa floraison rose cuivré au parfum délicieux [4]. 'Altissimo', à grandes fleurs rouges, fleurit de juillet à octobre [3]. 'Étoile de Hollande' porte des roses pendantes rouge velouté. 'Golden Showers', beauté en jaune, résiste à la pluie et fleurit de juin jusqu'aux gelées, comme 'Iceberg'. 'New Dawn' a une floraison exubérante [5]. 'Phyllis Bide', grimpant, affiche d'élégantes petites fleurs roses [6]. 'Zéphyrine Drouin', après plus d'un siècle, est toujours présente ; sa floraison rose démarre en juin [ill. 2, p. 516].

Variétés se plaisant au nord
Elles supportent une situation ombragée, mais pas sous les arbres. 'Emily Gray', vigoureuse grimpante au feuillage brillant et bronzé, et à fleurs jaunes, aime le climat doux. 'Ghislaine de Féligonde', petit grimpant ou joli arbuste touffu, a une floraison saumonée, pâlissant jusqu'à l'ivoire sur la fin. 'Gloire de Dijon' arbore des fleurs parfumées [ill. 3, p. 516]. 'Maigold', sujet aux longues branches dressées et arquées, chargées de fleurs parfumées jaune ambré teinté d'abricot à profusion, refleurit parfois à l'automne. 'Mermaid', l'un des rares petits grimpants à feuillage persistant, est doté de fleurs jaune soleil. 'New Dawn' fleurit continuellement blanc rosé ; vrai passe-partout, il se plante en haie, en grimpant ou en spécimen dans une bordure [5]. 'Swany' forme un nuage blanc.

ROSMARINUS *Romarin*

Nom usuel : romarin
Type : arbuste
Hauteur : 40 cm à 1 m
Floraison : mai à juillet
Sol : léger, bien drainé
Exposition : plein soleil
Multiplication : bouturage en été

>> Les abeilles et les papillons adorent le romarin, et ils ne sont pas les seuls, puisque les cuisinières y recourent. Ses feuilles ressemblent à une longue aiguille et ses fleurs bleues se présentent en grappe. Il dégage un parfum très agréable — une bonne raison pour en faire une haie !

Rosmarinus officinalis Cette variété, utilisée en pharmacie, est dotée de feuilles vert foncé et de fleurs bleues. 'Corsican Blue', avec ses 60 cm de haut, arbore un port retombant et des fleurs bleu foncé. 'Roseus' fleurit rose et 'Albus', blanc. 'Sissinghurst' porte des fleurs bleues [ill.].

RUBUS *Ronce*

Nom usuel : ronce
Type : arbuste
Hauteur : 2 à 5 m
Floraison : mai à juillet
Sol : tout type
Exposition : soleil ou mi-ombre
Multiplication : bouturage en été, ou marcottage au printemps ou à l'automne

>> Les longues branches souples de la ronce, dotées de feuilles caduques ou persistantes et ponctuées de fleurs blanches ou roses, décorent un coin sauvage, envahissent un vieux tronc d'arbre, camouflent un bâtiment désaffecté. Ses fruits rouges ou noirs font le délice des oiseaux. Au début du printemps, il faut tailler à ras les vieux rameaux, reconnaissables à leur écorce craquelée. Elle se marcotte spontanément ; autant lui laisser de la place pour ses exploits.

Rubus calycinoides Cette variété rampante, persistante, fleurit blanc, puis donne des baies rouges à l'automne.

Rubus cockburnianus Originaire de Chine. Il s'étale sur 2 m et plus. Ses tiges érigées, argentées, se remarquent en hiver.

Rubus phoenicolasius [ill.] Ses fruits se présentent en petits bouquets groupés dans son feuillage. Après la fructification, ses tiges doivent être rabattues au sol et les nouvelles pousses palissées au fur et à mesure.

***Rubus* x *tridel* 'Benenden'** Cette variété, à croissance rapide, est dotée de longues tiges portant des fleurs blanches en soucoupe avec une étamine jaune, très décoratives. Elle est dépourvue de fruits et d'épines.

RUDBECKIA *Rudbeckia*

Nom usuel : rudbeckia
Type : vivace
Hauteur : 60 à 80 cm
Floraison : mai à septembre
Sol : moyen
Exposition : soleil
Multiplication : division des touffes au printemps

>> Les touffes fleuries du rudbeckia sont si abondantes que l'on peut en couper pour des bouquets sans le déséquilibrer. Leurs grands pétales dorés et leur cœur proéminent marron ou noir les rendent très gaies.

***Rudbeckia fulgida* 'Goldsturm'** [ill.] De ses touffes vert intense sortent des hampes rigides, aux fleurs jaunes à cœur brun.

***Rudbeckia* 'Goldquelle'** Plus compact. Ses fleurs jaune citron s'élèvent bien au-dessus de ses feuilles.

***Rudbeckia laciniata* 'Plena'** Il arbore des feuilles vert clair, des hampes ramifiées et des fleurs jaunes doubles en pompon.

Rudbeckia maxima Ses feuilles sont vert-bleuté et ses fleurs jaune d'or, avec le cœur renflé en forme de cylindre noir.

Rudbeckia subtomentosa Il associe des feuilles velues et des fleurs jaune clair.

Rudbeckia triloba Il atteint 1,20 m de haut. Cet original à touffes bien buissonnantes, à floraison en étoiles jaune d'or à disque noir, est très décoratif.

RUTA *Rue*

Nom usuel : rue
Type : vivace
Hauteur : 60 cm
Floraison : juin à août
Sol : moyen et drainé
Exposition : soleil
Multiplication : bouturage en été

>> Dans son pays d'origine, la Turquie, la rue passe pour un porte-bonheur. Ses feuilles persistantes, très découpées, bleu argenté ou gris et vert, rappellent une dentelle à l'ancienne. Froissées entre les doigts, elles dégagent un parfum très étrange, indéfinissable. Ses petites fleurs jaune citron, en bouton, ne présentent aucun intérêt. Autant les supprimer pour effectuer une taille en boule. La rue convient aussi bien pour une bordure que pour un jardin de gravillons, comme transition entre les couleurs vives.

Ruta graveolens C'est la seule variété à signaler. Son odeur est très forte. Certains l'utilisent en condiment.

SALIX *Saule*

1

2

Nom usuel : saule
Type : arbre ou arbuste
Hauteur : 50 cm à 25 m
Sol : humide
Exposition : soleil
Multiplication : bouturage à l'automne

>> Un saule pleureur, avec un banc à côté : il n'en faut pas plus pour se retrouver au XIXe siècle, en plein romantisme. Il existe dans une telle variété de formes et de tailles que ses emplois sont multiples. Certains sont très décoratifs en hiver, d'autres offrent un festival au printemps, d'aucuns, nains, rampent et d'autres se déploient, mais tous ont en commun d'aimer l'eau.

Salix alba Il atteint 25 m de haut, voire plus. Ses rameaux très colorés s'affichent en jaune, cuivre ou rouge. 'Chermesina' arbore des branches rouges.

Salix babylonica [1] C'est le classique saule pleureur qui, s'il est de bonne taille, suscite toujours l'admiration du visiteur.

Salix lanata [2] Il mesure 80 cm de haut. Son feuillage argenté éclaire le bord de l'eau.

Salix repens Il ne dépasse pas 80 cm de haut, mais peut s'étendre à près de 3 m. Au printemps, il est habillé de chatons argentés.

SALVIA *Sauge*

1

2

Nom usuel : sauge
Type : vivace ou arbuste
Hauteur : 50 cm à 1 m
Floraison : juin à décembre
Sol : tout type et drainé
Exposition : soleil
Multiplication : division des touffes au printemps ou semis en juin

>> La sauge, facile à cultiver et très florifère, arbore un port généreux, un feuillage décoratif et des fleurs en épi au coloris doux. Elle sent également bon et ses feuilles servent avec bonheur à la cuisine. Que demander de plus ? Elle trouve sa place dans une bordure florale, où elle accompagne une belle plantation de digitales, de sidalcées ou de *Phlox maculata*.

Salvia argentea [1] Elle atteint 1 m de haut. Son large feuillage velours argenté craint l'eau. Ses fleurs blanches, panachées de mauve, sortent de juillet à août.

Salvia nemorosa Ses fleurs bleu-violet vif, superbes, durent de juillet à septembre.

Salvia patens [2] Son feuillage un peu vert-de-gris associé à ses grosses fleurs bleues est du plus bel effet avec du tabac ou du lychnis. Sa durée de vie est courte.

Salvia sclarea Elle peut atteindre 1 m de haut. Son feuillage odorant et ses fleurs bleu pâle lui valent toujours des commentaires élogieux.

SAMBUCUS *Sureau*

1

2

Nom usuel : sureau
Type : arbuste
Hauteur : 2 à 6 m
Floraison : juin
Sol : tout type
Exposition : soleil ou mi-ombre
Multiplication : division des rejets et bouturage à l'automne

>> D'aucuns parlent du sureau comme d'une « herbe », et le qualifieraient presque de mauvaise herbe ! Pourtant, il meuble le jardin à merveille. Il fleurit en juin en corymbes plats, blancs, plus grands qu'une assiette. Il habille les coins sauvages, au bord de l'eau. Comme sa croissance est rapide et vigoureuse — il atteint 3 ou 4 m de haut en une saison —, mieux vaut ne rien planter derrière lui et prévoir, en avant-scène, de l'hémérocalle, de la bocconie et de la spirée. Selon la variété, il se bouture bien ou rejette, ce qui en facilite la multiplication.

Sambucus canadensis [1] De petits fruits rouges succèdent à sa superbe floraison. Il est drageonnant.

***Sambucus nigra* (sureau commun) 'Laciniata'** Son feuillage est frisé tel du persil. 'Guincho Purple' présente un feuillage pourpre et des fleurs rosées ; celui de 'Pulverulenta' est panaché [2].

Sambucus racemosa Il est court, avec d'énormes feuilles très divisées. 'Plumosa Aurea' s'orne d'un feuillage jaune.

SANGUISORBA *Pimprenelle*

Nom usuel : pimprenelle
Type : vivace
Hauteur : 60 cm à 1,80 m
Floraison : juin-juillet
Sol : riche
Exposition : soleil ou mi-ombre
Multiplication : division des touffes au printemps ou à l'automne

>> La pimprenelle est facile à cultiver. Ses feuilles très découpées et ses fleurs, écouvillon de coloris tendre, la rendent décorative.

Sanguisorba canadensis [ill.] Ses fleurs sont en pompon.

Sanguisorba menziesii Elle fleurit rouge foncé.

Sanguisorba obtusa Elle conjugue feuillage bleuté et fleurs roses.

SANTOLINA *Santoline*

Nom usuel : santoline
Type : arbuste
Hauteur : 40 cm
Floraison : juillet-août
Sol : tout type
Exposition : soleil ou mi-ombre
Multiplication : bouturage au printemps ou en été

>> Avec son feuillage parfumé et les petits boutons jaunes de ses fleurs, la santoline décore et égaie un coin isolé du jardin. Elle fait merveille en bordure d'une allée.

Santolina chamaecyparissus [ill.] Elle mesure 40 cm de haut. Elle a un feuillage fin et argenté, et fleurit en juillet.

Santolina rosmarinifolia (S. virens) Elle s'orne d'un feuillage vert et de grosses fleurs jaune citron.

SAPONARIA *Saponaire*

Nom usuel : saponaire
Type : vivace
Hauteur : 15 à 50 cm
Floraison : juin à septembre
Sol : tout type
Exposition : soleil
Multiplication : division des touffes à l'automne

>> La saponaire galope et déploie à profusion, tel un tapis, ses petites fleurs plates roses ou blanches.

***Saponaria* x *lempergii* 'Max Frei'** Elle atteint 30 cm de haut. Elle porte de grandes fleurs rose clair.

Saponaria ocymoides [ill.] Elle ne dépasse pas 15 cm de haut. Elle tapisse à merveille un muret ou habille une auge de ses innombrables fleurs rose carmin.

Saponaria officinalis Elle fleurit rose tendre en été et dégage un parfum de vanille. 'Alba Plena' a des fleurs doubles et blanches. 'Rosea Plena' atteint 50 cm de haut. Ses fleurs sont doubles et roses.

SARCOCOCCA *Sarcococca*

Nom usuel : sarcococca
Type : arbuste
Hauteur : 1 à 2 m
Floraison : hiver
Sol : léger
Exposition : mi-ombre ou ombre
Multiplication : division des touffes ou bouturage à l'automne

>> Le sarcococca supporte la pollution, l'ombre et le manque d'entretien. Son feuillage persistant et dense s'éclaire, au milieu de l'hiver, de petites fleurs blanches, auxquelles succèdent des fruits noirs non comestibles. Son parfum est délicieux. Quel bonheur !

Sarcococca hookeriana [ill.] Cette variété érigée atteint 1,50 m de haut.

Sarcococca ruscifolia Il mesure 1 m de haut. Il forme un buisson très dense au port souple.

SAXIFRAGA *Saxifrage*

1

2

>> L'aspect de la saxifrage varie au gré des variétés. Ses feuilles peuvent être rondes, longues et même pointues, et ses fleurs apparaître à différentes périodes de l'année. C'est une plante de rocaille par excellence.

Saxifraga* x *apiculata Elle forme un coussin dense aux fleurs jaunes.

Saxifraga cuneifolia Elle arbore des feuilles vert sombre et de petites fleurs blanches.

Saxifraga fortunei [2] Ses feuilles en touffe, au revers pourpre, s'associent à des fleurs crème.

Saxifraga* x *urbium [1] Ses feuilles charnues sont vert foncé et ses fleurs, blanches, avec un centre rouge.

Nom usuel : saxifrage
Type : vivace
Hauteur : 15 à 50 cm
Floraison : avril à octobre
Sol : humide, bien drainé
Exposition : soleil ou mi-ombre
Multiplication : séparation des rejets au printemps

SCHIZOSTYLIS *Schizostylis*

Nom usuel : schizostylis
Type : bulbe
Hauteur : 60 cm
Floraison : septembre à décembre
Sol : moyen et frais
Exposition : soleil
Multiplication : division des rhizomes au printemps

>> Le schizostylis, robuste et rustique, fleurit quand le jardin commence à perdre ses couleurs. Inutile de tuteurer ses hampes florales, qui tiennent longtemps dans une bordure ou, une fois coupées, dans un vase. Comme il est envahissant, mieux vaut lui prévoir de la place et ne pas le déranger pendant au moins trois ans.

Schizostylis coccinea Il porte des fleurs régulières vermillon. Celles d'‘Alba’, blanches au départ, deviennent rosées ; celles de ‘Major’ sont rose corail vif [ill.].

SCILLA *Scille*

Nom usuel : scille
Type : bulbe
Hauteur : 10 à 30 cm
Floraison : janvier à avril
Sol : ordinaire et drainé
Exposition : soleil ou mi-ombre
Multiplication : division des bulbes à l'automne

>> Les clochettes bleues ou violettes de la scille marquent le printemps. Il faut la planter en masse, comme on le fait généralement pour les bulbes.

Scilla bifolia Elle mesure 15 cm de haut.

Scilla campanulata Elle fleurit en mars-avril.

Scilla tubergeniana Elle fleurit en janvier.

SEDUM *Sedum*

1

2

Nom usuel : sedum, orpin
Type : vivace
Hauteur : 5 à 60 cm
Floraison : avril à octobre
Sol : tout type, bien drainé
Exposition : soleil ou mi-ombre
Multiplication : division des touffes au printemps ou bouturage toute l'année

>> Plus varié et accommodant que le sedum, cela n'existe pas. Il permet tellement d'usages qu'il est aisé de trouver une place pour chaque variété, du nain, adapté à une auge ou un dessus de muret, à la haute touffe compacte, encouragée à refleurir si l'on élimine les éléments fanés. Il ne réclame pas une grande profondeur de terre, ce qui le rend d'un emploi précieux.

Sedum alpestre Il possède un feuillage charnu vert bronze et donne, d'octobre à décembre, des fleurs jaune vif.

Sedum spectabile Il mesure 40 cm de haut. Il se présente en touffe dressée, avec des feuilles charnues vert bleuté et de grandes inflorescences, de juillet à octobre. 'Brilliant', de 40 cm de haut, porte des inflorescences cramoisies. 'Carmen' fleurit rose foncé [1] ; 'Stardust', blanc pur.

Sedum spurium [2] Vigoureux. Il mesure 10 cm de haut. Ce couvre-sol fleurit blanc ou pourpre rosé.

SEMPERVIVUM *Joubarbe*

Nom usuel : joubarbe
Type : vivace
Hauteur : 20 cm
Floraison : juin-juillet
Sol : tout type
Exposition : soleil
Multiplication : bouturage toute l'année

>> La joubarbe existe dans des formes et des coloris très variés. Ses feuilles sont généralement en rosette plate et ses fleurs de forme étoilée. Elle se plaît en pot, sur un muret, dans une crevasse, et connaît autant de succès dans un jardin alpin que sur les toits. Si elle n'a pas besoin d'une grande profondeur de terre, elle exige du soleil.

***Sempervivum* 'Andromede'** Il fleurit rose. 'Rubin' associe des rosettes pourpre lumineux à des fleurs rose carmin.

Sempervivum arachnoideum [ill.] Il mesure 10 cm de haut. Ses petites rosettes vert argenté, couvertes de fils blancs, rappellent la toile d'araignée. Ses fleurs sont rose frais.

Sempervivum* x *funckii Il atteint 15 cm de haut. Ses nombreuses rosettes forment un couvre-sol rouge.

SILENE *Silène*

Nom usuel : silène
Type : vivace, bisannuelle ou annuelle
Hauteur : 20 à 50 cm
Floraison : mai-juin
Sol : ordinaire
Exposition : soleil
Multiplication : division des touffes pour les vivaces, semis au printemps pour les annuelles

>> Selon la variété, le silène trouve sa place en bouquet, en pot, ou seul dans la crevasse d'un muret ou dans une rocaille. Ses fleurs regroupées, blanches, roses ou rouges, lui donnent un léger volume, souvent utile pour « boucher un trou ». Son étalement — de 10 cm à 1 m — varie autant que son mode de végétation. Il exige du soleil.

Silene acaulis Vivace. Tapissant, il déploie ses fleurs roses sur 40 cm.

Silene dioica [ill.] Annuelle. Il mesure 50 cm de haut. Il fleurit blanc ou rose.

Silene maritime Vivace. Son feuillage est gris argenté et sa floraison blanche, abondante. Il rampe et peut couvrir 1 m^2.

SISYRINCHIUM *Sisyrinchium*

1

2

>> Le sisyrinchium, rustique, se propage vite et installe solidement ses feuilles résistantes, longues et étroites, entre les pierres d'une allée ou les crevasses d'une marche. Celui qui voudrait l'en déloger peut l'arracher sans ménagement : il est vite remplacé. Avec l'âge, son feuillage extérieur se dessèche et ses touffes prennent de l'ampleur. On les divise alors, ce qui se fait le plus simplement du monde. Inutile, par conséquent, d'en planter plus qu'une ou deux au départ : il suffit de la/les dédoubler l'année suivante. Si l'hiver s'annonce pluvieux et froid, il faut rabattre le feuillage en octobre-novembre. Le sisyrinchium existe en variétés naines, adaptées pour un jardin alpin, où elles prospèrent parmi les gravillons.

***Sisyrinchium angustifolium* 'Album'** Il atteint 25 cm de haut. Ses fleurs blanches à cœur jaune sortent en mai.

Sisyrinchium bermudianum [2] Il porte presque toute l'année des fleurs bleu violacé au cœur jaune.

Sisyrinchium striatum [1] Il mesure 60 cm de haut. Il est doté d'un feuillage persistant vert clair un peu bleuté et, tout l'été, d'épis floraux blanc crème. Il se ressème bien. C'est le préféré des auteurs de cet ouvrage.

Nom usuel : sisyrinchium
Type : vivace
Hauteur : 30 à 50 cm
Floraison : juillet-août
Sol : tout type, bien drainé
Exposition : soleil
Multiplication : division des touffes au printemps ou à l'automne

SOLANUM *Solanum*

Nom usuel : solanum
Type : arbuste
Hauteur : 3 à 6 m
Floraison : été
Sol : ordinaire
Exposition : soleil
Multiplication : bouturage en été

>> Le solanum, arbuste ou arbrisseau, parent de l'aubergine et de la pomme de terre — on le nomme *potato plant* en Angleterre —, est un régal. Palissé sur un mur exposé au sud ou sud-ouest, le *Solanum crispum* a une croissance rapide. À l'automne, de petits fruits blanc crème remplacent ses fleurs violettes, en bouquet, dans son feuillage persistant. Son mode de végétation consiste à s'enrouler ou se tortiller et à embrouiller ses tiges à souhait. En mars ou avril, il faut donc supprimer au sécateur, à quelques centimètres du sol, les branches ayant fleuri et éclaircir celles enchevêtrées. Les personnes sujettes aux allergies doivent s'en méfier : le solanum peut provoquer des rougeurs.

***Solanum crispum* 'Glasnevin'** [ill.] Il peut grimper à 6 m de haut. Avec ses fleurs lilas pourpre, c'est certainement le plus beau.

Solanum jasminoides En été et à l'automne, il donne des fleurs gris bleuté, auxquelles succèdent des baies pourpres.

SOLIDAGO *Verge d'or*

Nom usuel : verge d'or
Type : vivace
Hauteur : 50 cm à 1 m
Floraison : juillet à septembre
Sol : tout type
Exposition : soleil ou mi-ombre
Multiplication : division des souches au printemps ou à l'automne

>> La verge d'or, peu exigeante, apporte la tache de soleil tant appréciée dans le jardin. Ses feuilles sont en forme de lance et de ses tiges portent d'innombrables fleurs en épi, constituées de toutes petites fleurs ressemblant à des marguerites naines. Elle trouve sa place seule ou dans un massif. En bouquet, ses branches, fraîches ou séchées, produisent un effet spectaculaire.

Solidago canadensis Il atteint 1 m de haut. Il est envahissant, mais ses hybrides le sont moins. 'Citronella' mesure 1 m de haut et fleurit jaune clair. 'Golden Dwarf' atteint 50 cm de haut. 'Laurin' fleurit tardivement.

SOPHORA *Sophora*

Nom usuel : sophora
Type : arbre ou arbuste
Hauteur : 5 à 10 m
Floraison : mai-juin
Sol : normal, pas trop calcaire
Exposition : soleil
Multiplication : semis au printemps

>> Palissé sur une tonnelle ou des arceaux, le sophora les pare, au printemps, de son feuillage léger et de ses grappes de fleurs jaunes. Sa manipulation s'avère délicate : il est souvent épineux et les gants s'imposent. Il faut l'acheter en conteneur et le transplanter au printemps.

Sophora japonica Le plus répandu. Il atteint 10 m de haut. En septembre, il se couvre de fleurs blanc crème. Il résiste très bien à la pollution. Sur le cultivar 'Pendula', les fleurs habillent de longues branches courbes, qui finissent par toucher le sol.

Sophora microphylla [ill.] Il peut atteindre 12 m de haut. Son feuillage semi-persistant est duveteux. Ses fleurs jaune vif apparaissent au premier printemps.

Sophora secundiflora Cet arbrisseau de collection est doté d'un feuillage semi-persistant et de fleurs violettes, dont le parfum évoque d'ailleurs la violette.

SORBARIA *Sorbaria*

Nom usuel : sorbaria
Type : arbuste
Hauteur : 2 à 4 m
Floraison : juillet-août
Sol : riche et frais
Exposition : soleil
Multiplication : repiquage des rejets à l'automne

>> Le sorbaria est vigoureux et à croissance très rapide. S'il est rabattu de moitié chaque année, ses superbes fleurs blanc crème réapparaissent en grandes panicules tombantes. Il se plaît au soleil et à proximité de l'eau — étang ou bassin.

Sorbaria aitchisonii Jeune, il a de longues branches rouges.

Sorbaria sorbifolia [ill.] Il porte des fleurs blanc crème, en énormes panicules très légères.

SORBUS *Sorbier*

1

Nom usuel : sorbier, alisier
Type : arbre
Hauteur : 10 à 15 m
Floraison : printemps ou été
Sol : tout type
Exposition : toutes
Multiplication : semis sous châssis à l'automne

2

>> On compte de nombreuses variétés de sorbier. À sa floraison blanc crème succèdent immédiatement des baies rouges ou roses. Le *Sorbus torminalis* (alisier), doté de belles feuilles caduques, plissées et dentées, vert clair sur le dessus et blanches au revers, mérite d'être planté seul. Il apporte de l'ombre.

***Sorbus aria* 'Lutescens'** Il atteint 10 m de haut. Ses feuilles sont gris-beige au revers.

***Sorbus aria* 'Majestica'** Il arbore des feuilles argentées.

Sorbus aucuparia Il peut atteindre 15 m de haut. Les oiseaux apprécient ses baies rouges et brillantes.

Sorbus cashmiriana [2] De petite taille, il porte des fleurs blanches ou roses qui cèdent la place à des baies blanches.

Sorbus Eastern Promise [1] Il atteint 10 m de haut. Ses feuilles se parent à l'automne d'une teinte pourpre et de baies rouges.

***Sorbus* 'Joseph Rock'** Des baies orange succèdent à la floraison.

Sorbus latifolia Il mesure 10 m de haut. C'est un arbre de forêt.

Sorbus torminalis Il peut atteindre 15 m de haut. Ses fruits, semblables à de minuscules poires rugueuses, servent à faire de l'eau-de-vie. Il vit parfois deux cents ans.

SPIRAEA *Spirée*

Nom usuel : spirée
Type : arbuste
Hauteur : 50 cm à 2 m
Floraison : juin à août
Sol : tout type
Exposition : soleil ou mi-ombre
Multiplication : bouturage en été

>> La spirée, à croissance rapide, s'étale. Ses tiges courbées se couvrent, en été, de très nombreuses grappes de petites fleurs blanches, qui font son attrait. Elle existe aussi sous la forme d'un petit arbuste dense ne dépassant pas 90 cm de haut, doté de fleurs très colorées, crânement campées à l'extrémité des branches, et sortant à la fin de l'été et à l'automne. Il est judicieux d'associer plusieurs variétés dans une bordure.

Spiraea* x *arguta Ses branches retombantes ploient sous sa floraison blanche.

Spiraea japonica [ill.] Ses tiges érigées portent de petites fleurs roses. 'Goldflame' arbore un feuillage doré.

***Spiraea nipponica* 'Snowmound'** Ses jeunes feuilles vert vif foncent avec l'âge. Ses fleurs blanches se présentent en grosses grappes.

Spiraea* x *vanhouttei Ses fleurs sont semblables à celles du *Spiraea nipponica*, mais il est plus compact. Il rend bien dans une haie.

STACHYS *Oreille-d'ours*

Nom usuel : oreille-d'ours
Type : vivace
Hauteur : 30 cm
Floraison : juin-juillet
Sol : tout type
Exposition : soleil ou mi-ombre
Multiplication : division des touffes au printemps

>> L'oreille-d'ours, résistante et facile, est un excellent couvre-sol. Son feuillage duveteux offre plus d'intérêt que ses fleurs. Elle s'associe bien à toutes les plantations, notamment aux rosiers, parmi lesquels elle forme de jolies touffes à floraison douce et discrète. La rabattre sans ménagement avant l'hiver, quand son feuillage prend un air triste, lui permet de repartir de plus belle au printemps.

***Stachys byzantina* (oreille-de-lièvre)** [ill.] Ses feuilles laineuses argentées entourent ses hampes dressées de fleurs roses. Avec son feuillage argenté bien net, 'Silver Carpet' est excellent en bordure d'une plate-bande ; il ne fleurit pas.

Stachys grandiflora Il atteint 50 cm de haut. Avec ses feuilles vertes légèrement gaufrées et ses fleurs rose pourpré, il est très utile pour assurer une transition entre deux groupes de couleurs incompatibles entre elles.

STEPHANANDRA *Stephanandra*

Nom usuel : stephanandra
Type : arbuste
Hauteur : 1,50 à 2,50 m
Floraison : juin-juillet
Sol : ordinaire
Exposition : soleil ou mi-ombre
Multiplication : bouturage ou marcottage en été

>> Le stephanandra est très décoratif. Ses branches souples, qui retombent avec beaucoup d'élégance, contribuent en grande partie à son attrait. Ses feuilles allongées, caduques, disposées en quinconce le long des tiges, deviennent dorées à l'automne. Ses petites fleurs blanches apparues en juin disparaissent fin juillet. En modelant les branches, on peut le transformer en couvre-sol.

Stephanandra incisa Il arbore des feuilles découpées et des fleurs blanches.

Stephanandra tanakae [ill.] Le plus spectaculaire. Ses branches retombantes offrent une cachette idéale aux enfants. Ses grandes feuilles virent au doré à l'automne.

STERNBERGIA *Sternbergie*

Nom usuel : sternbergie, vendangeuse
Type : vivace bulbeuse
Hauteur : 10 cm
Floraison : juin à septembre
Sol : bien drainé
Exposition : soleil ou mi-ombre
Multiplication : séparation des bulbilles en été

>> D'aucuns prétendent que la sternbergie serait le lis biblique. Pourquoi pas ? Elle pousse depuis l'aube des temps autour de la Méditerranée. Ses longues feuilles et ses fleurs jaunes en coupe ressemblent au crocus et incitent à la méprise. Elle est d'un bel effet dans une pelouse, où ses fleurs ressortent d'une année sur l'autre, ou dans une rocaille.

Sternbergia lutea Son feuillage vert brillant, sa floraison jaune et ses couleurs automnales en font un élément très décoratif.

STIPA *Stipa*

1

2

Nom usuel : stipa
Type : graminée
Hauteur : 1 à 2,50 m
Floraison : juillet à septembre
Sol : ordinaire et sec
Exposition : soleil
Multiplication : division des touffes au printemps

>> On a envie qu'une petite brise fasse onduler les touffes gracieuses, très décoratives, du stipa. Ses tiges, ses feuilles et ses fleurs fines apportent beaucoup de légèreté dans un massif.

Stipa gigantea [1] Il atteint 2 m de haut. Il rappelle une avoine géante.

Stipa pennata [2] Vivace. Il mesure 40 cm de haut. Il porte des épis mousseux.

SYMPHORICARPUS *Symphorine*

Nom usuel : symphorine
Type : arbuste
Hauteur : 50 cm à 2 m
Floraison : juillet-août
Sol : tout type
Exposition : toutes
Multiplication : séparation des drageons à l'automne

>> La symphorine, au nom ravissant, peu exigeante, est facilement envahissante. Ses feuilles caduques sont parfois panachées. Ses minuscules fleurs roses ou blanches cèdent la place, de septembre à décembre, à un festival de fruits ronds. Certaines variétés conviennent parfaitement pour une haie.

***Symphoricarpus albus* (arbre aux perruches)** [ill.] Ses baies ressemblent à des billes blanches.

***Symphoricarpus x chenaultii* 'Hancock'** Ce couvre-sol s'étale gracieusement. Ses baies sont rose et blanc.

SYMPHYTUM *Consoude*

Nom usuel : consoude
Type : vivace
Hauteur : 50 cm à 1,20 m
Floraison : avril-mai
Sol : tout type, pas trop sec
Exposition : toutes
Multiplication : division des souches au printemps et à l'automne

>> La consoude est peu exigeante. Ses feuilles poilues peuvent atteindre 25 cm de long et sa floraison se fait en petites clochettes. Elle convient en couvre-sol, dans un sous-bois ou pour une bordure.

Symphytum grandiflorum [ill.] C'est un bon couvre-sol touffu à fleurs bleues.

Symphytum ibericum Il fait un bon couvre-sol. Il porte des fleurs crème.

Symphytum peregrinum Cette variété haute se pare de grappes de fleurs bleues en avril.

SYRINGA *Lilas*

1

2

3

>> Le lilas au parfum enchanteur... Il en existe de nombreuses variétés, au feuillage caduc et aux fleurs roses, blanches, bleu pâle, rouges ou... lilas. Ce végétal est si connu que ce serait faire injure au lecteur de pousser la description plus avant.

Variétés à fleurs doubles

***Syringa* 'Belle de Nancy'** fleurit rose satiné ; 'Charles Joly', rouge foncé ; 'Madame Lemoine', blanc ; 'Paul Thirion', lie-de-vin.

Variétés à fleurs simples

***Syringa* 'Charles X'** Il fleurit pourpre foncé ; 'Maréchal Foch', rose ; 'Vestale', blanc pur.

***Syringa meyeri* 'Palibin'** [2] C'est un sujet compact à croissance lente. Il est très florifère, odorant et couleur lavande.

Syringa microphylla [3] Il fleurit et refleurit rose tout l'été.

***Syringa vulgaris* 'Primrose'** [1] Il se couvre de fleurs parfumées crème pâle.

Nom usuel : lilas
Type : arbuste
Hauteur : 2 à 5 m
Floraison : été
Sol : ordinaire
Exposition : soleil
Multiplication : bouturage en été

TAGETES *Œillet d'Inde*

Nom usuel : œillet d'Inde
Type : annuelle
Hauteur : 20 cm à 1 m
Floraison : juin à octobre
Sol : ordinaire
Exposition : soleil
Multiplication : semis

>> Avec son port raide, son coloris orangé un peu violent et l'odeur forte de ses feuilles, l'œillet d'Inde n'est pas du goût de tout le monde. Il lui reste néanmoins qu'il est décoratif et égaie agréablement un coin sombre du jardin. En outre, il est facile à cultiver.

***Tagetes patula* 'Honeycomb'** Il arbore une grosse tête. 'Bonita' et 'Lemon Drop' sont compacts. 'Légion d'Honneur' est nain.

TAMARIX *Tamaris*

Nom usuel : tamaris
Type : arbuste
Hauteur : 3 à 5 m
Floraison : avril à septembre
Sol : tout type
Exposition : toutes
Multiplication : bouturage à l'automne

>> Le tamaris, excellent coupe-vent à condition que celui-ci ne soit pas trop violent, supporte les embruns. Ses branches arquées portent des fleurs roses et légères, disposées le long de tiges marron pourpré.

Tamarix parviflora Il porte des branches pourpre foncé. Sa floraison rose est plus soutenue que chez d'autres variétés.

***Tamarix ramosissima* 'Pink Cascade'** [ill.] En été, ses grandes gerbes de feuillage disparaissent sous un voile de fleurs roses.

Tamarix tetandra Il fleurit rose clair dès le mois d'avril.

TANACETUM *Tanaisie*

Nom usuel : tanaisie
Type : vivace
Hauteur : 20 cm
Floraison : juin à septembre
Sol : calcaire, bien drainé
Exposition : soleil
Multiplication : division des touffes au printemps

>> La tanaisie, au feuillage très découpé et parfumé, et aux fleurs ressemblant à une marguerite, tient longtemps en bouquet.

Tanacetum coccineum Ses fleurs rose magenta sont dotées d'un cœur jaune.

Tanacetum densum* ssp. *amani [ill.] Il mesure 20 cm de haut. Son feuillage velu est argenté et plumeux, et il fleurit jaune. Il est parfois vendu, à tort, sous le nom de *Tanacetum haradjanii*, variété différente.

TAXUS *If*

1

Nom usuel : if
Type : arbre ou arbuste
Hauteur : 3 à 20 m
Sol : ordinaire
Exposition : soleil ou mi-ombre
Multiplication : semis ou bouturage en été

2

3

>> L'if entre dans la composition de la plupart des haies, en particulier en Angleterre. Il est élégant et résistant, répond bien à la taille dans tous les sols et supporte le vent et la sécheresse. Toutes ses parties étant vénéneuses, il est proscrit des lieux où il y a des chevaux. De même, ses baies rouges peuvent tenter les enfants.

Taxus baccata [3] Le plus courant. Il peut atteindre 20 m de haut. Sa croissance est lente. On l'utilise en haie et en topiaire. 'Fastigiata' (if d'Irlande) se présente sous la forme d'une élégante colonne ; non taillé, il est magnifique, particulièrement pour composer une allée [1]. 'Repens Aurea', arbuste au feuillage bordé d'or, orne idéalement une terrasse. 'Standishii' est un arbuste au port étroit, tout doré [2].

TEUCRIUM *Germandrée*

Nom usuel : germandrée
Type : arbuste
Hauteur : 2 m
Floraison : juin à octobre
Sol : tout type et drainé
Exposition : soleil
Multiplication : bouturage en fin d'été

>> La germandrée ayant bon caractère, on la trouve aisément dans le commerce. Ses tiges carrées portent des feuilles allongées persistantes et des fleurs bleu violacé groupées en hampes de 10 cm de long. Elle convient pour une petite bordure.

Teucrium ackermannii Il est doté d'un fin feuillage gris bleuté et de fleurs mauve rosé.

***Teucrium hircanicum* 'Flocotime'** Rustique. Il mesure 80 cm de haut. Il dispose de longs épis floraux roses.

Teucrium polium [ill.] Son feuillage est presque blanc.

THALICTRUM *Pigamon*

1

2

3

Nom usuel : pigamon
Type : vivace
Hauteur : 1 à 1,50 m
Floraison : juin à août
Sol : ordinaire
Exposition : soleil ou mi-ombre
Multiplication : division des souches au printemps

>> Avec son feuillage gris-bleu aéré et ses fleurs roses, jaunes ou mauves, qui forment des grappes de petits pompons, le pigamon allège un massif.

***Thalictrum aquilegifolium* 'Album'** [3] Il fleurit blanc. 'Purpureum' associe un feuillage argenté et des fleurs pourpres [2].

Thalictrum delavayi [1] Il mesure 1,20 m de haut. Il est assez florifère, en mauve.

***Thalictrum flavum* 'Glaucum'** Il atteint 1,80 m de haut. Il porte des fleurs jaunes très légères.

THUYA *Thuya*

1

2

Nom usuel : thuya
Type : arbre ou arbuste
Hauteur : 5 à 20 m
Sol : frais
Exposition : soleil ou mi-ombre
Multiplication : bouturage en été

>> Si certaines variétés de thuya sont originaires du Canada et d'autres, de Chine, ce conifère est apprécié dans de nombreux pays. Ses feuilles en écailles persistantes symétriquement disposées en échelle, de part et d'autre des tiges, ont l'allure d'une grosse épingle, mais sont souples et douces. Il est très employé en haie ou en écran. S'il n'aime pas tellement la sécheresse, il apprécie le soleil.

Thuya occidentalis [2] C'est le plus utilisé en haie. Il peut atteindre 12 m de haut. Pour obtenir un résultat satisfaisant, il faut rabattre ses flèches de 20 cm deux ans après la plantation, afin qu'il s'étoffe. La mise en place de sujets de 50 cm de haut permet d'obtenir une haie conséquente au bout de cinq ans.

Thuya orientalis Il peut atteindre 10 m de haut. Il sert à créer une allée ou compartimenter un jardin. 'Aurea' dépasse rarement 2 m de haut ; il possède un feuillage doré. Une taille effectuée à 20 cm du sommet favorise la pousse de branches latérales et crée du volume.

Thuya plicata [1] Il peut atteindre 60 m de haut. Il se présente comme un gigantesque cône aux branches légèrement incurvées. Cet arbre majestueux se marcotte facilement. 'Atrovirens', le plus souvent traité en haie, est élégant une fois taillé.

THYMUS *Thym*

Nom usuel : thym
Hauteur : 10 à 30 cm
Type : arbuste
Floraison : mai-juin
Sol : tout type et drainé
Exposition : soleil
Multiplication : division des souches au printemps et à l'automne

>> Le thym est une excellente plante rampante, doublée d'une délicieuse herbe de cuisine. Le soleil donne à son feuillage son arôme très spécifique, qui rappelle le Midi, et ses petites fleurs dégagent un parfum délicat. Il trouve sa place dans un interstice entre des dalles, ou dans une rocaille.

***Thymus x citriodorus* (thym-citron)** [ill.] Il mesure 25 cm de haut. Il associe un feuillage persistant et des fleurs lilas pâle. 'Golden Dwarf', compact, forme un coussin doré. Le cultivar 'Albus', au feuillage vert vif, fleurit blanc.

TIARELLA *Tiarella*

Nom usuel : tiarella
Type : vivace
Hauteur : 15 à 50 cm
Floraison : avril à juin
Sol : tout type
Exposition : ombre ou mi-ombre
Multiplication : division des touffes au printemps ou à l'automne

>> La tiarella se révèle un très bon couvre-sol. De sa touffe, constituée de ses grandes feuilles découpées, sortent ses fleurs, tels de petits plumeaux blancs.

Tiarella cordifolia [ill.] Vigoureuse. Elle s'étend rapidement. Elle affiche une floraison crème vaporeuse.

Tiarella weber Elle a un feuillage vert maculé de brun et des fleurs blanc rosé.

TILIA *Tilleul*

Nom usuel : tilleul
Type : arbre
Hauteur : 10 à 15 m
Sol : tout type
Exposition : soleil
Multiplication : semis au printemps ou à l'automne

>> Le tilleul, plus haut que large, se rencontre partout. Le feuillage est dense. Ses petites fleurs blanches, au parfum très particulier, entrent dans la composition de tisanes.

Tilia cordata Il atteint, selon les régions, 15 à 18 m de haut. Ses petites feuilles vert foncé possèdent un revers plus clair. Sa forme, souvent pyramidale, le rend très décoratif.

Tilia x euchlora [ill.] Très persistant. Il peut atteindre 20 m de haut. Ses branches tombent avec grâce. Ses feuilles, d'environ 10 cm de long, sont plus grandes que celles de *Tilia cordata*. Il supporte la grosse chaleur et la sécheresse.

Tilia tomentosa Le revers argenté de son feuillage foncé lui vaut souvent d'être appelé tilleul argenté. On le remarque dans le paysage et quand la brise joue dans ses feuilles, cela donne envie d'en planter un dans son jardin. Il ne faut pas hésiter : il est résistant et peut tolérer un peu de sécheresse.

TRADESCANTIA *Tradescantia*

Nom usuel : tradescantia, éphémère de Virginie
Type : vivace
Hauteur : 40 cm
Floraison : mai à septembre
Sol : riche, bien drainé
Exposition : soleil ou mi-ombre
Multiplication : division des souches en avril

>> Le tradescantia est parent de la misère d'appartement. Ses feuilles longues et minces sont vert sombre. Sa fleur, de coloris varié, a pour particularité que ses trois pétales s'ouvrent un à un. Elle ne vit qu'un jour, mais est vite remplacée, car le tradescantia est assez florifère. Il est, en outre, facile à cultiver.

Tradescantia x andersoniana 'Domaine de Courson' a des pétales blanc rosé. 'Innocence' est doté de fleurs blanches à étamines dorées. 'Zwanenburg Blue' fleurit bleu intense [ill.].

TRICYRTIS *Tricyrtis*

Nom usuel : tricyrtis
Type : vivace
Hauteur : 40 cm à 1m
Floraison : juin à septembre
Sol : riche et frais
Exposition : mi-ombre
Multiplication : division des touffes au printemps

>> L'élégant tricyrtis ressemble étrangement à une orchidée. Il se pare d'un feuillage foncé, qui contribue à le rendre décoratif.

Tricyrtis formosana [ill.] Sa fleur très découpée est blanche, panachée de mauve.

Tricyrtis hirta Il mesure 80 cm de haut. Il porte des fleurs blanc et brun.

Tricyrtis macropoda Il atteint 1 m de haut. Ses fleurs blanches sont tachetées de mauve.

TRILLIUM *Trillium*

Nom usuel : trillium
Type : vivace
Hauteur : 30 cm
Floraison : avril à juin
Sol : humide
Exposition : mi-ombre
Multiplication : division des touffes après la floraison

>> Les feuilles et les pétales du trillium sont organisés par trois. Sa fleur, blanc éclatant, au pistil jaune ou pourpre, repose sur une tige fine et très courte. Il trouve sa place dans une rocaille ou en bordure d'une plate-bande.

Trillium erectum Il fleurit pourpre.

Trillium grandiflorum Sa fleur vire au rose pâle à l'automne.

Trillium rivale [ill.] Rare.

Trillium undulatum Sa fleur est dotée d'une tache rouge au cœur.

TROLLIUS *Trolle*

Nom usuel : trolle
Type : vivace
Hauteur : 30 à 50 cm
Floraison : mai à septembre
Sol : riche et frais
Exposition : soleil ou mi-ombre
Multiplication : division des touffes à la fin de l'hiver ou après la floraison

>> Le trolle est un cousin germain du bouton d'or. Ses fleurs, longtemps en bouton, éclosent jaune ou orangé. En éliminant les fleurs fanées, on obtient une seconde floraison. Le trolle est assez facile et se plaît particulièrement au bord de l'eau.

***Trollius chinensis* 'Golden Queen'** [ill.] Ses fleurs sont jaune orangé. Il supporte un sol sec.

Trollius pumilus Il mesure 30 cm de haut.

TROPAEOLUM *Capucine*

Nom usuel : capucine
Type : bulbe ou annuelle
Hauteur : 30 cm à 4 m
Floraison : juillet à septembre
Sol : pauvre
Exposition : soleil
Multiplication : semis au printemps

>> La capucine, aux coloris variés, atteint parfois une taille conséquente. Palissée, elle offre un beau spectacle sur une pergola, un mur ou un grillage ; en revanche, tout le monde ne supporte pas son odeur. Certaines variétés s'adaptent très bien en panier suspendu.

Tropaeolum majus [ill.] Cette variété grimpante se pare d'une fleur double rouge.

Tropaeolum peregrinum Il atteint 4 m de haut. Sa floraison est jaune.

***Tropaeolum* (race Alaska)** Cette variété naine jaune, orangée ou crème, s'installe en pot.

Tropaeolum speciosum Vivace. Il mesure 3 m de haut. Il fleurit rouge.

TSUGA *Tsuga*

Nom usuel : tsuga
Type : arbre
Hauteur : 1 à 30 m
Sol : frais, bien drainé
Exposition : mi-ombre
Multiplication : semis au printemps ou bouturage en été

>> Malgré sa densité et sa taille, le tsuga pourrait être élu le plus gracieux des conifères. Son feuillage se compose d'aiguilles plates, comme écrasées, à la texture très douce. Il ne supporte pas un emplacement venté.

Tsuga canadensis Originaire du Canada. Ses aiguilles, bleutées, sont disposées tout autour de ses tiges, et non de part et d'autre. Il est très élégant et supporte le froid. 'Pendula' ne mesure que 1 m de haut. Avec ses branches qui retombent, il peut servir de couvre-sol [ill.].

Tsuga heterophylla Il atteint 30 m de haut. Il a autant de grâce que *Tsuga canadensis*.

TULIPA *Tulipe*

1

2

Nom usuel : tulipe
Type : bulbe
Hauteur : 15 à 70 cm
Floraison : printemps
Sol : ordinaire, bien drainé
Exposition : soleil
Multiplication : séparation des bulbilles après le dessèchement du feuillage

3

6

7

8

9

4

5

10

>> Un jardin sans tulipes est inenvisageable. Toute description serait superflue, et les photographies des variétés choisies sont assez éloquentes. La classification s'effectue en fonction de la période de floraison, de la taille et de la couleur de la fleur. La quantité d'hybrides est immense, puisque les horticulteurs, surtout hollandais, en créent sans cesse de nouveaux. On en trouve donc un vaste choix dans le commerce — jardinerie ou catalogue de vente par correspondance.

Tulipa tarda [1]
***Tulipa* 'Queen of Night'** [2]
Tulipa acuminata [3]
***Tulipa* 'Striped Apeldoorn'** [4]
***Tulipa* 'Georgette'** [5]
***Tulipa* 'White Triumphator'** [6]
***Tulipa* 'Abu Hassan'** [7]
***Tulipa* 'Princes Irene'** [8]
***Tulipa* 'Blue Parrot** [9]
***Tulipa* 'Fringed Elegance'** [10]

TYPHA *Massette*

ULEX *Ajonc*

Nom usuel : massette, roseau-massue
Type : vivace
Hauteur : 30 cm à 2,50 m
Floraison : juillet-août
Sol : humide
Exposition : toutes
Multiplication : division des souches au printemps

›› Un étang ou une mare, et la brise soufflant, le matin, avant que la brume ne soit levée, sur les touffes de massette... Ainsi pourrait démarrer une scène romantique. Retour à la réalité : du cœur des longues feuilles rubanées de la plante sort l'inflorescence, épi brun de forme cylindrique, long de 10 à 15 cm. La massette, envahissante, est très difficile à déloger une fois installée. Mieux vaut donc lui prévoir de la place. Les oiseaux migrateurs s'y abritent volontiers. Il faut la manipuler avec des gants.

Typha latifolié [ill.] Il atteint 1 m de haut. Son feuillage est large.

Typha minima Il mesure 50 cm de haut. Il doit être planté dans 10 cm d'eau de profondeur.

Nom usuel : ajonc
Type : arbuste
Hauteur : 1 à 2 m
Floraison : avril-mai
Sol : tout type
Exposition : soleil
Multiplication : bouturage en été

›› L'ajonc résiste quasiment à tout, même aux embruns. Il forme une haie épineuse impénétrable, même par les plus audacieux. Les resplendissantes fleurs jaunes font oublier les épines.

***Ulex europaeus* 'Flore Pleno'** [ill.] Il est encore plus spectaculaire que l'espèce type, avec des fleurs doubles, de plus longue durée.

VERBASCUM *Molène*

1

2

Nom usuel : molène
Type : vivace ou bisannuelle
Hauteur : 1 à 2,50 m
Floraison : juin à août
Sol : ordinaire, bien drainé
Exposition : soleil
Multiplication : semis au printemps

>> La molène, à croissance rapide, est droite, mais gracieuse. Elle porte un feuillage velu. Ses fleurs, toutes petites, se serrent sur ses tiges. Exigeant peu d'entretien, elle convient bien pour un talus ou le fond d'une bordure.

***Verbascum phoeniceum* 'Pink Domino'** [1] Elle atteint 90 cm de haut. Elle associe un feuillage vert foncé et des fleurs roses.

***Verbascum* 'Album''** [2] Elle mesure 1,50 m de haut. Ses fleurs blanc crème sont à cœur rouge.

VERONICA *Véronique*

1

2

Nom usuel : véronique
Type : vivace
Hauteur : 20 cm à 1 m
Floraison : mai à août
Sol : ordinaire et frais
Exposition : soleil ou mi-ombre
Multiplication : division des touffes au printemps

>> La véronique forme une touffe de petites feuilles vert frais, d'où sortent des épis floraux qui, au gré des variétés, déclinent tous les tons possibles de bleu. Elle fait fonction de couvre-sol ou de plante décorative pour massif, mais trouve également sa place dans une rocaille.

Veronica cinerea Elle mesure 20 cm de haut et fleurit bleu clair. Son port tapissant convient pour une rocaille ou une bordure.

Veronica gentianoides* ou *fausse gentiane [2] Ses fleurs bleu pâle, dressées, ne dépassent pas 20 cm de haut.

***Veronica longifolia* 'Gloria'** Elle atteint 1 m de haut. Elle porte ses fleurs en longs épis bleu-mauve.

Veronica pectinata Elle se pare d'un feuillage velu et de fleurs blanches aux raies roses.

Veronica prostrata Cette variété tapissante est dotée de très petites fleurs bleues.

Veronica spicata [1] Elle mesure 50 cm de haut. Elle trouve sa place dans un massif ou une rocaille. 'Alba' fleurit blanc.

VIBURNUM *Viorne*

1

2

3

4

Nom usuel : viorne
Type : arbuste
Hauteur : 1 à 4 m
Floraison : octobre à mars
Sol : bon, enrichi d'engrais
Exposition : soleil ou mi-ombre
Multiplication : bouturage en été ou marcottage à l'automne

>> La viorne donne un spectacle toute l'année. À l'automne, ses feuilles, caduques, prennent de belles couleurs. Une fois ses tiges à nu, ses fleurs, parfois parfumées, naissent. Quel bonheur, un arbuste qui fleurit en hiver ! Puis des fruits leur succèdent. Selon la variété, elle trouve sa place dans une haie, sur une terrasse ou même dans un sous-bois.

Variétés caduques

***Viburnum* x *bodnantense* 'Dawn'** Ses fleurs roses embaument.

***Viburnum opulus* 'Roseum' (boule-de-neige)** [3] Ses fleurs blanches forment de gros bouquets sphériques.

***Viburnum plicatum* 'Mariesii'** [1] Le plus beau. Ses branches s'étalent largement, formant des étages ornés de fleurs blanches disposées en grands bouquets plats.

Variétés persistantes

Viburnum* x *burkwoodii Ses boutons roses donnent des fleurs blanches au printemps.

Viburnum davidii [4] Ce gros buisson bas aux feuilles fortement côtelées produit de toutes petites fleurs blanches et des fruits bleus décoratifs.

***Viburnum tinus* (laurier-tin)** [2] En climat doux, il porte des fleurs blanc rosé tout l'hiver.

VINCA *Pervenche*

Nom usuel : pervenche
Type : vivace
Hauteur : 10 à 45 cm
Floraison : avril à juin
Sol : ordinaire, pas trop sec
Exposition : soleil ou ombre
Multiplication : division des rejets et replantation d'octobre à avril

>> La pervenche, au feuillage persistant et aux fleurs bleues, est facile à cultiver. Elle se plaît partout : en couvre-sol, dans une rocaille, entre des crevasses, en pot sur une terrasse ou entre les pierres d'un escalier.

Vinca major Vigoureuse. Cette grande pervenche tapissante est à fleurs bleues. 'Variegata' a des feuilles panachées [ill.].

Vinca minor Cette pervenche ressemble à la grande, mais avec de petites feuilles. 'Alba' fleurit blanc ; 'Atropurpurea', pourpre.

VIOLA *Violette*

Nom usuel : violette
Type : vivace
Hauteur : 20 cm
Floraison : avril à septembre
Sol : léger, riche en humus
Exposition : soleil ou mi-ombre
Multiplication : division des touffes au printemps ou semis en juillet

2

>> La violette, docile et au parfum délicat, semble démodée. Pourtant, c'est une plante ravissante, qui se plaît aussi bien en pot, sur une terrasse, que dans un interstice entre les pierres d'une allée ou d'un escalier.

***Viola odorata* 'De Toulouse'** Elle porte des fleurs doubles parfumées. 'Princesse de Galles' est vigoureuse, avec des fleurs violet foncé [1]. 'Reine des Blanches' s'orne de fleurs blanches doubles parfumées. 'Jackanapes' arbore des feuilles vert franc, et des fleurs jaune vif à la fin du printemps et en été [2].

VITIS *Vigne*

Nom usuel : vigne
Type : arbuste
Hauteur : 5 à 20 m
Sol : moyen et drainant
Exposition : soleil ou mi-ombre
Multiplication : bouturage en hiver

>> La vigne évoque le Midi, les régions chaudes, et pourtant elle pousse partout. Ses feuilles découpées sont un décor en elles-mêmes. Ses grappes, comestibles ou non selon la variété, ne viennent que si elle est en plein soleil. Grâce à ses vrilles, elle arrive à s'accrocher presque partout. C'est probablement l'une des plantes les plus anciennes.

Vitis coignetiae [ill.] Cette variété japonaise atteint 20 m de haut. Elle porte des feuilles gigantesques. Elle se colore somptueusement à l'automne.

***Vitis vinifera* 'Purpurea'** Cette vigne se distingue par la couleur pourpre de ses feuilles. Elle est issue de la variété à vin.

WEIGELA *Weigela*

Nom usuel : weigela
Type : arbuste
Hauteur : 1 à 2 m
Floraison : avril à septembre
Sol : ordinaire
Exposition : plein soleil
Multiplication : bouturage après la floraison

>> Le weigela, au feuillage dense et caduc un peu raide, a besoin d'être accompagné de plantes plus souples. Ses nombreux hybrides offrent un large choix. On le vend en conteneur, aussi il est possible de le planter en toute saison.

Weigela florida Il fleurit rose. Il supporte la pollution. Avec son feuillage gris-vert marginé de blanc et sa floraison rose, 'Variegata' est le plus joli de tous [ill.]. 'Avalanche' a des fleurs blanches ; 'Fiesta', rouge vif ; 'Mme Lemoine', roses.

WISTERIA *Glycine*

Nom usuel : glycine
Type : arbuste
Hauteur : 10 m
Floraison : juin-juillet
Sol : non calcaire
Exposition : plein soleil
Multiplication : marcottage en été

>> Une glycine plantée au pied d'un mur ensoleillé, c'est une paroi de fleurs ! On peut également la faire courir sur une pergola, une arche, un bâtiment à cacher ou dans un arbre : le résultat est saisissant. Ou encore lui adjoindre des plantes grimpantes de coloris différents ou fleurissant à un autre moment : on obtient alors un festival d'harmonies.

Wisteria floribunda 'Macrobotrys' est la plus belle. Ses grappes florales peuvent dépasser 1 m de long, mais elle n'est pas remontante. 'Honbeni' ('Rosea') fleurit rose ; 'Multijuga', bleu lilas [ill.].

***Wisteria sinensis* (glycine de Chine)** Ses fleurs sont simples ou doubles, mauves ou blanches, et parfumées.

YUCCA *Yucca*

1

2

Nom usuel : yucca
Type : vivace ou arbuste
Hauteur : 60 cm à 2 m
Floraison : juillet à septembre
Sol : sec
Exposition : plein soleil ou mi-ombre
Multiplication : transplantation des rejets au printemps

>> Plante d'intérieur ou d'extérieur — dans le Midi méditerranéen —, le yucca est une sculpture. Ses feuilles sont en forme d'épée ; les anciennes dépérissent au profit de nouvelles. Après sa floraison blanche, en hauts épis, qui se produit généralement en août — mais parfois en plein hiver —, il s'essouffle. Sa place au jardin est indiscutablement dans une rocaille.

Yucca filamentosa Il atteint 2 m de haut. Il forme de grosses touffes serrées.

***Yucca flaccida* 'Ivory'** [1] Ses fleurs blanc crème, teintées de vert, apparaissent en grand nombre.

Yucca gloriosa [2] Son feuillage raide, à pointe acérée, est traître.

ZANTEDESCHIA *Arum*

1

2

>> Avec son port royal permettant des arrangements très élégants, l'arum évoque un grand bouquet. Sa fleur, cornet planté à l'extrémité de la tige, est blanche, jaune, rose, orange et même noire ('Schwarzwalder'), selon les variétés. Ces hybrides colorés, frileux, gagnent à être cultivés en pot et rentrés à l'abri. L'arum constitue une bonne base pour un massif.

***Zantedeschia aethiopica* 'Crowborough'** [2] Le plus rustique de tous. Ce cultivar forme une belle touffe de feuillage lustré, ornée de fleurs blanches classiques, parfumées, avec un spadice central jaune. 'Green Goddess' porte un grand cornet largement lavé de vert [1].

Nom usuel : arum
Type : bulbe
Hauteur : 50 à 70 cm
Floraison : mai à août
Sol : riche
Exposition : mi-ombre
Multiplication : division des souches en mars

ZAUSCHNERIA *Zauschneria*

Nom usuel : zauschneria
Type : vivace
Hauteur : 20 à 30 cm
Floraison : juillet à octobre
Sol : tout type et sec
Exposition : plein soleil
Multiplication : division des touffes en avril ou bouturage en été

>> Le zauschneria, très florifère et très facile, résiste à tout, même au grand gel. Ses fleurs en trompette sont rouge vif. Il décore joliment un muret ou un jardin de gravier.

Zauschneria californica De juillet à septembre, son fin feuillage gris met en valeur ses épis de fleurs vermillon. Comme il est un peu traçant, il lui faut de la place, d'autant qu'il n'étouffe jamais ses voisins.

ZINNIA *Zinnia*

Nom usuel : zinnia
Type : vivace ou annuelle
Hauteur : 50 cm à 1 m
Floraison : juillet à septembre
Sol : tout type, bien drainé
Exposition : plein soleil
Multiplication : semis en avril

>> Malgré son port un peu raide et son allure guindée, le zinnia peut être très décoratif si on ne le plante pas en rangée, tel un piquet ou un soldat présentant les armes. Installé en bouquet, il forme une tache douce, déclinable dans tous les tons de rouge et de jaune. C'est une bonne fleur à couper, encore faut-il que son odeur ne dérange personne.

Zinnia elegans Il est un peu plus petit. Il fleurit rouge, rose, jaune ou orange. 'Whirligig' est bicolore.

***Zinnia* 'Géant de Californie'** Le plus grand. Ses fleurs vives se déclinent dans toute une gamme de coloris.

Index

A

D

E

I

J

K

L

M

N

O

P

R

S

Carnet d'adresses

ASSOCIATIONS

• Association des parcs botaniques de France
15 bis, rue de Marignan
5008 Paris
01 42 56 26 07

• Conservatoire international des parcs et jardins et du paysage
Ferme du Château
41150 Chaumont-sur-Loire
02 54 20 99 22

• Jardins botaniques de France et des pays francophones
7, rue Victor-Considérant
25000 Besançon
03 81 88 16 65

• Société nationale d'horticulture de France
84, rue de Grenelle
75007 Paris
01 44 39 78 78

• Union nationale des entrepreneurs du paysage
10, rue Saint-Marc
75002 Paris
01 42 33 18 82

JARDINERIES

• Amis Verts Jardinerie
Route de la charité
18000 Bourges
02 48 23 12 20

• Côté Nature
118, rue Tiphoines
91240 Saint-Michel-sur-Orge
01 64 49 58 85

• Delbard
16, quai de la Mégisserie
75054 Paris Cedex 01
01 44 88 80 10

• Gamm Vert
83, avenue de la Grande-Armée
75782 Paris Cedex 16
01 40 66 22 22
www.gammvert.fr

• Jardiland
26, rue de la Maison-Rouge
77185 Lognes
01 64 80 84 00
www.jardiland.fr

• Ma Campagne
Village artisanal
85250 Vendrennes
02 51 66 15 32

• Éts Horticoles Georges Truffaut
Parc Léonard-de-Vinci
Avenue des Parcs
91 090 Lisses
01 69 91 54 54
www.truffaut.com

VENTE PAR CORRESPONDANCE

• Delbard
16, quai de la Mégisserie
75054 Paris Cedex 01
01 44 88 80 10

• Jacques Briant
49480 Saint-Sylvain d'Anjou
02 41 18 25 25
www.jacques-briant.fr

• Schryve Jardin
1315, route du Steent'je
59270 Bailleul
03 28 49 27 40

PÉPINIÈRES

• Delbard
16, quai de la Mégisserie
75054 Paris Cedex 01
Arbres fruitiers, rosiers
01 44 88 80 10

• Éts d'horticulture du Gros Pin
Quartier de l'Almanarre
83406 Hyères Cedex
Palmiers, acacias, eucalyptus, plantes grimpantes
04 94 38 20 20

• Éts Dino Pellizzaro
290, chemin de Léouse
06220 Vallauris
Plantes de bord de mer, plantes grimpantes, arbres et arbustes
04 93 64 18 43

• Éts Horticoles Emmanuel Lepage
La Fontaine
Chemin des Perrins
49130 Les-Ponts-de-Cé
Plantes vivaces
02 41 44 93 55

• Éts Horticoles Sophie et Jean-Yves Poiroux
Le Petit Beauregard
RN 160
85340 Olonne-sur-Mer
Graminées, plantes aromatiques, plantes méditerranéennes, arbustes nains, plantes vivaces
02 51 95 09 61

• Meilland Richardier
59, rue du Professeur-Deperet
69815 Tassin-la-Demi-Lune Cedex
Rosiers
04 78 34 23 13
www.meillandrichardier.com

• Pépinières de l'arboretum de Balaine
Château de Balaine
03460 Villeneuve-sur-Allier
Arbres, plantes de terre de bruyère, conifères
04 70 43 30 07

• Pépinières Jean Rey
RD 559
83250 La-Londe-les-Maures
Agrumes, eucalyptus, graminées, plantes méditerranéennes
04 94 05 17 87

• Pépinières Minier
Les Fontaines de l'Aunay
49250 Beaufort-en-Vallée
Arbres, arbustes, plantes grimpantes
02 41 47 36 78 / 02 41 79 48 48

• Pépinières Plantbessin
Ferme du Château
Le Château
14 490 Castillon
Plantes aquatiques, fougères, graminées, plantes grimpantes
02 31 92 56 03

• Pépinières Travers
3, route Cour-Charrette
45650 Saint-Jean-Le-Blanc
Plantes grimpantes
02 38 66 37 93

Remerciements

Un grand merci à tous ceux dont la collaboration, les conseils et les critiques ont été appréciables dans la réalisation de cet ouvrage :

- Monique Hanley, pour les serres et les gazons ;
- Patricia Kadigevika, pour le fruitier et les ennemis du jardin ;
- Michael Flower, pour les prairies fleuries ;
- Marcel Catoire, pour ses conseils sur l'arrosage ;
- Tallywacher Farm, pour les cultures biologiques ;
- le Centre botanique de la Presle, M. Brochat-Lanvin, pour les microclimats à la montagne ;
- la Royal Horticulture Society, si généreuse en avis et conseils ;
- Christiane Rivallin, qui a su déchiffrer mes hiéroglyphes ;
- Michael Lawson, qui a visualisé toutes les plantes ;
- Joanna Logan, pour ses dessins qui expliquent mieux que les mots ;
- John Fullerton, qui a tout rassemblé et ordonné.

Anita Pereire et Anne Pereire

Crédits

Direction : Dominique Raynal

Responsables éditoriales : Corinne Césano,
Bénédicte Baussan

Suivi éditorial : Laure Cérullaz, Serge Gras

Conception graphique : Vu Thi

Réalisation : Decoudun-Le Dosseur, Paris

Mise en pages : Anne et Ariane Aubert/Decoudun-Le Dosseur, Paris

Consultant : Daniel Brochard

Relecture répertoire : Philippe Bonduel

Dessins : Joana Logan

Gravure des images : Max Communications Ltd

Photogravure finale : Nord Compo

Toutes les photographies de l'ouvrage sont d'Andrew Lawson, à l'exception de :
la Journée des plantes de Courson, p. 9 (Jean-Pierre Delagarde), *Antennaria*, p. 294 (Philippe Ferret), *Nothofagus*, p. 471 (Philippe Bonduel) et *Rodanthemum*, p. 509 (Chris Puddy).

Les personnes et organismes suivants ont permis que leur jardin illustre cet ouvrage :

Barnsley House, Gloucestershire, p. 206

Bosvigo House, Cornwall, p. 8

Cuckoo Pen Nursery, p. 191

Denmans, Sussex, p. 109

Designer Anthony Noel, p. 169, 237

RHS Chelsea 2000. SpiderGarden.com, p. 234-235

Designer Wendy Lauderdale, p. 106-107

Great Dixter, Sussex, p. 189, 195

Patrick Wynniatt-Husey & Patrick Clarke, p. 168

Les Quatre Vents, Québec, p. 40

RHS Chelsea 2000.
The Alpine Garden Society, p. 174-175